新疆科技计划软科学项目
新疆资源环境中心　资助

新疆资源优势及开发利用

韩德麟　高志刚　樊自立等　编著

商务印书馆
2003年·北京

图书在版编目(CIP)数据

新疆资源优势及开发利用/韩德麟等编著.—北京：
商务印书馆,2003
ISBN 7-100-03599-6

Ⅰ.新... Ⅱ.韩... Ⅲ.①自然资源—资源开发—
研究—新疆②人文资源—资源开发—研究—新疆
Ⅳ.F127.45

中国版本图书馆 CIP 数据核字(2002)第 089746 号

所有权利保留。
未经许可,不得以任何方式使用。

XĪNJIĀNG ZĪYUÁN YŌUSHÌ JÍ KĀIFĀ LÌYÒNG
新疆资源优势及开发利用
韩德麟　高志刚　樊自立等　编著

商 务 印 书 馆 出 版
(北京王府井大街36号　邮政编码 100710)
商 务 印 书 馆 发 行
北 京 冠 中 印 刷 厂 印 刷
ISBN 7-100-03599-6/X·6

2003 年 12 月第 1 版　　　开本 787×1092　1/16
2003 年 12 月北京第 1 次印刷　印张 18
定价：27.00 元

编 委 会

名誉主编　马映军
主　　编　韩德麟
副 主 编　高志刚　樊自立
编辑委员会（按姓氏笔划排序）
　　　　　马映军　王炳华　王宝瑜　王树基
　　　　　许　准　刘　琳　阎　顺　李江风
　　　　　李和平　何文勤　谷景和　张立运
　　　　　胡　毅　高志刚　黄训芳　崔恒心
　　　　　韩德麟　樊自立
助理编委　李新琪
计算机制图　刘　琳
图片编辑　刘　琳　高志刚

在国家可持续发展战略的指引下合理开发自然和人文资源潜力塑造一个山川秀美民安富强的新新疆

二〇〇二年夏读德麟教授新著有感

吴传钧

目 录

序 言 ··· (1)
前 言 ··· (3)

第一章 地理环境与资源概述 ·· (1)
  一、地理环境特点 ··· (1)
  二、资源优势综合评述 ··· (6)

第二章 开发建设的战略重点 ··· (11)
  一、西部大开发战略意义与新疆面临的情势 ································ (11)
  二、开发历史与开发特色 ··· (16)
  三、未来开发建设的战略重点 ··· (20)

第三章 水资源及可持续开发利用前景 ··· (28)
  一、科学认识水资源 ··· (28)
  二、水资源评估 ··· (29)
  三、水资源可持续开发利用前景 ·· (39)

第四章 宜农后备土地资源及开发利用前景 ······································· (43)
  一、土地资源开发利用概况 ··· (43)
  二、后备土地资源评价 ··· (46)
  三、后备土地资源开发利用前景 ·· (51)

第五章 气候资源及开发利用 ··· (57)
  一、气候资源特性和新疆气候资源特色 ······································· (57)
  二、气候资源评述 ··· (59)
  三、气候资源开发利用前景与对策 ··· (81)

第六章 草地资源及开发利用 (86)
一、草地资源评价 (86)
二、草地利用现状 (90)
三、草地开发利用建议 (91)

第七章 植物资源及开发利用 (97)
一、植物资源得天独厚的形成条件 (97)
二、植物资源及评价 (100)
三、植物资源的开发利用 (104)

第八章 动物资源及开发利用 (111)
一、动物物种多样性 (111)
二、主要资源动物 (113)
三、动物资源开发利用 (125)
四、动物资源可持续利用 (132)

第九章 矿产资源及开发利用 (134)
一、主要矿产资源评介 (134)
二、矿产开发与利用简介 (142)
三、矿产资源开发利用中的问题与对策建议 (144)

第十章 旅游资源及开发利用 (147)
一、旅游资源 (147)
二、旅游资源开发 (153)

第十一章 历史文化资源及开发前景 (158)
一、考古与人类文化遗存 (158)
二、丰富的历史文化资源 (161)
三、开发与保护历史文化资源 (164)

第十二章 农村经济发展与特色农产品开发 (168)
一、农村经济发展现状及存在的问题 (168)

二、农业资源开发中应处理好几个关系……………………………(170)
　　三、特色农产品的开发………………………………………………(173)

第十三章　工业发展及名牌产品开发……………………………………(181)
　　一、工业发展概况……………………………………………………(181)
　　二、优势工业部门发展现状和前瞻…………………………………(185)
　　三、名牌产品开发典型与途径………………………………………(193)

第十四章　人力资源及开发利用…………………………………………(199)
　　一、人力资源现状及存在问题………………………………………(199)
　　二、人力资源供需预测………………………………………………(206)
　　三、人力资源开发及合理配置的对策建议…………………………(213)

第十五章　沿边沿桥开放战略……………………………………………(219)
　　一、扩大沿边沿桥开放的历史机遇和有利条件……………………(219)
　　二、沿边沿桥开放的现状与问题……………………………………(224)
　　三、21世纪沿边沿桥开放的战略构想………………………………(228)
　　四、沿边沿桥开放的战略对策………………………………………(231)

第十六章　绿洲及其21世纪前叶的拓展…………………………………(236)
　　一、绿洲是干旱区特色景观…………………………………………(236)
　　二、新疆人工绿洲概貌………………………………………………(239)
　　三、21世纪前期新疆绿洲的拓展……………………………………(245)
　　四、绿洲开拓中应注意的问题和对策………………………………(252)

第十七章　资源开发中的生态环境建设…………………………………(256)
　　一、自然资源开发利用中的生态环境问题…………………………(257)
　　二、生态环境建设对策和治理途径…………………………………(262)
　　三、区域生态环境建设具体措施……………………………………(267)

序　言

在人类迈入21世纪的历史时刻,资源和生态环境问题越来越受到世人的倍加关注。现代社会发展是追求永不间断、惠及子孙的整体性和持续性发展,这在客观上要求合理地利用资源,不断提高资源利用效益,维护生态系统的良性循环。开发利用好资源、保护建设好生态环境、实现可持续发展,是我国现代化建设中必须始终坚持的一项基本方针。党中央、国务院做出了从根本上改变历史遗留下来的恶劣生态环境,再造祖国秀美山川和实施西部大开发的重大战略决策,为全国人民的经济建设指明了方向,激发了全国人民,尤其是西部地区人民的极大热情。

在西部大开发中,鉴于新疆所具有的特殊重要地位和作用,搞好新疆大开发、大发展,就必须重新审视新疆的区情特点,建立新的资源观、开发观和发展观。

新疆自然和人文资源都十分丰富。无论是气候、矿产、水文、土壤、草地、野生动植物、旅游等自然资源,还是工业、农业、区位、人力资本、历史文化及人工绿洲等社会性资源,都颇具内陆干旱区与西域的特色。但新疆的生态系统十分脆弱,开发过程中暴露的环境问题异常突出。在新世纪,如何合理开发、利用和优化配置这些宝贵资源,把生态环境的保护、治理和建设放在特别重要的地位,将是未来新疆经济社会发展中的重大现实问题,也是新疆可持续发展的重要基石。

前人对新疆的资源做过大量系统深入的工作,研究成果相当丰硕。这些都是指导新疆开发的前期性、基础性工作。但事物总是在不断地发展变化,根据自治区实施以市场开拓为导向的资源优势转换战略的需要,为21世纪前叶新疆大开发、大发展出谋划策,从新的视角、系统的观点、市场经济的角度、可持续发展的原则来重新审视新疆资源优势及其未来的开发建设,是非常必要的。

呈现在读者面前的这本《新疆资源优势及开发利用》著作,运用资源学、生态学、经济学、历史学等学科的相关理论,采用定性分析与定量分析、短期分析与长期分析及静态分析与动态分析相结合的研究方法,揭示了新疆资源家底,客观评价了资源优势,中肯地提出合理开发利用的对策建议,明确指出开发前景,为关注新疆大开发、大发展的海内外开发商、投资商、经销商、旅游者提供了一个真实的窗口;为自治区各级党政部门提供了相关决策的依据和参考;为宣传和认识新疆提供了一份资料;同时还可作为大专院校和科研院所资源、地理、经济、生态等专业的辅助教材或参考文献。

由韩德麟教授牵头组成的专家编写组,均为自治区资源的权威专家或该领域有突出成就的学者,有数十年的研究积累,对新疆资源、环境、生态、经济等领域甚为熟悉。从总体上看,该著作内容丰富,重点突出,结构合理,语言流畅,具有较高的学术水平,针对性、可行性均较强。书中尽管有些观点和结论还有待于实践的检验,但从学术思想、观点创新、理论实践价值和写作水平上看,都是值得推荐的一本最新研究新疆资源的优秀著作。

中国工程院院士

石玉林

2002 年 7 月 31 日

前　言

史无前例而又波澜壮阔的中国西部大开发,是我们党总揽全局、面向21世纪做出的重大决策,是我国改革开放和社会主义现代化建设历史进程中的战略举措。在西部大开发中,新疆大开发、大发展具有特殊重要的地位和作用。新疆具备加快大发展的有利条件,有望成为我国21世纪经济增长的重要支点。关键在于我们一定要抓住西部大开发这个千载难逢的机遇,为新疆大开发、大发展积极准备,努力探索,勤奋工作。要有全新的观念,全新的思路,全新的工作。

为搞好新疆大开发、大发展,必须重新审视新疆的区情特色,建立新的资源观、开发观和发展观。新疆作为资源大省,面对空前的西部大开发,必须重新全面看待和评价资源优势,从新疆独特的地理环境出发,客观地评价自然资源和经济、文化、地缘等人文资源,全新地展示资源的数量、质量和空间分布;从市场经济和可持续发展的角度,提出合理开发的新思想、新对策,为关注和参与新疆大开发、大发展的海内外开发商、投资商以及中央和自治区各级党政部门提供决策参考;同时为宣传和认识新疆提供一份好的文献资料。这正是本书——《新疆资源优势及开发利用》的宗旨所在。

前人对新疆的资源做过大量系统深入的工作,研究成果十分丰硕。这些都是指导新疆开发的重要基础性工作。但事物在不断地发展变化,重新评价新疆资源优势,为21世纪前叶新疆资源大开发出谋划策已势在必行。本专著的编著方案一经提出,便得到新疆一批资源专家的热烈响应,并努力、较快地完成所承担章节的撰写任务。在书稿付梓出版的时候,我由衷地感谢中国科学院资深院士、前国际地理联合会第一副主席、前中国地理学会理事长、德高望重的吴传钧研究员为本书题词;对新疆资源考察、开发和建设做出突出贡献的石玉林院士,长期以来十分关注新疆的开发与发展,他欣然为本书作序。

本书自2000年开始编写,当年基本完成初稿,2001年作了充实完善。本书自始至终由韩德麟组织编撰,设计体例,负责统稿,并承担第一、二、十四、十五、十六章的撰写任务。高志刚承担了第二、十四、十五、十六章,樊自立承担了第四、十七章,并参与了全书的整编和部分统稿工作。其他各章撰写人员是:何文勤(第三章)、李和平(第四章)、李江风(第五章)、崔恒心(第六章)、张立运(第七章)、谷景和(第八章)、王宝瑜(第九章)、阎顺(第十章)、王炳华(第十一章)、黄训芳(第十二章)、许准(第十三章)、胡毅(第十四章)。

本项研究得到新疆科技计划软科学项目的立项资助。在本书的编撰和出版过程中,得到了新疆维吾尔自治区科技厅、新疆资源环境中心的深切关注和有力支持。商务印书馆热情承接本书的出版。科学出版社吴三保先生在编辑出版中给予了大力支持。在此一并表示衷心的谢意。

韩德麟

2002年8月30日于义乌工商学院

第一章　地理环境与资源概述

新疆维吾尔自治区,简称新(新疆)。深居欧亚大陆腹地,位于我国西北边陲,也是全球北纬干旱带的组成部分。北与蒙古、俄罗斯接壤,西与哈萨克斯坦、吉尔吉斯斯坦、塔吉克斯坦毗邻,西南与阿富汗、巴基斯坦及印度(克什米尔)交界,边界线长达 5400 多 km。其东南联接甘肃、青海,南部联接西藏。地理坐标:最北为北纬 49°10′45″,最南为北纬 34°15′,跨纬度近 15°;最东为东经 96°25′,最西为东经 73°20′41″,跨经度 23°以上。新疆幅员广大,全区东西长 1900km,南北宽 1500km 以上,总面积约为 166 万 km²,约占全国总面积的 1/6,是我国面积最大的省区。新疆地理环境独特,自然资源丰富,又是具有开发潜力的大省。在改革开放中、在西部大开发中、我们要让新疆走向世界,让世界了解新疆。

一、地理环境特点

新疆在全国自然区划中属西北干旱区,在这种干旱自然环境下形成的各个自然要素和自然综合体,无不具有干旱环境的明显特征。这种干旱环境的形成无疑是深居内陆、远离海洋、高山环抱、青藏高原巨大隆起等诸多因素共同影响的结果。新疆是中亚的一部分,其干旱环境由来已久,是漫长地质时期逐渐演变而成的。新疆的地理环境特点可归纳为以下 5 点:

(一) 地质结构复杂,地貌格局清晰

新疆地质发展历史漫长,地质结构复杂,区域构造单元古老,各大地台与地槽经历了不同的地质历史时期。塔里木地台是我国最古老的地台之一,最初的陆核可能形成于 25 亿年以前,构成塔里木结晶基底,地台最老地层为太古宇,其上被早元古宙地层不整合覆盖,古生代以来沉积盖层巨厚。准噶尔地块是一个晚于塔里木地台的构造块体,地质演变历史也很复杂,其构造性质尚有不同认识。阿尔泰山、天山、昆仑山等地槽褶皱系形成时代较晚。中国阿尔泰地槽由两种不同型相的沉积组成,下古生界为冒地槽型沉积,上古生界为优地槽沉积,泥盆纪末结束地槽型沉积。中国境内天山地槽褶皱是

在扬子旋回形成的中国地台基础上产生的,是一个典型的多旋回发展的地槽褶皱系,分为四个褶皱带:南天山冒地槽褶皱带、北天山优地槽褶皱带、天山中间隆起带和北山褶皱带。天山地槽褶皱系于早二叠世末结束地槽型沉积。昆仑褶皱系是一个结构复杂的华力西褶皱系,分东昆仑褶皱系与西昆仑褶皱系,二者具有大致相同的演变历史,但二级构造单元相差较大。东昆仑褶皱系分为达肯达坂优地槽褶皱带、欧龙布鲁克隆起带、柴达木北缘优地槽褶皱带、柴达木拗陷、祁曼塔格优地槽褶皱带、布尔汉布达优地槽褶皱带、阿尔金优地槽褶皱带7个二级单元;西昆仑褶皱系分为北昆仑冒地槽褶皱带、昆仑中间隆起带、南昆仑褶皱带3个二级单元。它们于古生代末结束地槽型沉积。阿尔泰山、天山、昆仑山大致经过3个地质发展阶段:古生代晚期褶皱隆起阶段,中生代与老第三纪剥蚀夷平阶段,新第三纪与第四纪早更新世断块隆升阶段,奠定了现代山地形成的基础。

新疆的大地貌单元,与新疆区域构造单元相吻合。构造运动相对平静的塔里木地块和准噶尔地块形成如今的两大盆地,而构造运动频繁,尤其是较近构造运动剧烈的阿尔泰山、天山、昆仑山、喀喇昆仑山等,经过不同的构造运动阶段,最后发展演化而成高度巨大和规模宏伟的山系,从而造成全疆"三山夹两盆"的地貌格局。山系内部又镶嵌着若干大小不等、高低悬殊的山间盆地,构成山系和山系相连、山地与盆地相间的地貌景观,且地貌类型多样。

(二) 光热资源丰富,水资源较短缺

新疆地跨纬度大,南疆属干旱暖温带气候区,北疆属干旱中温带气候区。整体而言,新疆地区光热资源丰富,南疆多于北疆。南疆平原区年平均气温在10℃以上,≥10℃的年积温多在4000℃以上,无霜期达200~220天。北疆平原区的年平均气温低于10℃,比南疆低2~3℃,≥10℃的年积温大多在3500℃左右,比南疆少1000℃左右,无霜期一般为150天,比南疆少30~60天。丰富的光热资源对农业生产十分有利。

新疆是典型的干旱气候区,降水稀少,南疆平原区最少。平原区地表径流不发育,存在大面积无流区。新疆地区的平均年降水量和平均年径流量(以年径流深表示)低于全国平均值,也低于地球上同纬度其他地区。新疆的年平均降水量为145mm,为我国平均年降水量630mm的23%。新疆的年径流深为50mm,相当于全国平均径流深271mm的18%。这就明显地反映出新疆的干旱程度。同时,新疆水资源的分布很不均匀。大气降水北疆多于南疆,西部多于东部,山区多于平原,盆地边缘多于中心。山区为地表径流形成区,平原区为地表径流散失区。地表径流的分布,也是北疆多于南疆,西部多于东部,山区多于平原。河流水量集中在夏季,常造成春旱、夏洪。水资源短缺

是制约新疆工农业生产的主要因素。新疆最大的两条河流伊犁河和额尔齐斯河，年径流量分别为160多亿 m³ 和 120 亿 m³，是多水区，河水利用率很低，前者流出国外的水量为120多亿 m³，后者流出国外的水量达 95 亿 m³，表明新疆水资源开发利用潜力大，可基本解决好水土空间不平衡的矛盾。

（三）干旱环境严酷，生态系统脆弱

新疆的干旱自然环境由来已久。这种严酷的干旱环境是从地质时期发展演变而来的，最早可追溯到1亿多年前的白垩纪。第三纪早期干旱环境即已出现，第四纪以来随着整个地球构造运动的加强，新疆各大山系的断块隆升，致使新疆成为完全封闭的内陆区域，形成严酷的干旱环境。这种干旱环境的形成，其根本原因是新疆地区上空水分稀少，地表水资源短缺。地处亚欧大陆腹地的新疆，远离海洋，我国东南季风不能到达，主要靠来自大西洋的西风气流，而这种西风气流所携带的水分，经过长途跋涉到达新疆已是强弩之末，能够降至地表的水分极其有限；新疆山地本身致雨的条件较差，所以广大地区持续干旱，土地荒漠面积很大。新疆极端干旱区和干旱区的面积占全疆总面积的65.5%（其中极端干旱区占28.8%，干旱区占36.7%），如果将半干旱区计算在内，其面积占全疆总面积的88.7%。正因为如此，全疆广大平原荒漠地区的自然环境非常严酷。盆地边缘的众多绿洲，主要依赖山区水资源而存在，直接降水仅起次要作用。

新疆严酷的自然环境，致使生态系统十分脆弱。水分的匮乏，导致广大地区植被稀少，各大山系的低山带和广大平原地区呈现荒漠景观。北疆沙漠和戈壁区的植被覆盖度只有0.3左右，而南疆荒漠区的植被覆盖度不到0.1。荒漠区的上限，北疆可达海拔1000m左右，南疆可达1500～2000m，昆仑山和阿尔金山荒漠的上限可达3000m或更高。荒漠植被一经破坏，恢复十分困难。在开发过程中，假如人们只顾眼前利用，乱砍乱伐天然林木，必然造成严重恶果。塔里木盆地的胡杨林，特别是和田河及叶尔羌河下游、塔里木河两岸，过去都有几公里宽的胡杨林，延伸长约1000km，成为盆地北部抗御风沙的天然屏障。因盲目垦殖和滥砍乱伐，致使林区面积大大缩小。又由于塔里木河水系上游灌区无节制引水，导致塔里木河干流输水日趋减少，干流下游水流无法到达，河流退缩，天然胡杨林大面积枯死。由于同样的原因，准噶尔盆地的天然梭梭林，荒漠植被锐减，沙漠化面积扩大，使原本脆弱的生态系统更加恶化。

新疆山区植被垂直分带的控制因素，乃是水分和热量的综合作用。新疆山区降水较多，植被覆盖度比平原大，北疆山区约为0.8，南疆山区在0.5以上。近数十年来，山区森林的大量砍伐，致使天然林面积也在减少，造成森林生态向着不利的方向发展。草原区的过度放牧，使草场退化，对草原生态的影响也很大。

为此,应正确认识新疆干旱自然环境的严酷性及生态环境"局部改善,总体恶化"的现状。我们要坚持可持续发展战略,正确了解环境的现实,协调和优化人口、资源、环境和发展的关系,改造自然,保护生态,使其有利于人类的生存与发展,实现经济效益、社会效益和生态效益的统一。以往数十年来新疆人工绿洲的扩建与社会经济的发展壮大,已积累了宝贵的经验。

(四) 绿洲景观独特,绿洲经济为主

典型的干旱环境造就了典型的绿洲景观。绿洲是干旱区荒漠环境下依赖稳定水源供给(非天然降水)而使中生植物繁茂生长或灌溉农业发达、人类聚集繁衍的非地带性生态景观。这种景观为干旱区所独有,且与荒漠、山地景观系统构成鲜明的对照。按人类活动的干预程度可将绿洲划分为天然绿洲和人工绿洲两大类。新疆天然绿洲的出现与干旱环境的形成密切相关。研究认为,塔里木盆地是我国孕育和分布绿洲最典型的一个内陆盆地。其天然绿洲是伴随上新世末至第四纪早更新世后青藏高原强烈抬升,致使大面积沙漠的形成和扩张所提供干旱的气候条件而出现的。天然绿洲的形成应在晚更新世,距今约 10 万年左右。人工绿洲的出现则与人类活动相适应,大致是新石器时代伴随原始灌溉农业而出现原始人工绿洲,距今约 3000 年。

新疆绿洲面积约有 13.6 万 km^2,占国土面积的 8.2%。其中人工绿洲 6.2 万 km^2,占国土面积的 3.7%,占全国绿洲的 60% 多;天然绿洲 7.4 万 km^2,占国土面积的 4.5%。绿洲的分布主要受控于地貌及水文条件。平原河谷、扇缘低地、河流三角洲和湖泊湿地是天然绿洲的分布地。人工绿洲更多受控于水土、光热资源的最佳组合,主要分布在天山南北两麓、昆仑山北麓、伊犁谷地、额尔齐斯河流域及吐－哈盆地等,分布规律表现为逐水土而发育,随渠井而扩散;环盆地而展布,沿山前而盘居;向平原而集聚,依荒漠而为邻。至今已形成绿洲散小的分布格局,被誉为"串珠般的绿洲"。新疆著名的人工绿洲有喀什三角洲绿洲、叶尔羌河绿洲(莎车绿洲)、和田绿洲、渭干河绿洲(库车绿洲)、阿克苏绿洲、开都河－孔雀河绿洲、吐哈盆地绿洲、乌鲁木齐绿洲、玛纳斯绿洲、奇台绿洲、奎乌独"金三角"绿洲、伊犁绿洲、艾比湖绿洲、塔城－额敏谷地绿洲、额－乌两河绿洲等。

人工绿洲是人们通常所称的"绿洲"。在人工绿洲中,按人类活动对绿洲的影响程度与作用方式及绿洲社会经济功能、建设方向,可划分为农村农业绿洲、城镇绿洲和工矿型绿洲。由此形成绿洲农业经济、绿洲城镇经济、绿洲工矿经济三足鼎立的绿洲经济格局。新疆草原面积广大,四季草场发育,成为我国三大草原牧区之一。牧业在新疆历史上曾占有极重要地位,至今草原经济仍是新疆经济的重要类型。此外,随着矿产资源

的深入勘探,在南北疆许多内陆盆地的戈壁沙漠中开采出大量石油天然气,而这些开采地尚未形成工矿型绿洲,我们可称之为沙漠经济。这样,新疆不同景观便孕育出绿洲经济、草原经济和沙漠经济三种基本类型的经济。这三类经济之间有密切的联系与交叉,但绿洲经济无论其人口规模、经济门类、投入强度、产出效益都占居主导地位。从某种意义上讲干旱区经济就是绿洲经济。以绿洲经济为主体是新疆的一大特色。

绿洲经济表现出深刻的干旱地域色彩,且依赖于本地资源,结构具有三元性,是以绿洲农业为主体。从土地利用角度看,绿洲农业用地可占整个绿洲用地的75%。绿洲农业人口可占总人口的70%,绿洲农业总产值可占工农业总产值的40%,其中工业产值中以农牧产品为原料的加工业可占到40%,以农产品为原料的轻工业产值可占全部轻工业产值的90%。正是由于绿洲经济的发展,使新疆成为我国棉、粮、糖、畜、果生产基地。

(五) 地域差异显著,南北格局分明

上已指出,新疆的自然环境条件存在着垂直地带性和水平地带性的空间地域差异。这对社会经济有深远影响。但造成社会经济的地域差异,除了自然因素,还有历史、社会、民族、文化、经济等多种因素。以往历史上形成的"南农北牧"(即南疆以传统农业为主,北疆以游牧为主)的经济格局自清朝以来的屯垦开发,已有显著的改变。中华人民共和国成立以来经过50多年的开发建设,这种模式已彻底改变。特别是北疆地区的农垦事业和工矿业都得到巨大发展,在全疆的经济地位不断提高。南疆与东疆的经济也得到长足发展,形成各自的特色体系。但与北疆的差距明显拉开。从大农业看,南疆以棉粮果畜、北疆以粮畜糖棉、东疆以棉花瓜果为重点的经济格局基本形成。新疆社会经济的地域差异主要表现在以下三方面:

1. 南疆区明显落后于北疆和东疆区

北疆地区包括乌鲁木齐、克拉玛依市、石河子市、奎屯市和伊犁、塔城、阿勒泰、博尔塔拉、昌吉5地州共39个县市;东疆区包括吐鲁番、哈密两地区共6个县市;南疆区包括巴音郭楞、阿克苏、克孜勒苏、喀什、和田5地州42个县市。北疆、东疆、南疆国土面积分别占全疆23.3%、12.6%、64.1%。1998年,北疆国内生产总值达644.17亿元,占全疆57.7%;东疆国内生产总值为79.57亿元,占全疆7.1%;南疆国内生产总值为392.93亿元,占全疆35.2%。据初步评估,从总体经济实力水平来看,在全疆87个县市中,发达和较发达的县市共19个,其中北疆12个,占63.2%;南疆4个,占21%;东疆3个,占15.8%;经济落后和较落后县市共42个,其中南疆25个,占59.5%;北疆15个,占35.7%;东疆2个,占4.8%。从财政收入看,北疆占73.8%,南疆占19.6%,东

疆占6.6%。人均GDP,北疆为6519.4元/人,南疆为3027元/人,东疆为6150元/人。

2. "一轴一带"的两极分化明显

"一轴"指新亚欧大陆桥新疆段(即哈密—乌鲁木齐—博乐阿拉山口)的兰新铁路、北疆铁路沿线,共有16个县市,其中13个县市属发达、较发达型,占81.3%;其余3个为中度发展型,占18.7%。"一带"指呈弓型的沿边地带,共有33个沿边县市,其中仅有1个较发达型,10个中度发展型,落后和较落后型就有22个,占67%。特别偏僻和远离铁路线的南疆和田地区共8个县市,就有6个县市为落后、较落后型,占75%。在"一轴"中又以乌鲁木齐—克拉玛依的天山北麓经济带(简称"天北核心带")成为全疆最强大的综合产业区,集中了全疆83%的重工业和62%的轻纺工业。天北核心带共11个县市,全为经济发达、较发达型。可见,北疆、东疆铁路干线地带与偏远沿边地带在经济总体实力和水平上已形成明显的空间分化。

3. 城市化发展速度较快,南北疆城市化水平及城乡差距较大

1949年,新疆只有1个迪化市(今乌鲁木齐),人口10万,全疆城镇人口53万人,占总人口的12.2%。至今已发展到19个城市,市镇人口875.42万人,占总人口的50.1%。城市化水平(非农业人口占总人口的比例)达35.3%,高于全国城市化水平约5个百分点。新疆的城市属绿洲型城市,多为所在绿洲的政治、经济、文化和交通、商贸中心。其发展程度取决于绿洲规模及绿洲经济水平。如北疆地区由于绿洲规模显著扩大和绿洲经济快速成长,城市化水平相对较高。全疆19个城市,北疆有12个,占63.2%;南疆5个,占26.3%;东疆2个,占10.5%。城市化水平,北疆达98.3%,东疆达35.4%,分别比南疆高25.9个和13个百分点。其中天北核心带有城市9个,总人口占全疆21.3%,市镇非农业人口却占全疆的46.8%,城镇化水平达65.6%,比全疆平均水平高出30.3个百分点。此外,城乡社会经济发展水平的差异也较大。据抽样调查,全疆城市居民人均可支配收入达4859元,农民人均纯收入1500元。全疆城市居民人均消费性支出3856元,为农民人均生活费支出(1395元)的2.8倍。

二、资源优势综合评述

新疆漫长复杂的地质发展历程,丰富多样的地貌形态,干旱封闭的生态环境,悠久灿烂的西域文化,孕育产生了新疆的历史自然综合体和历史人文景观群。新疆作为资源大省,地面、地下资源都十分丰富,无论是气候、矿产、水文、土壤、草地、野生动植物和旅游资源等都颇具内陆干旱区与西域风情特色,在中国未来西部大开发中占有举足轻重的地位。合理开发和优化利用这些宝贵资源将推进新疆的可持续发展。

(一) 矿产大省,石油、天然气资源尤为丰富

新疆辽阔的疆域蕴藏着丰富的矿产资源,可以说山山有矿,盆盆产油。截至1995年底,新疆已发现138种矿产,占全国168种矿产的82%,矿产地4000多处,是我国矿种最多的省区,堪称"矿产大省"。在138个矿种中有117种已探明储量,有42种矿产储量居全国前10位,其中24种居全国前5位。白云母、铍、钠硝石、黏土、蛇纹石、蛭石、长石等7种矿产居全国各省区首位,钾硝石、钠硝石、皂石为全国独有,还有13种矿产探明储量居西北5省区之首位。在目前已发现的能源、黑色金属、有色、稀有、稀土及贵重金属、化工原料和建筑材料非金属、宝石和玉石及地下水7大类矿产资源中,有68种已被开发利用,特别是石油、天然气、煤、铁、铜、镍、黄金等矿产开发利用,已成为新疆经济发展的支柱产业或重要部门。

在能源矿产资源中,以石油和天然气及煤炭最为重要。石油、天然气集中产于塔里木、准噶尔、吐-哈三大盆地及伊犁、焉耆、拜城、三塘湖等中小型盆地。这些盆地不仅有良好的储油构造,而且储量丰富,油气类型齐全,油质好,且油气多并存。截至1996年底,共发现油气田50多个,地面油气显示250多处,油气资源量为300亿t,约占全国油气资源量的1/4。1997年又新增石油储量1.27亿t,天然气储量360.15亿m³。1999年以来,三大盆地的油气勘探连获重大发现。现已累计探明了20亿t当量的油气地质储量。据中外地质专家用多种方法测算,新疆蕴藏着10.47万亿m³的天然气,约占全国陆上天然气资源总量的34%。新疆还发现有丰富的稠油资源,其储量大,埋藏浅,单产高。新疆已成为我国21世纪油气开发的战略后备基地。

煤矿资源也相当丰富,遍布天山南北。全疆现有66个产煤县(市)。至1995年底,共发现煤产地190多处,其中已勘查157处,储量在1亿t以上的煤矿33处。总资源预测量2.19万亿t,可靠级预测资源量6302.6亿t,约占全国总资源量的1/3,居全国之首。

新疆素有"金玉之邦"美誉。宝石、玉石矿是新疆优势矿种之一,在国内占有重要位置。和田玉、阿勒泰海蓝宝石尤为名贵。至1985年,全疆共发现13类36种宝石矿和20余种玉石矿,主要分布在阿尔泰山、天山及昆仑—阿尔金山等地区。和田玉以质地好、成分纯、颜色多、硬度大、玉质优美而著称于世。

(二) 光热丰富,水土资源开发潜力较大

新疆光热和风能资源均较丰富,是我国太阳辐射总量大、日照时间长、日照百分率高的地区。太阳辐射总量为5000~6600MJ/(m²·a),仅次于青藏高原。全年到达新疆

的太阳辐射能相当于 3200 亿 t 优质煤所释放的能量。光合有效辐射南疆为 2700～3100MJ/($m^2\cdot a$)，北疆为 2500～2800MJ/($m^2\cdot a$)。年日照时数居全国首位，达 2550～3500 小时。≥10℃的年积温从北到南为 2800～5400℃，吐鲁番可达 5500℃。气温的年、日较差均比国内同纬度的东部地区大得多。但热量不够稳定，年际变化和春秋季冷热变化都较大。

风能资源相当丰富。年平均有效风能在 300～1500kW·h/($m^2\cdot a$)之间，全疆年风能理论蕴藏量在 3 万亿 kW·h 左右。著名的阿拉山口、达坂城、老风口等地区≥8 级的大风日数均在 100 天以上，是风能密度高值区。柴窝堡风力发电厂已初具规模。

新疆水资源量大，且较稳定。全疆大气降水总量 2456 亿 m^3，其中山区 2120 亿 m^3，占全疆 86.3%。新疆境内有冰川面积 2.64 万 km^2，年冰川融水量 227 亿 m^3。河川总径流量为 882.5 亿 m^3，其中国内产流即新疆地表水资源量为 794 亿 m^3，居全国第 12 位，人均占有水资源量为全国平均值的 2.2 倍，居全国第 4 位。平原区地下水开采潜力为 63～190 亿 m^3。但水资源的时空分布不均，利用率低。大多数河流年内变化悬殊，而年际变化相对稳定，丰枯年之比仅为 1.5。1997 年，新疆农业、工业、城镇居民和农村生活等各业总用水量 433 亿 m^3。扣除生态用水因素，考虑到先进节水技术和管理等措施的推行，未来新疆水资源仍有较大潜力可挖。

新疆是国土资源大省，土地总面积占全国土地面积的 1/6，且类型复杂多样。全疆有农用地面积 6340 万 hm^2，占全疆土地总面积的 38.1%。主要有耕地 409.18 万 hm^2，园地 16.82 万 hm^2，林地 656.6 万 hm^2，牧草地 5139.77 万 hm^2，水域 117.57 万 hm^2。此外还有建设用地（包括城乡居民点及工矿用地、交通用地和水利设施用地）151.47 万 hm^2。目前新疆仍拥有荒地资源总面积 1992.7 万 hm^2，其中目前可开发的宜农后备土地资源有 883.7 万 hm^2。宜农后备土地资源中，一、二等地占 76%。

由上可见，新疆水土资源仍有较大开发潜力。

（三）草地广阔，野生动植物资源丰富多样

新疆天然草地资源面积大，类型多，牧草种类丰富，优良牧草较多，四季草场齐全。草地毛面积达 5725.88 万 hm^2，占全疆土地总面积的 34.44%。其中可利用草地 4800 万 hm^2，占草地总面积的 83.8%。在全国仅次于西藏和内蒙古，为全国三大草原牧区之一。

从平原到高山雪线之间，几乎都分布着各类草场，草地质量居全国之首。按全国统一分类系统，新疆草地可划分为 11 个草地类型，25 个亚类，131 个草地组和 687 个草地型。全疆可食用的饲用植物达 2930 种(含水生植物)，其中常见的优良牧草植物 382 种。世界公认的优良牧草，如羊茅、苇状羊茅、梯牧草、无芒雀麦、鸭茅、草地早熟禾、鹅

观草、紫花苜蓿、黄花苜蓿等,新疆均有分布。新疆的草地资源类型有温性草甸草原类、温性草原类、温性荒漠草原类、高寒草原类、温性草原化荒漠类、温性荒漠类、高寒荒漠类、低平地草甸类、山地草甸类、高寒草甸类和沼泽草甸类等。从季节利用来看,有夏牧场、冬牧场、春秋牧场、冬春秋牧场和全年牧场等。但草地的空间分布和季节牧场分布不均,表现为山地多、质量优,平原少、质量差;北疆多、质量优,南疆少、质量差;夏牧场相对充裕,冷季草场不足。且产草量的年度相差悬殊,全疆缺水草地面积占草地总面积的 38%。

新疆的森林资源相对较少,覆盖度低(仅 1.57%),且分布不均,是全国森林资源比较贫乏的省区之一,但林分生长率高。全疆有林地面积为 152.35 万 hm^2,灌木林地面积 98.8 万 hm^2。主要分布在北疆及山地,天山北坡和阿尔泰山南坡为天然林集中产地。

严酷的生态环境造就了一些颇具生命力的独特生物种群。新疆的野生动植物资源种类较丰富,区系特色明显。从资源动物看,全疆有兽类 137 种,占全国兽类种数的 30.4%;鸟类 398 种,占全国 33.6%;此外,还有 43 种爬行类、6 种两栖类和近 50 种土著鱼类。其中列入国家一类重点保护的珍贵动物就有新疆大头鱼、四爪陆龟、白鹳、黑鹳、金雕、白肩雕、玉带海雕、白尾海雕、胡兀鹫、黑颈鹤、白鹤、大鸨、小鸨、波斑鸨、河狸、紫貂、貂熊、雪豹、虎、蒙古野驴、西藏野驴、野马、野骆驼、野牦牛、普氏原羚、藏羚、高鼻羚羊和北山羊等 28 种,列入国家二类重点保护的有鹈鹕、天鹅、雪鸡、棕熊、马鹿、岩羊、盘羊等 74 种。按其用途,可分为食用型 96 种,毛皮和羽绒用型 114 种,药用型 58 种,对农林牧业有益型 108 种,观赏型及其他 172 种。但由于动物栖息环境的恶化和保护不力,新疆野生动物资源数量正呈下降趋势。

新疆的野生植物资源更为丰富,且分布广泛,质量上乘。除上述草地资源外,现知新疆药用植物 2014 种,其中野生者 1451 种,如麻黄、贝母、甘草、黄芪、阿魏、肉苁蓉、雪莲、锁阳、元胡、柴胡、龙胆、天山大黄、党参等均已得到不同程度的开发;有农药植物 120 种以上。食用植物中,野生果树资源 103 种,如野苹果、野杏、野樱桃、野核桃、多种蔷薇和草莓等。还有大型食用真菌 200 多种,维生素植物 50 种以上,油料植物近百种,蜜源植物约 500 种。另有观赏植物 300 多种,固沙植物上百种,防护林树种 80 多种。种质植物资源中,有野生谷类作物的近缘种 87 种,野生果树近缘种 70 种。像野苹果、野杏是栽培种的直接祖先,新疆也是栽培核桃的原产地之一。此外,还有耐盐、抗旱、抗紫外线的种质资源达百种左右。在国内只产新疆的植物资源很多,如白梭梭、灰杨、雪岭云杉、啤酒花和野苹果等。但新疆植物资源分布也不均匀,山地多于平原,北疆富于南疆。如以野生果树为例,山地占 78%,平原只占 22%;北疆占 76.7%,南疆仅占 23.3%。

（四）丝路重地，独特旅游资源亟待开发

新疆位居亚洲大陆腹地，是典型的干旱区和多民族聚居区，自然与人文旅游资源既丰富又独特，开发潜力很大。新疆旅游资源特色显著，表现在5个方面：

1．丝路古迹熠熠生辉

新疆是古"丝绸之路"的要道。这条沟通中西经济文化的古老商路，在新疆境内共有南、中、北三条干线，全长5000多km，皆以新疆为枢纽，跨越50多个县。沿途古城、烽燧、千佛洞、古墓葬、古建筑、屯田遗址等古迹有近百处之多。楼兰、米兰古址，北庭、交河、高昌故城，柏孜克里克和克孜尔千佛洞，哈密王陵、阿斯塔娜古墓、乌孙古墓、香妃古墓、石头城、公主堡等古迹名闻遐迩。它们组成的文化长廊，堪称"丝绸之路博物馆"，成为新疆最著名的旅游品牌。

2．大自然风光恢弘神奇

特殊的地质构造、地理区位和环境结构造就了新疆的三大山系、两大盆地等众多世界罕见、全国第一的内陆干旱区奇特自然景观。如乔戈里峰、喀喇昆仑山和天山冰川、塔克拉玛干沙漠、古尔班通古特沙漠、塔里木河、博斯腾湖、艾丁湖、雅丹地貌群和硅化木园区等等，以其恢弘、粗犷的气势和原始的大自然神奇美感吸引着众多国内外游客。

3．自然保护区独特珍稀

新疆拥有阿尔金山、卡拉麦里山、塔什库尔干、巴音布鲁克、天池、博格达、托木尔、哈纳斯等20多个省区级以上的自然保护区，拥有上述丰富多样的珍稀野生动植物资源。以自然保护区为代表的新疆山地－绿洲－荒漠生态系统，不但是进行区域生物多样性保护及可持续发展研究的重要理想场所，而且也是开展科普教育、探险旅游、生态旅游及观光农业旅游的理想去处。

4．民族风情绚丽多彩

新疆是具有西域特色的中国著名少数民族聚居区，生活着47个民族，主要有13个，大多信奉伊斯兰教。新疆是著名歌舞之乡。在历史长河中，新疆荟萃了中西文化，各民族相互影响融合，形成了风情浓郁、各具特色的民族文化，构成了绚丽多彩的民族风情。

5．果品特产驰名中外

新疆是瓜果之乡，天马之国，金玉之邦。哈密瓜、吐鲁番葡萄、库尔勒香梨、阿图什无花果、叶城石榴，喀什花帽和艾德莱丝绸、英吉沙小刀、和田地毯和玉雕、各色民族风味食品及天山南北盛产的棉花、红花、番茄、枸杞等白色、红色产品等等，均可作为吸引游客的西域特色旅游商品或观光、品尝对象。

第二章　开发建设的战略重点

在世界范围内分布着广阔的干旱、半干旱地区。据联合国公布的资料,两者总面积达 4774 万 km²,接近地球陆地面积的 1/3。仅世界上的荒漠和半荒漠地区面积就达 1780 万 km²,占陆地面积的 12%。我国也分布有大面积的干旱、半干旱地区,新疆、甘肃、青海、宁夏、内蒙古和陕西等省(区)干旱、半干旱区面积达 350 万 km²,约占全国国土面积的 35%。由于干旱区地理环境独特,自然资源丰富,加之当今世界出现的人口、粮食、能源、环境等问题日益突出,使人们将眼光投向有较大开发潜力的干旱区。在我国西部大开发的战略部署中,干旱区开发也得到特别重视。新疆是我国典型干旱区,其干旱、半干旱区面积可占全国干旱、半干旱区面积的 42%。新疆又是我国资源大省,开发潜力巨大,在未来西部大开发中将扮演十分重要的角色。新疆应该有一个更大的发展。

一、西部大开发战略意义与新疆面临的情势

(一)西部大开发的重大战略意义

1999 年 3 月以来,江泽民总书记和党中央提出了西部大开发的战略,在 1999 年 6 月 9 日中央扶贫开发工作会议上,江泽民总书记强调"加快中西部地区发展的条件已经具备,时机已经成熟,如果不抓住这个时机,不把该做的事情努力做好,就会犯历史性错误"。在 1999 年 6 月 17 日西北 5 省区国有企业改革和发展座谈会上,江泽民总书记又指出:"现在我们正处在世纪之交,应该向全党全国人民明确指出,必须不失时机地加快中西部地区的发展,特别是抓紧研究西部地区大开发",并特别强调"加快开发西部地区,对于推进全国的改革和建设,对于保持党和国家的长治久安,是一个全局性的发展战略,不仅具有重大经济意义,而且具有重大的政治和社会意义","从现在起,这要作为党和国家的一项重大的战略任务,摆到更加突出的位置。"还进一步号召"我们要下决心通过几十年乃至整个下世纪的艰苦奋斗,建设一个经济繁荣、社会进步、生活安定、民族团结、山川秀美的西部地区。"

西部地区10个省区市中,国土面积约540万km²,占全国的56%,人口2.8亿,占全国的23%。但由于经济基础薄弱,自然生态条件较差,发展水平仍然较低。自改革开放以来,与东部的经济差距日益扩大。如西部的GDP在全国的比重已由1995年的16.34%降至1998年的11.3%,而东部却由52.6%增至63.1%。人均国内生产总值无一达到全国平均水平。至于产业结构与城市化水平,西部与东部都存在较大差距。西部地区长期处于这种落后状态,与邓小平同志在80年代就提出的"两个大局"的战略构想(先发展沿海地区,这是一个大局;发展到一定时候,沿海多做一些贡献支持内地发展,这也是大局)已很不协调,如今中央提出西部大开发正是落实邓小平同志"两个大局"的战略构想的重大步骤。同时将关系到我国第三步战略目标的实现。总之,西部大开发是加快我国现代化建设步伐,实现中华民族伟大振兴事业的迫切需要。

我国西部地区自然资源丰富,开发潜力巨大,并与14个周边邻国或地区交界,陆地边境线长约2.1万km,同时集中聚居着众多少数民族。加快西部地区经济发展和社会进步,遏制西部地区生态环境恶化的趋势,对加强民族团结,维护边疆地区长治久安和巩固边防都有重大的战略意义。

(二) 新疆面临的情势分析

1. 新疆在西部大开发中的重要地位与作用

新疆国土面积广大,占全国的1/6,中西部地区的31%,且资源丰富,开发潜力巨大。新疆是我国拥有邻国最多、边境线最长的省区;聚居着40多个少数民族,主要有13个;是实施沿桥(第二亚欧大陆桥)、沿边开放战略的前沿阵地,是祖国的西大门,向西开放的桥头堡。地缘关系独特,战略地位重要。在西部大开发中,鉴于新疆的广阔空间和优势资源及特殊区位,无疑具有特别重要的地位,可作为战略重点区之一;可为东部兄弟省市区的人才、技术和产品开拓提供新的发展空间,为整个中华民族提供更加广阔的生存空间;同时由于新疆处于东亚经济圈、中亚经济圈和南亚经济圈的结合部,新疆的大开发、大发展,不仅有利于缩小新疆境内的地区差异,促进南北疆社会经济的共同繁荣和进步,而且对西部各省区挺进中亚、南亚、西亚和欧洲市场也起到重要的促进作用,成为我国向西开放的战略通道和重要窗口。

2. 面临的挑战与问题

我国西部大开发面临着难得的历史机遇,也面临着许多挑战和问题,诸如全国性结构调整和国内市场结构变化的挑战,我国加入WTO后给西部带来的不确定性和风险的挑战,国际能源、原材料价格下跌带来的挑战,以及资源开发、生态环境建设中所面临的各种挑战等等。同时像西北地区普遍存在着水资源短缺及供需矛盾突出、生态环境日趋恶化、交通等基础设施滞后、产业结构不合理和经济基础薄弱、自我发展能力差等不利因素。

新疆在未来大开发中最突出的问题有三点：①经济实力弱,与我国东部沿海地区经济差距加大。新疆产业结构层次低,生产成本偏大,经济效益较差,财力匮乏。1998年新疆财政自给率只有49.5%；全疆86个县市,只有7个县市能自给,其余都要靠国家补贴。新疆国内生产总值与全国平均水平的差距,已由1990年的338亿元扩大到1997年的1362亿元；居民收入与全国的绝对差距进一步扩大。与东部沿海省市相比,差距更大。如以人均GDP相比,新疆要比浙江低32%,比上海低62%。②区内差距加大,南疆明显落后于北疆、东疆区,"一轴一带"的两极分化显著。如通过层次分析法表明,在全疆86个县市中,属于相对发达、较发达的县市共有19个,其中北疆有12个,占63.2%,南疆只有4个,占21.1%；属于落后、较落后型的共有42个,其中南疆有25个,占59.5%,北疆15个,占35.7%。此外,"一轴"(新亚欧大陆桥沿线,特别是天山北麓经济带)的经济态势要大大强于"一带"(由32个县市组成的呈扇形的沿边地带)的经济状态。③"局部改善,总体恶化"的生态环境态势依然存在。例如新疆的荒漠化土地总面积为99.6万km^2,占全疆土地总面积的60%。近30年来,年均沙漠化扩大面积为5.1km^2。新疆山区森林和草地普遍退化,全疆草地退化面积达800万hm^2；河流断流,平原湖泊萎缩、咸化,天然绿洲继续减少；大气、水环境和农业环境污染加重；干旱、风沙、洪水、病虫等自然灾害频繁,经济损失较重,生态负荷加大。

(三) 区情特点分析

重新认识新疆区情是十分必要的。区情既有静态成分,又有动态因素。现阶段新疆基本区情可大致概括为"资源大省,经济落后,区位特殊,民族众多,生态脆弱"20个字。

1. 资源大省,开发潜力大

之所以说新疆是我国资源大省,主要是指资源品种丰富,规模宏大,特色显著。如新疆是国土大省,土地面积占全国的1/6,后备宜农土地资源近1333万hm^2,近期可开发利用的为867万hm^2；另有可利用草地5067万hm^2,是我国三大草原牧区之一；有丰富的光热资源,一般明显优于我国同纬度其他省区；矿产资源较齐全,矿产配套程度较高,在全国、西北地区均占有重要地位,远景开发潜力大,特别油气资源富有,是我国石油开发的战略接替区；新疆还有众多独具特色的资源植物和经济动物有待开发；此外,新疆的自然和人文旅游资源也十分独特。新疆的水资源总量在全国各省区中排名第12位,人均水资源量居第4位,开发利用尚有较大的潜力。

2. 绿洲经济初具规模,石油、棉花等产业地位突出,但整体上在全国经济地位偏低,地域差异明显

新疆是我国十大经济区之一。经过 50 多年的开发建设,特别是改革开放以来,新疆国民经济得到稳定、快速发展,综合实力明显增强。现已形成一个基本完整的国民经济体系,农业连续丰收,传统产业已占有举足轻重的地位,以农牧产品和矿产品加工为主的资源转换型产业格局已经形成,且仍将维持一个较长的时期。

新疆是我国绿洲规模最大、类型最全、分布最广的省区。绿洲是干旱区人类文明的载体。绝大部分的人口、经济活动和社会财富都集聚在绿洲区域。新疆经济按所依托的生态类型大致可分为草原经济、沙漠经济和绿洲经济,构成三足鼎立的格局。其中绿洲经济是主导,且以绿洲农业为主体,其干旱区域特点显著。可见,新疆经济实质上是绿洲经济。石油天然气在各大盆地的沙漠腹地得到勘探开发,这就是沙漠经济,但石油炼制与石油化工却配置在绿洲内进行。新疆的油气开采和石油化工被称为"一黑",是新疆的支柱产业之一,也是西北最大的石油工业基地,形成的固定资产占全疆工业固定资产总值的 56%。石油及石油化工总产值可占工业总产值的 30% 多。棉花(被誉为"一白")也是新疆的支柱产业,其播种面积、总产量、单产都早已跃居全国之首。1998 年,产棉花 149.21 万 t,占全国的 33.15%。此外,新疆的畜牧业、林果业和特种经济作物都各具特色,占有一席之地。

石油、石油化工、纺织、轻工、化学工业、建材等 6 大行业已成为新疆工业经济的支柱产业。但还属于社会主义初级阶段的欠发达地区,在全国的经济地位仍然较低,与东部沿海较发达地区的差距有所加大,这与新疆资源大省的地位很不相称。如 1998 年,国内生产总值只占全国的 1.5%,工业总产值在全国各省区中居第 24 位;农村社会总产值占全国的 1%,居第 26 位;牛羊猪肉产量居第 23 位;乡镇企业总产值仅占全国的 0.25%,居第 23 位;农牧民人均收入居第 24 位。从空间布局和地域差异看,注重发挥以乌鲁木齐为中心、天山北坡产业带为主轴的经济优势,并向天山南北两翼展开。南疆边远地区和扇形沿边地带的县市普遍较落后,南北疆差异、城乡差异十分明显。

3. 双重区位,地缘战略位置重要

应该看到,新疆的地理区位具有双重性,与我国东部沿海相比,新疆偏居西北边陲,交通运距长,从乌鲁木齐到全国各省市区的平均铁路距离为 3760km。偏远、闭塞的交通位置是发展经济的不利因素。但随着沿桥、沿边战略的实施,新疆出现了全方位开放的格局。新亚欧大陆桥的贯通,使新疆成为扼守大陆桥的咽喉地带。新疆有蒙古、俄罗斯、哈萨克斯坦、吉尔吉斯斯坦、阿富汗、巴基斯坦、印度等 8 个邻国,边界线长达 5600 多公里。现已有乌鲁木齐、伊宁、博乐、塔城等一批开放城市、10 个地州的 33 个边境县市、18个开放口岸,使新疆成为向西开放的前哨和窗口,并成为西北国际大通道的主要组成部分。这样新疆就从原有边远封闭的地缘格局演变成沿边依桥、外引内联、东进西出、全方位开放的新的地缘格局。新疆处在亚欧大陆腹地,是联系和沟通中亚、南亚、西亚和欧洲的桥头堡,且与中亚诸国构成的亚洲中部地区成为世界多极化势力争夺的重要地盘,因而地缘战略位置显得十分重要。

4. 多民族聚居,多种文化的融合,但长时期内存在着不稳定因素

新疆总人口仅有1747.35万人(1998年),只占全国总人口的1.4%,但却居住着47个民族,是典型的多民族聚居区。主要有维吾尔、汉、哈萨克、回、蒙古、柯尔克孜、锡伯、塔吉克、乌孜别克、满族、达斡尔、塔塔尔、俄罗斯等13个民族。此外还有东乡、撒拉、藏、苗、彝、布依、朝鲜等34个民族,其中少数民族人口1083.4万人,占总人口的62%。

新疆由于特殊的区位和地缘关系,并受漫长的丝路交往历史的影响,使新疆成为中西文化的交汇之地,境内的农区文化(绿洲文化)和牧区文化(草原文化)长期并存发展,多种语言文字长期并存使用,多种宗教长期并存发展,多种音乐、舞蹈、绘画、雕刻等文化艺术长期并存繁荣。如长期使用着印欧语系、汉藏语系和阿尔泰语系,新疆是各种语言文字汇集的地方。新疆绝大多数民族都有自己的语言文字,有的一种语言文字由多个民族通用。目前正在使用的就有汉文、维吾尔文、哈萨克文、托忒蒙古文、锡伯文、柯尔克孜文等。在自治区范围内通用的有维、汉两种语言文字,在自治区人民代表大会期间,使用维、汉、哈、蒙、柯5种语言文字。新疆作为多宗教地区,主要有伊斯兰教、喇嘛教(藏传佛教)、佛教、道教、基督教、天主教、东正教和萨满教等。其中伊斯兰教为维吾尔、哈萨克、回、柯尔克孜、塔吉克、乌孜别克、塔塔尔、撒拉、东乡、保安等10多个民族所信奉。全疆各地的清真寺、喇嘛庙、天主教堂等共23 000多处。由于西方敌对势力及境内外非法宗教活动和分裂势力等多种因素的干扰,加之经济发展的滞后,使新疆长时期内存在着不稳定因素。

5. 干旱少雨,植被稀疏,生态环境脆弱

新疆是我国典型干旱区,降水稀少。这种干旱的自然环境由来已久,在第三纪早期即已出现,至第四纪以来,随着新疆各大山系的断块隆升,使新疆成为完全封闭的内陆区域,严酷的干旱环境趋于形成。从生态系统看,新疆存在着山地-绿洲-平原荒漠的三元结构。人工绿洲面积只占全疆土地的3.8%。除了山地有一定降水外,平原区很少,地表径流量均低于全国平均值,低于世界上同纬度其他地区。新疆年平均降水量为145mm,为我国平均年降水量(630mm)的23%;新疆年径流深为50mm,相当于全国平均径流深(271mm)的18%。吐鲁番盆地的托克逊年降水量仅有6mm,为全国最干旱之地。新疆极端干旱、半干旱区面积占全疆国土的88.7%。水分的匮乏，导致广大地区植被稀少，各大山系低山带和广大平原地区呈现荒漠景观。总之，生态脆弱，生态环境自我恢复能力差。荒漠植被一经破坏，恢复十分困难。再由于地处内陆盆地，盐分极易在盆地中心、河流下游和平原灌区聚集，造成农田次生盐渍化，治理难度较大。即便是人工绿洲，若建设管理不善，也会导致衰败。荒漠化成为新疆生态环境退化的主要危险。

二、开发历史与开发特色

（一）开发历史的简要回顾

新疆古称西域，在先秦的汉文古籍如《山海经》、《穆天子传》、《逸周书》中已对西域山川地形、物产矿藏、部落社会以及中原与西域的经济文化联系有零星的记述。新疆处在典型内陆干旱区，正是发育典型绿洲的主要场所。

从考古发现来看，新石器时代的文化遗址在全疆各地均有分布，如哈密的三道岭、七角井，乌鲁木齐的柴窝堡，吐鲁番的阿斯塔那、雅尔湖、辛格尔，博斯腾湖沿岸，昆仑山、喀喇昆仑山北麓的且末、民丰、于阗、皮山，天山南麓的库车、巴楚、柯坪，以及天山北麓的木垒、吉木萨尔、奇台，伊犁河谷等地都发现有以细石器为特征的遗址。表明当时人们是以狩猎和游牧为主，频于迁徙。而且这些遗址与甘肃、青海、宁夏、内蒙古等省区的同一类遗址是连成一片的，说明在原始社会时期，新疆与这些地区已存在一定的联系。另从疏附、阿克苏发现的以磨制较大石器为特征的新石器文化来看，反映出经济生活以农业为主。从伊吾到奇台等地发现的以彩陶器为特征的新石器文化，说明当时已有牧业和早期农业经济。

大约公元前1000年左右，北疆草原地带生活着乌孙各部的游牧民族，"不田作种树，随畜逐水草"（《汉书·乌孙传》）。在南疆各地，远古居民逐渐从游牧生活转变为农业定居，形成许多绿洲城国。"自且末以往皆种五谷，土地草木，畜产作兵，略与汉同"、"大率土著，有城郭田畜"（《汉书·西域传》）。表明这些绿洲城国实行农牧并重。

公元前138年（武帝建元三年），汉武帝派张骞出使西域，公元前119年（武帝元狩四年）张骞再度出使西域。后又有班超出使西域（公元91年任西域都府）。公元前101年（武帝太初四年），立西域校尉，公元前60年（宣帝神爵二年）在乌垒城（今轮台县境）设立西域都护府，统辖天山南北。并实行屯垦戍边、维护东西交通的基本国策。始以轮台、渠犁为中心，远布天山南北，规模日渐扩大。后垦殖重点又转移到车师（吐鲁番）。

按人口测算,当时天山南北垦殖规划已达 200 万亩(1 亩 = 666.6m^2)左右。东汉时屯垦时断时续。魏晋时期,西域都护府治所由东汉的库车县境迁至罗布泊西侧的海头(今楼兰废墟)。在楼兰垦区还设有水曹,专管河渠灌溉事宜。其他各地民间垦殖事业蓬勃展开,塔里木盆地西南莎车、疏勒"田地肥广,草牧饶衍",已能粮食自足。天山北麓"庐帐居、逐水草"的游牧部落也"颇田作",农事有了令人注目的发展。

公元 6 世纪南北朝时,西域大部分为西突厥汗国游牧地。在塔里木盆地北缘,农业生产成为主导经济,史称于阗等地"土宜五谷并桑麻"。

隋朝统一全国为唐朝统一西域奠定了基础。隋朝在西域设有伊吾郡(在哈密)、鄯善郡(在今若羌)、且末郡(在今且末)三郡,并曾在高昌设西域校尉,处理西域军政事务。

公元 7 世纪唐王朝统一中原后,又恢复了对西域的统辖。并在天山南北进行大规模屯田,以充军粮。当时把西域划入陇右道,其地域东起哈密,西抵咸海,北至阿尔泰山,南到昆仑山。当时西域东部实行州、县、乡、里制,和中原地区行政区划一致。其中四州是指伊州(今哈密地区)、西州(今吐鲁番地区)、庭州(天山北坡东段)、沙州(辖且末至敦煌地区)。据玄奘西行沿途所见所闻看来,当时塔里木盆地诸绿洲城国已有发达的灌溉农业,园艺业已具特色,畜牧业乃系重要产业。当时农作物以粟为主,黍麦次之,且绿豆、小豆、胡麻种植颇多。公元 8 世纪天宝年间塔里木人口比贞观年间已有相当增长。

13 世纪,元朝统辖新疆地区后,为解决粮食问题,亦曾于别失八里(吉木萨尔)、阿里麻里(霍城)、和阗、高昌等地进行屯垦,但规模有限,效益不显。一向以畜牧业著称的北疆地区,行水灌溉,农业已有相当发展。《长春真人西游记》中称,阿里麻城(霍城)一带"农者亦决渠灌田"。《西使记》则指出孛罗城(今博乐城境内)"所种皆麦稻"。

明代,新疆处于封建割据局面:中央政权直接统治哈密卫(今哈密盆地);准噶尔盆地东、北部为瓦剌势力所据,西、南部为哈萨克及柯尔克孜游牧地;吐鲁番及塔里木盆地均由察合台后裔所据。明中期以后,在西北实际控制仅至嘉峪关一线。15 世纪末,哥伦布发现美洲,之后海上商路开通,新疆地区在中西交通上的地位相对降低,但与内地的商贸联系仍很活跃,境内贸易有所发展。当时的叶尔羌,"商贾如鲫、百货交汇,屹然为是方著名商场"。喀什噶尔、阿克苏、吐鲁番、哈密也都是重要商业都镇。

清朝逐步统一全国后,西部疆域到今巴尔喀什湖、楚河、塔拉斯河流域、帕米尔高原。清初(17 世纪 40 年代),大山以北为卫拉特(明称瓦剌)四部落游牧地,其中准噶尔部(或绰罗斯)在伊犁地区,土尔扈特部在塔城地区,杜尔伯特部在额尔齐斯河流域,和硕特部在东天山北楚。以后准噶尔部强大,兼并了其他三部及天山以南地区。

经康、雍、乾三朝,西师屡出。乾隆二十二年(1757 年),准噶尔部被平定,接着南疆亦入清版图,天山南北进入了新的历史时期。但经过战争及疫病袭击,人口受损,经济不振。屯垦农业、填弃人口势在必行。自乾隆二十一年(1756年)清军已在哈密之塔尔纳沁试行兵屯,尔后又有"犯屯"、"户屯",招募回民的"回屯"及伊犁驻守的"旗屯"等,并逐渐推开。随着新疆的统一,清朝实行军事统治的军府制,伊犁将军府统辖天山南北、中亚及哈萨克各部,在天山北麓实行州县制,如迪化(乌鲁木齐)直隶州、镇西(巴里坤)府,其余均设县。1884年,新疆正式建省,省府设在迪化,各地普设州县,至1902年共设4道、6府、11厅、3州、23个县和分县。由于清朝治理新疆后采取了屯垦一系列有效措施,使南北疆社会经济特别是北疆的农垦事业得到了显著发展,兴起了乌鲁木齐、伊犁等一批绿洲城镇。对抵御外侵、巩固西疆边防起了决定性的作用。到清末《新疆图志》编写之际,新疆人口已突破200万大关。据《新疆图志·赋税志》记:"宣统三年(1911年),清丈地亩确数,共熟地10 554 705亩"。

(二) 新疆开发特色

1. 以水土开发为主旋律

翻开以往新疆开发历史,可以说是一部屯垦史。自两汉到清朝,都是掀起屯垦的热潮,不乏"民屯"、"兵屯"、"犯屯"。从公元前101年(汉武帝太初四年)开始的南疆轮台屯田所揭开的屯田序幕到清朝前"仿效汉唐、大兴屯田"的历史屯垦高峰,都以修筑水利设施和垦殖农田的水土开发为前奏序曲,体现了各个朝代对新疆开发的显著标志。新中国成立以来,空前的政治局面带来了新疆有史以来空前的水土开发热潮,并在南北疆全面展开。北疆玛纳斯绿洲的石河子垦区就有"军垦第一犁"(雕塑)和"农垦第一库"(大泉沟水库)之称,成为最好的佐证。

2. 以绿洲拓展和农田扩大的土地利用变化为基本标志

水土开发的兴起必然使农田(耕地)扩大,绿洲(指人工绿洲)拓展。绿洲的兴衰存亡和涨缩是各个历史时期社会经济状况的缩影。社会动乱时期,战火连绵,灾荒四起,百姓流离失所,农田弃耕,庄园荒废,最后导致绿洲衰败,以至部分城镇消亡。吐鲁番的高昌、交河故城就是这类典型。社会稳定,民族团结,人口增加,百姓安居乐业,经济走向复苏,随着水土开发的大举兴起,绿洲规模不断扩展。这在历史上屡见不鲜。凡是大兴开发之时,总要伴随水土开发的到来,势必造就绿洲的兴旺与拓展,并成为干旱区开发的基本标志。新疆近50年来人工绿洲的扩张过程与开发的潮起潮落十分吻合。

绿洲拓展、耕地扩大的直接结果是导致土地利用的变化,促使绿洲效益特别是绿洲土地的产出效益的提高。绿洲土地产出效益是一个宏观的综合概念,是指在绿洲范围内的所有土地上通过初级、次级生产、流通服务及信息生产所获得的综合性效益,也就是绿洲生产总效益或绿洲生产总功能。表2-1反映的是西北5省区的情况。

表2-1 西北5省区土地利用的产出效益对比(1996年)

项　目		人均国内生产总值(元/人)	人均农业总产值(元/人)	人均工业总产值(元/人)	外贸依存度	财政自给率%	产值密度(万元/km²)	
							全省区(地区)	绿　洲
省区比较	新　疆	5167	2551	3759	0.127	42.05	5.49	128.58
	甘　肃	2966	1351	2685	0.06	47.69	15.72	105.37
	青　海	3748	1150	2767	0.10	42.10	2.68	62.67
	宁　夏	3715	1327	3380	0.10	42.95	37.38	187.86
	内蒙古	4265	2017	2780	0.105	73.78	83.24	
5省区		4034	1816	3013	0.089	43.42	9.97	
全　国		5539	1914	5315	0.354	64.75	70.62	

资料来源：中国统计出版社，新疆、甘肃、青海、宁夏、内蒙古统计年鉴，1997；青海柴达木绿洲的产值密度是按3%的绿洲比重面积推算的。

3．以矿产资源勘探开发为主旋律

随着文明社会的进步，产业结构的升级和多元化，人类对矿产的需求日益迫切。于是沉睡的矿产资源受到特别关注，逐步得到开采利用。新疆作为资源大省，矿产资源尤显突出。50多年来，在掀起水土资源开发热潮的同时，又以矿产资源的勘探开发作为伴奏主旋律。如20世纪50至60年代，新疆的地质矿产工作业绩斐然。正是这一时期，克拉玛依油田得到开发，并成为新中国第一个油田，可可托海矿进一步兴起，煤炭开采在吐-哈盆地和天山北麓大举兴起。随后，哈图等贵金属矿及其他非金属矿产陆续得到开发。到改革开放时期，更是出现了准噶尔东部油田(简称"准东油田")、塔里木油田和吐(鲁番)-哈(密)盆地油田(简称"吐哈油田")得到较大规模的勘探开发，资金投放规模达数百亿元，很快成为国民经济的支柱产业之一，带动了地方经济和相关产业的发展。

4．以人力资源的调遣和人口迁徙为重要过程和手段

区域开发需要注入足够的人力资源和必需的技术装备。对于一个地广人稀的待开发区来说更是如此。新疆历史上就是一个人口迁徙区。清朝以前的屯垦，规模还不算大，以成千上万计。到了清朝，屯垦人数规模达到数万、数十万，已非常可观。

新中国成立后，新疆成为中国人口迁移量最大的省区之一。在新中国刚成立的前10年，水土资源处于大规模开发时期，本地的农村劳动力虽有增长，但仍感严重不足，于是不得不从内地省区吸引大批计划移民和自发迁移来解决农垦事业所需劳力短缺的问题；而且新疆宽广的地域和丰富的处女地及光热等优势资源，又为人口的吸引提供了较高的就业机会。在1950～1961年的12年间，正是新疆大举开发的时期，净迁入人口达175.4万人，占同期净增总人口的63.5%。从1949～1991年，曾出现两次人口迁入

高潮,第一次为1949~1961年,第二次为1964~1980年。在这42年中,新疆总人口由433.34万人增至1528.02万人,净增人口1094.68万人,在净增人口中,净迁移人口为263.06万人,占同期净增人口数的24.03%。迁入人口的主要来源有四川、河南、甘肃、江苏、陕西、山东、安徽、浙江等省;迁入人口类型主要有解放军就地转业安置、支边青壮年与自流支边迁移以及随迁人口等。大量移民,不但对新疆人口总量增加和人口类型转变产生巨大影响,而且对发展新疆工农业生产、繁荣经济、充实边疆、巩固边防、促进社会稳定发挥了重大作用。

今后的开发尽管不一定有这么大规模的劳力人口移入,但政府有计划地调遣和人口的自由迁徙一直成为伴随新疆开发的重要过程和手段。近些年来,新疆棉花采摘期,每年有数十万流动劳力往返于棉区,也是一个有力的例证。这次西部大开发,人才资源的开发将面临全新的挑战,人口迁徙将出现新的动态。

5. 以边疆统一安定为前提,以中央政府的宏观决策为动力

统一安定及与周边国家和平共处的政治局面是实施开发战略的前提。中央政府的重视和决策支持是启动开发的保障和动力源泉。这已被反复的事实证明。如今中央关于西部大开发的战略决策给新疆提供了又一次难得的机遇。但要抓住抓好这次机遇,还必须有赖于新疆各兄弟民族的精诚团结和境内外的和平安宁。发展可促进稳定的局面,稳定可为建设和发展提供良好的环境,两者相辅相成。

三、未来开发建设的战略重点

新世纪将是华夏的辉煌世纪。新疆将在21世纪获得前所未有的大发展。实现大发展有赖于一系列重大工程的可持续开发建设。新疆未来大开发、大建设的战略重点可概括为"一绿"、"二心"、"三带"、"四点"、"五系"、"六工"。

(一)"一绿"——绿洲化建设,即建设和巩固优化高效的现代化人工绿洲系统

绿洲是新疆各族人民赖以生存、发展之本。今后的开发建设要以绿洲为基地和大本营,大开发、大发展还要伴随绿洲的开拓建设来实现。再说荒漠化和绿洲化是干旱区的一对基本矛盾,解决的根本途径就是以绿洲化战胜荒漠化。为此,搞好绿洲化建设事关大局,是百年大计、千年大计,在近年来大开发的新历史时期,显得尤为重要。但这个问题并没有引起人们普遍和足够的重视与关注。绿洲化建议的基本涵意是一要巩固,二要拓展,要在巩固的基础上求拓展,在拓展的过程中求巩固。拓展也好,巩固也好,其

目标都是建设优化高效的现代化人工绿洲。这是新疆各族人民生存发展的首要环境和基本场所。保护绿洲就是保护人类自己，建设好绿洲就是建设好自己的"第一家园"。

（二）"二心"——确保重点发展和建设两个主要的中心城市，一个是乌鲁木齐市，另一个是库尔勒市

城市化发展和小城镇建设是新疆大开发、大发展的切入点。新疆大发展的道路既是绿洲化的道路，也是绿洲城镇化的道路。为此，要进一步做好城镇体系规划和城市发展规划。但城市发展既要坚持以中小城市为主，又要确保若干大的中心城市的发展和建设。乌鲁木齐作为新疆的政治、经济、文化、科教、商贸、交通中心，并将带动周围城镇组成乌鲁木齐都市圈，使其成为西北地区重要中心城市和中亚地区的国际化商贸都市。这一地位的确定还要做出很大的努力，不是在人口规模（应控制在200万以内）上，而是在城市的内涵拓展和功能优化上。但乌鲁木齐作为全疆的主中心，除了指导全疆的社会经济和信息化发展外，主要还是带动北疆地区的发展。而南疆与北疆的差距仍在扩大，其基本差距就是在城市发展和建设上，为此应寻求一个全疆的副中心和南疆地区的主中心，那么库尔勒市是最佳的选择。在未来的20~30年内，库尔勒可建设拥有50万人口（市区）的大城市。将乌鲁木齐和库尔勒这两个市建设好、发展好，就可以带动一批区域中心城镇的发展，特别是地州、县一级的主中心和副中心。像北疆的大乌苏市、伊宁市、石河子市，南疆的喀什市、阿克苏市。

（三）"三带"——重点抓好天山北麓经济核心带、南疆铁路沿线开发带和沿边县市开放带的建设，以促进和带动全疆整体的发展

从乌鲁木齐至克拉玛依的天山北麓经济核心带（简称"天北核心带"）已经形成，将来要进一步巩固提高这条一级增长轴，为全疆提供更好更强的示范和借鉴，更有力地带动天山南北的发展。尤其要在工业技术改造、乡镇企业发展、生态产业建设和名牌产品开拓等方面起到示范带头作用。南疆铁路线开发带（简称"南铁开发带"）主要指库尔勒—阿克苏—喀什一线的新的经济开发带，目前虽然发展滞后，但潜力优势已经显现，二级增长轴的雏形已经形成。将来要重点培育、强化投入，在油气勘探开发、石油化工、棉花基地、绿色农产品和优质果品加工等领域重点开拓，力求经济的跨越式发展，尽快壮大成为新疆经济的一级增长轴，真正形成新疆"两翼"（即天山南北麓）展翅的态势。还有一带是沿8个邻国的沿边33个县市的扇形开放带（简称"沿边开放带"），以18个口岸为依托，是向西开放的前沿地带，目前除个别县市外，大多比较落后，自我发展能力很差，生态环境也较脆弱。今后要瞄准周边市场，依托腹地城镇，选择好自身的突破口，发

展各具特点的外向型经济,国家和自治区要给优惠政策,重点扶持造血功能,积极帮助脱贫致富。

(四)"四点"——大力培育四个新的经济增长点,即外向型经济、非公有经济、高新技术和第三产业

新疆作为边远省区,有向西沿边开放的地缘优势,同时在国内也具有独特的资源和产品优势,为此应以市场(特别是中亚、南亚、西亚、东欧等市场)为龙头,着力发展外向型经济,依托口岸,大力开拓大贸、地贸、边贸,以大跨步的发展和质高物美价廉(相对的低廉)的产品优势占领制高点,不断提高市场占有率,在经济全球化和国际市场竞争中争得一席之地。

破除传统观念,加快经济体制改革,更多更快地发展非公有制经济,是未来大发展的重要选择,也是必由之路。新疆要通过观念上、制度上和政策上的创新来加快这一步伐。使其在经济发展中充分发挥这一增长极的作用。

至于高新技术在现代经济中的贡献份额早已显而易见,而新疆在"科技兴新"和科技成果吸收、引进、转化等方面都显得乏而无力或力不从心,不少传统产业和传统生产还基本停留在简单再生产的低效运转之中,这与日趋竞争激烈的市场环境极不相称;有许多企业或生产部门效益低下竞争乏力甚至连年亏损,几乎都与此相关。如何以高新技术产业为动力,向科技要出路、要效益、要精品,是未来选择之关键。谁不断拥有创新科技,谁就拥有主动和成功的机会。

还有一个新兴产业就是第三产业。在从第一产业为主向第二产业为主再向第三产业为主的递进发展过程中,第三产业的地位和作用已逐渐被人们所认识和把握。在新疆,加快发展旅游业、房地产、保险业和信息咨询等新兴行业,必将成为新疆大发展的助推器、润滑剂,而本身将是很有活力的经济增长点。

(五)"五系"——进一步发展和完善市场体系、对外开放体系、宏观调控体系、社会保障体系和人才开发体系

1. 培育和发展市场体系是经济全球化和现代化发展的客观需求

在新疆今后重点是抓好国家级和地区级的市场建设,建设和完善生产资料、消费品和农副产品批发市场及各类专业化市场,继续发展土地、劳动力、技术、人才、信息、产权交易等各类要素市场,完善金融市场和债券市场,积极拓展边贸市场、期货市场,努力办好国际性、全国性和区域性的各类商品交易、展销会。同时完善市场法规,依法加强市场管理,规范市场行为,确保市场健康有序地运行。

2. 为更好发挥新疆沿桥、沿边的地缘优势,必须完善对外开放体系

要形成和完善以乌鲁木齐为龙头,以新亚欧大陆桥为主要通道,天山北坡经济核心带为重点依托,以沿边开放带和开放口岸为前沿,以中亚、南亚、西亚、东欧及日韩、港澳台、东南亚为主攻方向的全方位开放新格局。对外开放有两个层次:一是对国际、国外的开放,这是主体目标;二是对国内、区外的开放,这是辅助目标。两者缺一不可。对新疆来说,必须依托东部沿海内地,通过内联外引来扩大开放。为此要积极开拓对外贸易和经济技术合作,开通大贸易渠道,组织集团军出击;并继续办好乌鲁木齐边境经济洽谈会,积极参加国内的商品展销交易会;改善投资环境,全方位、多渠道、多方式地吸引国内外资金和企业团体来疆开发建设;着力办好各类各级经济技术开发区,发挥龙头窗口作用;完善口岸体系建设,强化一类口岸,办好二类口岸,进一步增强口岸的通道作用。

3. 完善政府宏观调控体系

对政府来说,关键是根据大开发的形势和市场变化的规律,加快职能的转变,为营造经济和市场运行的良好环境提供正确决策、政策调控和优质管理服务等方面的保证。政府在健全法律法规,完善市场机制,保持经济运行的总体平衡和经济结构的优化,完善金融组织体系和金融市场体系,广开融资渠道和监督资金合理有效利用,组织资源和区域的合理有序开发及生态环境的整治建设等方面有大量宏观调控的工作可做。

4. 亟待建立和完善多层次的新型社会保障体系

随着市场经济的纵深发展和改革开放的不断深入,完善社会保障体系显得尤为迫切和重要。重点是完善与社会经济、社会福利、优抚安置和社会互助、个人储蓄积累等相结合的社会保障制度,推进养老、失业和医疗保险制度的改革。应逐步将行政机关、事业单位和城镇所有从业人员的基本保险全部纳入社会统筹。为此,仍要大力发展经济,增强综合经济实力,不断提高人民收入水平,加快缩小与东部的差距,争取尽快进入西部大开发省区的先进行列。

5. 建立和完善人才开发体系更显重要

人才开发关键是念好"养、用、引"三字经。"养"指通过全面推进素质教育,全方位培养造就各种综合人才和专业人才。"用"是合理使用现有的当地人才,实现人尽其才,才尽所用,创造各种良好的环境和条件,发挥好自身原有人才优势,遏止"孔雀东南飞"甚至"麻雀东南飞"态势的发展。"引"是通过各种优惠政策和途径吸引外国、外省区的有用人才为新疆大开发服务。吸引的形式可以多种,服务贡献的方式可以多样。制定人才政策时要注意内外衔接,既要优惠吸引外来人才,又要安抚鼓励当地人才。

(六)"六工"——实施六大工程,即两脉扩充工程、产业名牌工程、生态农业工程、"三两"保护工程、草地治保工程、安定整治工程

1. 两脉扩充工程(重大水利、交通等基础设施建设工程)

水利是命脉,交通是动脉,这在干旱区和地域广大的新疆尤为重要。人工绿洲的扩展、土地资源的开发,城镇与工业的发展,脆弱生态的重建都要以水的开发利用为前提。今后除完善绿洲灌区的水利设施和城市的供排水系统外,更重要的是部署安排若干大型的引、蓄水工程,以进一步满足新世纪大开发中生产、生活、生态的用水需求,协调好城市工矿发展和区域水土不平衡的矛盾。水利工程的重点是大河流域、大型重点灌区、中心城市区域、国际河流域和生产、生态缺水等地区。

交通是制约新疆经济发展的不利因素。新疆今后交通建设重点是解决好主干道的建设、交通网络的健全和道路质量的提高,提高通达度。南疆铁路的继续延伸,新国际通道喀什—安集延(乌兹别克斯坦)—塔吉克斯坦的开拓,精伊铁路(精河—伊宁—霍尔果斯)、奎北铁路(奎屯—北屯)的修筑,国道线等主干道道路等级的提高,重要航线、航站的开拓与完善。

2. 产业名牌工程(产业优化升级与名牌产品培育工程)

新疆今后主要应推进产业结构的优化升级,加大第二、第三产业发展的力度;要坚持走农业产业化的道路,以农业深度开发、深度加工增值为主攻方向,大力发展特色农业和绿色食品,进一步确立棉花、瓜果及各具特色农产品在全国和西部开发中的地位。工业生产要选好不同层次的支柱产业或主导部门,提高产业关联度,优化资源开发加工,最终建立起优质、高效、外向的工业体系,增加市场的竞争力。第三产业除继续着力发展通信、金融、保险及信息、咨询等新兴产业外,更要重点培植和大力开拓旅游业,使其成为新的经济增长点。

要将新疆的资源优势转换为产业优势和经济优势,其主要切入点就是实施名牌产品的培育工程。一等的资源必须开发出一等、特等的产品来。各优势产业、主导产业必须有自己的高档次的名牌产品,要确立以名牌为立命之本,以名品、精品求生存、求发展。为此要坚持"科技兴新"战略,坚持科技创新道路,加快科技与经济结合和科技成果转化,并将人才的开发与培育作为创名牌的基础工程。

3. 生态农业工程(绿洲生态农业的建设示范工程)

生态农业是新疆绿洲农业可持续发展的必由之路。绿洲生态农业与一般生态农业相比,应有自己的特色,不能理解为多种几棵树,把农田防护林建设好就是生态农业了。总结以往的经验,绿洲生态农业建设应在三方面下功夫,三足鼎立:一是按照绿洲生态

优化系统的规律和要求,建设好绿洲防护林和环境保护体系,严防风沙的威胁和沙漠的入侵及工业城镇给绿洲农业带来的"三废"污染,减轻其危害程度,使绿洲农业置于良好的生态环境下,同时使绿洲居民有个良好的生存自然环境;二是通过发展大农业、立体农业、复合农业、链条式农业(生产、加工、销售一条龙)等形式和途径,建立一种绿洲系统自有的物质、能量和信息的良性循环交流体系,以真正实现绿洲农业的可持续发展;三是按照生态方式和要求进行生态种植、生态养殖,提供更多更好的生态产品。一是基础,二是核心(灵魂),三是方向(目标),三者缺一不可,否则就不是真正的绿洲生态农业。

绿洲生态农业建设是绿洲化建设的基础,是漫长的历史过程,南北疆各地应根据不同自然、经济基础构建不同的发展模式,为此应按不同管理层次选择若干靶区进行示范化建设,然后逐步推广。要经常地开展总结评估,不断完善,巩固提高。要建立绿洲生态农业建设的考评指标体系,并纳入各级党政部门政绩考核的范畴。

4. "三两"保护工程("两廊"、"两带"、"两湖"的生态建设保护工程)

(1) "两廊"——指塔里木河下游绿色走廊与和田河绿色走廊的保护与治理

塔里木河干流下游(卡拉至台特马湖)绿色走廊是塔里木盆地东部南北联系的要冲,也是新疆与祖国内地联系的第二条后备要道,战略地位十分突出。但由于众所周知的原因,塔里木河尾水的节节退缩已造成这条"绿色走廊"生态环境的严重灾变,特别是绿色走廊中、下段面临消亡的危险,同时上段兵团5个农业团场的生产生活也受到严重考验,这个问题可以说已成为新疆生态环境重大问题之首。态势基本清楚,原因大多共识,但是否需要维护与整治的认识还不尽一致,也有主张舍弃的,大多主张保存。保护整治的思路方案也有,关键是如何抓紧保护实施。这是一项关系子孙后代的伟大工程,尽早投入比较主动,拖延迟缓将增加难度。

和田河绿洲走廊的保护不仅保护的是一条重要的天然河谷生态走廊,也是未来联系塔里木盆地南北缘的重要通道。和田河是塔里木河的三大源流之一。由于和田河出山口后的平原绿洲引水量较大幅度的增加,是和田河下河道水量及塔里木河水量下降的重要因素之一。今后和田河流域的水土开发规模还将有所增加,但无论怎样都要把和田河谷绿色走廊的保护放在重要地位。将来与沙漠公路形成并行的战略通道。

(2) "两带"——指塔里木盆地南缘绿洲与荒漠过渡带(简称"塔南过渡带")和准噶尔盆地南缘绿洲与荒漠过渡带(简称"准南过渡带")

塔南过渡带东起若羌县米兰,西至和田地区皮山县,东西横跨约1000km,虽然绿洲不甚连片,规模也不很大,但风沙危害是全疆最突出的地区,保护过渡带荒漠植被和营造绿洲-荒漠带防护林显得特别重要。这条过渡带已有一定基础,并已列入"三北防护林"体系,但还不够连续或重要地段还不够完善。今后要纳入新世纪重大生态建设工程,只能加强,不能懈怠。

准南过渡带的情况类似,东起木垒,西至乌苏,东西横跨约500多km。这一带的绿洲群规模大,在全疆的经济地位高,原有防护基础良好,特别是玛纳斯垦区比较规范,但也是一不连贯,二不平衡(防护水准),有的甚至缺乏防护工程。今后也应通过全线勘察,编制详细的防护工程规划,逐步实施,以确保天山北麓绿洲带的可持续发展。

(3)"两湖"——指重点保护博斯腾湖和艾比湖

博斯腾湖是我国最大的内陆淡水湖,以水产、芦苇、旅游业著称。该湖更是开都河和孔雀河的吞吐湖,是焉耆盆地和孔雀河三角洲两片著名绿洲的重要水源调节湖,尤其对孔雀河中下游灌区和塔里木河(干流)下游灌区的生产、生态建设有特别重要的意义。但在过去一段时期里,由于焉耆盆地水土开发规模的大规模增加及大量灌溉余水的排泄,曾使该湖面积缩小,水质变咸,成了微咸湖。后来采取了相应的保护措施情况有所改善。艾比湖是新疆另一个重要的平原湖泊,处在第二亚欧大陆桥中国段的最西部,邻近有阿拉山口口岸。由于这里处于阿拉山口大风区,湖泊的萎缩使部分湖底盐壳裸露,在大风吹扬下对艾比湖流域的绿洲特别是精河绿洲的生产生活带来显著危害。艾比湖的保护治理关系到艾比湖绿洲的保护,也关系到新亚欧大陆桥的畅通。以上两个湖泊都是新疆值得重点保护的平原湖泊。

5. 草地治保工程——指山地草场和平原荒漠草场的治理保护

新疆的草原畜牧业经济历来占有重要地位,今后相当长时期内仍将得到加强,并与绿洲农区畜牧业相结合,使新疆的畜牧业在未来的大发展中更上一层楼。草原畜牧业的物质基础是草地,草地生态的良性循环是基础之基础。由于20世纪50年代以来牲畜总头数的大幅递增,草地的载畜量也大为增加,牲畜对草地的压力显著加大,草地的自恢复能力却大为下降,草地生态普遍退化,山地夏牧场、冬牧场和平原荒漠草场的产草量和草地质量都有明显下降。新疆草地的普遍退化已成为新疆生态环境"总体恶化"的重要表现。由于草地生态的退化,加之又没有根本的救治措施,牲畜总头数仍在增加,因而草地生态长期处于恶性退化之中。山区、平原草地的退化不仅直接影响畜牧业的发展,而且对平原人工绿洲的可持续发展也构成威胁。为此要从全方位、多途径出发,制定出保护治理天然草地的工程措施、管理措施、生物措施,包括通过大力开发建设人工草料地和发展绿洲农区畜牧业、绿洲城郊畜牧业,来减轻对天然草地的压力,使退化的天然草地生态获得足够的休养生息及生态重建的时机。

6. 安定整治工程——主要指思想文化建设与社会安定整治工程

社会的发展和进步要通过物质文明建设、精神文明建设和政治文明建设来实现。

新疆聚居着40多个民族,历来体现多民族共处、交流、融合的发展过程。但由于所处的复杂地缘关系,加之历史、经济、文化、宗教等多种因素的叠加影响,总会在社会稳定、边疆安定方面出现这样、那样的问题。解决不稳定不安定的因素,一要立足于发展建设,加快提高物质文明的步伐,提高各民族的生活质量;二要加强精神文明建设,充分调动广播、电视、新闻、出版和现代信息传输等多种形式和途径,开展持久、深入的宣传教育,使各民族人民永远友好相处、团结奋斗、共建家园,使"发展促进稳定,稳定促进发展"的思想深入人心;三要通过政治文明建设,依靠政策法规和体制改革、行政区划调整及集中整治与共建文明社区等形式和手段,进一步确保社会长治久安,边疆繁荣稳定。

第三章 水资源及可持续开发利用前景

一、科学认识水资源

（一）重视水资源,关注水资源

水,特别是淡水,是21世纪的战略资源。水的重要性众所周知。水是人类及一切生物赖以生存的必不可少的重要物质,同时也是工农业生产、国民经济发展和环境改善不可替代的极其宝贵的自然资源。水资源科学是研究水资源的形成、存在、分布、运动、质量及其演变规律,以及与开发、利用、管理水资源有关的知识体系。

1998年8月1日施行的《中华人民共和国水法》将水资源认定为:"地表水和地下水","水资源属国家所有"。1980年水利部据国家农委和国家科委的统一部署,分别下达了地表水、地下水资源调查和统计分析细则,明确地表水为河川径流、冰川、湖泊、沼泽等水体的总称;地表水资源量是指:通过水循环可再生的河川径流量,其水质矿化度小于2g/L的淡水资源量。地下水资源则是指:与大气降水和地表水有直接联系的浅层地下水,重点评价矿化度小于2g/L的多年平均淡水资源。水资源总量是指:大气降水是陆地上水资源的总来源,大气降水量减去陆地地表各种蒸发量,余下留在地表、地下的水量,就是陆地水资源总量。水资源持续利用的目标是:开发利用水资源,保护环境、发展经济、永续地满足当代及后代人发展用水的需要。

新疆是一个水资源紧缺的干旱地区,水资源可持续开发利用问题,以及与之紧密联系的生态环境问题,已成为自治区政府及多学科研究人员共同关注的重大课题。

（二）正确认识水资源特性

水是自然界的重要组成物质,是环境中最活跃的要素。它不停地运动着,积极参与自然环境中一系列物理的、化学的和生物的过程。水资源具有如下特性:

1. 水资源的循环性

水资源与其他固体资源本质区别在于具有流动性和循环性。它是循环中形成的一种动态资源。水循环系统是一个庞大的天然水资源系统,水资源在于开发利用后,能够得到大气降水的补给,处在不断地开发、补给和消耗、恢复的循环之中,可以不断地供给人类利用和满足生态平衡的需要。

2. 储量的有限性

水资源处在不断的消耗和补充过程中,恢复性强。可实际上全球淡水资源的储量是十分有限的,全球的淡水资源仅占全球总水量的2.5%,且淡水资源的大部分储存在极地冰帽和冰川中,真正能够被人类直接利用的淡水资源仅占全球总水量的不足0.8%。从水量的动态平衡的观点来看,某一期间的水量消耗应接近于该期间的水量补给量,否则将会破坏水平衡,造成一系列不良的环境问题。可见,水循环过程是无限的,水资源储量则是有限的,并非用之不尽,取之不竭。

3. 分布的不均匀性

水资源在自然界中具有一定的时间和空间分布。时空分布的不均匀性是水资源的又一特性。我国水资源在区域上分布极为不均。总的来说:东南多,西北少;沿海多,内陆少;山区多,平原少。在同一地区中,不同时间分布差异性很大,一般夏多冬少。

4. 利用的多样性

水资源是被人类在生产生活及生态建设中广泛利用的资源,不仅广泛应用于农业、工业和城乡生活,还用于发电、航运、水产养殖、竞技游乐和环境改造等。在各种不同的用途中,有的是消耗性用水,有的则是非消耗性或消耗性很小的用水,而且,对水质的要求各不相同。可见,水资源可一水多用,充分发挥其综合效益。

5. 利、害的两重性

水资源与其他固体矿产资源相比,最大区别是:水资源有既造福人类,又可危害人类生存的水利和水害两重性。水资源质、量适宜,且时空分布均匀,将为区域经济发展、自然环境的良性循环和人类社会进步做出巨大贡献。水资源开发利用管理不当,则可制约国民经济发展,破坏人类的生存环境。所以在水资源的开发利用过程中尤其强调合理利用、有序开发,以达到兴利避害的目的。

因此,新疆要发展经济、改善环境,就要针对新疆水资源的特征,坚持合理开发利用,造福于新疆各族人民,为西部大开发继续做出重大贡献。

二、水资源评估

新疆水资源是在内陆干旱区独特的自然条件下形成的。因此,在评价新疆水资源时,应在客观分析自然地理条件的基础上,从水分循环和水量平衡着手,揭示降水、蒸发、地表水和地下水之间转化平衡关系,分析新疆水资源形成特征,论证新疆地表水资源量、地下水资源量和水资源总量计算成果的合理性,分析新疆水资源时空变化特征和人类活动对水资源变化的影响,通过水资源综合评价,为新疆水资源合理开发利用提供科学依据。

新疆内陆河流按水系归宿可分为5个二级区,即中亚、准噶尔、塔里木、新疆羌塘及新疆柴达木内陆区。发源于阿尔泰山的额尔齐斯河,为我国惟一注入北冰洋的河流,列为额尔齐斯河外流区;发源于喀喇昆仑山的奇普恰普河等小河流入印度河,列为奇普恰普外流区。在内陆5个二级区内,按流域水系又可划分为37个三级区,共40个三级区。

(一) 降水与蒸发

大气降水是地表水、地下水的补给来源,降水量的多少基本反映了水资源的丰枯状况;自然条件下的蒸发量是水分循环中的主要组成部分,在内陆区则是主要的输出项,对河流的形成或消失有着重要的作用。新疆深居亚欧大陆腹地,远离海洋,周围高山环抱,降水稀少,蒸发强烈,气候十分干旱。

1. 降水

经选用新疆206处雨量站,统一采用1956~1995年40年同步降水资料系列,推求出各分区及新疆的年降水量成果如下:新疆年降水量可达2546亿 m^3,但全疆平均降水量仅有154.5mm,其中中亚内陆区平均年降水量最多达513.4mm,塔里木盆地地区平均年降水量仅102.9mm。

(1) 降水量的时空分布极为不均——新疆降水的两个显著特点:一是北疆多于南疆,西部多于东部;二是迎风坡多于背风坡。如北疆面积约45万 km^2,占全疆面积的28%,降水量1191亿 m^3,占47%,平均雨深265mm;南疆面积约118万 km^2,占全疆面积的72%,降水量1325亿 m^3,占53%,平均雨深仅112mm,不到北疆一半。若以策勒—焉耆—奇台划一线,将新疆分为西北和东南两部分,面积大致各占一半,而西北部的降水量占全疆降水量的4/5,平均雨深245mm;东南部的降水量仅占1/5,平均雨深只有61mm,是全国最干旱的地区之一。据量算:新疆山地面积约71万 km^2,占全疆面积的43%,降水量2120亿 m^3,占全疆降水总量的83.2%,是干旱区中的"湿岛"和570条河流的发源地,也是水资源的形成区;平原面积93.3万 km^2,占全疆面积的57%,降水量仅有426亿 m^3,占全疆降水总量的16.7%,是新疆水资源的运转区和消耗区。另一特点是垂直地带性显著。

(2) 降水的年内分配也极为不均——新疆降水量的年内分配受水汽条件和地理位置的影响,地区间是有差异的。各季降水量占年降水量的百分比:一般北疆地区春季占

25%~35%,夏季占 25%~45%,秋季占 15%~25%;冬季占 5%~15%。南疆地区春季占 15%~30%,夏季占 40%~60%,秋季占 10%~20%,冬季占 5%~10%。

(3) 降水量的多年变化较大——降水量的多年变化用最大年与最小年降水量比值来表征:北疆比较小,一般为 2~4 倍;南疆山地为 2~5 倍,平原较大,塔里木盆地的北缘、西缘和哈密盆地为 5~10 倍,塔里木盆地的东缘、南缘和吐鲁番盆地为 10~15 倍。

综上所述,新疆降水稀少,时空分布极为不均匀,山区相对湿润,平原十分干燥,是典型的干旱区。

2. 蒸发

蒸发主要包括水面蒸发和陆面蒸发。

(1) 水面蒸发

水面蒸发主要反映当地的大气蒸发能力,与当地降水量的大小关系不大,主要影响因素是气温、湿度、日照、辐射、风速等,全国用 E_{601} 型蒸发器观测的年蒸发量表示水面蒸发力。因此在地区分布上,一般冷湿地区水面蒸发量小,干旱、气温高的地区水面蒸发量大,高山区水面蒸发量小,平原区水面蒸发量大。

经观测计算,新疆水面蒸发的地区分布如下。年蒸发力<1000mm 的低值区为:伊犁河流域、精河流域山区、巴音布鲁克草原、博尔塔拉河流域、天山山区、巴尔鲁克山区、拜城盆地,观测站最低值位于海拔 3539m 的天山云雾站,其年蒸发力仅 573.8mm。年蒸发力>2000mm 的极高值区为:克拉玛依市、哈密七角井百里风区、哈密红柳河地区和伊吾河下游淖毛湖区。全疆蒸发力最大,也是全国最大地区当属淖毛湖,其多年平均蒸发力可达 2739.3mm。2000mm≥年蒸发力>1500mm 的高值区:喀喇昆仑山、昆仑山低山区、阿尔金山区、塔克拉玛干沙漠区、帕米尔中低山区及平原、柯坪哈尔峻、乌鲁木齐达坂城风区、天山南坡中西部山区、吐鲁番盆地戈壁和平原区。1500mm≥年蒸发力≥1000mm 的中值地带:准噶尔盆地的沙漠和倾斜平原区、阿尔泰山区、额敏谷地、哈密巴里坤山区和喀喇昆仑山的中高山区;天山南坡阿克苏和轮台倾斜平原区、博格达南坡中低山区。

(2) 陆面蒸发

陆面蒸发量主要是指某一地区或流域内的河流、湖泊、塘坝、沼泽等水体蒸发、土壤蒸发以及植物蒸腾量的总和。据水量平衡原理,对一个闭合流域,陆面蒸发量等于流域平均降水深减去流域平均径流深,因此陆面蒸发量受蒸发力和降水条件两大因素的制约。

经水平衡计算:全疆陆面蒸发总量为 2389 亿 m³(平均为 145.0mm),全疆平均陆面蒸发量最大的二级行政区为伊犁地区,其值为 333.3mm,其次为博尔塔拉州为

314.9mm;陆面蒸发量最小的二级行政区为吐鲁番地区,其值为60.1mm。从行政区陆面蒸发量分布规律来看,新疆陆面蒸发量主要受供水条件制约,表现出越是干旱风沙大的地区,其值越小,如吐鲁番、哈密、克拉玛依等地市,也是我国的低值区;一些较为湿润的地区和供水条件较好、绿洲平原较多的地州,陆面蒸发量较大,如伊犁、博州、塔城等地州,但也仅相当于我国内蒙古高原和川西高原一带。

(二) 冰雪水资源

1. 新疆现代冰川的数量与分布

原中国科学院兰州冰川冻土研究所于1987年统计我国冰川面积为58 651km^2,约为全球山地冰川面积的26%,相当于亚洲山地冰川面积的1/2。西藏和新疆是我国冰川面积最大的省区,西藏境内冰川面积为27 402km^2;新疆境内冰川面积为26 358km^2,若包括流入新疆的河流在国外部分的冰川面积则为29 228km^2,主要集中在天山和喀喇昆仑山、昆仑山。从南北疆来看,南疆冰川面积(21 974km^2)为北疆(4563km^2)的4倍多,冰川储量多7倍多,冰川融水量南疆(151亿m^3)比北疆(46.6亿m^3)多2.3倍。天山的托木尔峰区、喀喇昆仑山的乔戈里峰区和昆仑山的慕士塔格峰区是新疆三大冰川作用中心。其中乔戈里峰区发育冰川面积4650km^2,占中国境内喀喇昆仑山冰川面积的95%,是世界上最大的山岳冰川作用中心。

2. 冰川水资源

冰川水资源一般分为两部分:一部分是高山万年积雪形成的冰川水储量,这是一种静态水资源,据分析,冰川水的循环周期平均为千年,这部分水资源取用后,约需1000年才能恢复;另一部分是每年从冰川区融化的水量,融水汇入河流,成为河流径流量的组成部分,这是以年为周期的水资源,是动态水资源量,故可作为地表水资源量看待,而且它已汇入河流。冰川融水量也就是冰川水资源量。新疆境内冰川水资源量为198亿m^3,占全国冰川融水径流量(536亿m^3)的1/3;但新疆河流径流量在国外产流的冰川面积有2870km^2,其冰川融水量有28.8亿m^3,加上这部分水量,则流入新疆河流的冰川融水量共有227亿m^3,占冰川河流年径流量的30.6%,占全疆河流年径流总量882亿m^{3}的25.7%。

3. 积雪水资源

对河流径流形成过程来说,天上固态降水(主要是雪)与液态降水(雨)对产流和汇流过程有所不同,所以同样是降水,但降雨与降雪对河流径流形成过程的影响也不同。北疆纬度较高(北纬43°以北),冬春气温较低,天山北坡各站11月至第二年3月平均气温为负值,所以11月至翌年3月为积雪期;南疆由于山体高大,山体阻隔了冷空气南下,一般在12月至翌年2月气温为负值,月平均气温负值时间要比北疆短两个月左右,但因降雪量很小,多数平原地区积雪不明显,故平原几乎没有稳定积雪期。

山区积雪分永久积雪与季节性积雪,我们将永久积雪同冰川同等看待,视为冰川水资源。所谓积雪水资源,则专指由季节雪融化补给河流所形成的水资源;至于河流出山口以下冲洪积扇区以下及平原区积雪融水,对平原地下水有补给作用,属于降水直接补给地下水资源的部分,而在地表水资源中,不包括平原区融雪的水量。

关于新疆河流季节降雪融水量占河流径流量的百分比,现研究尚少,故用乌鲁木齐河径流实验站,依据1984~1987年4年英雄桥水文站的径流组成分析来说明:该站季节雪融水量为0.79亿m^3,占年径流量2.187亿m^3的36.1%,大致与降雨产生的径流量相当。

(三) 湖泊水资源

1. 新疆湖泊的数量与分布

新疆是我国湖泊面积较大的一个省区。据《中国湖泊水资源》(1987)统计,新疆湖泊面积大于1km^2的湖泊有138个,总面积5136km^2(不包括已于1972年和1980年前后干涸的罗布泊和台特马湖等),占全国湖泊总面积71 787km^2的7.2%,仅次于西藏的25 111km^2、青海的11 778km^2和江苏的6385km^2,列为全国的第4位。新疆湖泊面积总的变化趋势是逐渐缩小,20世纪50年代面积大于5km^2的湖泊有52个,总面积达8594km^2;到70年代末统计,湖泊面积缩小了4528km^2。变化较大的是盆地内的湖泊,而山区和高原湖泊,多数保持天然状态,湖面积变化不大。

按矿化度小于1g/L的为淡水湖,矿化度介于1~35g/L为咸水湖(其中1~3g/L为微咸水湖),矿化度大于35g/L为盐湖。新疆湖泊水总储量为520亿m^3,占全国湖泊水总储量7088亿m^3的7.3%,其中淡水湖泊储量仅为23亿m^3,其余均为咸水湖或盐湖。

若羌县是新疆湖泊面积最大的县,共有16个湖,湖总面积1291km^2,主要分布于阿尔金山南坡与其藏北羌塘区连接地区,都是封闭型高原湖泊,并且均是咸水湖;其次是博湖、福海、精河和博乐县,这几个县拥有湖面宽阔的博斯腾湖、乌伦古湖、艾比湖和赛里木湖等著名湖泊。

2. 湖泊水资源

关于湖泊水资源,没有专门的定义,按我们通常共识的水资源,是指逐年能够得到更替,在较长时段内能够保持平衡的淡水量。新疆的湖泊总储水量为520亿m^3,其中只有23亿m^3为淡水湖,而动态水资源量大约只占淡水储量的30%以下,所以湖泊水资源就不及 8 亿 m³。这里所说的湖泊水资源是指能利用于工农业供水等消耗用水的方面。湖泊水资源的不消耗利用方面,比如水产养殖、水力发电、水量调节、航运、旅游等利用,其作用就不仅限于淡水。此外,还有 1~3g/L 的微咸水,也可加以利用。

(四) 地表水资源

地表水资源是指大气降水对地表水体河流、湖泊、冰川和沼泽的补给量,亦即地表水体逐年可以得到恢复更新的,在较长时间又可以保持动态平衡的淡水量。湖泊的死储量、冰川的静储量都是静态水资源,不计算在地表水资源中。冰川动态水量是每年的冰融水量,一般都汇入河流。湖泊的动态储量是每年进入湖泊的河流径流量,也包括在河流径流量之中。由于各种地表水体的动态水量均汇入河流,因此通常以河流的水量即河流出山口处的多年平均年径流量来表示地表水资源量。

1. 新疆河流总径流量与地表水资源量

依据 1999 年 2 月西北地区水资源合理开发利用与生态环境保护研究(国家重点科技攻关项目)中的《新疆水资源评价》成果,选用了 120 个水文站 1956~1995 年 40 年地表水径流量资料进行计算,这些水文站控制了全疆 82% 的地表水资源量。经计算 40 年平均新疆河川总径流量为 882.5 亿 m³,其中国内产流,即新疆地表水资源量 794 亿 m³,国外来水 88.1 亿 m³。

2. 地表水资源的空间分布不均

新疆地表水资源在地区分布上很不均匀,并有以下特点:

(1) 径流形成于山区,耗散于平原盆地。新疆属于极端的大陆性气候,平原和盆地干旱少雨,而阿尔泰山、天山、昆仑山等山脉的高大山体拦截了大量西来水汽造成山区降水多,且随高程增高而增加;由于高山气温低,雪线以上降水以永久积雪和冰川形式积存,形成天然高山"固体水库"是河川径流调蓄补给区,因而山区是径流形成区;而平原与盆地,由于下沉气流增温、降水少、蒸发大,基本上没有地表径流产生,再加河流出山口后,流经山前砾石戈壁冲洪积扇地带,径流下渗大和灌溉绿洲的大量引用水后,只有少数径流量大的河流才能流到盆地内部积聚成湖,因此,平原是径流的转化与散失区。

(2) 年径流量北部大于南部,西部大于东部。新疆水汽主要来源于西方、西北方,其次是北方,有时南方或东方水汽也能进入新疆并易形成暴雨洪水,加上准噶尔盆地地势是东高西低,准噶尔西部山区山体较低,且有数个大的缺口,额尔齐斯河谷、额敏河谷、伊犁河谷等均向西敞开,利于水汽输入,所以以上各地降水或积雪、冰川比较丰富,年径流量较大。而南疆北、西、南三面环山,且山体十分高大,如天山、帕米尔及喀喇昆仑山、昆仑山等,所以西、南、北来水汽较难进入,整个山区位于背风坡,年降水量远低于北疆,年径流量较小。但南疆山区 4000m 以上有丰富的冰川,是河流径流主要的补给来源。至于北疆或南疆的东部,因位于水汽输送的末端,故年径流远较西部为小,冰川面积亦甚小。因此造成新疆地表水资源北部、西部多,南部、东部少的分布特点。如北疆地表水资源为 409.7 亿 m^3,南疆为 384.7 亿 m^3。如果计入国外来水量,则北疆河流总径流量为 435.75 亿 m^3,南疆为 445.6 亿 m^3,约各占一半。但北疆面积约 45 万 km^2,占全疆面积的 27%,而南疆面积 120 万 km^2,占全疆 73%,为北疆面积的 2.7 倍,所以北疆单位面积产水量比南疆多 2 倍。若从和田、策勒经巴州焉耆到昌吉奇台划一直线,将新疆分为西北和东南两大部分,两者面积大致相当,而西北部的地表水资源,占全疆地表水资源量的 93%,而东南部分仅占全疆的 7%,说明新疆西北半边与东南半边的水资源量相差悬殊。

(3) 地表水资源一半集中于天山,并且迎风坡多于背风坡。从新疆三大山系来看,横亘中部的天山,山体宽大,产水量最多,南北坡地表水资源合计 416.8 亿 m^3,占全疆的 52.4%,南部昆仑山次之(包括昆仑山、喀喇昆仑山及阿尔金山),地表水资源量为 233.4 亿 m^3,占全疆的 29.4%;北部阿尔泰山及准噶尔西部山区又次之,地表水资源量为 144.2 亿 m^3,占全疆的 18.2%。准噶尔西部山地,迎风坡地表水资源量为背风坡的 2.5 倍,天山北坡地表水资源为南坡的 1.72 倍。

3. 地表水资源的时间分布

新疆河流径流量年内季节性分布十分悬殊,而年际变化比较平稳。

(1) 年径流量的季节分布十分悬殊。新疆多数河流除雨水补给以外,都有不同程度的冰雪融水补给。由于降雨季节分布不均,主要集中于夏季,加上高山区冰雪融水也集中于辐射强烈、高山气温由负转正的夏季,因此河流径流量的季节分布较仅有降雨补给的河流更为不均。一般夏季(6~8 月)水量占年水量的 50%~70%,春季、秋季各占 10%~20%,冬季(12~2 月)占 10% 以下。全疆春季水量比例最大的是以季节性积雪融水补给为主的准噶尔西部山区河流,春季水量占年水量的 45%~50%,春水比例最小的是高山冰川补给为主的昆仑山区河流,只占年水量的 10% 以下。春季水量大对农作物灌溉有利,春季水量比例小或来水迟,均易发生春旱。准噶尔西部山区河流如卡浪古尔河等河流季节分布比较特殊,这与山地海拔低,河流径流量主要由冬春季节性积雪融化补给有关,加上该地区夏季降水不大,故夏水只有春水的一半多,秋水又不及夏水的一半。因此这里只能种夏收作物,一年只收一季,秋收作物则缺水灌溉。全疆秋水只占年水量的 10%~20%,有的地区秋播冬灌缺水,有秋旱现象。全疆冬季水量比例最小,如东北部的阿尔泰山区河流,因纬度高气候严寒,冬季积雪不化,河水冻结成冰,冬季水量只占年水量的2%～4%;最南部的昆仑山区河流,因冬季高山无融水,降水又少,加上地势陡峻,植被稀疏,土层薄,地下水补给少,故冬季水量仅占年水量的3%左右。

(2) 径流量年际变化较平稳。新疆北部山区和天山东部山区河流的年径流量年际变化较大,主要受年降水量年际变化较大的影响;天山西部、中部和昆仑山区河流年径流量年际变化较小。

新疆水资源评价成果有两次,一是应用1956～1979年24年水文资料,二是应用1956～1995年40年水文资料所做成果,其地表水资源量依次为793.48亿 m^3,794.307亿 m^3,仅增加了0.1%;年降水量依次为2429亿 m^3,2546亿 m^3,即增加4.48%;年陆面蒸发量依次为2283亿 m^3,2390亿 m^3,增加4.69%。虽然新疆年降水量平均值增加了(117.6亿 m^3)不少,但因气温增高年陆面蒸发量增加107亿 m^3,故水资源量仅增加0.827亿 m^3,仅增0.1%,即基本相同,充分说明新疆水资源年际变化较平稳。

(3) 各地州地表水资源分布不均。伊犁、阿勒泰地区是全疆地表水资源最丰富的地区,分别达150亿 m^3,108亿 m^3,但平均每年的出国水量分别为129亿 m^3,89.6亿 m^3,故目前实际的利用量分别仅为36.5亿 m^3,44.31亿 m^3;水资源紧缺的地市为乌鲁木齐市、吐鲁番和哈密地区,分别仅有9.20亿 m^3,5.61亿 m^3,10.7亿 m^3,属资源性缺水区,只有由跨流域调水来解决。巴州塔里木河下游生态环境恶化和南部且末、若羌的风沙危害及和田地区的昆仑山北坡的风沙危害,是生态环境问题严重的地区。另艾比湖的湖面缩小而引起的风沙危害,亦是北疆一个严重的环境问题。

(五) 地下水资源

地下水资源是指:与大气降水和地表水体有直接联系的浅层地下水,重点评价矿化度小于2g/L的多年平均淡水资源。新疆山区地下水资源在山口处绝大部分已转化为地表水,其量已包含在地表水资源中。只有山前侧渗量未包括在内。在新疆重点是评价平原区的地下水资源,其量为山区流向平原的山前侧渗量和平原区的降水入渗补给量,这两部分是与地表水资源不重复的地下水资源量,以及在平原区由地表水转化补给地下水的资源量。

据"九五"国家重点科技攻关项目中的《新疆水资源评价》成果,新疆地下水山前侧渗量为51亿 m^3,平原区降水补给量为12亿 m^3;由地表水下渗的转化补给量为311亿 m^3,合计平原区地下水资源量为374亿 m^3。山前侧渗量与平原区降水入渗量之和为63亿 m^3,又称为天然补给量,占平原区地下水资源量的16.8%。转化补给量包括:河流入渗138亿 m^3、渠系入渗123亿 m^3、田间灌溉入渗34亿 m^3、平原水库入渗8亿 m^3、工矿人畜引水下渗 8 亿 m³,合计为 311 亿 m³,占平原区地下水资源量的 83.2%。

关于平原区地下水可开采量原计算为 251 亿 m³,除去现人工开采 38 亿 m³、平原泉水 40 亿 m³ 和天然生态植被的蒸散发需耗水 110 亿 m³ 外,尚有不影响生态环境的开发潜力仅 63 亿 m³ 至 90 亿 m³。地下水开发潜力较大的地区为阿克苏地区(37.47 亿 m³)、喀什地区(21.53 亿 m³)和伊犁地区(21.61 亿 m³);而吐鲁番、哈密和巴州平原区的地下水已由人工开采和野生植被生长耗水而接近平衡或有所超采。20 世纪 80 年代以来,一部分地区地下水位呈持续下降趋势:如昌吉州各县地下水位平均每年下降 0.1m～3.13m;哈密地区年降幅度在 0.19～1.35m;石河子、乌苏等地年降幅在 0.09～1.48m,明园－二宫年降幅度较小,米泉年降幅度 1.22m,合计乌鲁木齐河流域地下水已超采 2.5 亿 m³。除上述地区外,大部分地区地下水动态平稳,年变幅都在 1m 以内。而在河流出山口以下冲洪积扇段上端的地下水位则下降了数十米之多。因新疆正规的地下水位观测井很少,急需加强观测,分析地下水位的动态变化趋势,以指导地下水资源的合理开发利用。

(六) 水资源总量与水资源目前可利用量

大气降水是陆地上水资源的总来源,大气降水量减去陆地地表各种蒸散发量(包括地表水体蒸发、植物截留蒸散发、土壤包气带蒸散发等),余下留在地表、地下的水量,就是陆地水资源总量。在新疆水资源总量中,除去出境水量外,其余全部在利用过程中被蒸散发而消耗了。

新疆水资源总量为山区降水量(2120 亿 m³)减去山区陆面蒸发量(1275 亿 m³),剩余为 845 亿 m³,其产水系数为 0.40,加上平原降水入渗 12 亿 m³,合计水资源总量为 857 亿 m³。各地州水资源分布与地表水资源分布很类似。

至于目前新疆可利用水资源量是指:水资源总量加上入国和入境水量后,再减去出国和出境水量所得为 672.6 亿 m³(包括生态环境需水量在内),其中喀什和阿克苏地区是目前可利用水资源量超过 100 亿 m³ 的多水地区;但阿克苏、和田与喀什地区每年需向塔里木河干流分别输水:33 亿 m³,10 亿 m³,4 亿 m³,才能保障塔河的生态环境和农业生产需水。

至于新疆水资源总量的水质,在出山口以上是良好的,其年均矿化度为:额尔齐斯河流域 100mg/L 左右、乌伦古河水系 100～200mg/L、天山北坡诸河流 150～350mg/L、天山南坡诸河流 250～500mg/L、帕米尔高原东麓和昆仑山北坡诸河流 350～1000mg/L。经计算:平均每年由河水从山区带入平原区的各种盐分可达 2660 万 t,占新疆年悬移质输水沙量 20 188 万 t 的 13.2%,可见各类盐量之多;新疆悬移质泥沙量均值,全疆平均为 2.28kg/m³,大于全国河流含沙量均值 1.29kg/m³。其中南疆河流平均含沙量为 4.02kg/m³,比全国均值偏大较多;而北疆河流平均为 0.595kg/m³,则少于全国均值。经灌溉绿洲利用后,使河流下游河水水质逐渐盐化和含沙量增大,最后在河流的尾闾湖则演变为咸水湖或盐湖。

总之,新疆水资源总量为 857 亿 m³,其总量不少,在全国各省区中可排列第 12 位,但因新疆国土面积大,则单位面积产水模数低,仅为 5.20 万 m³/km²,在各省区中排列倒数第 3 位,仅多于宁夏和内蒙古,故新疆属于水资源紧缺的干旱地区,但水资源开发潜力较大。

(七) 水能资源丰富

新疆水能资源丰富,据 1980《新疆水力资源普查成果》,全疆水力资源蕴藏量大于 1 万 kW 的河流有 340 条,总蕴藏量 3355 万 kW,其中 100 万 kW 以上的河流有 7 条:伊犁河、哈什河、开都河、阿克苏河、叶尔羌河、喀拉喀什河及玉龙喀什河,合计 1128 万 kW,占全区的 34%;50~100 万 kW 的河流有 8 条:额尔齐斯河、布尔津河、哈巴河、科克苏河、渭干河、托什干河、盖政河及塔什库尔干河,合计 550 万 kW,占全区的 16%。1980 年初新疆水利厅对各县 2.5 万 kW 以下的小水电资源进行详查,蕴藏量 947 万 kW,占全区的 28.2%;对蕴藏量 1 万 kW 以下的河流进行普查,小水电可开发量 398 万 kW,占全区的 12%;小水电中 10 万 kW 以上的县有 12 个,5~8.9 万 kW 的县 19 个,1~4.9 万 kW 的县 34 个,1 万 kW 以下的县 16 个。全疆在可开发容量在 1 万 kW 以上的县共 65 个。

水力资源特性:①蕴藏量丰富,据普查天然落差 51.5 万 m,水力资源理论蕴藏量 3355 万 kW,占全国的 5%,仅次于四川、西藏和云南居全国第 4 位,居西北各省区首位。②南北疆分布基本平衡,水能在 1 万 kW 以上的河流:南疆 160 条,蕴藏 1822 万 kW,占全疆的 54.3%;北疆 180 条,蕴藏 1533 万 kW,占全疆的 45.7%,南北疆基本平衡。③水力资源与水资源的分布基本一致,570 条河流地表水总径流量 882 亿 m³,其中大于 10 亿 m³ 的河流 18 条,年径流量 534 亿 m³,水力资源 2745 万 kW,占全区的 81.8%,可建 1 万 kW 以上电站 156 处,占全区 165 处的 94.5%,装机 828 万 kW,占全区总装机 853 万 kW 的 97%。④开发利用条件好,径流年际平稳,需调节库容小,保证率较高,在上中游地形地质条件好,淹没损失小。⑤各种能源在地区分布上可以互补:哈密、吐鲁番、昌吉、乌鲁木齐水力资源少,但煤炭丰富;喀什、克州、阿勒泰、博州煤炭短缺,但水力资源丰富。⑥开发以中小型为主,潜力很大,现水电开发仅占全疆水能蕴藏量的 1%。

三、水资源可持续开发利用前景

1999年以来我国政府多次强调西部大开发,为新疆的开发建设提供了良好的机遇。一是要加强基础设施建设,二是生态环境的改善。而水资源是制约西部大开发的主要因素之一。而对地广水少,水土流失严重,生态环境脆弱,水是最具有战略意义的资源,合理开发、集约利用、有效保护,是实施西部开发的主要方面。

(一) 新疆水资源利用现状与存在的主要问题

建国50年来,新疆人口从433万人增至1998年的1747.35万人,耕地面积从172万 hm² 增至331万 hm²,水利基础建设有所发展:在河流山口处修建了一系列灌溉引水枢纽和各级引水防渗渠道工程,使渠系水的有效利用系数由0.30提高到近0.60;修建水库库容达66亿 m³,解决了部分春灌缺水矛盾;使引入绿洲的灌溉引水量为河水421亿 m³、泉水40亿 m³、打井3.14万眼开采地下水38亿 m³;建立了膜上灌、喷灌、滴灌的灌溉节水示范区,改水防病的人畜引水工程等。保障了自治区多年农业的连年丰收,粮食年总产量达830万 t,人均479kg/人,排全国第6位;棉花年产量140万 t,人均80.8kg/人,排全国第1位。在解决人民温饱扶贫问题上前进了一大步。在1998年时新疆人均占有水量为4900m³/人,高于全国人均2730m³/人的水平,而低于我国内陆片人均6290m³/人的水平;亩均占有水量仅1726m³/亩,不及全国亩均水量1860m³/亩,仅高于我国内陆区亩均水量1470m³/亩。由于人均和亩均占有水量还包含生态环境的需水量在内,因此新疆仍是一个干旱缺水区。

由于对新疆水资源的时空分布极为不均和对保护生态环境缺乏认识以及缺少有效的统一管理,因而在水资源开发利用中还存在一些主要问题:①湖泊退缩咸化;②塔里木河流域生态环境劣变;③水质污染加重;④过量灌溉引起土壤次生盐渍化;⑤平原水库蒸发、渗漏消耗大,同时加重土壤盐渍化,并对河流向下游输送洪水不利;⑥水土流失的危害并加重了水旱灾害。

(二) 可持续开发利用前景

水资源可持续利用量是指:在经济合理、技术可行和生态允许的前提下,通过各种措施所能控制利用的不重复的一次性水量。新疆经济的可持续发展,要走一条人口、经济、社会、环境和资源相互协调的可持续发展之路。对水资源的可持续开发利用前景与对策,则必须合理开发、节约利用、有效保护。

1. 首先需制定新疆水资源可持续利用规划

现急需制定新疆水资源可持续利用规划,应以资源开发,环境保护,经济发展,社会进步的相互协调为准绳,以可持续发展为目的,以系统科学为基本方法,并遵循可持续发展的基本原则。因地制宜,统筹兼顾,根据新疆特点,全面规划,综合利用,以求生态和经济的效益最大化。因此,首先须花大力气转变观念并采取有效对策和措施。

据初步计算:目前新疆可利用水资源量为673亿m^3;再减去天然生态系统耗水139亿m^3、人工生态系统耗水62亿m^3和羌塘地区20亿m^3后,则可供工农业及生活用水的水量则只有452亿m^3了。至于地下水的转化补给量311亿m^3,是与地表水的重复量,随着节水技术的实施,其量将逐渐减少,故不能纳入水资源可持续利用规划之中。而且水资源可持续利用规划,则要求以生态环境、工业、农业、生活用水的耗水量来进行供需平衡的计算,即各种需水消耗总量不能大于可利用水资源量,否则将破坏生态平衡,各种需水量也没有保证。

2. 实行以法治水

要切实树立全疆一盘棋的规划思想,上、中、下游协调开发,避免因上游对水资源恶性开发而造成下游水资源日益短缺和环境劣变的恶果。制定区域水资源的全面规划,综合利用的原则,以我国的《水法》、《水土保持法》、《防洪法》等为依据,来制定新疆以法治水的政策与法规体系,加大执法力度,依法统一管理,才能收到实效。

3. 推广应用先进灌溉技术和生物技术

农业用水量是新疆水资源用水大户,现新疆农业、工业、城镇生活用水的比例大致约为97%,2%,1%。据新疆水资源承载能力框算,远景用水比例农业、工业、城镇生活用水将为80%,15%,5%。因此,推广应用先进灌溉技术和生物技术,发展节水型农业和建立节水型国民经济体系,是新疆水资源可持续开发利用的必由之路。中央号召西部大开发,要种草、种树,退耕还牧,改善环境,是当务之急,因此,新疆除水资源丰富与环境允许的地区外,应停止开荒造田,而以提高单位面积产量,调整农业结构,实现优质高产为目标。

大力推广应用先进灌溉节水技术。滴灌、喷灌、低压管道输入、覆膜灌溉技术具有显著的节水功效。新疆农业大学在三工河灌区进行作物需水量和灌溉制度的研究表明:冬小麦、玉米、棉花三种作物的灌溉定额在4800~4650m^3/hm^2(320~310 m^3/亩),与旧的灌溉制度相比,在保证作物的稳产、增产的前提下,可节水 1179 m^3/hm^2(78.6 m^3/亩)。

4. 科学地输送与储存水资源

平原水库是在特定历史条件下对径流进行季节调节的措施,但其对当地水资源的无效损耗巨大,因此应停止修建平原水库,并对少数危及生态的平原水库应及时废除,而逐步修建山区水库。

另一方面是,重灌溉建设而轻灌区排水系统的建设。因此为保护水源,需实施咸水和淡水分流,农田排水与河水分流,以改善河流下游水质。而且要求灌溉工程的设计,需作出灌区水、盐平衡计算,提出农田排水无危害的出路。

5. 扩大内涵,挖掘水资源开发利用潜力

新疆水资源总量 857 亿 m^3(包括生态用水 221 亿 m^3 在内),而可供农业、工业、城镇生活用水总量仅有 452 亿 m^3,若按远景农业、工业、城镇生活用水 80%、15%、5% 的比例计算,其相应水量将为:362 亿 m^3,68 亿 m^3,22 亿 m^3,在建立节水型社会的前提下,亦可适应新疆可持续发展的需要,而其中仍有较大开发利用潜力。

(1) 提高渠系水有效利用系数,南疆达到 0.65,北疆达到 0.71,大幅度降低灌溉定额。经初步框算可比现在节约水量 46 亿 m^3。

(2) 提高水的重复利用率,合理开发地下水,在不影响天然生态的前提下,地下水开发潜力还有 63~90 亿 m^3。

(3) 水能资源开发潜力很大,新疆水能蕴藏量 3355 万 kW,而且水能资源是最清洁的能源,具有广阔开发前景,与水利综合利用相结合,则可起到防洪抗旱、发电、灌溉、生态环境改善的巨大经济、生态效益。

(4) 出、入国境的净出国水量 152 亿 m^3。根据公平与平等协商的原则,出国与入国水量,在国家的统一部署下,通过国际河流分水进一步开发利用,至少我国可利用一半,即约 76 亿 m^3。

6. 需采取的水利水电工程措施

(1) 急需编制适应西部大开发的流域规划和水利水电工程的设计方案,加大前期工作投入,为中央正确决策提供可选择的方案。根据新疆水资源时空分布极为不均及生态脆弱、环境问题严重的特点,急需编制跨流域调水的规划与工程设计方案。如:为解决生态问题向艾比湖和塔里木河的调水方案和设计(包括塔河干流的输水工程);为解决资源性缺水问题,向克拉玛依市、乌鲁木齐市、哈密和吐鲁番地区的近、远期调水方案和设计。

(2) 完成河流引水枢纽工程建设,保证农业、工业和城镇生活用水需求。与水能开发、防洪调洪、保障用水相结合的要求,有计划地逐步修建山区水库,按库容系数 0.30 计,需要修建的不完全年调节、年调节和多年调节水库库容约 210 亿 m^3。

(3) 有计划地安排防洪骨干工程,保护重点城镇与河流的安全。如乌鲁木齐河、伊犁河、阿克苏河、叶尔羌河、玛纳斯河、克孜河等防洪工程。

（4）加强牧区水利建设，解决牧区人畜饮水，发展饲料基地和人工灌溉草场，种草种树，防治水土流失，促进牧业发展，改善生态环境。

我们要抓住西部大开发的大好机遇，依靠自治区各级政府的正确领导及新疆各族人民的共同努力奋斗，以水资源可持续利用为目标，让新疆的水资源在保障新疆大开发、保护生态环境、发展绿洲经济中发挥更大作用。

第四章 宜农后备土地资源及开发利用前景

一、土地资源开发利用概况

新疆是我国土地面积最大的省区,约166万多平方公里,占我国土地总面积的1/6。新疆地域辽阔,国土资源丰富,历来是我国重要的农垦地区之一。根据新疆土地管理局1996年土地变更登记,新疆国土总面积为16 648.972万hm²,其中山地6933.833万hm²,占41.65%;平地9715.147万hm²,占58.35%。

(一)新疆土地资源开发利用现状

根据新疆土地管理局1996年土地变更登记,全疆土地利用现状如下:耕地398.562万hm²,占国土总面积的2.39%(其中水田7.733万hm²,占耕地面积的1.94%;旱地——主要是水浇地390.831万hm²,占98.06%);园地16.46万hm²,占0.98%;林地640.089万hm²,占3.84%;牧草地5160.244万hm²,占30.99%;城镇及工矿用地86.799万hm²占0.52%;交通用地21.761万hm²,占0.13%;水域463.046万hm²,占2.78%;目前暂未利用的土地9862.008万hm²占59.23%。全疆土地总面积16648.973万hm²。全疆及各地(州)土地利用现状见表4-1。

表4-1 新疆各地州土地利用现状表*(单位:万hm²)

地(州)区	土地总面积	耕地合计	水田	旱地	园地	林地	牧草地	城镇工矿用地	交通用地	水域	未利用地
全疆合计	16 648.973	398.564	7.733	390.891	16.464	640.089	5160.244	86.799	21.761	463.046	9862.008
乌鲁木齐	113.839	6.305	0.077	6.288	0.124	5.307	78.477	3.331	0.544	3.390	16.349
克拉玛依	86.541	2.948		2.948	0.069	10.357	23.343	0.960	0.357	1.531	46.974
吐鲁番	675.629	5.345		5.345	1.780	1.561	72.933	2.165	0.908	2.100	588.839
哈密	1420.949	8.222	0.001	8.221	0.529	39.159	392.086	16.676	0.793	4.329	958.755
昌吉	776.390	64.019	0.935	63.084	0.578	27.284	501.445	9.250	2.260	12.304	159.249

续表 4-1

地(州)区	土地总面积	耕地合计	水田	旱地	园地	林地	牧草地	城镇工矿用地	交通用地	水域	未利用地
博州	249.343	12.745	0.114	12.631	0.109	16.384	160.061	1.949	0.766	20.986	36.342
巴州	4709.543	20.913	1.072	19.841	2.166	90.501	843.036	7.735	1.787	76.555	3666.729
阿克苏	1313.409	57.641	2.501	55.140	3.537	57.126	405.216	7.409	2.545	55.536	724.399
克州	724.681	5.419	0.239	5.180	0.639	15.844	298.213	1.115	0.908	32.922	366.557
喀什	1394.796	57.510	0.870	56.640	3.279	66.633	161.076	12.140	3.325	79.937	1010.895
和田	2491.466	17.663	1.020	16.643	1.765	126.560	251.433	5.485	2.074	100.379	1986.107
奎屯市	11.099	1.135		1.135	0.027	1.205	7.451	0.368	0.121	0.265	0.526
伊犁地区	552.717	55.612	0.746	54.866	1.370	49.424	355.039	8.742	1.547	27.709	54.473
塔城地区	946.982	63.629	0.116	63.513	0.552	48.565	644.727	11.321	2.513	22.316	157.363
阿勒泰	1176.990	17.155	0.041	17.114	0.058	80.659	965.081	2.908	1.231	22.419	87.479
石河子市	4.599	2.303	0.001	2.302	0.031	0.191	0.627	0.444	0.079	0.369	1.662

* 新疆土地管理局垦复站提供。

(二) 土地开发简史

据考古资料记载,距今约 6000~7000 年前新疆就有人类活动,约 3000 年前南疆有相当一部分是以农业为主的。在汉武帝太初四年(公元 101 年)开始在轮台军垦屯田,揭开了新疆军垦屯田的序幕。从西汉开始历届中央政府都重视新疆的屯田,到唐代开始在北疆屯田,从清朝开始了民垦和军垦同时屯田。纵观新疆的土地开发史,按照新疆土地开发的方式大致可以分为以下三个发展阶段:①当地居民的原始开发;②中央政府的军垦屯田开发;③中央政府的军垦和民垦同时开发。按照新疆土地开发时序大致可划分为两个时期:①古代土地开发时期(公元前 101 年~公元 1911 年);②近代土地开发时期(公元 1912 年至今)。各个时期的开发方式和规模如下:

1. **古代土地开发时期**

这一时期的土地开发以汉朝、唐朝和清朝为主:

(1) 西汉时期主要是军垦,历时 113 年,先后有屯丁 2.5 万人,共开垦土地 2.67 万 hm^2;

(2) 唐朝时期以军垦为主,民垦和犯垦为辅,共开发土地 1.86 万 hm^2;

(3) 清朝时期以民垦和犯垦为主,军垦为辅,军垦 3.7 万人;民垦 8 万人;犯垦 9200 人,共开发土地 20.1 万 hm^2。

2. **近代土地开发时期**

(1) 民国时期:1912~1928 年开发土地 9.8 万 hm^2;1928~1933 年由于新疆大混

战,耕地没有增加反而减少;1933~1944 年开发增加耕地 81.1 万 hm²;1944~1949 由于全疆动乱,土地面积减少。

(2) 新中国成立以来:1950~1957 年共新开土地 74.33 万 hm²;1958~1960 共开发土地 130.03 万 hm²;1960~1967 年共开发土地 89.59 万 hm²;1967~1976 年由于"十年动乱"耕地面积没有增加;1977~1990 年主要是增加单产阶段,所开发的土地主要为建设用地所占用,所以耕地面积增加不大;1991~1999 年的 10 年来,在稳定提高单产的同时,逐步开发土地。其中地方系统(不包括生产建设兵团)改造中低产田 40.62 万 hm²;开垦宜农荒地 24.13 万 hm²;人工造林 3.07 万 hm²;建设人工草场 2.6 万 hm²。

新疆土地开发历史,南北疆不同。南疆历史悠久,可以追溯到秦汉以前,由当地居民建立了不少"城郭之国",以农业为主,所以南疆有"居国"之称。而北疆则不同,清朝以前虽有屯田,但多是屡兴屡废,到了清朝才加强了对伊犁和天山北麓地带的开发,农业才发展起来,不过还停留在半农半牧阶段,所以北疆有"行国"之说。北疆大规模的开发还是新中国成立以来,仅新疆生产建设兵团在这里就有 7 个师,在天山北麓形成东起奇台,西到乌苏的"绿洲带",成为新疆经济最发达的地区。

(三) 新疆土地资源开发的成就和经验教训

1. 土地开发的成就

回顾新疆的农业生产和土地开发,虽然经历了曲折的道路,但是总体发展是很快的,主要农产品的产量增长均高于全国水平。特别是改革开放以来,新疆的农业发展更快,平均每年增长 9.3%,高于全国同期的 6.2%。

1996 年新疆农业生产总值达到 249.3 亿元,占国民生产总值的 27.3%,占农业生产总值的 42.5%。在大农业中,其中种植业占农业总产值的 77.5%;畜牧业占 20.3%;林业占 1.5%;渔业占 0.7%。主要农产品在全国的位次如下:粮食总产量 818.2 万 t,人均 488.38kg,分别居全国的第 23 和第 6 位;棉花总产量 94.04 万 t,人均 56.13kg,均占全国第 1 位;油料总产量 30.95 万 t,人均 30.2kg,分别居全国的第 18 和第 6 位;糖料总产量 354.5 万 t,人均 211.61kg,分别居全国的第 5 和第 3 位。

改革开放以来新疆的粮、棉、油总产量分别增加了 1.2 倍、16.1 倍和 20.6 倍,而全国平均仅增长 0.33 倍、1 倍和 1.5 倍。增产的主要原因,是增加了播种面积,二是提高了单产,而比全国增长多的部分主要是增加了播种面积,因为新疆宜农后备土地资源在不断的开发,因此新疆可以在播种面积上不断增加,农业总产量的增长高于全国平均水平。

以上新疆农业增长的数据说明新疆的土地开发取得了重大成就：首先是提高了第一产业(农业)的生产能力和地位；第二是解决了65％的农业人口就业问题；第三是繁荣了新疆的经济,提高了城乡人民生活水平,达到了促进边疆建设和稳定边防的作用。总之新疆的土地开发起到了开发新疆、建设新疆、巩固边防的重要作用。因此今后可选择适宜农业的土地开发条件好的地方,有必要继续适度开发土地,发展生产。

2. 经验与教训

前面的数据说明了新疆的土地开发已经取得了显著的成就,但是由于新疆良好的后备土地资源不断开发,后备土地资源的质量越来越差,土地的开发资金和农田灌溉水源的不足,使新疆的土地开发出现了不少问题,主要有：

(1) 由于新疆土地开发主要是偏重单一的种植业,而忽视了多种经营和农林牧业共同发展,造成土地开发的经济效益较低,1995年新疆农民人均纯收入1023元,远低于全国的平均水平(1926元)；

(2) 由于土地开发面积过大或水资源的短缺,土壤改良力度不足,造成前边开发、后边弃耕和上游开发、下游弃耕的现象时有发生,浪费了有限的土地开发资金；

(3) 由于土地开发时对生态环境保护力度不足,使一些地方出现环境恶化；

(4) 由于重视土地开发而忽视土壤改良,造成大面积的中低产田,虽近几年有所改善,但问题仍较突出；

(5) 由于土地开发利用中农林牧比例安排不合理而影响了林牧业的发展；

(6) 由于水利工程的简陋或不配套而造成水资源的严重浪费。

以上是新疆土地资源开发利用中所出现的主要问题,这些教训值得我们在以后的土地资源开发中引以为戒。

二、后备土地资源评价

(一) 评价方法、评价系统与划分指标

1. 评价方法

新疆后备土地资源的划分方法是采用简单、易懂、易用的单一的宜农、宜林、宜牧的评价方法,以宜农土地资源评价为主(包括人工开发的耕地、人工林、人工草地),不做多宜性评价。

该评价方法是以土壤类型的亚类为基本评价单位,将土地对生产的主要限制因素划分为土壤内部因素和土地的外部条件,分两步进行土地生产的适宜性评价：第一步以

土壤内部因素为基础(主要是:土壤质地、土壤盐碱含量、有效土层厚度等),划分出后备土地总资源;第二步以土地开发的外部条件为基础(主要是:土地的地形坡度、地面的侵蚀程度、土地的排水条件、土地的气候温度、土地的水分条件及灌溉水源条件、土地的开发资金等),划分出适宜开发的后备土地资源。

2．评价系统

评价系统是以宜农后备土地资源为主,采用土地资源类—土地质量等—土地限制型及限制强度等级—土地资源评价单位四级分类制。因为是以宜农土地资源评价为主,所以只划分出一个土地资源类——宜农土地资源类(包括可以人工开发的林地、草地);土地质量等共划分为一、二、三等宜农土地等,三等土地的开发利用主要是以林牧业利用为主;土地限制型和限制强度主要是:土壤侵蚀、地形坡度、土壤质地、有效土层厚度、土壤的排水条件、土壤盐碱化程度、土壤气候温度、水分条件及灌溉水源条件等对农林牧业生产的限制,按照其对农林牧生产的限制分为三个限制强度,分别代表土地改良的难易程度;土地资源评价单位主要是土壤类型的亚类,是土地资源评价的基本单位,是以它所含的土地限制因素为基础进行土地资源评价的。

3．划分指标

我们根据国内外土地资源研究,结合新疆土地资源开发利用的实际,经过调查研究,总结出新疆后备土地资源评价因素及划分指标(表4-2)。

表4-2 新疆宜农后备土地资源限制因素诊断指标

限制因素	宜农土地类 一等地	宜农土地类 二等地	宜农土地类 三等地	不宜农土地类
土壤侵蚀 侵蚀面(%)	e^0 弱或无	e^1 <10	e^2 10~30	e^3 >30
地形坡度 (%)	p^0 <3	p^1 3~6	p^2 6~15	p^3 >15
土壤质地	m^0 壤质	m^1 粘土粉沙	m^2 细沙	m^3 砾质粗沙
有效土层 厚度(cm)	l^0 >100	l^1 100~50	l^2 50~30	l^3 <30
水文排水 条件	w^0 不淹水	w^1 季节淹水	w^2 长期淹水	w^3 长期淹水
土壤盐碱化 程度	s^0 弱或无	s^1 轻~强	s^2 盐土	s^3 盐壳盐泥
气候温度 (作物生长)	t^0 生长正常	t^1 少量限制	t^2 较强限制	t^3 不能生长
水分条件 (旱作)	r^0 较正常	r^1 较稳定	r^2 不稳定	r^3 不能旱作

（二）新疆后备土地资源

1. 总量

后备土地资源总量是按照土地内部的生产条件划分出来的能够进行开发的所有土地，它不考虑土地开发的外部因素（如：水源、资金等）。

(1) 数量与质量

按照新疆 1:100 万后备土地资源图面积量算，新疆目前后备土地总资源为 1992.67 万 hm^2，其中质量良好的一等地 57.45 万 hm^2，占 2.88%；较好的二等地 695.44 万 hm^2，占 34.90%；较差的三等地 1239.78 万 hm^2，占 62.22%。

(2) 限制因素及强度

在 1992.67 万 hm^2 后备土地总资源中，其中无限制或弱限制的土地有 57.45 万 hm^2，占 2.88%；气候温度中度限制的 17.03 万 hm^2，占 0.85%；水文排水条件中度限制的 74.32 万 hm^2，占 3.73%；盐碱限制的 1137.65 万 hm^2，占 57.09%（其中中度限制的 410.62 万 hm^2，占 20.61%，较强限制的 727.03 万 hm^2，占 36.48%）；土壤质地限制的 454.65 万 hm^2，占 22.82%（其中中度限制的 64.77 万 hm^2，占 3.25%；较强限制的 389.88 万 hm^2，占 19.57%）；有效土层限制的 241.21 万 hm^2，占 12.11%（其中中度限制的 70.79 万 hm^2，占 3.56%；较强限制的 170.42 万 hm^2，占 8.55%）；地形坡度限制的 10.36 万 hm^2，占 0.52%（其中中度限制的 8.94 万 hm^2，占 0.45%；较强限制的 1.42 万 hm^2，占 0.07%）。

2. 各地、州、市的分布

新疆后备土地总资源各地、州、市的分布如下：

乌鲁木齐市 19.86 万 hm^2，占 1.00%；克拉玛依市 32.90 万 hm^2，占 1.65%；吐鲁番地区 32.55 万 hm^2，占 1.63%；哈密地区 94.11 万 hm^2，占 4.72%；昌吉回族自治州 197.25 万 hm^2，占 9.90%；伊犁地区 68.32 万 hm^2，占 3.34%；塔城地区 213.51 万 hm^2，占 10.71%；阿勒泰地区 332.76 万 hm^2，占 16.70%；博尔塔拉蒙古自治州 63.28 万 hm^2，占 3.18%；巴音郭楞蒙古自治州 419.20 万 hm^2，占 21.04%；阿克苏地区 243.38 万 hm^2，占 12.21%；克孜勒苏克尔克孜自治州 27.09 万 hm^2，占 1.36%；喀什地区 136.64 万 hm^2，占 6.86%；和田地区 111.82 万 hm^2，占 5.61%。全疆合计 1992.67 万 hm^2。新疆宜农后备土地总资源的数量、质量、限制因素及强度和分布详见表 4-3。

表4-3 新疆后备土地资源及限制因素总表(万 hm²)

地区		全疆合计	乌鲁木齐	克拉玛依	吐鲁番	哈密	昌吉	伊犁
无限制		57.45				0.25	2.36	23.41
温度中度限制		17.03						11.15
排水中度限制		74.32		11.52		8.13	0.71	7.94
盐碱限制	中度	410.62	2.70	15.38	0.57	6.95	91.26	7.09
	较强	727.03	1.95	4.18	22.45	31.13	54.97	1.78
	小计	1137.65	4.65	19.56	23.02	38.08	146.23	8.87
土质限制	中度	64.77				2.71	0.32	
	较强	389.88	7.02	0.32	9.53	29.27	31.20	3.32
	小计	454.65	7.02	0.32	9.53	31.98	31.52	3.32
有效土层限制	中度	70.79	5.55	1.50		8.20	16.43	8.14
	较强	170.42	2.64			7.47		
	小计	241.21	8.19	1.50		15.67	16.43	8.14
坡度限制	中度	8.94						4.07
	较强	1.42						1.42
	小计	10.36						5.49
合计	1	57.45				0.25	2.36	23.41
	2	646.47	8.25	28.40	0.57	25.99	108.72	38.29
	3	1288.75	11.61	4.50	31.98	67.87	86.17	6.52
	小计	1992.67	19.86	32.90	32.55	94.11	197.25	68.32

地区		塔城	阿勒泰	博尔塔拉	巴音郭楞	阿克苏	克孜勒苏	喀什	和田
无限制		12.70	16.03	0.90	1.32	0.27			0.21
温度中度限制			1.15	4.73					
排水中度限制		6.14	7.90	3.08	22.04	4.35		0.98	1.53
盐碱限制	中度	72.51	25.36	11.22	91.60	37.01	0.45	23.60	24.92
	较强	48.44	9.34	21.76	236.38	159.91	19.25	73.15	42.34
	小计	120.95	34.70	32.98	327.98	196.92	19.70	96.75	67.26
土质限制	中度		38.62	5.26	3.86	3.19		7.70	3.11
	较强	24.14	109.36		64.00	37.00	4.08	30.93	39.71
	小计	24.14	147.98	5.26	67.87	40.19	4.08	38.63	42.82
有效土层限制	中度	0.30	10.79	16.33		1.65	1.62	0.28	
	较强	49.28	109.34				1.69		
	小计	49.58	120.13	16.33		1.65	3.31	0.28	
坡度限制	中度		4.87						
	较强								
	小计		4.87						
合计	1	12.70	16.03	0.90	1.32	0.27			0.21
	2	78.95	88.69	40.62	117.50	46.20	2.08	32.56	29.56
	3	121.86	228.04	21.76	300.38	196.91	25.01	104.08	82.05
	小计	213.51	332.76	63.28	419.20	243.38	27.09	136.64	111.82

注:无限制的为一等宜农地;中度限制的为二等宜农地;较强限制的为三等宜农地。

(三) 适宜开发的后备土地资源

适宜开发的后备土地资源是指在后备土地总资源内,减去很难改良的重盐碱地、重沼泽地、薄层土地、粗骨土地、部分风沙土地和受洪水、气候等自然灾害严重影响的土地及开发后对生态环境产生严重不良影响的土地和严重缺少灌溉水源的土地,其余为适宜开发的后备土地资源。

1. 数量与质量

通过面积量算和统计,新疆当前适宜开发的后备土地资源有 883.73 万 hm^2,其中一等地 51.49 万 hm^2,占 5.83%;二等地 620.50 万 hm^2,占 70.21%;三等地 211.74 万 hm^2,占 23.96%。新疆适宜开发的宜农后备土地资源以二等地为主。

2. 限制因素及强度

在 883.73 万 hm^2 适宜开发的后备土地资源中,其中无限制或弱限制的土地有 51.49 万 hm^2,占 5.83%;受水文排水条件中度限制的 74.32 万 hm^2,占 8.41%;盐碱限制的 622.36 万 hm^2,占 70.42%(其中中度限制的 410.62 万 hm^2,占 46.46%,较强限制的 211.74 万 hm^2,占 23.96%);土壤质地中度限制的 64.77 万 hm^2,占 7.33%;有效土层中度限制的 70.79 万 hm^2,占 8.01%。以上土地资源限制因素及限制强度说明新疆适宜开发的宜农后备土地资源主要是盐碱中度限制,土地开发以后应以盐碱土改良为主。

3. 各地、州、市的分布

各地、州、市适宜开发的后备土地资源的数量、质量、限制因素及强度和分布如表 4-4 所示。

表 4-4 新疆适宜开发的宜农后备土地资源(万 hm^2)

地区		全疆合计	乌鲁木齐	克拉玛依	吐鲁番	哈密	伊犁	昌吉
无 限 制		51.49				0.25	17.45	2.36
排水中度限制		74.32		11.52		8.13	7.94	0.71
盐碱限制	中度	410.62	2.70	15.38	0.57	6.95	7.09	91.26
	较强	211.74		0.52	3.22	11.95		12.00
	小计	622.36	2.70	15.90	3.79	18.90	7.09	103.26
土质中度限制		64.77				2.71		0.32
土层中度限制		70.79	5.55	1.50		8.20	8.14	16.43
合计	1 等	51.49				0.25	17.45	2.36
	2 等	620.50	8.25	28.40	0.57	25.99	23.17	108.72
	3 等	211.74		0.52	3.22	11.95		12.00
	小计	883.73	8.25	28.92	3.79	38.19	40.62	123.08

续表 4-4

地区		塔城	阿勒泰	博尔塔拉	巴音郭楞	阿克苏	克孜勒苏	喀什	和田
无限制		12.70	16.03	0.90	1.32	0.27			0.21
排水中度限制		6.14	7.90	3.08	22.04	4.35		0.98	1.53
盐碱限制	中度	72.51	25.36	11.21	91.60	37.01	0.46	23.60	24.92
	较强	14.82	3.83	6.94	75.66	37.01	8.37	27.98	9.44
	小计	87.33	29.19	18.15	167.26	74.02	8.83	51.58	34.36
土质中度限制			38.62	5.26	3.86	3.19		7.70	3.11
土层中度限制		0.30	10.79	16.33		1.65	1.62	0.28	
合计	1	12.70	16.03	0.90	1.32	0.27			0.21
	2	78.95	82.67	35.88	117.50	46.20	2.08	32.56	29.56
	3	14.82	3.83	6.94	75.66	37.01	8.37	27.98	9.44
	小计	106.47	102.53	43.72	194.48	83.48	10.45	60.54	39.21

注：无限制的为一等地；中度限制的为二等地；较强限制的为三等地。

由表 4-4 可看出：乌鲁木齐市宜农后备土地总资源 8.25 万 hm²，占 0.93%；克拉玛依市 28.92 万 hm²，占 3.27%；吐鲁番地区 3.79 万 hm²，占 0.43%；哈密地区 38.19 万 hm²，占 4.32%；伊犁地区 40.62 万 hm²，占 4.60%；昌吉回族自治州 123.08 万 hm²，占 13.92%；塔城地区 106.47 万 hm²，占 12.05%；阿勒泰地区 102.53 万 hm²，占 11.60%；博尔塔拉蒙古自治州 43.72 万 hm²，占 4.95%；巴音郭楞蒙古自治州 194.48 万 hm²，占 22.00%；阿克苏地区 83.48 万 hm²，占 9.45%；克孜勒苏克尔克孜自治州 10.45 万 hm²，占 1.18%；喀什地区 60.45 万 hm²，占 6.85%；和田地区 39.01 万 hm²，占 4.44%。全疆合计 883.73 万 hm²。

三、后备土地资源开发利用前景

（一）后备土地资源面积大

1. 宜农后备土地资源的量大质好

综上所知，新疆具有农林牧业开发利用的后备土地总资源为 1992.67 万 hm²，其中一等地 57.45 万 hm²，二等地 646.47 万 hm²，三等地 1228.75 万 hm²。在后备土地总资源中，目前适宜农业开发利用的有 883.73 万 hm²，其中一等地 51.49 万 hm²，二等地 620.50 万 hm²，三等地 211.74 万 hm²。一、二等后备土地不需改良或稍加改良就可以建设成为基本农田。另据参考有关资料，可知其他不同时期所做的新疆后备土地资源的结果，并与此作一对照(表 4-5)。

表 4-5　新疆不同时期后备土地资源面积(万 hm^2)

单　位	书　名	出成果时间	总资源	适宜开发
中国科学院综合考察队	新疆土壤地理	1965 年	2000	1000.00
原中国科学院综考会 中国科学院新疆生地所	新疆土地资源承载能力	1989 年		980.00
新疆土壤普查办、 新疆农业区划办	新疆土壤、新疆土地资源	1989 年、1996 年		489.73
中国科学院新疆生地所	新疆宜农后备土地资源	1998 年	1992.67	883.73

分析数据表明,新疆后备土地总资源中的一、二等地面积达 703.92 万 hm^2,占后备土地总资源的 35.3%;其中目前适宜开发的一、二等地面积为 671.99 万 hm^2,占宜农后备土地资源的 76%。一等地是不需要改良或稍加改良就可以建设成为基本农田;二等地只需要中度改良就可以建设成为基本农田。这说明新疆目前用于广度开发的宜农后备土地资源的数量较大,质量较好。

2. 新疆的中低产田面积和改良开发潜力也较大

新疆现有的 16 648.972 万 hm^2 的耕地中,有 48.25% 的中产田和 28.50% 的低产田均具有很大的开发改良潜力(中低产田是以产量指标划分的)。这是后备土地资源深度开发的主要对象。为此,新疆今后在土地开发利用中,一定要坚持以中低产田开发为主,高度重视中低产田的改良治理。

从以上两方面说明,新疆无论是荒地资源,还是中低产田改良,都具有巨大的开发潜力,新疆的后备土地资源开发利用前景是十分可观的。

(二) 光、热资源丰富,土地生产潜力较大

1. 新疆的光辐射资源潜力

新疆的光合有效辐射量与年总辐射量的分布趋势较一致,呈东多西少,由南向北递减。南疆为 2500~2800MJ/(m^2·a)。除青藏高原区以外,在库尔勒以南、罗布泊洼地和塔克拉玛干沙漠区也是一高值区,可达到 3200MJ/(m^2·a)。而低值区在北疆北部、西部山区,例如阿勒泰山区、准噶尔界山等地。

新疆各地全年红外辐射能量的分布与总辐射能量的分布趋势一致。东部多于西部;南部多于北部。东疆 3300MJ/m^2,西部伊犁谷地为 2900MJ/m^2。南疆 2800~3200MJ/m^2,北疆 2800~2900MJ/m^2 之间,高值区青藏高原为 3400MJ/m^2,低值区在山区一般在 2700MJ/m^2 以下。

新疆光温生产潜力最大的地方是和田,其粮食作物生产潜力年总产可达 1400

kg/亩以上;乌鲁木齐可达 1157.2kg/亩,伊犁谷地、准噶尔盆地西南为 1200kg/亩。在巴里坤、昭苏等山间盆地,生产潜力只有几百公斤。

2. 新疆的热能资源潜力

新疆的热量资源也较丰富。首先表现为沿纬度的地带性分布明显,其次是高山、高原的立体分布明显。全疆可划分为 4 个温度带:

(1) 暖温带:包括塔里木盆地、哈密盆地、罗布泊洼地。热量积温≥10℃ 为 4000~5500℃,持续期 215 天。无霜期 210 天左右,作物可一年两熟。是我国长绒棉生长的优良基地,同时可生长石榴、无花果等亚热带的果树。但由于降水量少,冬季偏寒,却不能生长耐酸性的茶、橘等。有轻霜冻。

(2) 温带:包括北疆准噶尔盆地、塔城盆地、巴里坤盆地、南疆焉耆盆地、拜城盆地、阿合奇-乌什谷地、伊犁、伊吾、博乐、额尔齐斯河等谷地,此外还包括南北疆山麓地区。≥10℃ 的积温为 3000~4000℃,持续期 150~170 天;无霜期 160~180 天。作物生长期 180 天。该地带是新疆主要农业区,也是平原草场区,可生长陆地棉,为两年三熟或一年一熟。

(3) 寒温带:一般指高山地带的中山带,如巩乃斯河流域、天山北坡 1700~2000m、南坡 1800~2500m、昆仑山北坡 2000~3000m。该地区一般降水量较多,多为最大降水量带,多接近夏牧场下限。≥10℃ 为 2500~3000℃。为喜凉作物生长区,作物生长期 100~150 天,可种植荞麦、大麦、燕麦、青稞、马铃薯、大蒜等作物,可作为牧业饲草饲料基地。

(4) 寒带:一般在雪线之上,长年冻土区。阿勒泰山区在 3500m 以上;天山北坡在 4000m 以上,天山南坡在 4600m 以上;昆仑山、帕米尔高原、阿尔金山 4500~4800m 以上。全年日平均气温均在 0℃ 以下。可生长雪莲和苔藓类植物,是夏牧场的上限。

(三) 土地资源开发利用分区前景

按照新疆土地资源和农业气候资源条件及各个地区土地资源开发利用前景的不同,安排以下 5 个重点开发利用区:

1. 南疆棉花开发区

南疆地区光、热资源充足,大部分适宜棉花生产。在目前市场经济的环境下,种植棉花在经济上仍然具有比较效益,是新疆农业发展的战略重点和主要基地。该区有巴州、阿克苏、克州、喀什、和田 5 个地区,后备土地资源总面积 938 万 hm²,适宜开发的宜农后备土地资源为 388 万 hm²;另外该区还有 125 万 hm² 的中低产田具有深度开发前景。按照土地开发利用前景该区可划分为以下 3 个亚区:

(1) 棉花开发亚区——该亚区包括喀什地区(塔什库尔干县除外)、阿克苏地区(乌什、拜城县除外)及克州的阿克陶县。该区土地面积大,光热资源丰富,是新疆棉花的高产地区,所以该亚区土地资源开发利用前景应以发展棉花生产为主攻方向,土地建设保护应以盐碱土改良和防治风沙危害为主。

(2) 稳粮增棉开发亚区——指和田地区各县和巴州的孔-塔灌区。该亚区土地面积较少,并且有石油开发。首先应该在满足石油开发基地和当地人民生活所必需的粮食、蔬菜等基本条件的前提下,发展棉花生产,土地开发方针以盐碱土改良为主,防治风沙危害为辅。和田地区以防治风沙危害为主。

(3) 粮、油、糖、棉结合开发亚区——该亚区主要指南疆的山间盆地或河谷地带,主要有焉耆盆地、柯坪盆地和拜城谷地、乌什谷地等。该区由于气温较低,棉花生产效益较差(为风险棉区),所以土地开发利用要以粮为主,兼顾发展油料、糖料及少量棉花,土地开发方针以盐碱土改良为主。

2. 东疆棉花、瓜果等特色作物开发区

该区指吐鲁番地区和哈密地区天山以南的吐哈盆地,光热资源充足,交通方便。适宜种植瓜、果、棉花等经济作物,吐鲁番葡萄和哈密瓜远销国内外。后备土地资源总面积127万 hm^2,适宜开发的宜农后备土地资源为42万 hm^2;另外该区还有10万 hm^2 的中低产田具有深度开发前景。所以该区土地资源开发利用是在保证当地人民和石油工人基本生活的前提下,发展瓜果和棉花经济作物,土地开发方针以节水农业为主。

3. 天山北麓粮、棉、糖综合开发区

该区为天山北麓(精河—阜康段),是新疆的主要粮食作物和北疆棉花生产区。该区土壤土层厚,质地好,但是土壤内部含有部分盐碱。后备土地资源总面积229万 hm^2,适宜开发的宜农后备土地资源为145万 hm^2,另外该区还有52万 hm^2 的中低产田具有深度开发前景。土地开发方向应坚持粮、棉、糖综合开发,土地建设以盐碱土改良为主。

4. 伊犁—塔城粮、油、糖、畜综合开发区

该区为伊犁及塔城盆地和阜康以东的天山北麓地区,后备土地资源总面积为282万 hm^2,适宜开发的宜农后备土地资源为147万 hm^2,另外该区还有90万 hm^2 的中低产田具有深度开发前景。可划分为以下两个亚区:

(1) 伊犁盆地粮、油、糖、果作物开发亚区——该亚区包括伊犁盆地和博州艾比湖流域,土壤质地较好,水资源较丰富,土地开发以粮食、油料、糖料、苹果作物开发为主,同时要积极发展农区畜牧业。土地建设以防止土壤侵蚀为主。

(2) 塔城谷地粮油与牧业开发亚区——该亚区包括塔城盆地和阜康以东的天山北

麓地区,该区气候温凉,土质较差,农业开发产值较低,所以该亚区的土地开发利用方向为粮油作物和畜牧业结合,共同促进。

5. 阿勒泰两河平原以牧为主、牧农林结合开发区

该区为阿勒泰地区的额尔齐斯河-乌伦古河两河流域,该地区土壤特点是土层薄,土质粗;平原地区的土壤下层含有第三系不透水层(红色的黏土),容易产生土壤次生盐渍化、沼泽化;气候温凉,热量不足。后备土地资源总面积 333 万 hm^2,适宜开发的宜农后备土地资源为 103 万 hm^2,另外该区还有 13 万 hm^2 的中低产田,均具有开发前景。今后该地区土地开发应以牧为主,牧农林结合,综合发展。

(四) 必须与生态环境保护相结合,实现土地的可持续开发利用

1. 新疆的土地开发应注重对生态环境的保护

新疆是干旱地区,生态环境非常脆弱,一旦破坏,很难恢复。农区外围的生态环境是绿洲农区的保护层和防护带,易遭受风沙等自然灾害威胁,侵害绿洲,造成农业生产减产。因此在新疆后备土地资源开发中必须注重农区及外围的生态环境保护。重点保护措施如下:①严禁毁林开荒,保护好天然胡杨林;②尽量保护好过渡带的柽柳、梭梭等灌木和半灌木;③保护好河谷草甸,尽量不开发低地草甸,抽取地下水要适量。

2. 加强土壤改良与培肥

土壤改良与培肥是土地开发最重要的任务,而且中低产田改良是一个长远的战略任务。据调查,新疆中低产田主要有土壤肥力瘠薄型、土壤含盐碱化型、土质沙化或黏化型等几种类型。无论是哪一种中低产田,培肥土壤都是改良的最有效的方法,其他土壤改良方法还有:①土壤肥力瘠薄型——主要是实行草田轮作,发展农区畜牧业,农作物秸秆过腹还田,大力培肥土壤,以提高土壤肥力;②土壤含盐碱化型——实行生物改良和排水洗盐相结合,以生物改良为主,部分实行因地利用,种植耐盐牧草或耐盐作物;③土质沙化或黏化型——主要采用人工改良和生物改良相结合,加沙或加黏,培肥土壤或改种牧草等方法。

3. 在注重农业开发的同时,应加强林牧业的开发,促进新疆农林牧业协调发展

新疆是我国畜牧业大省,在农业开发的同时也必须注重牧业和林业的共同发展。随着我国国民经济的不断发展和人民生活水平的不断提高,对农林草牧渔等各类产品(如:蛋、奶、肉、木材等)不断提出新的要求。所以,新疆土地开发利用也必须坚持农林牧副渔共同开发,协调发展。新疆的畜牧业应走世界上发达国家的发展道路,着力发展农区畜牧业和农区林业,做到以农养畜(农作物秸秆饲养牲畜),以农促林(农区防护林建设),以畜养田(牲畜排泄的有机肥增施在农田),以林护农(林带保护农田),促使绿洲

生态农业的良性循环和农林牧业共同发展。

参 考 文 献

崔文采等.1996.新疆土壤.北京:科学出版社
樊自立等.1996.新疆土地开发对生态与环境的影响及对策研究.北京:气象出版社
蒋寒荣等.1989.新疆土地资源.乌鲁木齐:新疆人民出版社
毛德华等.1985.新疆重点地区荒地资源合理利用.乌鲁木齐:新疆人民出版社
石玉林等.1989.新疆土地资源承载能力.北京:科学出版社

第五章 气候资源及开发利用

"气候资源"这一气候学术用语的正式提出,应是1979年2月在瑞士日内瓦召开的世界气候大会上。会议主席罗伯特·怀特(Robert.M.White)在他的"发展时期的气候——主题报告"中指出:"这次大会的实质性准备中产生了一个重要的新概念,这就是我们应当开始把气候作为一种资源去思考。"气候资源的新概念就这么提出来了。

其实在我国古代,早就将气候作为农业气候资源来看待,如在《吕氏春秋》、《齐民要术》等古籍中,曾清楚地阐明气候资源的重要性。

新疆气候资源独特,丰富多样,如何在新疆大开发中发挥气候资源优势,是个大课题,是篇大文章。有待不断地探讨,深入的研究,进一步地开发。

一、气候资源特性和新疆气候资源特色

(一)气候资源特性

凡资源都具有社会经济价值,对人类来说都具有可开发性和利用性。在自然资源中,气候资源具有取之不尽、用之不竭的生命力。气候资源除了自然资源的一般共性外,还具有以下特性。

1. 气候资源是其他一些自然资源的母质和基因

气候资源既具有再生力,又存在能源资源、物质资源、环境资源、信息资源四个层次,是具有生命力和非生命的自然资源的依属、生存的根源,如生物资源、矿产资源、水资源正是不同地质、历史时期在不同气候条件下形成的,所以成为自然资源的母质和基因,它巨大的能量,包括太阳辐射能、光能、水能、风能,都显示在自然资源体系中,或成为自然资源成长发育中所获取的生命力。

2. 气候资源是有限性和无限性的组合体

对人类来说,气候资源是"用之不尽"的,是无限的。如太阳能的利用。因为像太阳这样的恒星的崩溃至少尚有几十亿年甚至更长的时间,它能为人类和各类生物不断繁衍所利用。对某个区域来说,气候资源又是有限的。气候资源在生产转化过程中,往往

是需要一定的技术、装备和资金投入的,否则它难以被利用和产生财富。如古时的风车(水车)、水磨。现在风力田产生电能,更需要科技投入,才能换风能为电能,而后并网。我国干旱地区,土地扩大,但年降水量很少,因而大量荒地无法垦殖;高山地区,虽降水量较丰,但热量偏少(温度偏低),也难以开发。

3. 稳定性(常态性)和不稳定性(非常态性)并存

对某个区域来讲,气候资源具有常态性、稳定性,例如一个地方的四季、二十四节令、二分二至(春分、秋分、夏至、冬至),气候要素都是有一定范畴的,变化是有一定幅度的。另一方面,它并不是一成不变的,会产生异变,带来一定的气候灾害和其他次生灾害,如洪涝、干旱、蝗灾等。这就是不稳定性。

4. 周期性和非周期性同在

气候要素的变化有日、候、旬、月、季、年的变化,还有几年、几十年、百年的长周期变化。这种周期一般是具有稳定性的。所谓非周期性,是指由于太阳变化和地壳水热变化等而引起的临时性变化或长期变化。前者如厄尔尼诺、火山爆发、地震等因素引起,后者如冰期、小冰期、岁差、地轴等变化所致,当周期性变化一旦被打破,就带来气候灾害。

5. 顺时性和返逆性并存

气候资源在农业上的应用,要讲"顺天时,量地利",才能产生预期效益;若任情反性,不仅劳而无功,而且还可能酿成灾害。如干旱区的风沙气候,只能立足于防护,搞得好"人进沙退";搞不好"沙进人退",造成大风狂作,沙暴肆虐。这样的例子从古至今屡见不鲜。

6. 人类活动对气候变化的影响加深

随着人口规模剧增,人类活动对大气圈的影响从广度和深度上不断扩大。臭氧层的破坏便是鲜明的例子。

大气层中的平流层,臭氧浓度本来较高,那是由于该层的紫外线作用,使 O_2(氧分子)分解为 O(氧原子)和 O_2(氧分子),而后 O 和 O_2 结合形成 O_3(臭氧),并使其处在平衡定常状态。在人类活动影响下,随着碳盐类排放量的剧增,大气层中的氮、氯、溴等分子增加,这些分子与 O_3 发生作用,则会减少臭氧浓度。从南极观测得知,1987 年 10 月的臭氧浓度比 1979 年 10 月时减少了一半。臭氧可吸收对生物有害的紫外辐射,对生物圈有重要的保护作用。如今臭氧层遭到破坏,使进入生物圈的紫外辐射增加,致使人类的皮肤癌、白内障、雪盲病增多,同时使某些农作物产量减少,质量降低。可见保护大气圈、保护气象、气候资源是个关系到人类可持续发展的战略问题。

（二）新疆气候资源特色

1．气候资源丰富多样

由于新疆幅员广大，南北纵跨纬度 15°，东西横跨经度 23°，又有垂直分带，因而造成气候类型多样。从干湿程度来看，有极端干旱区、半干旱区、半湿润区和湿润区；从热量资源所划分的气候带看，可分为暖温带、寒温带、亚寒带、寒带等。从地貌、地域角度可分为山地气候、高原气候、平原气候、沙漠气候、盆地气候、谷地气候等。另外，从主要类型来看，太阳辐射、光时光质、温度与热量、水分、风等各类气候资源都有自己的特色。但至今尚有一些气候属性未被充分发现和认识。

2．气候的干旱特色显著

新疆的干旱、半干旱区占国土面积的 89%。除山区外，平原区降水十分稀少。北疆准噶尔盆地周缘年降水量为 150～200mm，盆地腹部为 100～150mm；南疆塔里木盆地北部、西部年降水量为 50～70mm，东部和南部少于 50mm。吐哈盆地降水更少。全年降水最少的地方在吐鲁番盆地的托克逊，仅 6.9mm。就是某些山区的降水量也比较少，如昆仑山－阿尔金山，一般均在 300mm 以下。这种干旱的平原气候决定了绿洲灌溉农业的存在，平原区降水对农业已不具有根本意义。

3．气候资源时空分配的不均性

几乎所有的自然资源都存在空间分配的不均性，气候资源更是如此，具有极端化趋势。主要表现在光热资源时空分布不均。如吐鲁番、哈密盆地的夏季光热有余，冬季却十分不足。沙漠、高原、高山地区也有同样状况。从水热资源来看，中山带配置适当，低山带、盆地、沙漠、戈壁地带配置却很不平衡，多表现为光热有余，而水资源不足。

4．相对的稳定性、周期性和非周期性的同时存在

新疆的气候资源尤其是光热资源具有相对的稳定性，便于利用，风险不大。当然这不是绝对的，其实在早春、晚秋，其变率相对也较大。新疆气候的周期性变化比较明显，同时非周期的异常性也时有发生，容易造成气象灾害。

二、气候资源评述

（一）太阳辐射与热量平衡

太阳辐射是产生气候现象的总能源。它由太阳常数、紫外辐射、微粒辐射等组成。太阳常数是形成气候的主要能源，紫外和微粒辐射随太阳活动变化而变化。

农业上利用的光合效取决于光能潜力及光能的质和量。据测定,光能利用率最高为 20%～25%,一般植物远低于这个值,通常不到 1%。可见光能利用潜力是很大的。

1. 太阳总辐射

太阳总辐射值受地表、天气气候、下垫面等制约,基本上随纬度的增加而减少。根据龚佩的分析资料,新疆年总辐射分布南疆多于北疆,东部多于西部,盆地多于山区。北疆一般 5200～5600MJ/m²,南疆 6000～6200MJ/m²,东疆 6000～6400MJ/m²。最大值在哈密,或以南的哈密盆地疏纳诺尔干涸湖区,一般达 6300～6400MJ/m²。最小值在准噶尔盆地中心区,约在 5100MJ/m² 以下。

从季节分布来看,总辐射最大值出现在 6、7 月份,一般达 690～770MJ/m²,最小值出现在冬季 12 月份,一般 150～280MJ/m²。春季 4 月,400～520MJ/m²,5 月增加 100MJ/m²,9 月 500～550MJ/m²。10 月递减很快,约 100～180MJ/m²。

新疆太阳总辐射值比毗邻的中亚地区各国偏小,但比我国东部地区偏大。如上海、武汉,纬度低 6°～10°之多,但因夏季多雨,6、7 月辐射总量偏少 150～300MJ/m²。新疆总辐射能量充足,其利用开发潜力巨大(表 5-1)。

表 5-1 新疆及全国部分城市太阳总辐射年月分布(MJ/m²)

站名	纬度	海拔/m	1	2	3	4	5	6	7	8	9	10	11	12	年
阿勒泰	47°44′	735.1	194.3	288.9	474.1	587.3	710.9	741.5	732.6	641.0	486.5	318.4	185.3	151.0	5511.8
塔 城	46°44′	548.0	190.8	270.6	409.8	540.8	693.6	727.3	747.6	680.6	501.4	327.6	189.6	153.2	5432.9
伊 宁	43°57′	662.5	212.5	280.4	436.7	533.3	681.5	710.8	737.6	660.0	501.4	352.1	226.0	175.9	5508.2
石河子	44°19′	442.9	192.3	251.1	398.6	536.9	670.8	688.1	700.9	632.4	493.7	356.1	198.1	85.2	5204.2
乌鲁木齐	43°47′	917.9	188.1	256.3	400.1	539.4	667.0	675.4	696.6	635.4	491.3	361.4	204.0	144.3	5259.3
哈 密	42°49′	737.9	26.4	356.7	521.6	634.1	770.8	773.4	759.0	693.1	571.5	446.3	293.2	239.9	6335.9
吐鲁番	42°56′	34.5	227.7	308.4	472.1	563.7	695.0	717.8	733.1	662.2	530.0	405.1	257.4	193.3	5735.00
库尔勒	41°45′	931.5	273.8	343.9	475.7	583.4	711.6	728.3	733.6	675.0	569.0	348.7	296.7	249.5	6079.50
阿克苏	41°10′	1103.8	273.4	338.4	457.5	565.5	691.0	725.6	738.3	660.6	548.6	432.8	294.9	250.3	5976.80
喀 什	39°28′	1288.7	253.4	299.1	439.9	526.9	669.6	769.8	746.9	648.4	532.7	434.8	292.8	231.5	5845.80
和 田	37°08′	1374.6	297.9	329.8	476.2	544.8	625.1	689.6	634.6	603.0	535.8	484.6	349.8	280.5	5854.90
哈尔滨	45°41′	171.7	192.0	265.0	419.0	483.0	567.0	587.0	549.0	492.0	418.0	305.0	198.0	155.0	4629.00
北 京	39°48′	31.2	283.0	341.0	499.0	563.0	690.0	660.0	579.0	537.0	495.0	394.0	276.0	244.0	5561.00
上 海	31°10′	4.6	259.0	272.0	364.0	411.0	475.0	453.0	578.0	563.0	388.0	356.0	282.0	249.0	4650.00
武 汉	30°38′	23.3	1251.0	261.0	334.0	401.0	485.0	532.0	615.0	607.0	444.0	213.0	276.0	240.0	4180.0

2. 太阳直接辐射

太阳直接辐射取决于当地地理状况和日照状况。从总的分布看,太阳直接辐射通量值自西向东增多,自北向南减少,但准噶尔盆地、塔里木盆地都有一个半闭合中心,其中心值均小于山麓地区,一般向东开口。北疆东部和南疆东部,都为3800MJ/m²等值线所包括。其地理分布特征为:山区少、盆地多,阿尔泰山、准噶尔界山、天山等为2800~3400MJ/m²;青藏高原、帕米尔高原均大于塔里木盆地,例如康西瓦可达3900MJ/m²以上;伊犁河谷区域、昭苏盆地均在3400MJ/m²以上;最大值出现在哈密,达4033MJ/m²。在青藏高原北侧、麻扎塔格山南部,和田河、克里雅河东西两边,有一弱值区,是由春、夏浮尘和风沙蔽日所致(表5-2)。

表5-2 不同地区纬度、日照状况和太阳直接辐射通量(MJ/m²)(1960~1980)

42°N以北地区	哈密地区		准噶尔盆地		额尔齐斯河谷地		伊犁河谷地	
站 名	哈密	三塘湖	克拉玛依	莫索湾	阿勒泰	富蕴	伊宁	特克斯
纬 度	42°49′	44°12′	45°36′	45°01′	47°44′	46°59′	43°57′	43°11′
日 照	3360.3	3375.3	2734.6	2776.7	3963.4	2864.5	2802.4	3732.2
直接辐射	4033.19	3975.50	3179.02	3258.43	3573.00	340.30	3540.61	3464.97
42°N以南地区	塔里木盆地南缘		罗布泊洼地		帕米尔高原		青藏高原	
站 名	和田	于田	铁干里克	若羌	吐尔尕特	塔什库尔干	康西瓦	狮泉河
纬 度	37°08′	36°52′	40°38′	39°02′	40°31′	37°47′	36°12′	32°11′
日 照	2610.6	2759.6	3121.3	3082.2	3008.5	2831.0	2990.9	3412.8
直接辐射	2611.60	2834.49	3191.86	3184.26		3200.69	3973.69	

冷季各月直接辐射通量分布趋势基本一致,北疆一般不大,12月为70~90MJ/m²,1月和11月相近,约100MJ/m²左右,春季迅速增加;3~5月,每月可增100MJ/m²,其增加值相当冬季月份直接辐射通量值,夏季6~8月份,440~500MJ/m²,秋季9~10月,每月迅速递减可达100MJ/m²。在南疆地区,没有北疆春季升速值大,秋季下降值大,其幅度仅有50~80MJ/m²。这是由于北疆冬季积雪,纬度偏北,太阳高度角小所致(表5-3)。北疆太阳直接辐射和我国东北西部、内蒙古东部相近似,南疆因风沙因素太阳直接辐射较我国东部同纬度地区偏低,比江浙、长江中下游偏多,年值约多1000MJ/m²以上。但比青藏高原南部差1/2,比中亚地区也偏少。

表5-3 新疆及全国部分城市太阳直接辐射年月分布(MJ/m²)

站 名	1	2	3	4	5	6	7	8	9	10	11	12	年
阿勒泰	106.7	167.9	260.0	368.0	462.7	505.1	507.9	457.9	345.2	203.6	106.6	82.3	3479.3
塔 城	115.1	168.9	247.5	329.5	436.7	510.9	532.8	495.8	348.4	215.0	118.1	86.1	3604.7
伊 宁	121.3	159.8	235.6	313.9	420.7	481.4	525.1	468.9	344.5	228.9	140.4	100.1	3540.6
石河子	104.3	136.2	218.2	312.7	401.5	466.3	481.4	442.7	338.0	238.2	112.2	63.8	3315.5
乌鲁木齐	96.5	137.0	212.4	317.2	398.1	440.6	480.3	446.2	338.8	238.8	114.0	68.2	3287.9
吐鲁番	106.7	153.4	223.6	259.8	364.5	428.2	471.2	441.7	337.8	244.5	139.6	118.2	3289.0
哈 密	161.8	216.9	292.5	348.0	476.0	500.5	517.5	486.4	391.7	312.5	188.9	144.3	4033.2
库尔勒	137.7	176.7	189.2	229.9	290.9	413.5	416.4	388.8	308.5	238.0	159.3	129.5	3078.6
阿克苏	139.0	170.3	171.3	211.8	296.6	410.6	420.3	376.1	290.4	233.2	158.3	132.5	2983.3

续表 5-3

站名	1	2	3	4	5	6	7	8	9	10	11	12	年
喀什	107	124	172	227	346	483	451	358	298	241	155	107	
和田	141.7	137.3	170.8	188.5	255.2	304.6	279.2	240.2	253.1	283.6	206.5	151.1	2611.6
哈尔滨	104	153	249	270	316	336	292	280	268	193	115	82	2655
北京	161	194	278	290	382	385	289	287	305	242	156	135	3103
上海	132	136	173	190	221	193	322	332	182	185	147	132	2346
武汉	112	114	129	167	212	252	358	363	228	190	138	115	2378
海口	132	111	139	200	333	283	364	305	240	206	152	137	2605

太阳直接辐射,作为一项可贵的资源,未能充分开发利用。亟待新技术的专项投资,加强太阳能源的开发研究。

3. 太阳散射辐射

散射辐射是由总辐射值减去直接辐射值,计算误差值一般在 7% 以下。

新疆年散射辐射总量值的空间分布:南疆大于北疆,东部大于西部,山区多于盆地。最大值出现在塔里木盆地,全年为 2800~3200MJ/m², 在昆仑山北麓、塔里木盆地南缘,形成我国最大散射辐射区域。北疆差别不大,一般为 1800~2000MJ/m², 东部哈密盆地为 2300~2500MJ/m²。

散射辐射的年季分布规律各地相近,最大值在春季 5 月,北疆为 250~260MJ/m²; 南疆 300~420MJ/m², 阿克苏达 420MJ/m²; 最小值在冬季 12 月,北疆小,南疆大,北疆 7.0MJ/m² 左右,南疆 100~130MJ/m²; 夏季 7 月北疆 210MJ/m² 左右;东疆 250MJ/m², 南疆 310~370MJ/m², 相差较大,散射辐射,在南疆偏西和北部地区,如喀什、阿克苏、库尔勒等地,均出现双峰,最高峰在 5 月,次高峰在 7 月,前者受浮尘、扬沙影响,后者为云量、降水所致(表 5-4)。

表 5-4 新疆及全国部分城市太阳散射辐射年月分布(MJ/m²)

站名	1	2	3	4	5	6	7	8	9	10	11	12	年
阿勒泰	87.6	121.0	214.1	219.2	248.5	236.4	225.5	183.0	141.3	114.8	78.7	68.7	1938.8
塔城	75.7	101.7	162.3	211.3	257.0	216.4	214.8	184.8	153.0	112.6	715	67.1	1828.1
伊宁	90.6	119.2	178.8	219.2	260.7	230.2	211.9	190.5	156.9	123.6	82.1	75.9	1939.4
石河子	88.0	114.9	181.4	224.3	269.2	221.8	219.5	189.7	155.7	118.0	85.9	21.4	1888.7
乌鲁木齐	91.3	119.5	187.7	222.6	216.7	23.9	215.4	188.6	152.4	121.5	83.7	76.1	1961.4
吐鲁番	114.9	140.6	228.8	284.9	298.8	272.9	240.9	204.9	172.4	140.7	105.0	96.0	2300.3
哈密	121.3	155.6	248.7	303.7	328.6	288.9	251.0	218.9	192.4	158.8	117.6	103.7	2489.1
库尔勒	136.0	167.2	286.5	353.5	420.7	315.2	317.2	286.7	260.3	200.7	137.4	120.0	3000.9
阿克苏	134.4	168.2	286.2	353.7	421.4	315.0	318.0	284.6	258.2	199.6	136.5	117.8	2993.5
喀什	145.5	174.3	265.4	301.2	322.3	286.1	296.2	294.1	233.9	192.9	137.0	124.3	3773.2
和田	156.7	192.6	305.4	356.2	393.5	385.2	378.1	362.8	282.6	201.1	143.4	129.4	3286.8
哈尔滨	88	112	170	213	251	251	257	213	149	112	82	73	1917
北京	122	147	221	273	308	275	290	250	191	152	120	109	2458
上海	127	136	191	221	254	259	256	231	206	172	135	117	2304

续表 5-4

站 名	1	2	3	4	5	6	7	8	9	10	11	12	年
武 汉	139	148	204	235	273	280	258	244	216	174	137	126	2433
海 口	153	153	219	245	234	239	221	224	206	206	175	162	2436

以乌鲁木齐为例,散射辐射年日变化大致有以下特征:在中午前后最大,且午后大于午前;5月中午达到全年最大值;由最大值5月,向冬季递减快,向暖季递减较慢。

散射辐射量值占总辐射比重很大,一般南疆达40%~35%,特别是青藏高原北缘,2~5月,一般在50%~60%间,其他月份,均在40%~50%之间;北疆在35%左右(表5-5)。究其原因,主要是受沙尘影响(表5-6)。

表 5-5　新疆部分地区太阳散射辐射量占总辐射量比重(%)(1958~1980)

地 名	1	2	3	4	5	6	7	8	9	10	11	12	年
若 羌	0.51	0.54	0.62	0.64	0.60	0.50	0.47	0.43	0.42	0.38	0.43	0.49	0.50
和 田	0.53	0.58	0.64	0.65	0.63	0.56	0.60	0.60	0.53	0.41	0.41	0.46	0.56
于 田	0.49	0.51	0.60	0.62	0.61	0.56	0.57	0.57	0.46	0.40	0.40	0.45	0.53
阿拉尔	0.47	0.50	0.61	0.62	0.60	0.47	0.43	0.43	0.46	0.45	0.46	0.46	0.49
铁干里克	0.46	0.47	0.59	0.61	0.58	0.43	0.43	0.42	0.45	0.46	0.46	0.46	0.49

表 5-6　南疆各地浮尘日数(天)(1951~1980)

地 名	1	2	3	4	5	6	7	8	9	10	11	12	年
若 羌	5.6	12.0	19.8	17.6	14.8	13.0	10.6	11.4	9.0	6.0	4.2	1.0	125.0
和 田	3.0	7.6	19.2	21.2	21.8	18.2	18.8	14.8	14.4	9.2	4.4	3.6	156.2
于 田	6.0	5.7	22.0	23.0	22.0	23.0	22.3	22.7	14.7	12.0	0.3	1.7	175.4
喀 什	8.8	12.5	21.0	16.5	18.0	11.5	14.3	12.0	14.5	12.5	9.0	2.7	153.3

北疆散射辐射和同纬度地区相当;而南疆则超过同纬度地区,甚至成为亚欧大陆最大值区。散射辐射资源,与植被叶片、茎、花和其他部分生长密切相关。

4. 反射率

反射率受下垫面状况制约,不同下垫面,即有不同反射率,它直接影响辐射能量的收支。年反射率的地理分布:表现为北疆大于南疆,西部大于东部,山区大于平原。北疆一般为35%~40%,南疆为30%~35%,西部一般在35%以上,东部在30%。这主要是冬季山区和北疆为雪覆盖所致。

冷半年,北疆积雪期长,月平均反射率随纬度增加而增大,并随着降雪的性质和雪覆盖后雪被变化而变化,冬季雪被下,一般达0.40以上,新疆最大值达0.90以上。伊犁最大值可达0.96之多,太阳辐射能量几乎全被反射了。

新疆反射率一般比同纬度地区略偏大,但比高海拔区的青藏高原偏小。反射率影响大田农作物透光和吸收的程度及作物朴茵等。若能掌握反射率的适应性,对作物做人工改变,则会促进作物产量的增加。

5. 有效辐射

有效辐射与云量、大气温度、湿度、地面温度有关。当下垫面温度与空气温度差值大时,有效辐射就大;当云和空气温度增大时,有效辐射减小。

新疆有效辐射年总变化值为 1600～2200MJ/m², 北疆为 1700～1800MJ/m², 南疆约 2000MJ/m² 左右,东疆为 2100～2200MJ/m²。其分布由南向北减少,由东向西减少,由平原向山区减少。南疆塔里木盆地为一高值区,北疆准噶尔盆地有相应高值;前者闭合中心值为 2200MJ/m², 后者为 1700MJ/m²。

有效辐射冬季最大值 1 月在安迪河,达 168.5MJ/m²。最小值在准噶尔盆地中心,一般在 100MJ/m² 以下。夏季 7 月,北疆在 160～180MJ/m², 南疆在 200～210MJ/m², 最大值吐鲁番达 221MJ/m²。

新疆有效辐射比同纬度内蒙古偏少,和东北几省相近,远不及青藏高原。

6. 辐射平衡

新疆辐射平衡东西部都在 2200～2400MJ/m², 南疆塔里木盆地 2000～2200 MJ/m², 北疆比南疆偏大 200MJ/m²。在南疆昆仑山北麓,塔里木盆地南缘,形成一低值区。北疆山区偏少,而南疆青藏高原偏高,这与前者湿润、后者干燥等因素有关。

辐射平衡值在高山区,一般随海拔的增加而减小;青藏高原、帕米尔高原有相反趋势,辐射平衡随海拔增加而增大,这与高原大气干燥、太阳直接辐射大有关。

全年辐射平衡由 12 月至 6 月是逐月递增, 7～12 月,又逐月递减。以冬季最小,一般在 12～1 月,多为负值,最低值出现在 12 月,富蕴为 -61.2MJ/m²。若以天山为界,在天山之北为负值,天山以南为正值。12 月份,沿天山北麓一般为 -10～-20MJ/m², 而塔里木盆地达 40～60MJ/m²。夏季,辐射平衡最大值出现在 6 月,个别在 7 月。北疆由于太阳高度角夏季增大,为 400MJ/m², 南疆因风沙天气较多,一般为 300MJ/m²。

7. 热量平衡（热量平衡采用陈荣芳计算值）

(1) 地表热量平衡各分量时空分布

① 蒸发耗热量。新疆是内陆干旱区,能供给蒸发的水源不多,年蒸发耗热量也相应较少,年蒸发耗热量与年辐射平衡量百分比,除天山区较大,达 39%～65%, 其余地区多在 23% 以下,哈密盆地、塔里木盆地,微乎其微,吐鲁番、若羌等地,仅有 1%～2%。

年蒸发耗热量,除降水量多湿度大的伊犁河谷和中天山北坡中山带,可达 1059～1097MJ/m² 外,其余地区均在 600MJ/m² 以下。塔里木盆地东南部、吐鲁番盆地,达 36～63MJ/m²(表 5-7)。

表 5-7 新疆各地蒸发耗热年月分布(MJ/m²)(1960～1980)

站 名	1	2	3	4	5	6	7	8	9	10	11	12	年
阿勒泰	14.9	11.3	25.9	34.8	36.4	44.0	49.0	38.5	36.8	33.5	24.3	11.3	360.7
塔 城	14.2	13.0	44.4	87.1	70.3	70.8	77.5	45.6	34.3	24.3	31.4	41.9	554.8
博 乐	2.9	3.8	31.4	47.7	67.8	81.6	65.7	46.1	28.9	27.6	17.6	1.3	422.4

续表 5-7

站名	1	2	3	4	5	6	7	8	9	10	11	12	年
伊宁	9.2	16.3	59.5	67.0	69.1	67.4	58.6	35.2	31.4	48.1	40.2	14.7	516.7
石河子	4.6	6.3	42.7	67.0	60.7	51.9	47.7	48.1	37.3	33.1	25.5	5.0	429.9
乌鲁木齐	5.0	33.5	47.7	83.3	87.1	97.1	53.6	58.6	64.1	60.3	15.9	11.7	617.9
哈密	3.8	2.5	2.1	6.3	6.7	14.5	14.2	12.1	7.1	5.0	3.8	3.8	81.9
吐鲁番	3.3	0.4	2.9	0.4	0.8	8.0	4.5	7.1	2.1	2.5	0.4	2.9	36.2
库尔勒	2.9	1.3	2.5	5.4	13.8	28.1	82.5	19.7	10.0	5.0	16.3	2.1	135.6
库车	4.2	5.4	5.4	10.2	15.1	30.1	32.7	28.5	11.7	6.3	8.0	2.9	160.8
阿克苏	4.6	4.2	2.9	6.3	19.3	21.4	40.2	30.6	11.7	4.6	2.1	2.9	150.8
喀什	6.3	16.3	10.0	9.6	34.8	11.7	20.1	16.7	1.0	4.2	3.8	3.8	150.3
和田	3.3	6.7	1.7	6.7	16.7	17.2	9.2	8.0	6.7	1.3	0.4	1.3	79.2
若羌	2.5	1.3	1.3	2.5	2.9	7.5	13.8	4.6	0.8	0.0	0.4	1.3	38.9

② 地表面与地下层土壤热交换。新疆土壤热交换量地理分布和气温年较差区域分布是一致的。最大值出现在准噶尔盆地之腹地，阿勒泰地区东南部和吐鲁番盆地等，约 ±147~168MJ/m², 其次是塔里木盆地、塔城盆地、伊犁河谷西部 ±119~146MJ/m²; 天山小渠子、昭苏、新源最小，仅 ±99~105MJ/m²。

就全年总体情况而言，土壤热交换年总量值为零。即一个地区暖季地表向土壤下层输送的热量与冬季由土壤下层向地表输出的热量相当。全疆各月土壤热交换量 ±7.5~41.0MJ/m², 3~8 月为正值，9~12 月负值。

③ 地表大气湍流热交换。新疆蒸发耗热量和土壤热交换量都很小，湍流热交换量势必很大。年湍流热交换量与年辐射平衡的百分比，除较湿润的山区外，一般都达 80%以上，气候干旱的南疆和东疆超过 90%，极端干旱的吐鲁番盆地、塔里木盆地东南部近于 100%。年湍流热交换量在各盆地中，形成高值中心，吐鲁番盆地大于 2512 MJ/m²,塔里木盆地大于 2303MJ/m²,准噶尔盆地大于 2093MJ/m²,山区为低值区，中天山北坡中山带最低，达 586MJ/m²。

冬季，是湍流热交换低值期，各月间的变化较平稳，地理分布有随纬度的增加、海拔高度的增加而递减趋势。1月，塔里木盆地为高值中心，大于 105MJ/m²,盆地北部山麓地带，为 42MJ/m²,天山山地为负值区，越过天山，广大准噶尔盆地为 20MJ/m² 以下，阿勒泰又出现负值区。表明天山和阿勒泰地区，地表为冷源，要从大气中索取热量，才能达到地表面的热量平衡。

夏季，各月平均分布相似。7月天山南北准噶尔、塔里木盆地，为高值区，达 335~377MJ/m²,盆地边缘为 251~293MJ/m²,中天山带最小，不足 167MJ/m²。春秋季节，介于冬夏季湍流热交换量之间，但春季增值多，一般各月都大于秋季月份。

(2) 热量平衡各分类关系

地表面热量平衡方程为 $R-A=LE+P$。式中 R 为热量平衡；A 为地表面与下层土壤热交换;LE 为蒸发耗热量;P 为湍流热交换。

当 $R-A>0$ 时,表明地表面热量有余,即通过地表面水蒸发和贴地大气层湍流运动,将热量输送给大气,气温上升,使地表面热量达到平衡,则称地面为热源;当 $R-A<0$ 时,表明地表面热量亏损,通过地表水分凝结和贴地大气层湍流运动,将大气中的热量补偿给地面,气温下降,地表面热量达到平衡,这时地面称冷源或热汇。

冬季,12月和1月2月,天山、阿勒泰山等地 $R-A$ 值,均为负值。可见,冬季为冷源区,大气将热量补给地面,气温下降,使地表热量达到平衡。其余地区冬季各月 $R-A$ 为正值,是全年低值区。准噶尔盆地各月为 $22MJ/m^2$ 左右,塔里木盆地、吐鲁番盆地、哈密盆地北缘,达 $21\sim 84MJ/m^2$。

春季,太阳辐射猛增,全疆各地区 $R-A$ 为正值,各地无冷源存在,热源强度增大,且天山以北($251\sim 293MJ/m^2$)大于天山以南($209\sim 215MJ/m^2$),其原因:①春季辐射平衡月值增长幅度天山以北大于天山以南;②下垫面天山以南,冬季基本无积雪,开春后,地表干燥,地面增温快,有效辐射急增,地表与地下层土壤间温度明显垂直递减。地表面向土壤中输送热量较多,A 值较大,故 $R-A$ 较小。天山以北地区,冬季积雪,春季积雪消融和蒸发,需消耗大量地表热量,加之土壤湿度较大,地温回升慢,地面至下层土壤间温度变化不大,故 $R-A$ 值较大。

冷热源交换量,天山以北大于天山以南的现象,一直持续到晚春和初夏后,形势才有扭转。6月,准噶尔盆地、塔里木盆地、吐鲁番盆地、哈密盆地中的 $R-A$ 值大致相等,均大于 $377MJ/m^2$。天山区为低值区,小于 $293MJ/m^2$;7月,近地面土壤中热量积累逐渐达到全年最多的时候,$R-A$ 值的分布和6月近似;8月,塔里木盆地、吐鲁番盆地热源交换量(大于 $335MJ/m^2$)远大于准噶尔盆地(由北向南为 $250\sim 293MJ/m^2$);9月天山南北热源交换量大致相等。10月,热源交换量随纬度增加而减少,11月,恢复冬季形势,阿勒泰地区东北部 $R-A$ 出现负值。冷源开始出现。12月,冬季形势全部出现。

热量平衡分量和同纬度我国东部比较:地表面与土壤间热交换,冬季1月,接近内蒙古地区,约和东北地区相当,或略微偏小。夏季7月,土壤热交换分布均匀,全国变化范围很小,和同纬度比,略微偏小。而蒸发耗热量由于干旱,达全国最小值。而湍流热通量恰恰相反,成为全国最大值,出现在塔里木盆地。形成干燥炎热空气。全年地表冷热源强度和同纬度相当,且偏小。

(二)光时与光质

1. 光时

光时系指光照时间,它是表示光资源数量与质量的重要指标。光时,包含太阳实际照射时间和可照射时间。实际照射时间即气象站实际观测的日照时数(不受雪和其他沙尘暴等天气影响)。可照射时间即日长。日照时数,表示一个地方光量的多少和强弱。日长对植物影响有两方面,一是光合作用时间长短;二是光周期直接影响植物的生长发育。

植物开花现象发生,决定白天和黑夜,其交替时间的长短,称之光周期。由此,可将植物分为短日性植物、长日性植物和中间性植物。短日性作物如原产于热带、亚热带的水稻、玉米等。长日性植物如麦类、油菜等。目前大规模调控光照和光谱成分尚难实现。

(1) 日长

决定植物光周期现象是日长,而不是日照时数,光周期现象是对光暗的反应,与阴晴无关。日长表示光期,夜长表示暗期。

日长随纬度、季节而变化,夏半年日长随纬度升高而变长。日长的年、季变化幅度随着纬度升高而增大。我国北部地区,冬至与夏至日长相差 10 小时之多,即冬至日长只有 7 小时不到,而夏至则达 17 个小时之多。新疆阿勒泰地区可相差 7 小时 25 分。在新疆不同地区和不同季节日长也有差异。北疆比南疆及我国南方相对偏长 3~4 小时,从而使北疆生长期短的作物增加了光合作用,有利于单季高产(表 5-8)。

表 5-8 新疆各地日长时间(以每月 16 日为准)(h)

地 区	纬度(°N)	1	2	3	4	5	6	7	8	9	10	11	12
阿泰勒	47°44′	10.12	11.31	13.05	14.56	16.39	17.39	17.12	15.39	13.48	12.06	10.35	9.5
塔 城	46°44′	10.18	11.33	13.04	14.51	16.29	17.27	17.00	15.32	13.45	12.07	10.39	9.57
伊 宁	43°57′	10.32	11.40	13.01	14.39	16.05	16.53	16.32	15.14	13.39	12.09	10.40	10.12
石河子	44°19′	10.32	11.40	13.01	14.39	16.05	16.53	16.32	15.14	13.39	12.09	10.50	10.12
乌鲁木齐	43°54′	10.32	11.43	13.01	14.39	16.05	16.53	16.32	15.14	13.39	12.09	10.50	10.12
吐鲁番	42°56′	10.35	11.43	13.00	14.34	15.57	16.43	16.23	15.08	13.37	12.10	10.54	10.18
哈 密	42°49′	10.37	11.43	13.00	14.34	15.57	16.43	16.23	15.08	13.37	12.10	10.54	10.15
库尔勒	41°45′	10.41	11.45	12.49	14.30	15.49	16.34	16.15	15.02	13.35	12.11	10.58	10.22
若 羌	39°02′	10.54	11.51	12.57	14.18	15.29	16.08	15.51	14.47	13.29	12.14	11.10	10.38
阿克苏	41°10′	10.56	11.47	12.59	14.26	15.41	16.24	16.07	14.56	13.33	12.12	11.02	10.28
喀 什	39°28′	10.54	11.51	12.57	14.18	15.29	17.08	15.51	14.47	13.29	12.14	11.10	10.34
和 田	37°08′	10.02	11.45	12.57	14.11	15.17	15.52	15.38	14.39	13.26	12.17	11.16	10.48

(2) 日照时数

新疆是我国日照最多的地区之一,年总日照时数达 2500~3400 小时,比长江中下游日照时数多 500~1000 小时。

新疆日照时数自东向西、自南往北减少。主要是西、北多云,降水也多,在南疆西南部,由于风沙、浮尘天气所致。

在准噶尔盆地、塔里木盆地,都有着北部多于南部的特征。准噶尔盆地北部的阿勒泰地区,年日照时数达 2900 小时左右,在南部沿天山地区多在 2700~2800 小时,在盆地西南隅小于 2700 小时。塔里木盆地北部达 2900~3100 小时,盆地南部为 2600~3000 小时,盆地西南部不足 2600 小时。

在天山南、北坡,从盆地到山区,年日照时数一般随海拔高度而递减。阿尔泰山也如此,昆仑山北坡却不明显。

生长季 4~7 月,新疆各地日照时数为 1400~1940 小时,其中以哈密地区最多,和田最少,北疆比南疆多。北疆盆地北部为 1850 小时,南部为 1720~1800 小时;南疆盆地北部为 1620~1720 小时,而南部约 1400 小时。

全年中,月最大日照值,北疆、东疆均在 310~340 小时,南疆喀什、阿克苏、库尔勒地区,达 300 小时左右,和田只有 257 小时。月最大值出现时间,北疆大部地区和西北部均在 7 月,南疆西南部和哈密地区,多在 6 月;其余地区在 8 月,只有和田地区,因春夏浮尘日数持续很久,削弱了日照时数,最大值推迟到 10 月份出现(表 5-9)。

表 5-9　新疆各地年月日照时数(h)

站名	1	2	3	4	5	6	7	8	9	10	11	12	年	4~9月
阿勒泰	167.4	189.0	239.8	275.5	322.1	328.3	336.2	319.9	277.8	219.5	153.2	134.5	2963.4	1859.8
塔城	165.5	185.0	229.1	255.8	311.8	324.5	340.3	334.4	285.1	218.8	159.3	137.7	2943.7	1851.9
伊犁	156.6	166.6	204.8	243.2	290.4	299.3	322.3	314.2	270.8	228.8	167.7	137.9	2802.4	1740.2
乌鲁木齐	153.3	156.7	190.0	243.2	292.5	293.7	311.5	304.8	278.3	2143.0	147.0	117.6	2733.6	1724.0
吐鲁番	180.5	203.0	245.8	259.9	302.1	306.7	318.1	314.5	287.3	263.4	204.4	162.9	3049.5	1789.5
哈密	212.5	227.4	271.3	289.6	338.9	337.4	335.9	32.2	306.6	282.8	224.6	201.1	3360.3	1940.6
库尔勒	186.5	195.3	230.6	242.5	290.3	296.8	300.4	304.9	2815.5	260.0	214.2	186.6	2990.0	1716.4
阿克苏	188.9	188.5	206.4	222.5	267.0	290.4	303.7	284.7	257.2	252.9	214.8	195.7	2873.3	1625.9
喀什	161.0	163.0	193.5	209.5	263.2	316.8	315.7	289.0	260.3	248.8	200.1	163.0	2784.0	1654.7
和田	174.3	157.1	192.0	197.0	233.0	257.2	248.9	232.0	237.6	265.3	225.6	190.5	2610.6	1405.7

月日照最小值,北疆为 110~140 小时;南疆大部分地区、吐鲁番地区,达 160~200 小时,和田小于 160 小时,哈密地区为 200 小时。其最小值出现时间均在 12 月份,喀什与和田在 1 月份。

(3) 日照百分率

日照百分率是指一个地区实照时数与可照时数的百分比。新疆日照百分率由北向南增加,由西向东增加,伊犁约 68%,哈密为 76%,昆仑山南部为全疆最小,和田达 56%。其他地区均在 60% 以上。东疆哈密地区和南疆东南部若羌、罗布泊地区达 83%,为新疆最大值;北疆多出现在 9 月,南疆多出现在 10 月。日照百分率最小值,北疆沿天山北麓地带,南疆喀什地区为 40%~45%,北疆北部和西部、和田地区为 50% 左右,南疆北部和东疆为 60%~68%,东疆哈密为 72%。最小值出现时间,北疆、东疆在

12月,南疆东北部和西北部在1月,喀什在3月,南疆南部在4月(表5-10)。生长季节4~9月,平均日照百分率,全疆各地普遍大于均值;少数地方其值略偏小,这对新疆农牧业生产是十分有利的。就同纬度比较,新疆远大于东部沿海和东北地区,比内蒙古地区也偏大。

表5-10 新疆各地日照百分率(%)

地区	1	2	3	4	5	6	7	8	9	10	11	12	全年
阿勒泰	61	65	65	67	69	69	70	73	74	66	55	51	67
塔 城	59	63	62	63	67	69	72	77	76	65	57	52	66
伊 犁	55	56	56	60	64	65	69	73	73	67	58	50	63
博 乐	58	60	55	63	67	66	69	73	75	65	48	45	63
石河子	56	56	57	63	66	66	68	71	73	70	54	41	63
乌鲁木齐	83	53	52	60	64	64	67	71	75	72	51	43	61
吐鲁番	62	68	67	65	67	67	69	73	77	77	70	58	68
哈 密	73	76	74	72	75	74	73	77	83	83	77	72	76
库尔勒	63	65	62	61	65	66	66	71	76	76	73	66	67
且 末	63	63	60	57	60	60	63	69	75	80	76	67	66
库 车	67	67	59	57	62	63	65	67	72	75	72	67	66
阿克苏	64	63	56	56	60	65	67	67	69	74	73	68	65
喀 什	54	54	53	53	59	71	70	69	70	72	67	56	63
和 田	57	51	52	50	53	59	56	56	64	77	74	64	59

(4)新疆主要地区界限温度期日照时数和生长期日照(表5-11)

表5-11 新疆主要地区界限温度期日照时数和生长期日照(h)

地区	≥0℃ 总量	≥0℃ 日平均	≥10℃ 总量	≥10℃ 日平均	≥15℃ 总量	≥15℃ 日平均	4~9月 总量	4~9月 日平均	全年 总量	全年 日平均	7月总量
阿勒泰	2055	9.9	1529	10.6	1093	10.6	1959.8	10.1	2963.4	8.1	336.2
塔 城	2131	9.7	1563	10.6	1153	10.8	1851.9	10.1	2947.3	8.0	340.3
伊 犁	2180	8.7	1660	9.5	1224	9.8	1740.2	9.5	2802.4	7.7	322.3
温 泉	1942	9.2	1393	10.1	882	10.3	1715.2	9.6	2869.2	7.9	321.2
乌鲁木齐	2065	9.0	1540	9.6	1258	9.1	1724.0	9.4	2733.6	7.5	311.5
奇 台	2095	9.7	1575	10.1	1109	10.2	1823.8	10.0	3075.7	8.4	322.9
吐鲁番	2473	9.2	2026	9.5	1720	9.8	1789.5	9.8	3049.5	8.4	318.1
哈 密	2548	10.2	1953	10.9	1631	10.9	1940.6	10.6	3360.3	9.2	335.9
库尔勒	2373	8.9	1834	9.4			1716.4	9.0	2990.0	8.2	300.4
库 车	2297	8.5	1789	8.9	1450	9.2	1639.2	8.9	2912.4	8.0	279.3
阿克苏	2265	8.5	1746	9.0	1377	9.3	1625.8	9.0	2873.3	7.9	303.9
喀 什	2363	8.4	1852	9.0	1489	8.0	1654.7	9.0	2784.0	7.6	308.5
和 田	2146	7.6	1651	7.9			1405.7	7.7	2610.6	7.2	248.7
且 末	2249	8.5	1708	8.8	1379	8.9	1602.3	8.8	2907.3	8.0	281.5

2. 光质

(1) 光质的植物效应

光质指太阳辐射光谱成分及各波段所含的能量。太阳到达地球表面的光谱波长只有 290～3000nm,能量最大值在 490nm 处,尔后向两侧锐减。据光物理性质,不同的光谱波段所含能量不同,波长较短的光所含能量较高;波长较长的光,所含能量较低。然而,对植物来说,波长较短的波段光能利用率低,波长较长的波段光能利用率高。

植物生长,只能吸收 300～750nm 的辐射,这部分称为生理辐射。通常认为 380～710nm,称之为光合有效辐射。各波段的光合有效辐射,在植物光合中被叶绿素吸收最多的是红橙光,其次是蓝紫光,而绿光吸收很少。

光质对植物另一重要作用,是光的形态效应。波长为 720～1000nm 的光,对植物生长起作用,其中 700～800nm 远红光,对光周期、对种子形成起重要作用,并控制开花和果的着色;波长大于 1000nm 的光,对植物起热效应,不参加生化反应;短于 315nm 的光对植物有害。

(2) 光合有效辐射时空分布

光合有效辐射从南至北约 3000～2400MJ/m^2,南疆、东疆偏大,达 2600～3100 MJ/m^2,北疆为 2600～2400MJ/m^2。从季节变化看,最大值出现在 6 月份或 7 月份,最小值出现在 12 月份。从全国讲,新疆光合有效辐射资源是非常丰富的。

(3) 各界限期光合有效辐射

日平均气温≥0℃光合有效辐射:只有在植物生长期内,光合有效辐射才能被植物所利用。对冬小麦来说,≥0℃期间光合有效辐射是按冬季前后两阶段之和计算;而中间为冬小麦非生长期,同时,受雪覆盖,没有光合作用力。第一阶段为出苗到秋末停止生长的 1 个半月,第二阶段为春初冬麦返青到成熟的 3 个半月。按上述计算,北疆冬小麦光合有效辐射为 920～1040MJ/m^2,准噶尔盆地、塔里木盆地、伊犁河谷为 1040～1170MJ/m^2,南疆和吐鲁番、哈密盆地为 1150～1380MJ/m^2。

日平均气温≥0℃期间光合有效辐射:各种喜温作物,如棉花、玉米、水稻、瓜菜等,生长发育期温度条件要求较高,一般日平均气温 10℃ 以上条件完成生命周期,≥10℃期间光合有效辐射为喜温作物可利用光能。日平均气温≥5℃至最低气温≤0℃期光合有效辐射是表示多种作物一年两熟的生长期(表 5-12)。

表 5-12　新疆不同界限期温度间光合有效辐射(MJ/m^2)

站 名	光合有效辐射 ≥0℃	5℃～≤0℃	≥10℃	站 名	光合有效辐射 ≥0℃	5℃～≤0℃	≥10℃
阿勒泰	2047	1763	1566	哈 密	2529	2186	2005

续表 5-12

站　名	光合有效辐射 ≥0℃	5℃~≤0℃	≥10℃	站　名	光合有效辐射 ≥0℃	5℃~≤0℃	≥10℃
富　蕴	2026	1566	1545	吐鲁番	2671	2450	2319
塔　城	2169	1834	1591	焉　耆	2700	2311	2089
和布克赛尔	1934	1587	1382	库尔勒	2751	2474	2244
乌　苏	2169	1961	1725	库　车	2571	2336	2064
博　乐	2206	1926	1704	阿克苏	2324	2481	1871
伊　犁	2315	1989	1779	阿拉尔	2450	2261	2035
新　源	2119	1846	1545	喀　什	2554	2345	2089
昭　苏	1976	1394	971	莎　车	2633	2395	2110
石河子	2215	1901	1742	和　田	2600	2357	2148
昌　吉	2152	1846	1671	民　丰	2650	2265	2098
乌鲁木齐	2123	1851	1691	若　羌	2604	2294	2114
奇　台	2186	1876	1721	塔什库尔干	2223	1537	1122

(4) 红外和紫外辐射光能

太阳总辐射光谱中,包括紫外辐射(波长 $\lambda<0.4\mu m$)、红外辐射(波长 $\lambda<0.74\mu m$)、可见光辐射($\lambda 0.4\sim 0.70\mu m$),其计算方法,红外光与紫外光辐射所占太阳总辐射的比为 0.5 和 0.07,由此计算红外辐射和紫外辐射光能。

1) 红外辐射年总量分布——红外光对植物特别是农作物起着热效应,对温度低、生长期短的地区,若红外辐射强,则相应提高生长期,特别是白天的作物层的温度,有利光合作用和有机物的制造和积累。全疆红外辐射总量 2500~3200MJ/m²。其分布为:昆仑山、阿尔金山北坡、罗布泊地区为 3100MJ/m²,塔里木盆地西部、西北部为 2900MJ/m²,准噶尔盆地为 2500~2800MJ/m²。库尔勒红外辐射日平均最大,达 8.44MJ/m²。

2) 紫外辐射年总量分布——紫外辐射增大,可影响作物产量和质量。全疆紫外辐射年总量为 356~444MJ/m²;呈纬向分布,由南向北减少。北疆为 336~399MJ/m²,准噶尔盆地为 356~380MJ/m²,以克拉玛依一带最低,仅有 356MJ/m²。南疆紫外辐射为 399~444MJ/m²,东部地区达 402~444MJ/m²。

(三) 温度与热量

1. 年季温度分布

(1) 年平均气温

年平均气温,南北疆差异较大,北疆北部阿勒泰地区、塔城地区北部,年平均气温在

5℃以下。青河年平均气温为-0.2℃,在非山地站中是全疆最低平均气温值。北疆其他地区在6~8℃之间,近盆地腹地部分地区,克拉玛依为8.0℃。伊犁河谷较高,在8℃以上,其中以吐鲁番最暖为13.9℃,东疆哈密在9℃左右,阿克苏、巴音郭楞、喀什、和田等地区,约在10.5~12.5℃之间。

(2) 夏季7月平均气温

盛夏7月,为全年最热月,除山区和个别地方以外,7月平均气温高达20℃以上,南北差异较小,北疆阿勒泰为22.1℃,天山北麓、乌鲁木齐一带约23.0℃以上,塔里木盆地库尔勒为26.1℃,若羌27.4℃。新疆纬度南北相差15℃,7月平均气温相差5.3℃,冬季1月则相差10℃以上。

吐鲁番盆地7月平均气温达32.7℃,比号称长江流域"三大火炉"的重庆、武汉、南京(分别为28.6℃、29.0℃、28.2℃)高3~4℃。7月平均最高,吐鲁番市39.9℃,也是全国最高的地方。北疆普遍在25℃以上。北疆蔡家湖平均最高气温为34.0℃,南疆若羌为35.6℃,也是著名的高温区。

(3) 冬季1月平均气温

1月是冬季最冷月份。阿勒泰东部1月平均气温曾在-20.0℃,富蕴可可托海1月平均气温为-28.7℃,是全疆最低值区。塔城北部地区-12.0℃左右,沿天山北麓一带在-15.0℃以下;伊犁地区为-10.0℃左右,为北疆最高地区。南疆1月,一般在-10.0℃以上,塔克拉玛干沙漠南缘、和田为-5.6℃,为1月平均气温最高的地方。

(4) 冬季逆温层

逆温,指在一定程度上,温度随高度的上升而递减,或没有变化。可以说,垂直递减率为负梯度,即梯度临界值-0.1℃/100m,或者为0.0℃/100m,后者是等温现象。广义讲,逆温包含等温现象。

在冬季,盆地出现"冷湖效应",致使山地出现冬季逆温带,北疆由于雪覆盖,致使逆温层持续时间长、强度大、厚度高。在天山北坡地区,最为明显。

新疆山地的冬季都有逆温存在,在高山区,坡地逆温带强大、深厚,在南疆山区,坡地逆温较浅,有些地方,在隆冬期出现,其他时间不够明显。伊犁地区的逆温资源比较著名,逆温带位于海拔900~1500m。下面以乌鲁木齐为例,对逆温资源作一简介。

1) 逆温生消时间——是开发利用这一热量资源时间性的长短,提供可利用期限和初终日。天山北坡初期,一般在11月上旬已始成,其顶点高度只限制在1770m,11月中旬,可升至1800m,11月下旬,可达3000m,厚度2560m。12月,逆温顶点3630m,1月,鼎盛期,逆温顶点在4000m附近,厚度3530m。至2月递减。2月,逆温顶点在3590m,厚度3150m,3月上旬,开始明显减弱,顶点在2550m,厚度2110m,3月下旬,已近于不复存在的境地了。

2) 坡地逆温厚度与强度——逆温厚度,以最低海拔点为基点,乌鲁木齐坡地逆温基点以乌鲁木齐河尾闾蔡家湖为基准点,海拔440m,当逆温出现到基本高度地点时,该点温度略高于蔡家湖气温,该点海拔高度减去基准点海拔高度,即称逆温厚度。从计算知,逆温始成,厚度较浅薄,不足100m,11月中旬上升1500m,11月下旬2500m,12月份,达3400m,1月可达3760m。而后逐渐减小。2月,达3110m,3月下旬,其逆温仅有140m了。坡地逆温强度是指山体坡地某点海拔高于基点温度,并形成逆温,此基点至顶点海拔高度差和顶点温度比值,再乘以100m,即为逆温强度,也称逆增率。逆温强度应随降温强度和冬季月份温度而变化,最强期1月达−0.54℃/100m,初期11月上旬,3月中旬均在−0.03℃/100m。3月下旬逆温强度消失。用同样方法,计算逆温生消、厚度、高度和强度等,不过,它需要站点垂直分布较密,才能实现。

2. 热量资源界限积温

(1) 日平均气温稳定通过0℃初终期、日数和积温

日平均气温稳定通过0℃初日,农牧业上表现土壤开冻,牧草萌发,冬小麦返青,农耕活动开始。终日,小麦和牧草停止生长、土壤冻结。在0℃以上日数,称为作物可生长期或农耕期。

1) 日平均气温≥0℃初终日——初日:由南向北,由盆地向山地推迟,南疆塔里木盆地喀什、和田和吐鲁番盆地最早,2月下旬初,塔里木盆地东部迟至2月下旬末。北疆最早在3月中旬,准噶尔盆地在3月下旬。终日:由北而南,由山区向盆地推迟,南疆塔里木盆地西南部、吐鲁番盆地最迟,在11月下旬。南疆东南部和哈密盆地在11月中旬,伊犁河谷最晚在11月中旬,准噶尔盆地为11月上旬,阿勒泰地区在10月中下旬。

2) ≥0℃积温持续日数和积温——≥0℃持续日数:分布为南疆长、北疆短,盆地长、山区短。塔里木盆地西南、北部和吐鲁番盆地有275天以上,其他为250天。准噶尔盆地为225天,山区小于200天。≥0℃积温:南疆塔里木盆地在4500℃,吐鲁番5500℃,伊犁河谷和准噶尔盆地西南4000℃,阿勒泰山前平原和塔城地区约2500~3000℃。

(2) 日平均气温稳定通过≥10℃初终日、持续日数和积温

日平均气温≥0℃是喜温作物生长起始温度,是喜凉作物积极生长温度。初日表示喜温作物开始播种与生长,喜凉作物积极生长之始,终日是喜温作物停止生长日期。

1) ≥10℃初终日——初日:从3月下旬开始,由南至北,由盆地向山地逐渐出现。南疆塔里木西南和吐鲁番盆地在3月末出现,伊犁河谷和准噶尔盆地在4月中旬出现,阿勒泰、塔城北部地区在5月上旬或中旬出现。山区较迟,巴音布鲁克至7月中旬出

现。终日:塔里木盆地西南和吐鲁番盆地在10月下旬出现;伊犁河谷和准噶尔盆地为10月上旬,盆地边缘山麓区,依次在9月中下旬出现。

2) ≥10℃持续日数和积温——≥10℃持续日数,南疆塔里木和吐鲁番盆地,达200天,伊犁河谷175天,阿勒泰和塔城地区北部小于150天,山区在100天以下,巴音布鲁克仅有20天。≥10℃积温:北疆一般在2500℃以上,吐鲁番和鄯善为4500~5400℃,塔里木盆地在4000℃以上。阿图什较高,达4500℃,准噶尔盆地西南和伊犁河谷西部为3000~3500℃,阿勒泰和塔城地区北部为2500~3000℃。

(四) 降水

1. 年降水量

(1) 年降水量地理分布

降水量分布为:北部多于南部,西部多于东部,山区多于平原,迎风坡多于背风坡。大降水带位于中山带,盆地为少雨中心。

以天山山脊为界,划分为南北疆,北疆占全疆面积的27%,降水总量1150亿t,平均降水深为225mm,南疆(含东疆)占全疆面积的73%,降水总量1270亿t,平均降水深106mm,北疆为南疆降水2倍多。伊犁河谷、塔城盆地降水量达250~350mm,准噶尔盆地边缘为150~200mm,盆地腹部为100~150mm,降水量少的地区在淖毛湖、三塘湖一带约10~30mm。南疆塔里木北部,西部年降水量50~70mm,东部和南部在50mm以下。其中且末、若羌仅20mm,全疆、乃至全国最少的降水量在托克逊,达6.9mm(1961~1980)。个别年份测到仅有0.5mm。然而在伊犁河谷巩乃斯谷地中游,曾测到1140mm,平均值在1000mm左右,成为干旱区域内的湿润区。

若以策勒—焉耆—奇台划一线,将全疆划为西北、东南两部分,西北部降水总量约占80%,平均降水深为240mm;而东南部降水仅占20%,平均降水深只有60mm。前者为后者的4倍。

(2) 最大降水带

在高山区,无论迎风坡或背风坡,都出现一个最大降水带。最大降水带高度随地区、山体、季节、坡向而变化。在伊犁河谷区,一般出现在1800m左右,天山北坡2000m左右,南坡上升至3000m以上,阿尔泰山在1700~4000m之间,帕米尔高原、昆仑山,上升至3500~4000m之间。天山北坡最大降水带变化,冬季,海拔至600~1400m,中心区900~1300m,降水量40~60mm;春季在1400~1700m,降水量90~120mm;夏季在1700~3500m,降水量180~250mm,中心带1900~2300m。秋季降水带与春季相同。

(3) 降水量和同纬度比较

新疆平原区降水量和内蒙古北部相近(张前诚,朱瑞兆,孙安健,1995)。但比沿海区域少得多。然而在天山区内最大降水带,其降水量和华北地区相当,一般在500mm以上;伊犁河谷上游,则能达到江淮流域降水量,一般在800~1200mm,这是新疆水资源潜力大有可为的地方,也是干旱区之特点。阿勒泰地区西部山区也如此,估计最大降水量在800mm左右。在昆仑山、阿尔金山降水带,是青藏高原周边最少的区域,一般在300mm以下。

(4) 降雪和积雪

雪,是新疆重要的气候资源,是水资源积累的重要途径和方式;特别在高山区有冰川、永久和季节积雪,成为新疆水资源一大优势。

1) 降雪期和降雪量——降雪:平原区,降雪初日自北而南推进,终日自南而北结束。阿勒泰、额尔齐斯河、塔城盆地为10月上中旬,准噶尔盆地、哈密地区10月中下旬至翌年4月上旬终止。南疆降雪期较北疆短3个月左右。阿克苏于12月上、中旬,至翌年2月下旬或3月初,东部、东南部巴音郭楞州、喀什、克孜勒苏、和田等地区于12月中下旬至翌年2月中下旬,吐鲁番盆地于12月下旬至翌年2月上旬。降雪初终日年际变化很大,如乌鲁木齐降雪初日最早9月上旬(1986),最晚11月中旬,相差2个多月;而降雪终日最早3月中,最迟5月底,相差2个月以上。

降雪期随海拔高度的上升而延长,阿尔泰山中山带在8月下旬至翌年6月初;在高山带终年降雪。天山北坡海拔2000m为9月中旬至翌年5月底,海拔高度每上升100m,降雪初日提早3~4天,终日推迟2~3天,至3600m左右,终年见到降雪。天山南坡尤尔都斯盆地,海拔2400m为8月下旬至翌年6月下旬,3500m为8月上旬至翌年7月下旬。在帕米尔高原、青藏高原北侧,海拔2000m为10月下旬至翌年4月下旬,3000m为9月下旬至6月上旬,4000m为8月下旬至翌年7月中旬。

2) 积雪期和稳定积雪期——积雪期比降雪期开始晚,结束早;北疆长南疆短。阿勒泰地区10月中下旬至翌年4月上、中旬,塔城盆地10月下旬,11月初至翌年3月下旬、4月初;伊犁河谷东部为10月下旬至翌年4月2日上旬,西部为11月上中旬至3月中下旬。准噶尔盆地南缘于10月下旬至翌年4月上旬,准噶尔盆地为11月中旬至翌年3月中下旬(表5-13、表5-14)。

表5-13 新疆各地平均降雪期和积雪期(1951~1980)

项目 地名	降雪期			积雪期		
	初日(日/月)	终日(日/月)	日数(天)	初日(日/月)	终日(日/月)	日数(天)
阿勒泰	24/4	24/4	37.9	29/10	9/4	137.3
塔 城	17/4	17/4	43.0	1/11	31/3	126.3

续表 5-13

项目 地名	降雪期 初日(日/月)	降雪期 终日(日/月)	降雪期 日数(天)	积雪期 初日(日/月)	积雪期 终日(日/月)	积雪期 日数(天)
伊 宁	5/4	5/4	27.4	12/11	22/3	100.9
博 乐	31/3	31/3	23.5	12/11	22/3	106.7
克拉玛依	30/3	30/3	27.4	18/11	17/3	76.7
石河子	6/4	6/4	23.5	6/11	30/3	112.1
乌鲁木齐	1/5	1/5	33.3	18/10	21/4	136.1
乌鲁木齐小渠子	29/5	29/5	46.5	27/9	19/5	175.3
奇 台	21/4	21/4	55.6	21/10	12/4	130.3
哈 密	21/3	21/3	32.5	3/12	26/2	33.5
吐鲁番	4/2	4/2	6.5			
巴音布鲁克	22/6	22/6	4.2	7/9	2/6	132.4
库尔勒	6/3	6/3	48.1	6/1	10/2	16.0
阿克苏	27/2	27/2	7.3	1/1	14/2	26.7
阿图什	1/3	1/3	8.2	30/12	16/2	31.7
吐尔尕特	25/7	25/7	97.8	20/8	3/7	166.9
喀 什	27/2	27/2	7.0	24/12	17/2	27.8
和 田	15/12	22/2	6.3	3/1	12/2	14.4
若 羌	19/12	19/2	4.1	31/12	4/2	13.6

积雪日数:阿勒泰地区 130~145 天,是平原积雪最多地区;塔城盆地 125~130 天,伊犁河谷 90~110 天,乌鲁木齐沿天山北麓为 110~120 天,天山以东区域 120~130 天,准噶尔盆地 90 天以下,塔里木盆地北缘 20~30 天,西部 15~20 天;南部 10~15 天,东部和东南部 10 天以下。北疆山区多在 160 天以上,乌鲁木齐大西沟 185 天,南疆天山南坡 130 天以上。

表 5-14 新疆各地稳定积雪初终日数和最长连续积雪日

地 名	稳定积雪期 初日(日/月)	稳定积雪期 终日(日/月)	稳定积雪期 日数(天)	最长连续积雪日数(天)	地名	稳定积雪期 初日(日/月)	稳定积雪期 终日(日/月)	稳定积雪期 日数(天)	最长连续积雪日数(天)
阿勒泰	21/11	30/3	130	161	石河子	30/11	7/3	98	135
塔 城	24/11	23/3	120	152	莫索湾	11/12	11/3	91	135
伊 犁	10/12	9/3	84	120	乌鲁木齐	18/11	21/3	124	145
博 乐	3/12	10/3	92	139	小渠子	3/11	4/4	153	182
克拉玛依	13/12	18/2	68	129	奇 台	20/11	20/3	121	144
精 河	9/12	21/2	75	115	巴音布鲁克	5/12	22/3	108	165

稳定积雪期(表 5-14):阿勒泰、塔城盆地、准噶尔盆地北部,平均 11 月中下旬至

翌年 3 月中、下旬；额尔齐斯河谷东部、乌伦古河谷,5cm 以上积雪达 3~4 个月之多,河谷西部,风速较大,5cm 以上可达 2 个月左右。伊犁河谷西部,积雪期 12 月中下旬至翌年 2 月下旬或 3 月上旬,东部地势高提早和推迟 1 月左右。准噶尔盆地南缘 11 月下旬至翌年 3 月中、下旬；5cm 积雪达 3 个月左右,准噶尔盆地腹地稳定积雪时间比南缘迟 10~20 天,结束也早,约在 12 月上、中旬至翌年 3 月初,5cm 以上积雪 1~2 个月；盆地西、西南和西北部,冬季积雪少,加之风速较大,稳定积雪时间短,平均 12 月中旬至翌年 2 月下旬,5cm 以上积雪难以形成。南疆平原地区,积雪甚少,积雪期短,几乎没有稳定性积雪,个别年份如 1978、1983 年在西部区有 1~2 个月积雪。

积雪最大深度：冬季,阿勒泰最大积雪深度达 73cm,阿尔泰山森塔寺达 149cm(1960 年 3 月 5 日),居全国首位。青河 81cm(1958 年 2 月 21 日)。塔城盆地达 75cm。伊宁市气象台,连续 4 天,积雪深度曾达 89cm。乌鲁木齐达 48cm(1957 年 3 月 19 日)。这些最大积雪深,都是该地历史记录极值。

在高山区最大积雪深度还要大,例如天山北坡迎风坡,海拔 3000m 处,可达 100cm以上；昆仑山北坡和高山达坂为 100~120cm；阿尔泰山南坡约 140~200cm。

降雪量占降水量的比值：新疆北部降雪日数多,降雪量占降水量比重也大,一般北疆平原地区降雪量占年降水量的 1/3 左右,中山带降雪量占 35% 以上,高山地区占 80% 以上,南疆和东疆地区比重不大,一般不超过 10%。

(五) 风

1. 风速

(1) 年平均风速地理分布

风受地形作用影响大。一般说,年平均风速北疆大,南疆小；北疆东部和西部,南疆东部等地大,塔里木盆地、准噶尔盆地腹地小。高山高原大,低山风速小。

在准噶尔盆地西部和额尔齐斯河谷西部多在 4m/s,其中布尔津、哈巴河、吉木乃、黑山头 4~5m/s,阿拉山口 6m/s(表 5-15),北疆东部约 4m/s 以上,三塘湖、淖毛湖 6m/s；沿天山北麓农业区在 3m/s 以下,伊犁河谷 2.0~2.5m/s。乌鲁木齐—达坂城通过后沟达吐鲁番,为著名的风道、风库区,可达 4~5m/s,兰新铁路的了墩—十三间房—红旗坎一带为百里风区,达 4.5~5.5m/s。

(2) 大风的地区分布

按规定,8 级称之为大风(风速≥17.0m/s)。我区大风日数和冷空气、寒潮入侵及地形、风口有关。一般说,大风区在北疆西部和西北部,东疆、南疆东部和各大山系高山等地,是大风日数的高值区。

表 5-15　新疆 1951～1980 年各地月平均风速(m/s)

站　名	1	2	3	4	5	6	7	8	9	10	11	12	年
阿勒泰	1.3	1.5	2.5	4.0	4.1	3.5	2.9	3.0	3.0	2.9	2.2	1.4	2.7
哈巴河	5.6	5.2	4.7	4.8	4.6	3.7	3.1	3.2	3.7	4.5	5.1	5.4	4.5
塔　城	2.1	2.1	2.5	3.2	3.0	2.4	2.2	2.3	2.5	2.5	2.2	2.0	2.4
伊　宁	1.7	1.8	2.5	3.1	2.7	2.7	2.5	2.3	2.1	2.1	1.9	1.6	2.2
阿拉山口	3.3	4.2	6.5	7.9	8.1	7.5	6.9	6.8	6.2	5.8	5.1	3.8	6.0
克拉玛依	1.3	1.8	3.4	5.1	5.6	5.5	5.1	4.7	4.5	3.9	2.6	1.4	3.7
石河子	1.0	1.2	1.7	2.4	2.3	2.1	1.9	1.8	1.7	1.5	1.3	1.0	1.7
乌鲁木齐	1.7	1.9	2.2	3.2	3.5	3.2	3.1	3.1	3.0	2.6	2.0	1.6	2.6
达坂城	6.8	5.7	6.2	7.2	7.3	6.5	5.7	5.4	5.3	5.1	5.6	6.5	6.1
奇　台	2.7	2.8	3.2	3.9	4.1	4.0	3.7	3.6	3.5	3.3	3.0	2.6	3.4
哈　密	2.3	2.5	3.0	3.7	3.7	3.3	3.1	2.9	2.7	2.5	2.4	2.2	2.8
七角井	2.7	4.0	5.5	5.9	6.3	6.3	6.0	5.7	4.9	4.2	3.5	2.5	4.8
吐鲁番	0.9	1.2	1.8	2.3	2.4	2.5	2.3	2.0	1.7	1.2	1.0	0.8	1.7
库尔勒	2.1	2.7	3.5	3.9	3.8	3.5	3.3	3.3	3.0	2.4	2.0	1.9	2.9
阿克苏	1.4	1.6	1.8	2.2	2.3	2.3	2.0	1.9	1.5	1.3	1.2	1.2	1.7
喀　什	1.1	1.5	2.0	2.5	2.8	2.9	2.5	2.1	1.9	1.6	1.2	0.9	1.9
和　田	1.5	1.8	2.4	2.5	2.6	2.6	2.3	2.1	2.0	1.9	1.8	1.6	2.1

大风首推北疆阿拉山口,大风日数达 164 天,平均 2 天多有一次大风,是全国著名风区(表 5-16)。第二是乌鲁木齐、达坂城、后沟、三个泉和吐鲁番,全年 148 天。此外,还有塔城盆地老风口、克拉玛依百口泉、"百里风区"、额尔齐斯河谷西部(吉木乃、哈巴河)等地。南疆吐尔格特山口、艾肯达坂、拉尔墩达坂、奎先大坂、阿尔金山托克萨衣河谷一带,也是有名的风区。库车县城,库车九区、库尔勒、柯坪洋恰乡、喀什等地,也是风口区,上述风区一般为 30～50 天,高山区可超过 50 天以上。

表 5-16　新疆 1951～1980 年各地月平均大风日数(天)

地　名	1	2	3	4	5	6	7	8	9	10	11	12	年
阿勒泰	0.3	0.3	1.2	5.3	7.3	5.2	4.2	3.2	2.7	2.2	1.2	0.2	33.1
哈巴河	6.5	5.3	4.3	6.9	7.0	4.7	3.5	3.2	3.6	4.6	6.0	6.4	62.6
塔　城	2.3	2.1	3.3	5.7	5.0	4.7	3.9	3.3	3.9	3.9	2.6	2.1	42.8
阿拉山口	4.7	6.0	13.6	17.8	19.8	20.2	21.2	18.4	14.0	13.2	9.9	5.0	163.8
克拉玛依	0.7	1.4	2.7	8.8	11.7	11.8	11.5	9.2	6.8	5.9	3.3	1.2	76.3
乌鲁木齐	0.4	1.0	1.3	3.4	3.1	3.0	2.9	1.9	3.1	3.0	1.2	0.6	23.9
达坂城	11.1	7.2	12.6	16.9	19.2	17.3	14.3	13.5	11.4	9.0	7.0	8.6	148.1
三塘湖	4.5	5.9	13.1	14.0	15.5	13.5	11.3	10.7	8.6	7.3	6.7	4.6	113.5

续表 5-16

地 名	1	2	3	4	5	6	7	8	9	10	11	12	年
淖毛湖	1.4	4.3	10.1	13.6	15.7	13.0	11.1	10.2	7.7	6.7	4.8	2.3	100.8
七角井	2.7	4.9	8.4	10.1	11.3	10.0	8.0	7.5	6.4	4.8	3.3	2.4	79.6
吐鲁番	0	0.4	1.1	3.6	5.0	6.6	5.2	3.0	1.8	0.3	0.1	0	26.8
托克逊	0.6	3.0	10.7	14.1	16.7	15.6	15.1	11.8	9.7	6.6	3.5	0.6	108.2
库尔勒	0.4	0.7	2.6	4.9	5.5	4.7	4.2	4.0	2.6	1.6	0	0.5	32.0
喀 什	0.1	0.3	1.1	3.2	4.5	5.9	4.1	2.2	0.8	0.4	0.4	0.2	23.1

2．风能资源

(1) 风能计算

风速在单位面积相垂直的功率为 W，即：

$$W = \frac{1}{2}\rho V^3$$

式中：W 为单位面积的功率，表示风力资源的总潜力，也称风能功率密度，单位：W/m^2；ρ 为空气密度(kg/m^3)；V 为风速。由于 ρ 是时间函数，但考虑 ρ 在同一地点一定时段内变化不大，通常采用月 ρ 计算。风能计算多采用理论法和回归拟合法。这里采用桑修诚之"新疆风能区划与计算"。

(2) 风能资源概况

1) 风能功率密度——风能功率密度分布趋势与风速相似，即北疆西部、东部和南疆东部风能资源较丰富，北疆准噶尔盆地、南疆塔里木盆地腹地较贫乏，高山、高原风能资源较丰富。中低山区较贫乏。新疆年平均风能功率密度 $100W/m^2$ 以上，主要在北疆西北部、西部、东部和南疆孔雀河以东地区，准噶尔盆地腹地在 $50W/m^2$ 以下；塔里木盆地腹地不足 $30W/m^2$；高山、高原为 $50\sim60W/m^2$。

2) 有效风能功率密度——有效风能功率密度指起动风速至极限风速产生的功率密度的平均值。现今极限风速，多数风力机定为 $20m/s$ 左右，而起动风速一般为 $3\sim6m/s$。为统一起见，今取 $3\sim20m/s$ 的风能功率密度为有效风能功率密度。有效风能功率的分布：北疆北部、西北部、东部和南疆东部为 $150\sim250W/m^2$，三塘湖、淖毛湖戈壁为 $300\sim400W/m^2$，七角井、"百里风区"为 $200\sim350W/m^2$，罗布泊和南疆东部 $150W/m^2$。准噶尔腹地 $50\sim100W/m^2$，塔里木盆地在 $50W/m^2$ 以下。高山区在 $100W/m^2$ 以上。

3) 有效风速小时——有效风速小时指：$3\sim20m/s$，各风速出现的小时数之和。它表示风力机能正常运行多少时间，即风力机的功效。新疆有效风速小时分布与风能功率密度分布基本一致。有效风能功率密度 $150W/m^2$ 以上地区，有效风速小时均在 5000 小时以上，额尔齐斯河谷西部 677~6000 小时，准噶尔盆地西部乌尔禾—克拉玛依为 5000 小时左右,阿拉山口 5000~6000 小时,达坂城谷地、吐鲁番盆地 5000~6000 小时,罗布泊以东 5000~6700 小时。准噶尔盆地腹地为 2500~3000 小时,塔里木盆地 2500 小时,高山区为 3000 小时以上。

(3) 风能资源分区

世界气象组织将全世界风能资源分为 10 个等级,根据新疆情况,结合国家风能分区,将新疆分为 5 个区(表 5-17):① 风能资源丰富区,有效风能密度大于 2000 kW·h/m^2;② 风能资源次丰富区,有效风能密度 1000~2000kW·h/m^2;③ 风能资源可利用区:400~1000kW·h/m^2;有 9 个月以上时间可使小风力机正常发电;④ 风能资源季节利用区,即在 100W 风能密度发电,满足农牧民生活用电者,正常发电 6~8 个月者;⑤ 风能资源贫乏区,有效风能密度 240kW·h/m^2 以下,可利用时间在半年以下者。

新疆风能区划如下:

1) 风能资源丰富区——包括阿拉山口风区,达坂城风区,哈密北戈壁风区。本区风力田条件良好,是几万千瓦至几十万千瓦大型风力田。

2) 风能资源次丰富区——包括额尔齐斯河谷西部风区(II$_1$)、准噶尔盆地西部风区(II$_2$)、艾比湖风区(II$_3$)、吐鲁番西部风区(II$_4$)、七角井、"百里风区"(II$_5$),哈密南戈壁风区(II$_6$)、罗布泊风区(II$_7$)。

3) 风能资源可利用区——包括福海、和布克赛尔、额敏、裕民、哈巴河、布尔津北部山麓赛里木湖、精河北部、奇台、木垒、北塔山、伊吾、巴音布鲁克、艾肯达坂、奎屯达坂、库尔勒、若羌、阿合奇、托里等。上述多以牧区为主,人口密度较大,资源开发较迫切,近年已有 50~100W 风力电机运行。

4) 风能资源季节利用区——多位于山谷风较明显的山麓地区,包括阿勒泰、富蕴、温泉、霍城、昭苏、察布查尔、天山北麓的乌苏、沙湾、呼图壁、吉木萨尔,且末、乌恰、塔什库尔干和昆仑山区。上述地区每年暖季 6~8 月可利用风力发电,解决生活照明问题。

5) 风能资源贫乏区(V)——年有效风能密度 240kW·h/m^2 以下地区,面积超过百万平方公里。其风能利用价值不大,包括:准噶尔盆地、塔里木盆地、伊犁河谷、天山、阿尔泰山中山带、巴里坤盆地、吐鲁番盆地东部。

表 5-17 新疆风能资源区划具体指标

风能资源分区	年有效风能密度 (W·h/m^2)	风速 3m/s (h)	m/s 以上小时数 (h)	全区可正常发电月份(月)
I	>2000	>5000	12m/s>1400	>8 个月
II	1000~2000	>4500	8m/s>1500	>6 个月

续表 5-17

风能资源分区	年有效风能密度 （W·h/m²）	风速 3m/s （h）	m/s 以上小时数 （h）	全区可正常发电月份（月）
Ⅲ	400～1000	3500～4500	6m/s＞920	＞9 个月
Ⅳ	240～400	3000～4000		4～6 个月
Ⅴ	＜240			＜6 个月

(4) 风能的特点和评价

1) 风能蕴藏量丰富，开发潜力大——按世界气象组织（WMO）确定的风能等级标准，全疆 65 个站点，6 级以上的有 3 个，5～6 级 2 个，4～5 级 2 个，3～4 级 3 个，12 级 12 个，1 级以下者有 40 个。

新疆风能总藏量是丰富的，且气象站均在绿洲市区或郊区，并不能全力显示出风的能量。经计算，平均有效风能为 260kW·h/m²，全疆则可达 9000 亿 kW·h，若减半后，还有 4000 亿 kW·h，再扣除山区、戈壁、沙漠目前暂无法利用的风力资源，全年尚可提供 1000 亿 kW·h，可见开发潜力极大。

2) 主要风能区有效风能密度大，且较集中——风能资源最丰富区，年有效风能密度大，一般达 3000～3600kW·h/m²，而贫乏区，仅有 100 千瓦/米²，富区为贫区几十倍。年有效风能 100kW·h/m² 等值线所围绕面积占全疆面积的 1/10，而它集中全疆 1/3 的风能资源。这种区域性的集中，为建立风力田提供了良好的场所。

3) 风速的时间变化显著，但有一定季节性——新疆风的季节变化明显，一般春季风能密度占全年的 35%～45%，春夏两季占全年的 65%～75%。冬季仅占 5%～15%。额尔齐斯河西部谷地，塔城-老风口、达坂城谷地，冬春为多，占全年的 60%～70%，夏秋不足。其日变化，一般以昼间午后最大。这种风能性质，有利于开发利用。

三、气候资源开发利用前景与对策

（一）气候资源开发利用方向与重点

今后气候资源开发利用方向主要体现在以下几方面：一是面向大农业，尤以农牧业为主，特别是种植业的开发利用；二是能源资源的开发利用；三是建筑气候资源的开发利用；四是人类、生物与气候资源开发利用；五是侧重交通、石油、旅游资源的开发；六是其他工业企业与气候资源利用等。

1. **面向大农业**

气候在很大程度上决定了天然植被和种植业的分布。为此，区域产业结构要充分考虑气候条件,不仅考虑气候平均值,还要考虑其长短周期所产生的频率。以往在生产中,对气候资源重视不够,特别在干旱、半干旱地区,只重眼前利益,或只重量化,而没考虑质化的问题,加剧了土地干旱化、盐碱化、沙漠化后果。2000年春,内蒙古、河北等地近10次的强沙暴侵袭及新疆数次沙暴造成作物补播,其教训是发人深醒的。近年,国家各级政府,已将这些问题,落实到可持续发展的行动中,作出退耕还林还牧、再造山川秀美的战略决策。

农牧业与气候的关系最为密切。新疆山地较多,充分利用坡地有效的光热、降水资源,发展蔬菜种植、搞树种、草种的育苗,可提高山地热量、水分利用率,其开发前景可观。像乌鲁木齐市,在1400～1700m海拔高度,阳坡进行蔬菜温室种植,不仅能缓解乌鲁木齐市部分冬季蔬菜品种的缺口,同时还可满足春夏季高档菜和细菜的供给。低山区迎风坡加速森林更新,也是山地气候资源利用方向之一。

田间小气候改造,可运用塑料大棚,实行喷、滴、脉冲灌地,对合理利用光热能量,改善春初、秋末热量不稳、灾害频发的不利条件。此外在利用水资源上,可起到抗旱、抗灾的作用。

2．工交能源与气候资源

建筑、交通、石油、能源等行业与气候资源是非常密切的。建筑业常用的风压、雪压、紫光、采暖、通风、混凝土浇结、施工期伸缩都需要根据气候条件因地因时制宜,并制定出各种设计施工公式、规范和不同参数。今后应加强这方面开发利用研究。

石油工业和气象更加密切。随着石油工业的发展,涉及到气候资源开发的沙漠机场建设,沙漠高层建筑风(沙)压的设计、沙漠采光、输油管道、钻井软基问题等,有大量层出不穷的问题有待实验解决。

以往在能源交通在气候资源开发利用上更显不足。太阳能、风能、水、地热利用,在世界上,也仅仅是开始,它需要技术工程的转化。今后,太阳能作为清洁热、电能用于交通、电力的前景十分广阔。

现今客机飞行,已脱离对流层进入平流层,使飞行得以安全,同时在中纬度区域西风带里加速了由东向西的飞行速度,节省了时间,这是气候资源的直接利用。航行顺风是人人皆知的。另外,我国东北冬季马拉爬犁、北极爱斯基摩人狗拉爬犁,是利用雪面摩擦系数小的气候特征。

3．旅游、生物与气候资源

旅游业在依托利用气候资源方面很多,如冬季滑雪、溜冰,也属于旅游体育的范畴。近年来,乌鲁木齐水西沟滑雪场,已开始吸引很多区内外、国内外的滑雪爱好者。1999年,阿尔泰举办了冰雪节。自治区体委曾建议在天池建立国家级溜冰场,该地冰质好,温度适宜。火洲——吐鲁番,以火热酷暑、热浪灼人的气候,加之众多名胜古迹,倍受游客青睐。今后新疆冬季冰雪的开发利用可缓解旅游淡季。

新疆名优特产包括果实、药类、保健类,高山湖泊、高山森林草原、温泉区域的开发利用,前景可观,且都与气候资源有密切联系,亟待加强开发力度。

(二) 明确气候资源开发利用的战略思路

1. 因地制宜开发利用气候资源

因地制宜是开发利用自然资源的一条基本原则。《齐民要术》明确指出:"顺天时,量地利,则用力少,成功多。任情返性,劳而无功"。这正是体现因地制宜,指导农业生产,保护生态环境的思想。对开发利用气候资源来说,更确切地讲,因地制宜应是因气制宜。如沙漠气候资源与山地气候资源的最大不同就是降水和热量的差异。如鄯善、哈密、吐鲁番积温都在 5500℃,种植甜瓜,甜蜜香醇。若换其他地方,即使积温在 6000℃,但降水量、日较差、湿度、蒸发量等气候条件有异,也难以生长出"哈密瓜"。

2. 充分认识气候资源开发的多样性、复杂性

新疆山区 71 万 km^2,占总面积的 43%,沙漠 35 万 km^2,占总面积的 21.3%,山地和沙漠,其热量、降水差别很大,其坡向不同,海拔高度不同,降水量、水汽量、热量也都是不同的。例如,在中纬度平原和低山区,山体有八个方位的坡位,其热量最多的方位,不在南坡,而是西南坡。高山和低山,甚至大沙丘,迎风坡降水最多,这对种植、绿化、培育苗木等影响颇大,都应考虑气候资源分布的具体差别。再如沟、谷、盆、坡、塬、岭、岗等各种小地形,其热量、降水等气候资源由于受小地形影响,也是千差万别的。农民常讲的"霜打洼地",正准确地反映了冷空气堆积洼地的危害。也反应出气候资源的复杂性。

值得指出的是,我国山区多是贫困区,干旱山地、荒漠区更是如此。其原因一是对山区和沙漠生态资源,盲目掠夺,采而不育,用而不养,造成山区水土流失,平原区沙漠化等;二是对山区、沙漠气候资源优势利用开发不当,往往依据平原、绿洲区模式进行,结果适得其反。今后,应走"近山养山、养山吃山","近沙绿沙、绿沙吃沙"的路。

3. 开发中关注和防止气候灾害、气候次生灾害的发生

人类生存发展是利用气候资源,不断影响和改变自然生态系统的过程,也是建设和恢复自然生态系统的过程,而建设和恢复自然生态系统是极为重要的。为满足人类的需要,在求得气候资源、土地资源、生态资源等相互耦合的过程中,若过度开发利用,盲目开发利用资源,往往带来许多灾害,包括气候灾害及其次生灾害。例如山区森林不合理的盲目乱砍滥伐,致使山区森林缩减或毁灭,水分涵养功能消失,造成山洪、泥石流、

滑坡等灾害频频发生。沙漠地区盲目砍柴、挖药、放牧等,导致沙漠化、干旱化、扬沙、沙尘暴、浮尘日数与日俱增。现代工业引起酸雨污染,直接危害种植业、牧业、林业等。这些都是开发利用不当所造成的危害,应特别关注,严加防范。

(三) 以振兴科技带动气候资源的开发利用

气候资源的开发利用,牵涉到众多学科。面临着许多重大问题,诸如:①气候资源开发利用对环境的影响;②气候资源本身的转化问题;③气候资源与其他自然资源相互作用的问题;④气候资源的经济价值问题;⑤气候资源的保护和管理问题,等等。

针对上述五大问题,都是人类在开发利用气候资源时,有待应用现代科学技术手段和方法,尽快将气候资源转化为生命物资、转化为产品价值,转化为能量、电力、生物类、菌类等,朝着有益于人类生存的环境方向发展。为此,需依赖科学技术的开拓创新,以有效地对气候资源进行开发、利用、储存、保护和管理。目前发达国家,正研究臭氧层对农作物生长的影响,二氧化碳增加对人和作物、生物的影响。随着科学技术的发展,定将给开发利用气候资源带来广阔前景。

建筑工程中的风荷载、雪荷载问题与气候资源开发利用甚为密切。我们在沙漠研究中,发现风荷载不能代表它的压力,沙漠的沙尘暴,可增加空气密度,这是建筑气候面临的新课题,在我国和其他国家的建筑规范中,还没有提及这一新的科技问题。

在半流动或流动沙漠区,开渠引水,渠道开掘与当地风沙运行、蒸发、冬季积雪和冻结等因素密切关联,都属于工程气候资源利用问题,应加强攻关,趋利避害。

(四) 优化气候资源管理与保护

管理和保护气候资源是个关系到气候资源可持续利用的永恒课题。

气候资源是一种重要的社会共享性和区域共享性自然资源。但由于地球表面有限,地球上的气候资源也是有限的(特别在某一时限尺度内)。为合理分配、有效利用气候资源就需要通过行政管理和保护手段,以实现其可持续开发利用。

气候资源是大气圈内气候系统的产物,它的空间尺度、时间尺度,可以从很小到很大。当今,国际组织、各国政府间正通过各种活动、会议、计划和法规建设等等,以实现多层次、多途径、多政府、多区域间全球尺度的气候资源的有效管理,最终合理利用和保护气候资源。

在某些国家和地区,由于气候资源的特殊性,超常的开发利用气候资源,带来了不良后果。今后应当强化"气候意识",共同运用法规保护好气候资源,实现社会可持续发展。

根据气候资源性管理内容,目前可分为:①气候资源的监测管理:除气候资源要素监测外,还有环境污染监测,气候资源的稳定性分析和异变性监测和预警发布;②气候资源的评估管理:包括气候资源和气候资源的有效利用下出现的气候灾害的评估;针对生产建设规划、区划的气候要素及其影响评价;③气候资源利用管理;④气候资源保护管理;⑤气候资源价值评价管理等。

参 考 文 献

布迪科,李怀谨译.1960.热量平衡.北京:科学出版社
陈荣芳.1984.新疆辐射平衡和热量平衡.新疆大学学报,(4)
傅抱璞.1992.地形和海拔高度对降水的影响.地理学报,47(4)
傅玮东.2000.新疆红外与紫外辐射的时空发布规律.干旱区地理,(2)
康德提捷夫,К.Я.,李怀谨译.1962.太阳辐射能.北京:科学出版社
李江风.1976.关于山降水带的分布.气象科技资料,(8)
李江风等著.1987.塔克拉玛干天气气候(样本).北京:科学出版社
李江风等.1991.新疆气候.北京:气象出版社
李世奎,侯光良等.1988.中国农业气候资源和农业区划.北京:气象出版社
刘贤万著.1995.实验风沙物理与风沙工程学.北京:科学出版社
陆渝荼,高国栋编著.1987.物理气候学.北京:气象出版社
蒙特思J.L.主编,卢起光,江广恒,高亮之等译.1985.植被与大气原理.北京:农业出版社
盛承禹等编著.1986.中国气候总论.北京:科学出版社
吴正编著.1987.风沙地貌学.北京:科学出版社
徐德源主编.1989.新疆农业气候资源及区划.北京:气象出版社
叶菲英娃,王炳忠译.1983.植被产量的辐射因子.北京:气象出版社
张家诚,林之光等.1989.中国气候.上海:上海科学技术出版社
张前诚,朱瑞兆,孙安健 1995 中国自然资源藏书(气候卷).北京:中国环境科学出版社
朱瑞兆,薛桁.1993.中国风能区划.太阳能学报,4(2)

第六章　草地资源及开发利用

一、草地资源评价

（一）资源数量

新疆是全国重点牧区之一，天然草地辽阔。按照中国地形图现行划法（国家测绘局，1989），毛面积5596.16万hm^2，净面积（可利用面积）4709.89万hm^2。分别占新疆土地总面积的33.70%与28.37%，分布于盆地到高山之间，既是生产资料，又是生态要素，对生态环境的影响深刻而广泛。

新疆地处亚欧大陆腹地，在特定地理位置、大气环流和地貌条件的综合作用下，为干旱少雨的荒漠气候所控制。天山、阿勒泰山、昆仑山三大山系的隆起，以其巨大山体的高差悬殊，内外差异、南北有别和东西不同，形成了复杂多样的生态环境，从而使单调贫乏的荒漠区域出现了金色草原，如茵草甸，丰茂的山地森林、灌丛以及形形色色的高山植被，极大地增加了荒漠区域植物区系的复杂性，牧草种类的丰富度和草地类型的多样性。新疆天然草地拥有高等植物137科858属3344种，其中91.9%的种为饲用植物。同时新疆地处中亚、蒙古和西藏的交汇处，境内地质又几经变迁，给各个植物区系地理成分的接触，渗透和特化创造了有利条件。使新疆具有世界广布成分、中亚成分、亚洲中部成分、地中海成分、旧大陆成分和泛北极成分，又有自己的特有种。造就了新疆植物区系地理成分组成的复杂性和特异性。种质资源丰富，为植物资源挖掘、开发和利用奠定了有利条件。由此，不仅使新疆具有独特而得到充分发育的荒漠草地，而且几乎孕育了北温带范围内所有的草地类型。境内分布隶属于草原、荒漠、草甸、沼泽四大草地类组的11个类25个亚类。以草地面积论，荒漠草地位居第1位，占天然草地总面积的46.49%，从草地单位面积产草量和载畜量看，草甸草地荣登榜首，占草地总载畜量的55.62%（表6-1）。

表6-1 新疆草地类型组合及其面积载畜量表

类组名称	草地类名称	毛面积 万hm²	毛面积 %	净面积 万hm²	净面积 %	产草量 (kg/hm²)	载畜量 万只/年	载畜量 %
草原草地	合计	1616.03	28.88	1489.68	31.61		820.20	25.61
	温性草甸草原类	116.60	2.08	108.62	2.31	3721.50	161.00	5.03
	温性草原类	480.77	8.59	442.25	9.39	1627.50	283.79	8.86
	温性荒漠草原类	629.86	11.26	580.97	12.34	997.5	221.40	6.91
	高寒草原类	388.80	6.95	356.84	7.58	766.5	154.01	4.81
荒漠草地	合计	2601.47	46.49	1985.55	42.16		560.70	17.50
	温性草原化荒漠类	441.85	7.90	356.63	7.57	856.5	105.97	3.31
	温性荒漠类	2133.19	38.12	1609.99	34.18	894.00	452.81	14.14
	高寒荒漠类	26.43	0.47	18.93	0.40	255.00	1.92	0.06
草甸草地	合计	1352.01	24.16	1211.22	25.72		1781.34	55.62
	低平地草甸类	688.58	12.30	603.62	12.82	3441.00	701.77	21.91
	山地草甸类	287.06	5.13	265.70	5.64	5892.00	666.70	20.82
	高寒草甸类	376.37	6.73	341.90	7.26	2914.50	412.87	12.89
沼泽草地	沼泽类	26.66	0.48	24.44	0.52	6645.00	40.53	1.27
总计		5596.17	100.00	4710.89	100.00		3202.77	100.00

（二）利用条件

新疆草地面积辽阔,生态物种丰富,类型多样,山地气候呈梯度变化,草地类型垂直分布,形成了复杂多样的生态环境,为牲畜在不同季节的放牧场轮换创造了条件。尤其是夏牧场资源优势突出,放牧季节气候凉爽,水草丰美,牲畜抓膘增重迅速,一只阿勒泰大尾羔羊夏秋放牧3个月,可增重30kg左右,日均增重300g,超过国外舍饲条件下日增重180~230g的水平。

新疆是灌溉农业,在平原草地中分布着绿洲农田。农业县也拥有较大面积的天然草地,1995年全区农业乡(场)存栏牲畜2260.91万头(只),其中1274.41万头(只)3~6个月放牧于天然草地,作物生长季农区牲畜到牧区放牧,冷季牧区牲畜到农区过冬。

80年代以来大力发展山区繁殖,农区育肥的易地饲养模式,有力地促进了畜牧业发展。新疆农牧结合基础好,草地畜牧业以绿洲农业为依托,有利于发展饲草饲料生产和实行近田养畜,是我国其他牧区难以比拟的。

放牧畜牧业是最经济的畜牧业,但没有种植业做后盾的放牧畜牧业是不稳定的,是低生产率的畜牧业。转变经营方式,建立人工饲草饲料地,实行暖季草地放牧,冷季舍饲圈养是实现集约经营的现代化畜牧业有效途径。新疆两大盆地的山前平原、大河流域及一些位于山间的盆地,光热水土资源组合相对协调的地区,交通方便,贴近市场,具有建立饲草饲料地的较好条件。为实现牧民定居和草地放牧畜牧业与草地农业有机结合,实现畜牧业可持续发展奠定了资源条件。

事物是一分为二的,干旱、缺水和冬季严寒是新疆草地资源利用中限制因素的主要表现。

新疆天然草地面积辽阔,但因气候极端干旱,荒漠草地净面积1985.55万hm^2,占全区草地净面积的42.16%。荒漠草地年降水量大多在200mm以下,蒸发量为降水量的10倍到几十倍。草地植被主要由旱生、超旱生的小乔木、灌木和半灌木组成。草群稀疏,覆盖度为5%~20%。草质差,产草量低,每公顷鲜草产量平均在255~894kg之间。载畜量为572.09万只/年绵羊单位,仅为天然草地总载畜量的17.5%,载畜能力很低。同时,缺少人畜饮水,草地无法利用。由此,荒漠草地面积大,生产力低成为草地资源利用中一大不利条件。

在特定的气候条件下,除部分山区外,新疆大部分地区属径流稀疏的贫水区。径流半径大,季节性径流多,导致方圆上百公里乃至数百公里以内无地表径流。且地下水埋藏很深,开采困难,形成了大面积的缺水或严重缺水草地。缺水草地面积为2172万hm^2,占天然草地毛面积的37.93%,其中冬场缺水面积占52.64%,春秋场占49.48%,全年牧场40.91%,冬春场38.81%;夏场和夏秋场缺水面积小,分别为1.75%与8.25%。缺水草地在放牧季中不能满足人畜饮水需要,给放牧利用带来很大困难。不少草地只能在积雪后放牧,形成所谓"冬天羊赶雪,春天雪赶羊"的被动局面。

新疆冷季严寒漫长,一般牧区冬季(日平均气温<0℃)长达4~5个月,一些高寒牧区甚至在6个月以上。冬春饲草短缺,风雪灾害频繁,牲畜掉膘和死亡严重,制约了靠天养畜,常年放牧畜牧业的发展。

(三)效益评价

1995年全区存栏牲畜3724.32万头(只),其中1517.14万头(只)常年放牧于天然草地,1274.41万头(只)生长季放牧于天然草地。按全年放牧折算,天然草地共承载放牧牲畜 1912.41 万头(只),占全区存栏牲畜的 51.6%。当年出栏牲畜 1483.18 万头(只),其中天然草地承载 863.83 万头(只)。以上两项合并计算,1995 年新疆天然草地共承载牲畜 2784.93 万头(只),折合 4388.56 万只标准畜,占当年牲畜最高饲养量的 53.50%。其中,阿勒泰地区为 83%,不少牧业县在 90%以上。阿勒泰地区和不少牧业县的畜牧业产值达到或超过农业总产值的 60%,草地资源支持了一方经济的发展,经济效益显著。

80 年代以前,无论是牧区牲畜头数或是牧区提供的畜产品数量均在自治区占主导地位。1949～1985 年期间,商业部门在区内共收购商品畜 6500 万头(只),绵羊毛 72 万 t,各类皮张 1.4 亿张,耕役畜 140 多万头,优良种畜 50 多万头。其中,80%以上来自牧区。阿勒泰地区每年以占自治区不足 7%的牲畜向市场提供 10%以上的商品肉,1981 年向自治区提供商品肉 6253t,占自治区上调肉的 52%。80 年代以后,农区牲畜数量增长较快,现已超过牧区。但由于草地畜牧业投入少,成本低,商品率高等特点,牧区提供的畜产品仍占 50%以上。同时,草地牧区为农区提供种畜、役畜、架子畜,有力支援了农区畜牧业的发展。再者,畜产品出口既为国家积累外汇,也带动了区内外轻纺工业、饲料工业、制革工业、食品工业和乡镇企业的发展,为新疆国民经济发展做出了重要贡献,社会效益明显。

新疆天然草地面积辽阔,景色绚丽多姿,类型丰富多样,自平原到高山为观光旅游业提供无数引人入胜的观光景点,特别是哈那斯湖、天池、乌鲁木齐南山草原、巴音布鲁克草原、伊犁草原、甘家湖梭梭林等均属黄金景点。草地旅游是新疆经济振兴和牧民致富的推动力,具有良好的经济和社会效益。

新疆陆地生态系统的环境结构是由山区生态系统、绿洲生态系统、荒漠生态系统三部分相互依存、相互制约构成的有机统一体。水是干旱区生命的源泉。新疆山地 6371hm²,占全区总面积的 38.4%。降水 2048 亿 m³,占全区总降水量的 84%。产流 793 亿 m³,占新疆地表水资源总量(884 亿 m³)的 90%(余水来自国外),是径流形成区。没有山区径流,就断绝了平原绿洲的生存之路,山区生态系统是新疆人民生存的基础。绿洲生态系统以 4.2%的土地,养育着全疆 95%以上的人口,是经济建设和社会发展的重点。荒漠生态系统维护在绿洲的外围和前缘,是绿洲的屏障。据此,可以说山区是基础,绿洲是核心,荒漠是屏障,三者互为依存,联成一体。山区是平原的依托,绿洲根扎山区,根深叶才茂。受制于特定的地理环境,新疆天然林不发育,山区森林面积 84.47 万 hm²,仅占山地面积的 1.3%;而山区草地毛面积 3413.8 万 hm²,占山地总面积的 53.6%,是山区生态系统的主要组成部分。对山区水源地的水土保持和水源涵养具有特殊意义。平原草地毛面积 2182.35 万 hm²,是荒漠生态的重要组成部分。因此,天然草地是新疆陆地生态系统中最为重要的生态要素,在综合效益中,生态效益是第1位的。

二、草地利用现状

完全依赖自然生态条件,按季节驱赶牲畜到不同地区放牧,使牲畜得到所需的水草,从而得以生存繁衍的"逐水草而居"的利用方式,是传统草地畜牧业的最基本特征。新疆地域辽阔,大型山地与盆地相间,山区气候条件随地势升降呈规律变化,草地类型垂直分布,为牲畜不同季节牧场轮换奠定了基础。按常见的利用模式,新疆天然草地一般划分为夏场、春秋场、冬场、夏秋场、冬春场、冬春秋场、全年牧场7种类型。在现实利用中,各地区因自然地理条件和放牧习惯差异各不相同,北疆牧区常以夏场、春秋场、冬场季节利用形式转场放牧;南疆则按夏秋场、冬春场的组合模式放牧轮换,全年牧场主要分布在南疆平原。全疆季节牧场载畜能力以夏场最高,冬场次之,春秋场最低,冷季草地缺乏是新疆天然草地利用中的一大特点(表6-2)。

表6-2 新疆天然草地面积载畜量统计表

项目	夏场	春秋场	冬场	夏秋场	冬春场	冬春秋场	全年牧场	合计
净面积(万 hm^2)	638.56	943.49	1396.10	306.30	352.10	336.87	736.47	4706.89
载畜量(万只)	3622.66	1318.03	2085.69	374.00	240.34	346.38	541.49	8288.25

新中国成立以来,尤其是改革开放以后,新疆牧区经济经历了深刻的历史变革。自20世纪80年代中期,在政府决策导向、市场经济驱动和牧民对改善经济状况及提高生活质量的迫切愿望综合作用下,历来逐水草而居的牧民逐步对由游牧畜牧业向定居畜牧业转变发生了浓厚的兴趣,新疆牧区开始了大规模的定居活动。能够种草、种料、种粮的牧民饲草饲料地建设,被提到议事日程。越来越多的牧民投身饲料地建设与建房定居活动,使牧区基础设施和冬春补饲条件得到一定程度的改善。但由于新疆是灌溉农业,饲料地建设必须水利设施先行,造价较高,而严重的资金不足制约了饲料地建设进程。近年来尽管越来越多的牧民开始定居,但一般仅仅是有了住房和少量低产饲料地,全无实行冷季舍饲圈养的草料生产能力。因此,从总体上讲,新疆牧民至今仍未摆脱靠天养畜,转场放牧的游牧生产方式。"夏壮、秋肥、冬瘦、春乏"依然是新疆牧区畜牧业的基本特征。

原始传统的游牧生产方式完全受自然因素制约,一是草地产出率低,经济效益差;

二是遇到自然灾害,牲畜大量死亡。1949~1995年,全区共死亡成幼牲畜8971.3万头(只)。其中1985年前全区共死亡各类牲畜7574万头(只),比同期给国家交售的商品畜还要高8.8%。阿勒泰地区1962年牲畜存栏头数200万头(只),1965年发展到265.35万头(只),1966年因风雪灾害死亡67.6万头(只),年末存栏下降到197.75万头(只),1968年又发展到234.69万头(只),1969年再次受灾降到187.45万头(只)。造成草地畜牧业大起大落的主要原因是靠天养畜,粗放经营,冷季草料不足,暖圈缺乏,抗灾能力低。牲畜入冬后长期处于受冻挨饿的状态,经过冬春体能消耗,牲畜瘦弱严重,遇到风雪灾害和寒潮强降温天气,冻饿死亡成为必然。同时,天然草地养畜能力有一定限度,在人烟稀少,牲畜密度小,草地载畜量低的放牧时期,在以极少的投入换取各种畜产品的同时,也保证了天然草地自然更新和复壮,维持了牧区经济的缓慢发展。但新中国成立以来,由于生产关系的变革,畜牧业生产得到较快发展,牲畜头数成倍增加。1949年存栏牲畜1038.22万头(只),到1998年存栏牲畜4223.99万头(只),相当于1949年的4.1倍。然而可供牲畜放牧的天然草地却在不断减少。1949年以后,全区新增加200多万公顷耕地基本上都是开垦天然草地而成。另外,随着垦区扩大,灌溉用水量增加,造成大河流域和扇缘地带水文和地下水条件发生变化,致使大面积依靠地下水滋润发育的低湿地荒漠草甸和灌丛草地严重退化。由此,持续的草减畜增,牲畜超载过牧严重。草地状态不断恶化,草地畜牧业发展在很大程度上是以消耗资源和恶化环境为代价,出现前所未有的生态危机。

三、草地开发利用建议

新疆是内陆荒漠区,草地资源既是生产资料,又是极其重要的生态要素,具有重要的双重功能。在新疆草地资源开发利用中需以"立足生态保护,着眼经济发展,实施可持续发展战略"为指导思想。

(一)保护山区草地

新疆是干旱荒漠区,水是生存的命脉。新疆地表径流总量为884亿 m^3,91亿 m^3自国外流入,793亿 m^3 产流于山区,平原不产流。同时,新疆地下水属"线状"补给(即由河流与渠道渗漏补给),完全由地表水转换而来,山区是新疆陆地生态系统中惟 水源地。而山区广布天然草地,其面积占53.6%,山区草地是新疆水源主要涵养地。没有山区水源,新疆就失去了生存和建设的条件。同时,山区草地是新疆草地资源中的精华,净面积3005万 hm^2,占全疆草地净面积的63.8%,载畜量2154.74万只/年,占全区草地载畜总量的67.3%。山区草地牧草质量优于平原,尤其是夏季气候凉爽,少蚊蝇危害,适宜牲畜放牧。但由于放牧牲畜数量持续增加,无休止地超载过牧,草地退化严重。长此下去,既影响草地资源的可持续利用,又会严重破坏新疆的生态环境。综上所述,保护山区势在必行,应从法治入手,加强草法立法,采用法治手段和有力措施首先把山区草地放牧强度限止在当年地面生物量的40%以内。对严重退化草地进行封山育草,制止继续退化,并对退化草地进行有效治理。

(二)休牧平原荒漠草地

新疆是极端干旱的内陆荒漠区,植被稀疏,生态环境脆弱,基于西部大开发的重点是生态建设和环境保护的发展战略,宜发挥荒漠植被防风固沙的生态功能,而不应放牧利用。20世纪80年代初期国家自然资源调查和农业区划办公室在土地详查中规定,"植物群落覆盖度大于15%的地段为草地,余者归属稀疏植被"。当时因强调我区干旱特点和利用现状,没有采用国家标准,而以盖度5%作为草地划分标准。新疆平原荒漠草地(含草原化荒漠,毛面积1657万hm^2,净面积1247.53万hm^2)群落覆盖度大部分都在15%以下,一般都不宜放牧利用。

随着社会进步,牧民观念在更新,生活水平不断提高,漫漫严冬游牧在戈壁荒原的传统经营方式无法使牧民步入现代生活,由游牧到定居是大势所趋,放弃冬春游牧贫瘠荒芜的荒漠草地是社会发展的必然。

自给型经济时期,放牧畜牧业粗放经营,冬春季实行维持饲养,牲畜冬春放牧于草群稀疏的荒漠草地上。随着改革开放的深入发展,草地畜牧业在由自给型畜牧业向效益型畜牧业转轨。在以市场为导向,效益为中心的市场经济驱动下,那种将家畜放牧于低质荒漠草地入不敷出(饲草能量摄入小于家畜体能消耗)的传统经营方式已无法延续。尤其是新疆荒漠草地是无水、缺水草地的集中分布区,不解决人畜饮水则无法利用,若解决水源又耗资巨大,得不偿失(投入)。由此,对无水、缺水的低质荒漠草地应放弃利用。

鉴于上述生境保护需要,社会发展趋势和变改经营方式三方面的原因,我区的平原荒漠草地应当以发挥其生态效益为目标,逐步减少放牧直到完全休牧,把平原荒漠植被都作为生态保护区进行经营。

(三)发展草地农业,实行农牧结合

放牧畜牧业是最经济的畜牧业,但没有种植业做后盾的草地畜牧业是不稳定的畜牧业。常年放牧的草地畜牧业无法适应日趋激烈的市场竞争,集中表现在三个方面。

一是其脆弱性,广大牧区天然草地难以形成抗衡自然灾害的能力,遇到自然灾害,牲畜大量死亡;二是季节性,夏季放牧青草,家畜体膘增重快,但草地牧草若不能在鲜绿季利用而到冬季放牧,能量流失严重,12月中旬至1月中旬山地干草原的草地枯草无论其干物质贮量或是其粗蛋白含量均较6月中旬损失一半以上;同时,冷季牲畜掉膘与气候寒冷密切相关,冬春季无补饲放牧牲畜体重下降30%左右。季节节律变化使常年放牧牲畜呈现"夏壮、秋肥、冬瘦、春乏"的恶性循环。三是破坏性,面对放牧牲畜日益增长而草地产量降低,面积缩小的草畜矛盾,超载过牧,退化严重,使天然草地出现了前所未有的生态危机。由此对传统畜牧业进行改造势在必行,有效的办法是打破靠天养畜的现状。进一步发展草地农业,进行人工草料生产,开辟新的饲料来源,形成新的草料增长点。

农牧结合是世界上发达国家振兴农业保护生态的基本经验。包括17个州在内的自然条件与我国干旱半干旱区相类似的美国西部干旱半干旱地区,把天然草地与农田作为一个整体,合理配置,科学经营,形成灌溉农业－草地畜牧业经营体制。由以落基山脉为主体的东部、中部山间高原盆地以及西部太平洋边缘山地3个纵列带构成的美国科迪勒拉山地牧区十分注意人工草料地建设。他们选择地势低平、水源充足、交通方便、热量相对丰富的平原或山间谷地、盆地,开发农田,种植饲草饲料作物。政府根据牧场主开发的土地数量(大多为私有土地)及冬半年(通常是10月中旬至翌年4月中旬)人工草料的载畜力为依据,在国有草地上给他们划分放牧草地并严格控制放牧强度。大多是4月中旬至5月底到春牧地放牧,6~8月利用夏牧场,9~10月中旬到秋牧地放牧(春秋场多为同一地段)。10月中旬至11月底牲畜放牧于人工草地,啃食收割干草后的再生草,12月至翌年4月中旬饲喂干草。他们实行暖季天然草地放牧,冷季人工草料放牧喂养的经营模式,既取得了很好的经济效益,也成功地保护了环境,成为可持续发展的范例。美国人工草地占草地总面积的10%,加拿大高达21.6%,草地畜牧业经营模式与美国大体相同。澳大利亚自然条件与新疆差异很大,他们无严寒的冬季,但也十分重视天然草地保护和人工草地建设。经过30余年的艰苦努力,把全国4.47亿hm^{2}天然草地全部围栏化,并采取严格管理措施,每年根据草情确定载畜量,控制放牧强度,防止草地退化。同时建成3000万hm^{2}豆科与禾本科多年生牧草混播的人工草地。

综前所述,新疆山区草地要保护,平原荒漠应休牧,但牧民生存还要养畜,草畜矛盾怎么办?有效的解决途径应该是"实施可持续发展战略,贯彻保护山区开发平原的战略方针,在光热水土资源组合相对协调的平原和谷地、盆地开发建立人工草料地,开辟新的饲料来源,实行夏半年天然草地放牧,冬半年人工草料喂养的经营方式,优化资源配置,实行农牧结合,优化生产流程,进行集约经营"。

新疆天然草地理论载畜量为3202.77万只(标准畜/年,下同)。剔除343.5万只的平原荒漠载畜量,同时考虑到20世纪80年代计算载畜量时牧草利用率偏高及部分低地草甸已被开垦等因素,新疆天然草地理论载畜量约为2400万只/年。放牧季以6个月计算,夏半年承载能力为4800万只。出栏率以60%计,年末存栏畜承载力约为3000万只,需要70万 hm^2 高产饲料地,即可满足冬半年人工草料喂养的草料需求量。当前自治区牧民现有饲料地约为15万 hm^2,需新开垦饲料地55万 hm^2。土地利用率以0.85计,需开发65万 hm^2 土地才能建成饲料地55万 hm^2。造价以每公顷(毛面积)1.2万元估算,共需投资人民币78亿元。

牧民饲料地建设,既是发展牧区经济的生产工程,也是脱贫致富的社会发展工程,尤其对干旱区水土保持和涵养水源具有重要意义。许多研究结果表明,草地防止水土流失的能力高于灌丛和森林。生长3~8年的林地拦蓄地表径流能力为34%,而生长2年的草地拦蓄地表径流能力达54%;林地和草地减少地表径流中含沙量分别为37.3%与70.3%。草地拦蓄地表径流能力及其减少含沙量的能力分别比林地高出58.89%与88.59%,是具有综合效益的生态工程。但新疆牧区经济发展滞后,牧民没有建设饲料地的投资能力,宜由牧民筹资建设定居房圈,而把牧民饲料地建设纳入国家西部大开发的生态工程建设进行实施,将会对新疆生态和环境保护建设取得事半功倍的效果。

(四) 大力发展草产业,振兴新疆经济,保护生态环境

草产业是一种集生态、经济和社会效益于一体的综合性产业,在我国尚处于起步阶段,具有很大发展潜力。在西部大开发中,随着生态建设和结构调整战略实施,新疆草产业将破土而出,并将对振兴新疆经济,保护生态环境起到巨大的推动作用。

1. 发展牧草种植和饲料加工业

国内外对草产品的市场需求越来越大。草产品的国际市场集中在日本、韩国、台湾、香港和东南亚等国家和地区,主要从美国、加拿大等国进口浓缩饲料、草粉、草捆等。日本主要进口粗蛋白含量为18%的浓缩饲料,台湾、东南亚大量需要粗蛋白为14%的浓缩饲料。据有关方面测算,目前仅我国国内就需要苜蓿草产品300~500万t。国际市场容量更大,日本、韩国、台湾、香港、东南亚每年进口苜蓿饲料400~500万t,离岸价每吨180美元左右(约合人民币1.5元/kg),近年来由于澳大利亚等国牧草成本上升,我国又加入了WTO,为我区草产品国际贸易带来了机遇和条件。

基础设施建设、生态建设、结构调整和科教建设是我国西部大开发的重点,发展草

产业与生态建设和产业结构调整密切相关。新疆光热资源优越,土地资源丰富,耕地与水资源远远超过全国人均占有水平。种植业具有广阔的发展前景。但新疆特定的地理位置决定了新疆粮食生产只能以自给自足为目标;同时,受资源条件和市场容量制约,经济作物种植规模也有一定限度,我区必将实行种植结构调整,由当前粮、经二元结构向粮、经、草三元种植结构转变,为草业发展创造了条件。

草产业的兴起必将带动饲料加工业的发展,仅大型饲料加工厂美国就有35家,年产量600万t;加拿大苜蓿饲料加工厂28家,年产量500万t以上;意大利50余家苜蓿脱水饲料厂,加上一些小型苜蓿饲料厂,年产量也在600万t左右。新疆深居内陆,运输线长,粮食出口绝无竞争力,受市场容量和价格波动的影响,棉花生产也受到很大的局限,充分发挥新疆光热水土资源和苜蓿种质资源优势,大力发展草产业与养殖业,占领国内外草产品和畜产品市场的前景广阔。同时,随着草产业兴起,大量发展饲草饲料,尤其是大力发展苜蓿深加工技术和综合性生产,不仅对于调整种植结构、改良土壤、保护干旱区生态环境、解决饲料工业依靠粮食生产的矛盾具有重要战略意义;同时,可以带动新疆饲料加工业快速发展,尤如美国饲料加工是其十大工业之一,有力促进了国民经济的发展。

2. 发展草坪业

草坪通常是指以禾本科草或其他质地纤细的植被为覆盖,并以它们大量的根或匍匐茎充满土壤表层的地被,是由草坪草的地上部分以及根系和表土层构成的整体。具有美化生活环境、保持水土、调节小气候、防止噪音、净化大气,作运动场和赛场、用做饲料等广泛用途。随着现代文明的发展,草坪逐渐为广大社会阶层所需要,20世纪50年代以来,世界草坪步入令人瞩目的发展时期。80年代美国草坪业的产值以每年18%的高速度递增。草坪业在我国起步较晚,80年代中期我区才开始步入草坪建植与养护的轨道,但近几年发展迅速,尤其是我国西部大开发的号角已经吹响,随着城镇化速度加快和生活质量提高,人们对居住环境和文体生活提出了新的要求,新疆草坪建设具有广阔发展前景。

参 考 文 献

崔恒心主编.2000.新疆牧民定居与饲料地建设方案研究.乌鲁木齐:新疆人民出版社
刘起.1998.草地与国民经济的持续发展:四川草原,(3)
米吉提·胡达别尔地等主编.2000.新疆高等植物检索表.乌鲁木齐:新疆大学出版社
孙吉雄主编.1995.草坪学.北京:中国农业出版社
新疆科委.1996.科技进步与新疆农业.乌鲁木齐:新疆科技卫生出版社
许鹏等.1979.紫泥泉种羊场冬春草场草地产草量和营养物质动态的初步研究.新疆八一农学院学报

许鹏主编.1993.新疆草地资源及其利用.乌鲁木齐:新疆科技卫生出版社
章祖同等主编.1998.中国重点牧区草地资源及其利用.北京:中国科学技术出版社
中国测绘局.1989.1:400万中华人民共和国地形图.北京:中国地图出版社

第七章 植物资源及开发利用*

现在生存于生物圈中的各种野生植物,都是在漫长的地球巨变过程中形成、演变并适应当地生态环境而被保留下来的自然遗产和宝贵财富。它们在生态系统中,固定太阳能,进行植物性生产,是第一性生产者。在生物圈的物质循环和能量流通过程中,具有不可替代的生态地位,功冠万物而利天地。

植物作为一种宝贵资源,是人类生活环境最基本的组成材料和赖以生存的物质基础。它不仅可为人类源源不断地奉献生活必需品,还能够为工业生产提供多种多样的加工原料。同时,它又是一个宝贵的基因库,也是农业生产和园艺业培育优质、高产新品种的种质资源库。

现知,全世界有高等植物多达23万种,我国有2.7万种以上。除供观赏者外,其中常见的栽培植物仅百余种,主要粮食作物只有20多种。这充分表明,人类对植物资源的研究与发掘还很不充分,潜力巨大。随着科学技术的发展,新的和更加有用植物资源的继续涌现,必将成为未来农业、医学和工业发展紧密相关的生物资源基础。同时,对其合理开发利用、保护和增殖,也是谋求解决当今世界困扰人类所面临的生态失调、生存环境恶化和资源、粮食短缺等重大生态问题的关键所在。

新疆幅员广大,得天独厚的自然条件,造就了丰富而独特的植物资源,是新疆资源的一大优势,有待进一步开发利用。在实施我国西部大开发战略中,新疆是重中之重,对植物资源的开发利用,必将是一个重要选题。

一、植物资源得天独厚的形成条件

与国内各省区相比,新疆植物资源形成的条件比较优越,且具有若干得天独厚之处。

---

* 本章写作过程中,杨戈研究员提供了部分资料,沈观冕研究员给了帮助,部分数据引自阎国荣同志的博士论文("新疆野生果树资源生物多样性研究",1999),在此一并致谢。

（一）幅员辽阔，植物资源分布的大舞台

新疆南北宽1500km左右，跨纬度约15°；东西长约1900km，辖经度22°以上。国土面积166万多km²，占全国面积的1/6，是我国最大的省区。

境内，既有巨大隆升的山地、辽阔的平原和浩瀚荒凉的戈壁、沙漠，也有葱郁的绿洲、湍急的河流及微波荡漾的水域、湿地。另外，新疆位处中纬度地带，决定了它属于温带气候。由于太阳热能的分布随纬度变化而有明显差异，其气候自北而南也相应出现由温带向暖温带的递变。南部受海拔高度的影响，表现高寒气候特征，北部受纬度和海拔高度的双重制约，具有寒温带气候的特点。

丰富多彩的自然景观和变化明显的气候差异，形成多种多样的植物资源生态环境，也赋予许多资源植物种类以得天独厚的生态条件，给植物资源的分布提供了巨大的生态舞台。如在高山之巅和深山野岭，生长有雪莲、贝母及野果林；在干旱的沙漠、戈壁及石质山坡上，有多种麻黄、阿魏和肉苁蓉；在极度盐渍化环境生存着多种含碱的多汁盐柴类植物；沿荒漠河岸，则分布有胡杨、灰杨、多种柽柳属植物和胀果甘草、大花罗布麻等。

（二）严酷的生态环境，造就了高品位的植物资源

新疆深居亚欧大陆腹地，远离海洋，加之"三山夹二盆"的地貌格局，周边高山阻挡了湿气流的进入，完全被具有极强大陆度和干燥度的内陆干旱气候所笼罩。

北疆为普通荒漠，南疆为极旱荒漠，罗布泊及其毗邻地区，降水稀少、蒸发强烈，成为亚洲地区的干旱中心，植物生存条件极其严酷。托克逊年降水仅6.9mm，蒸发量为其500倍以上，则是干旱中心的中心。

新疆受水热状况及地质条件的影响，土壤盐渍化强烈发育。南北疆两大盆地是盐分聚集的场所，封闭性极强的塔里木盆地，特别是罗布泊低地则尤其如此。另外，风沙强劲，不仅沙漠、戈壁面积巨大，且业已沙漠化和受潜在沙漠化威胁的形势也非常严峻。

严酷的生态环境条件，限制了许多植物的生存与发展，同时也造就了一些具有顽强生命力或能够巧妙适应恶劣自然条件的植物种群，其中不乏有高品位的植物资源。

在吐鲁番盆地西北部的三十里风区，被人称为不毛之地的白杨河后沟戈壁滩上，一种籽实中含油量很高的老鼠瓜，却奇迹般地在几乎接近植物生命禁区的环境中顽强地生长着；能够产刺糖的骆驼刺仅在地下水位十余米以下，且常年几乎不雨的鄯善县戈壁滩上才有分布；新疆阿魏形成的阿魏胶，其功效和品位均可与进口品相媲美，这种植物的主产地即在被称为阿魏滩的干旱低山及山前戈壁环境中的伊宁县境内白石墩地区；

可制作美味佳肴的阿魏蘑菇，其寄主则是生长于戈壁滩上的阿魏；肉苁蓉的寄主是分布于盐渍土上的柽柳和沙漠中的梭梭柴；具有药用价值，且在保健饮品业中被炒得身价百倍的雪莲，其生境只局限于海拔3000m以上和雪线以下的峭壁与满布乱石堆的地方；可作为高级纺织品原料的大花罗布麻及在国内外中药材市场具有重要地位的甘草，也都是生长于盐渍化或强盐渍化生境的贵重资源植物。

在栽培植物中，新疆的果品普遍含糖量较高。新疆番茄肉厚，红色素高于内地。精河栽种的宁夏枸杞，不仅产量高，质量也优于原产地。显然，这种现象的出现与当地生长季节内的日照长、积温高和日温差大等自然因素有着密切关系。

另外，生存于新疆严酷生境中的一些植物，具有耐干旱、抗盐碱等优良品质，是培育优良农作物新品种的原始材料、种质资源或基因库，愈来愈受到育种家们的青睐。

（三）山地湿岛，植物资源丰富多彩

新疆的总面积中，山地约占39%，平原约占61%。但平原地区的植物种类大约只有550种，仅占全疆植物总数的13%，与若大的空间背景极不协调。山地则不然，天山与阿尔泰山均拥有高等植物2500种左右，即使在亚洲最干旱的阿尔金山和昆仑山，其植物区系组成也有近400种之多。显然，这是因为坐落在新疆境内纬向延伸的数列高大山系，均处于西风大气环流的控制范围之内，能够接纳西来湿气流并在迎风坡形成较多降水，其中森林带降水可达600～800mm或更多。山地的水分状况，与周围降水稀少的干旱平原构成巨大反差，是新疆荒漠背景中的湿岛和许多中生植物适宜的生存环境，也是新疆植物资源最丰富的地境。

新疆的森林覆被率只有1.46%，是一个缺林、少林和成林树种贫乏的省区。但山地森林资源显著多于平原，且以针叶林占绝对优势。构成山地森林资源的主要乔木树种有雪岭云杉、西伯利亚落叶松、西伯利亚红松、新疆冷杉、疣皮桦、天山桦、欧洲山杨和形成野果林及河谷林的树种。以面积和蓄积量而论，山地森林面积占全疆森林总面积的71.7%，木材蓄积量占全疆的97%以上。以地区论，天山北坡的森林面积最大，占全疆山地森林面积的54%，木材蓄积量约占61%。其次是阿尔泰山，森林资源面积和木材蓄积量均约占全疆山地的35.7%。显然，新疆山地是森林资源相对丰富或分布最集中的场所。

新疆山地的牧草资源非常丰富，其种类组成估计约占全疆的85%。其中数量较大、富含营养和适口性良好者，估计在2000种左右。由多种蒿类、针茅、羊茅、嵩草、苔草等为优势种，形成各种各样的草场类型和四季牧场，分布着全疆50%的草地，养育着占全疆70%的家畜，成为新疆植物资源的一大优势，也是新疆发展草地畜牧业最廉价

的物质保证和精华所在。另外,新疆除有为数众多的地方性牧草种类外,世界广为栽培的人工牧草,在新疆山地几乎都有其野生种。

山地的药用植物资源,除上文提及者外,还有新疆元胡、多种柴胡、龙胆、阿克苏黄芪、伊犁黄芪、多种贝母、新疆紫草、益母草、天山大黄、党参等。据20世纪70年代调查,玛纳斯县有药用植物280种,其中山区产181种,占64%以上。另外,玛纳斯县南部山区清水河子乡有从古至今仍沿用的"贝母房子"地名,那里曾是名贵药材贝母在该县的主要产地等事实说明,新疆山地药用植物资源丰富之概貌。

新疆栽培的观赏植物,种类贫乏、单调。乌鲁木齐历年来栽培的观赏陆地草花仅有60多种,尤其缺乏早春陆地花卉成为边城美中不足之处。然而,在新疆的山地却有丰富的野生花卉资源,或可被直接引种驯化栽培,或可用来作为培育新品种的原始材料及种质资源。

每年3月中下旬,当大地积雪尚未完全消融的时候,在日均温仍处于零上5℃左右的气候条件下,新疆一些特有的早春野生花卉,如生长于低山带的款冬花、顶冰花、郁金香、鸢尾蒜、串珠老鹳草等,即已破土而出,开放出多种多样的美丽花朵。山花烂漫的夏季,分布于中山带的金莲花、银莲花、耧斗菜、飞燕草、芍药、千里光、老鹳草、侧金盏花、野罂粟等,百花争艳、五彩缤纷,是一个名符其实的百花园。除此之外,具有观赏价值的乔灌木和可供制作干花、盆景的材料也很多。

至于食用植物,新疆山地也非常丰富,其数量估计至少有百种以上。其中,仅野生果树资源即有87种之多。具有重要科学意义、经济价值和开发前景看好的野果林,即分布在天山西部伊犁山地。

另外,新疆有着沧桑巨变的地质史,又在中亚、蒙古、西伯利亚、中国-喜马拉雅几种植物区系的交会之处,植物区系复杂、生活型和植被类型多种多样,对新疆丰富植物资源的形成都有着密切的关系。同时,新疆开发程度低,许多生态系统或生态系统地段仍保持着原始状态,是植物资源得以保存的有利因素。至于其他社会因素,如多民族聚居、多种文化和多种民族共存等,对植物资源范围的开拓和利用方式等,也都或多或少地产生影响,这里恕不赘述。

二、植物资源及评价

凡对人类有利用价值或具有资源意义的植物总体,即为植物资源。根据其用途和开发前景,本章有选择性地就新疆植物资源的若干问题,作一简要介绍。

（一）植物资源类别及种类例举

1. 食用植物资源

在新疆,可供食用的植物除栽培的农作物、蔬菜和果瓜之外,还有很多处于野生状态的种类。如胡颓子科有沙棘、沙枣,前者全疆即有 2.3 万多 hm^2；百合科有多种野葱、郁金香和百合；蔷薇科有野苹果、野杏、野樱桃、多种蔷薇和草莓等。其中,全疆分布的蔷薇面积 6.6 万多 hm^2,野果林有 6000 多 hm^2；藜科有地肤；十字花科有荠菜；蓼科有珠芽蓼、手掌参、短柄参及各种大型食用菌和发菜等。

2. 药用植物资源

在新疆,用于人畜防病、治病和杀灭农作物病虫害的药用植物多达 2000 种以上。其中,野生药用植物有 1451 种,如麻黄科的中麻黄、蓝麻黄、木贼麻黄；百合科的阿尔泰贝母、伊犁贝母、黄花贝母、新疆贝母、乌恰贝母；紫草科的新疆假紫草；豆科的胀果甘草、黄甘草、光果甘草和阿克苏黄芪、伊犁黄芪等；伞形科的阜康阿魏、新疆阿魏；列当科的盐生肉苁蓉和管花肉苁蓉；菊科的雪莲、一枝蒿；锁阳科的锁阳等。

农药植物资源有藜科的无叶假木贼；毛茛科的多种乌头、飞燕草和唐松草；蒺藜科的骆驼蓬；豆科的小花棘豆、披针叶黄华、苦豆子；茄科的天仙子、山莨菪和百合科的藜芦等。

3. 工业原料植物资源

除木材外,可作为纺织、造纸工业原料的植物有夹竹桃科的大花罗布麻；禾本科的芦苇、芨芨草；医药工业用的有麻黄科的多种药用麻黄；豆科的多种甘草；饮品(包括保健饮品)工业用的有胡颓子科的沙棘；蔷薇科的多种蔷薇、野樱桃和菊科的雪莲；制碱工业用的有藜科的盐节木、盐穗木、盐爪爪等；另外还有芳香油植物、栲胶植物及色素植物等也应属于工业原料之列。

4. 观赏与绿化环境植物资源

凡具有美学价值,给人以美的亨受和具有改善环境功能,并能提高人类生存环境质量的植物,均属于观赏和绿化环境植物资源之列。这类植物在新疆种类繁多,如可作为花卉用的野生植物有柳叶菜科的柳兰；毛茛科的芍药、多种金莲花、银莲花、耧斗菜、飞燕草；百合科的野百合和多种郁金香；石蒜科的鸢尾蒜；鸢尾科的多种鸢尾属植物等。可作为观赏用的乔灌木和绿篱植物有蔷薇科的天山花楸、绣线菊、多种蔷薇和合叶子；忍冬科的多种忍冬；豆科的某些锦鸡儿；柽柳科的多种柽柳；杨柳科的灰杨及柏科的多种常绿针叶灌木等。制作干花、盆景的植物有蓝雪科的多种补血草、棱枝草、刺矶松；石竹科的丝石竹和刺叶；藜科的多种猪毛菜及禾本科枯而不落叶的某些种类；草坪植物有禾本科的狗牙根、小獐毛、小型羊茅、茅香、小型早熟禾和豆科的白三叶草、红三叶草等；固沙植物有藜科的两种梭梭、蓼科的多种沙拐枣；豆科的无叶豆；菊科的白茎绢蒿、沙蒿；柽柳科的多种柽柳等。

5. 饲用植物资源

凡可以作为家畜食用的植物，均称为饲用植物。新疆可作为家畜饲用的野生牧草共有 2900 多种，其中种数最多的牧草主要有以下 5 个科：菊科的代表是蒿属、绢蒿属的种类；豆科的代表植物有驴食豆、野豌豆、草木樨、黄花苜蓿、白花三叶草、骆驼刺、多种黄芪、棘豆等；禾木科的代表植物有针茅、羊茅、早熟禾、梯牧草、冰草、雀麦、老观草、披碱草、偃麦草等属的种类及鸭茅、大看麦娘等；藜科植物的代表有木地肤、驼绒藜、白滨藜等；莎草科的代表植物有嵩草属的线叶嵩草、细叶嵩草、矮嵩草、窄果嵩草和苔草属的草原苔草、短柄苔草、细果苔草、白尖苔草、黑花苔草、沙苔草和粗柱苔草等。

（二）植物资源评价

植物资源是一类能够直接利用太阳能、其分布具有一定的生态地理区域、依赖环境生存和种群特性可以遗传的再生性自然资源。它与其他资源有共性，也有不同之处，现对新疆植物资源简要评价如下。

1. 资源丰富，分布广泛，质量上乘

新疆植物资源不仅类别多样，种类数量也很丰富。现知，新疆药用植物有 2014 种，其中野生者 1451 种，农药植物 120 种以上。目前已被收购的中草药种类即有 125 种之多。食用植物中，野生果树资源种类有 103 种，大型食用真菌多于 200 种，维生素植物 50 种以上，油料植物近百种，蜜源植物更多达 500 余种。具有观赏价值和绿化环境的植物资源中，防护林树种 80 种以上，固沙植物多于百种，观赏植物超过 300 种，仅野生花卉即有 180 种之多。天然野生牧草有 2930 种，其中数量大、质量高的种类占 13.04%，计 382 种。新疆木本植物共 352 种，仅野生乔木建群种即有 27 种，构成灌丛的建群植物有 21 属之多。种质植物资源中，野生谷类作物的近缘种有 87 种，野生果树近缘种近 70 种。另外，还有适应极端环境的耐盐、抗旱和抗紫外线的种质资源也均达百种左右。

新疆植物资源不仅种类丰富，分布面积和产量也很大。如新疆甘草资源的面积曾为 200 万 hm²，现仍有 86.67 万 hm²，年收购量最高可达 6 万 t。现在国内需要的甘草，其中一半即是由新疆供应的，且占国家甘草或甘草膏出口量的 80%，远销亚欧美三大洲，在国际药材市场上具有很大的影响力。1985 年新疆出口甘草药材及甘草膏为国家创汇 652 万美元，1991 年 1～5 月天山制药工业有限公司生产甘草膏、甘草霜、甘草粉

出口创汇833万美元。大花罗布麻近70万 hm²，每年可为工厂提供近10万 t 植物原料。芦苇的总面积达2.77万 hm²，年产量26.8万 t。新疆贝母的年收购量最高达200多 t。另外，新疆的可利用草地面积4800多万 hm²，仅次于西藏和内蒙古，居全国第3。

上述罗列的资源数据，虽然是极其零碎和不完整的，但也足已说明新疆植物资源的丰富性这一论断。

至于新疆植物资源的质量，如新疆产的乌拉尔甘草，甘草次酸含量为7.2%，甜味素含量为11.1%，远高于东北乌拉尔甘草4.2%和5.2%的含量；新疆贝母中含有的贝母碱为0.22%，高于川贝母的10倍；新疆栽培的番茄，每百克的红色素含量为60mg，大大超过内地；新疆阿魏产的阿魏胶，临床证明其功效与进口品无异；宁夏枸杞在新疆栽培后，无论是产量和质量都优于原产地；新疆的瓜果含糖量高，极受内地和港商的青睐等。

2. 植物资源分布不均匀，山地多于平原，北疆丰于南疆

在新疆，从平原到山地虽然都有植物资源的分布，但受地貌单元及其水热条件的影响，分布则是不均匀的。新疆的平原面积大于山地，但山地的草地面积则占全疆草地面积的58%，而平原只占42%；森林资源的分布更是如此，山地森林面积占全疆森林总面积的71.7%，而平原的森林面积则不足30%；野生果树资源中，仅分布于天山北坡和准噶尔西部山地者即有81种，占全疆野生果树资源的78%以上，而分布南北疆两大盆地的种类合计只有27种；野生花卉的绝大多数都是中生的种类，干旱的平原几乎与其无缘，被称为干旱区湿岛的山地，无疑也就成为这类植物资源分布的适宜环境；药用植物资源的分布缺乏全疆的统计资料，但上文所述玛纳斯县的资料即足以说明山区较平原丰富的基本事实。若以地区而论，南疆的面积虽大于北疆，但植物资源则北疆较南疆丰富。如北疆的草地面积占全疆草地的54%，南疆占46%；北疆的野生果树资源有92种，占全疆的87.6%，南疆28种，占26.6%等。

3. 有一些特有种，国内只产在新疆的种和栽培植物的亲缘种多

近年来，分类学家根据新疆植物标本发表的一些新分类群中，即有不少种类属于资源植物之列，如阜康阿魏、新疆阿魏、塔城贝母、裕民贝母、托里贝母、重瓣伊贝母、哈拉布拉贝母、小花贝母、黄绿小花贝母、红花小花贝母、重瓣新疆贝母、重瓣托里贝母、白花贝母、吉木乃贝母、白花裕民贝母、粉红花裕民贝母、白花戈壁贝母、新疆郁金香、新疆顶冰花、黑鳞顶冰花、草原顶冰花等，即是其中代表。在国内只产在新疆的植物资源更为丰富，如白梭梭、灰杨、准噶尔无叶豆、雪岭云杉、单叶蔷薇、花楸、帕米尔金露梅、紫萼金露梅、大山毛茶藨、北疆茶藨、合叶子、甜梅子、异梅花子、准噶尔山楂、啤酒花、野苹果、野核桃、野杏、野扁桃、野生欧洲李、野生樱桃李、银沙槐及多种多样的地方性牧草。新疆不仅有为数众多的种质资源,现已知与栽培植物具有亲缘关系的种也很多。如新疆野百合即是家种百合的野生种;新源假稻是栽培水稻的近缘种;节节麦是小麦的亲缘种;新麦草和赖草属的植物也是小麦和大麦的近缘种,它们异花传粉,在遗传上具有 N 和 JX 染色体组和具有多花的特点,受到育种学家的关注。另外,专家们也确认,新疆野苹果和野杏是栽培种的直接祖先,是培育抗逆性新品种的良好原始材料,同时还断定新疆也是栽培核桃的原产地之一。由上述可知,新疆确实是一座丰富而独特的植物资源宝库。

4. 生境多样,但很脆弱

在构成新疆植物区系的 108 个科中,每个科几乎都含有可被人类利用的植物资源。它们具有不同的生活型和生态型,适应着各种生态环境。在沙漠、戈壁和绿洲,从低于海平面的艾丁湖畔到高耸入云的喀喇昆仑山之巅,到处都可见到植物资源的分布,其生态环境类型丰富多彩,对不同生态要求的植物资源进行人工栽培,提供了可资选择的适宜场所。

然而,新疆气候的大陆度和干燥度极强,是一片内陆干旱地区,植物生存环境严酷和十分脆弱。植物覆被率低,基质环境的物理过程占据主导地位,平原和干旱山地则尤其如此。与其相联系的土壤,土层薄、结构松散、质地轻或颗粒粗,在风的作用下,极易形成吹蚀和风积,造成沙漠化景象。地表植被受到破坏后,不仅难以恢复,且土壤进一步退化,变得更加贫瘠和荒凉。

与新疆封闭的地貌格局相联系,除额尔齐斯河外,所有河流都为内陆河,调节环境的自净能力低,盐分缺乏外泄出路,山前大大小小的湖盆低地,便成为盐分的积聚场所。在强烈的蒸发影响下,必然形成盐渍化土壤,不利于大多数植物生长。

干旱的山地,植物涵养水分和保持水土的功能较低,山区降水或冰雪融水都可以造成水土流失。上述说明,对新疆植物资源进行开发利用时,必须充分认识生态环境非常脆弱这一特点和植物与环境相互依赖的生态学原理。

三、植物资源的开发利用

天然生长的植物资源是人类极其宝贵的财富,它们不仅具有巨大的经济价值和资源潜力,而且是维持环境生态平衡必不可少的环节。此外,它们还有无法估价的科学价值。长期以来,新疆人民开发利用植物资源,不仅对促进当地的物质文明、精神文明和人民安居乐业发挥了重要作用,同时也积累了丰富的经验。然而,由于对植物资源及其与环境的关系缺乏深入认识,在开发利用过程中不理智的行为也时有发生,并造成某些不良后果。

(一) 植物资源利用中存在的若干问题

1. 植物资源遭到严重破坏

塔里木盆地原有天然胡杨林近 53 万 hm², 到 1978 年只剩下 23 万多 hm², 减少了 56% 以上; 据新疆林业勘测设计院 1982 年航测调查, 准噶尔盆地荒漠灌木林覆盖度在 10% 以上的林地面积为 237 万 hm², 较 1958 年新疆综合考察队估算的数字, 减少了 68.4%, 导致古尔班通古特沙漠南缘 50km 以内已无原始梭梭林; 新疆原分布有 367~400 万 hm² 红柳林, 现已大半被砍掉; 伊犁野果林的面积, 20 世纪 50 年代末有 1 万 hm², 目前仅保存有 70%~80%, 其分布下限的海拔高度已上升了 50~100m; 由于过度放牧, 新疆草地退化面积已达 21.33 万 km², 占草地总面积的 37.2%, 其中 1/3 退化严重, 产草量下降 30%~60%; 据 1993 年自治区的调查统计, 全疆甘草面积已由 20 世纪 50 年代的 200 万 hm² 减少到 86.6 万 hm²。巴楚县原有甘草面积 5.53 万 hm², 采挖面积高达 3.3 万 hm², 挖光了 1.07 万 hm²。艾比湖周围 4 万多 hm² 的河滩林, 有 80% 被垦为农田, 5 万 hm² 以上的胡杨林破坏了 72.3%; 4 万多 hm² 的芦苇仅剩下不到 1.5 万 hm²; 梭梭林除甘家户一带还保存一定面积外, 其他地区已很少见到。另外, 麻黄、贝母、肉苁蓉、雪莲等名贵中药材, 近年来在经济利益的驱动下, 被炒得沸沸扬扬, 其资源的破坏程度, 较上述有过之而无不及。

2. 环境趋于恶化

植物是构成环境的重要要素, 两者间互相依存、相互制约, 形成不可分割的生态整体。在干旱区, 植物与环境间的生态关系则尤为密切而巧妙。因而, 植物是环境的保护伞和生态平衡必不可少的环节。在过去的半个世纪中, 新疆人口迅速增长, 各种各样的经济活动对生态系统造成了强烈影响, 植被则首当其冲。随着植物资源的破坏, 环境也趋于恶化。

据有关方面报道, 古尔班通古特沙漠由于 8653km² 的沙漠植被受到破坏, 在沙漠南缘已出现了一条明显的活化带, 其宽度从几百米到 10~20km, 使该带流动沙丘面积由 20 世纪 50 年代末的约 3% 上升到 80 年代初的约 15%。活化沙丘以每年 0.5~2.6m 的平均速度向东南或偏东方向移动, 风口风道上的个别沙丘年移动速度高达 5~15m。南疆和田地区七县一市的绿洲, 被长达 2000 km 的塔克拉玛干沙漠南缘包围和分割, 其流动沙丘每年以 5~10m 的移动速度向偏南方向推进, 皮山西南部的小沙丘群甚至每年移动 40~60m。塔里木河下游的绿色走廊, 现已千疮百孔, 沙漠化面积已达近 4000 km², 占总面积的 66% 以上。东岸库鲁克沙漠每年以 3~5m 的速度向西入侵绿色走廊,不仅断流河道及公路多处遭受沙埋,且两大沙漠合拢之日也已为时不远。塔里木盆地东北缘的尉犁县,从50年代到80年代,森林面积由11.3万hm²减少到不足6.9万hm²;灌木林由126万hm²锐减到66万hm²;草地面积也减少22万hm²。从50年代到80年代,该县草场和农田的沙漠化面积达2.6万hm²以上,沙漠化土地总面积扩大了14.6余万hm²。艾比湖南岸原来固定、半固定的沙地已为流动性沙丘所代替。

采挖中草药对天然草地的破坏也令人触目惊心。据报道,每采挖1kg甘草即造成4~5m²的草地荡然无存。新疆每年采挖甘草约4万t,因此,每年全疆即有1.5万hm²的草地严重受损或遭到严重破坏。新疆每年采挖麻黄6万t,每年至少使20万hm²以上本来覆盖度很低的荒漠草地生态更趋于退化。

目前,新疆沙漠面积平均每年以350km²的速度扩大;水土流失面积约为95万km²,占全国水土流失总面积的1/4以上,是全国水土流失最严重的省区之一,使近1/3的土地和1200万人口遭受水土流失的危害和威胁;草地约以每年29万hm²的退化速度发展。可见,环境趋于恶化正在给新疆人民敲起了响亮的警钟。

3. 生物多样性正在受到威胁

植物资源可以再生,取之合理能够永续利用。否则,便将出现"断子绝孙"而造成资源枯竭。另外,植物资源也是生物多样性的重要组分,开发利用不当所引发的环境恶化和资源破坏,则会对生物多样性造成威胁或破坏。在新疆,这类例子也是有目共睹的。

天山产雪莲,20世纪70年代初在玛纳斯县山区开展中草药调查研究时,采集到很多雪莲并不困难;乘坐汽车去南疆出差,翻越胜利大坂时,常可见到硕大花序的雪莲近在咫尺。然而近几年来,高价出售雪莲的现象,遍及许多旅游景点、路旁及牧民毡房内。目前,凡人们不需花费很大气力即可到达之处,雪莲种群的数量已大大减少或几乎绝迹,使其处于濒危状态。在天池和后峡一带甚至要对雪莲拍摄一张写真照片都非易事或到了可望而不可及的地步。

在中草药市场高昂价格的驱动下,人们对贝母和肉苁蓉展开了掠夺式地采挖。每年春夏之交,正是贝母和肉苁蓉的采收季节,采药人蜂拥至生长地,年复一年循环往复地疯狂采挖,使它们丧失了天然更新复壮的条件和机会。玛纳斯县南山以盛产贝母而得名的贝母房子一带,由于历年的过度采挖早在70年代初期即已觅不到贝母的踪影。古尔班通古特沙漠南缘梭梭林中的肉苁蓉数量也较过去少得多,如此下去,用不了多长时间也将会被挖光殆尽。

70年代被专家发现定名为阜康阿魏的模式标本产地,现在已见不到这种植物;伊宁县白石墩阿魏滩上,1974年还有很多新疆阿魏分布,20年后笔者再次到达该地时,原生长新疆阿魏的地方,戈壁依然是那片戈壁,但阿魏却已销声匿迹;矮沙冬青是新疆少有的常绿阔叶灌木,1958年被新疆综考队在喀什北部某地采集记录,后经实地考察和访问,该植物在那里早已不复存在了。

麻黄属的植物也是一类残存的常绿灌木,生长在石质山坡和荒漠戈壁,生长极其缓慢。株高半米左右的植物体,至少需要数年乃至十几年始能长成。其结果率和成果率一般较低,也缺乏无性繁殖能力。新疆已知的三种药用麻黄,在天然荒漠植物群落中均不能形成优势种群。目前,它们每年正以10万t的速度被掠夺式地采挖。有报道估计,按这种速度采挖,新疆现存的药用麻黄资源,不到10年的时间即会被完全用光,以致于在新疆永远消失。

上述仅是笔者所见所闻,类似的事例在新疆还有很多。这充分说明,受人类经济活动的影响特别是对植物资源的不当利用,已对生物多样性构成严重威胁。

(二)合理开发利用植物资源

人要吃饭、穿衣,工业生产需要某些植物性原料。因此,开发利用植物资源依然是人类最基本的生产活动之一。诚然,过去在利用植物资源时,曾出现过某些令人痛惜的事例,蒙受过惨重损失。然而,我们不能因噎废食,相反,教训则使我们变得更聪明和智了。

1. 植物资源开发利用中的若干理性认识

——植物资源是国家自然资源的重要组成部分,对其开发利用,应在有关法律、法规的允许下进行,并要模范地遵守国家颁布的"草原法"、"森林法"等有关法规及其应履行的义务。

——植物资源所生存的生态系统,对外界干扰具有一定的忍耐限度,当外力超出系统所能承受的限度时,植物资源及其相联系的生态环境必然受到摧残。因此,对植物资源的开发利用要讲适度。

——植物资源的开发利用,不能以破坏环境的生态平衡为代价。因为,生态平衡的破坏即意味着资源生存条件的瓦解和资源消失,"树倒猢狲散"即其意。

——植物资源开发利用,要坚持生态伦理道德观,我们的行为和决策准则,不能削弱或剥夺后代子孙对自然界资源分享的权利,即不能违背持续利用的原则。

——一个物种的形成需要经历漫长的时间,而一个物种的消失,则往往轻而易举即会成为现实,且永远不能得到弥补。因此,在植物资源开发利用中,不能以牟取暂时经济效益而损害生物多样性。

——一种植物资源往往具有多种经济用途,在开发利用植物资源时,必须始终坚持资源综合利用的原则。

——对植物资源必须进行有效地保护。保护不是目的,而是为了更好地利用。当前,对植物资源的保护在新疆显得尤为重要。

总之,对植物资源开发利用,要逐步走向法制化轨道,在可持续利用原则的指导下,实现资源利用与环境保护的统一,经济效益、生态效益、社会效益的统一,保护与利用的统一,使植物资源及其生物多样性处于可持续状态。

2. 建立和完善植物资源管理机构

植物资源合理有序地开发利用,要在一定的管理机构指导下进行。该机构可根据国家有关法律、法规条文,制定植物资源管理细则,或经人民代表大会批准,制定植物资源管理的地方性法规,在特定地区内行使职权范围内的所有植物资源管理工作,使植物资源的开发利用逐步走上法制轨道,并按期向自治区人民政府报告工作。为避免机构重叠,原"新疆濒危野生动植物保护办公室",可扩大现有职权范围,承担起这一重要而艰巨的任务。

3. 加强野生植物资源保护,大力建设植物资源生产基地

上已述及,由于开发利用不当,新疆的植物资源已遭到比较严重的破坏,引发出一系列环境问题,生物多样性蒙受严重威胁。对其加强保护,已成为全社会公众和各级人民政府普遍关注的一项迫切任务。保护是手段,目的是为了更好地利用,造福于人类。当前,除坚决制止对植物资源滥砍乱伐和无节制地采挖外,退耕还林、还草、恢复和增殖植物覆盖,改善生态环境,更是当务之急。对国家和自治区重点保护的植物及利用过度、破坏严重与易发生水土流失地段的植被,要进一步强化保护力度,确保物种得以延续和生态安全。另外,从保护植物资源出发,应大力建设植物原料的生产基地。目前,新疆已建立有贝母、麻黄、枸杞、甘草、芨芨草、薰衣草、红花等生产基地,且已见成效。事实证明,这一举措投资少、收益好,不仅可以缓解对野生植物资源的开发强度,且对生态环境不产生负效应,同时也是以植物资源为原料的某些工业生产稳定、持续发展的基本依托。此举具有重要的方向性和前瞻性。

4. 杜绝野蛮的采收方式,推行分区轮回利用制度

植物资源种类不同,生态生物学特性各异,个体的再生和种群更新方式不一。因此,对其采收的方式也应有区别。下面以某些药用植物为例加以说明。

麻黄是一类地上芽或小高位芽植物,无根蘖能力,生长缓慢,靠种籽实生苗更新,借助于从根颈或枝叉处长出的新枝条进行再生。阿魏是块根地面芽植物,用种籽更新,通过根颈部长出新叶和茎再生。有的种类,一生中只开一次花、结一次果,种源有限,且需生长多年才能采收利用。贝母靠地下鳞茎再生,用种籽或鳞茎瓣更新,需生长2~3年以后的个体始能采挖。甘草是地下芽、主要靠根蘖繁殖的植物。肉苁蓉则是一种寄生

植物,它所需要的营养全部来自寄主,靠种籽更新,并能从保存完好的寄生点再生。根据上述5种植物的生态生物学特点,以能维持正常的更新或再生为出发点,来审视目前在广大采药人中所实行的采挖(收)方式,可以发现,不仅不合理,甚至达到了杀鸡取卵或竭泽而鱼的野蛮地步。对麻黄的采收不能连根拔,应在地面以上15~20cm的高度,用镰刀割取其枝条。对阿魏应主要采收从其茎部流出的乳汁状物质,即阿魏胶。如采其块根,则需十分慎重。因为每采挖一个块根,即消灭一个植株,将永远失去更新和再生能力。因此,应有选择地采挖开过花、且果实已成熟的植株。贝母的采挖也是如此,应采大留小和间采,杜绝采挖正在开花的母株。甘草的采挖,严禁大面积、连片作业,绝对不允许用拖拉机大片翻耕的采收方式。可以适当间采和穴坑式采挖,但应保留一定数量的地下根以利根蘖再生。采挖肉苁蓉时,一要间采,二不能损伤寄主,三使寄生点不要受到破坏,因为完好的寄生点仍具有继续再生的能力。

另外,植物资源的分布状况总是因地而异的,人们可以借助河道、山谷、山体、坡向、道路和村镇方位等地物标志,划分出若干地域单元,根据植物资源的生长状况等综合条件,确定一定时期内的作业区域或休闲区。该措施,无疑对植物资源复壮、持续利用和环境保护等都是十分有益的。

(三) 新疆植物资源开发利用的方向与任务

根据新疆植物资源现状、生态环境特点、开发利用基础和国计民生的需求,初步提出新疆植物资源开发利用的方向与任务。

1. 变资源优势为商品优势,使其成为经济发展新的增长点

新疆植物资源丰富而独特,从整体上讲,开发利用还远远不够,无论在区内或国内,在国民经济中的比重都还有待提高,资源潜力很大。加速发展以植物资源为原料的商品经济,特别要重视现代工业和药用植物原料的发掘与生产,是新疆经济发展和植物资源开发利用必须大力关注的问题。因此,摆在我们面前的任务之一是加速资源开发,变资源优势为商品优势,使之成为新疆经济发展新的增长点,前景是光明的。

2. 充分发挥植物资源的经济效益,实现资源增值

在以植物资源为原料的生产中,要不断改进工艺过程,开展综合利用和深加工,逐步减少原料性和半成品的出口数量,实现资源的增值增效。

3. 继续调查、总结与升华药用植物传统利用的经验,利用现代科学技术与当地的资源,开发具有地方特色的品牌产品

新疆是一个多民族聚居的地区,长期以来广大人民利用当地的药用植物与疾病作斗争,积累了宝贵的经验,有待我们深入调查、总结和提高,在此基础上利用当地的植物资源,引进适用的深加工技术,生产开发具有特色的名牌产品打入市场,为人类防病、治病服务,促进地方经济的发展。如奥斯曼生眉系列产品的问世,即是在总结维吾尔族妇女利用菘蓝植物蓝色叶绿素画眉的基础上开发出来的,已成为新疆优质名牌产品,是这方面的典型范例。

4．对植物资源进行卓有成效地保护,加强科学研究

植物资源的保护是人类永恒的事业,它伴随植物资源开发利用的始终。其中,对采集过度、破坏严重和珍稀濒危的植物资源,尤要加大保护力度。

植物资源是一个范围广泛的研究领域,新疆植物资源研究程度薄弱,为了当前和今后的开发利用,有关部门应给予足够重视,加大研究的投资力度,优化植物资源的深度开发和人才培养。

参 考 文 献

陈昌笃.1981.我国荒漠生态系统开发利用中的环境问题.中国环境科学,1(2)
陈昌笃等.1989.塔里木河中下游的环境退化与下游"绿色走廊"的保护.见:新疆生态环境研究.北京:科学出版社
刘伯衡等.1998.新疆产甘草属植物化学成分的研究.干旱研究,9(1)
刘国钧.1992.新疆植物资源特点及今后研究方向.干旱区研究,9(1)
刘建国.1989.新疆树木区系的地理成分及其地理区域分异探讨.干旱区研究,6(1)
马建荣.1990.新疆野生植物食物资源.干旱区研究,7(2)
吴征镒等.1983.植物资源的合理利用与保护,中国植物学会50周年年会《学术报告及论文摘要汇编》
向红玲.1991.新疆野生花卉资源.干旱区研究,8(1)
新疆维吾尔自治区畜牧厅.1993.新疆草地资源及其利用.乌鲁木齐:新疆科技卫生出版社
新疆植物志编辑委员会.1996.新疆植物志(第六卷).乌鲁木齐:新疆科技卫生出版社
《新疆森林》编辑委员会.1989.新疆森林.乌鲁木齐:新疆人民出版社和中国林业出版社
周兴佳等.1989.新疆干旱生态环境质量评价与环境保护战略.见:新疆生态环境研究.北京:科学出版社
中国科学院新疆综合考察队.1978.新疆植被及其利用.北京:科学出版社

第八章　动物资源及开发利用

一、动物物种多样性

（一）动物生存环境

新疆处于以内流河水系分布为指征的亚洲中部内陆干旱区的核心地带,戈壁、沙漠占其总面积的62%,气候极度干燥,温差剧烈,年均降水量仅为全国平均值的23%;而可能蒸发量却为此的十数倍。约占我国国土总面积1/6的新疆,地表年总径流量却只有全国的3%。水源短缺,时空分布不均,其总体效应是:荒漠化强烈;生态系统结构脆弱。

新疆境内,阿尔泰山矗立于北;帕米尔、昆仑－阿尔金山雄踞于南;天山横贯于中,将域内划分为塔里木、准噶尔南北两大盆地,形成了制约动物类群生存与分布的"三山夹二盆"自然环境宏观格局。

域内,从位于西南隅海拔8611m的世界第2高峰乔戈里峰,至东部海拔－155m的世界第2低地吐鲁番艾丁湖盆地,地势的巨大高差和从高山至平原热量与降水的负相关分布,不同海拔高程自然条件的差异,形成了从高山永久积雪带、高山与亚高山草甸、山地针叶林与针阔混交林、山地草原至戈壁荒漠与沙漠等层次分明的自然景观垂直带结构。其景观带谱,在阿尔泰山和天山北麓显得尤为完整。自然景观的多样性,为各类陆栖动物的生存,提供了可供选择的栖息环境。

新疆境内分布有大小河流570条,其中年径流量1亿 m^3 以下的小河有487条;超过10亿 m^3 的大河有8条。除北部的额尔齐斯河注入北冰洋和西南隅的齐普恰齐河注入印度洋外,内流水系覆盖占其总面积的92%。可见,由于环境干旱,河流短促,大都难能入海;并往往在其尾闾由于盐分大量积聚,形成了矿化度很高的咸水湖与盐湖。境内大于 $1km^2$ 的湖泊有139个,总面积达5505 km^2,仅次于西藏、青海、江苏而位居全国第4;此外,尚分布有各类沼泽逾万平方公里及总库容量达55.3亿 km^3 的大小水库480座。这些天然与人工水体,亦为各类水生与湿地动物提供了十分独特的生存环境。

山地由于有效地拦截了来自北冰洋的湿气流,降水相对充沛,为径流的形成与汇集区;平原地带水分蒸腾、渗漏强烈,为径流的散失区。在其下游沿河地带,分布有大小不等、形态各异、相互断离与孤立于浩瀚荒漠中的天然与人工绿洲。

域内分布于极端干旱环境中的各大山系以及由绿洲、湿地等所构成与地带性荒漠景观截然不同的岛屿状隐域性景观,可被视为是处于总体荒漠环境中的"湿岛"。环境的岛屿化,地理隔离的普遍存在,阻碍了区域间动物物种的迁移与相互扩散。因此,动物类群的分布格局,在相当程度上亦受岛屿生物地理学原理所制约。

(二) 动物区系组成

新疆各自然区域在动物地理区划上,阿尔泰山之地隶属古北界、欧洲西伯利亚之界、阿尔泰－萨彦岭区的阿尔泰山地亚区;天山和准噶尔西部山地分隶中亚之界、哈萨克斯坦区的天山山地和伊塔亚区;准噶尔和塔里木盆地隶属蒙新区的西部荒漠亚区;帕米尔和昆仑山－阿尔金山隶属青藏区的羌塘高原亚区。新疆的动物区系组成,以适干旱的中亚型荒漠类群为主体,并由适寒的高地型高原类群、适寒湿的北方型泰加类群,沿山地与森林、草原向纵深相渗透;加之大量广适性的古北界广布类群参与,使之动物区系成分相当复杂,动物物种多样性组成十分丰富。据中国生物多样性国情研究报告编写组的数据,目前,新疆境内共分布有脊椎动物逾 700 种与近千个亚种,约占全国种数的 11%;其中陆栖脊椎动物有 644 种,约占全国种数的 24%。

在新疆分布的兽类有 168 种,分隶 7 目 22 科,以善奔跑的有蹄类、营穴居的啮齿类及其捕食者肉类最为繁盛,分别有 18、68 和 20 种,啮齿类几占全国种数的 40%。几乎所有的有蹄类、食肉类及大型啮齿类(兔形目的兔科、啮齿目的河狸科和松鼠科)均具有产业价值。其中,如野马、蒙古野驴、野骆驼、马鹿、赛加羚、鹅喉羚、盘羊、北山羊、里海虎(野外绝灭)、雪豹、兔狲、草原斑猫、狼獾、河狸等,多为新疆特有种或具特有亚种;新疆为其分布中心或我国仅此分布。

新疆有鸟类 428 种,分隶 18 目 53 科,其中游禽类(鹈形目、雁形目)31 种;涉禽和走禽类(鹳形目、鹤形目)21 种;鸡形和鸠鸽类(鸡形目、鸽形目)25 种;猛禽类(隼形目、鸮形目)48 种;鸣禽类(鹃形目、夜鹰目、雨燕目、佛法僧目、䴕形目、雀形目)241 种。新疆作为候鸟重要繁殖区,除鸡形、鸠鸽类、某些猛禽以及一些与人群伴生种类为留鸟外,其余绝大多数都为季节性候鸟,因而,栖息鸟类种数与生物量的季节变幅很大。

此外,新疆还分布有爬行类 41 种,分隶 2 目 8 科,以蜥蜴类(蜥科、壁䗪科、石龙子科、蜥蜴科)最为繁盛,占 29 种,且大都为区域性特有种。两栖类在新疆仅有 2 目 3 科 7 种,显然极度干旱、高温差与高盐分的环境对其生存不利。分布的土著鱼类(包括早期移殖鱼类)有 7 目 10 科 53 种,包括鲟形目 3 种;鲱形目 5 种;鳕形目 1 种,鲈形目 5

种;鲤形目鲤科 24 种,其中包括新疆大头鱼在内的 10 种裂腹鱼亚科及 12 种鳅科鱼类,亦多为区域性特有种。

在新疆各地渔业水体中分布的无脊椎动物,已查明浮游动物有 76 属,包括原生动物 26 属,轮虫 25 属,枝角类 15 属,挠足类 10 属;底栖动物有 130 种,包括寡毛类 18 种,水生昆虫 88 种,软体动物 15 种,其他种类 9 种。另外,在咸水湖与盐湖,还分布有适盐性的卤虫 3 种。

陆栖无脊椎动物种类组成以昆虫类为大宗,已知新疆分布有昆虫 6000~8000 种;尚有更多的种类有待进一步考察研究查明。虽然一些有害昆虫常给农、林、牧业带来严重危害,但昆虫在自然生态系统中的重要作用亦不可低估;有些种类还具有重要的产业开发价值。

二、主要资源动物

新疆地广人稀,经济开拓较晚,不少区域自然环境仍基本保持原生状态,为各类资源动物的生存与大量繁衍提供了得天独厚的条件,许多资源动物储量可观,分布相对集中,开发前景广阔。

资源动物,按其经济用途,大体上可将其划分为:天然蛋白源动物、药用动物、毛羽用动物、观赏动物、役用动物、祖型动物、可驯养动物和天敌动物等几大类。

(一) 天然蛋白源动物

天然蛋白源动物是指自然界大量存在并可直接为人们提供所需蛋白性营养物质的动物,包括各种野禽野味、天然水产品以及可为养殖业提供所需动物性饲料与饵料的动物。

1. 狩猎动物

在新疆,可作为野禽野味而猎取利用的动物种类与资源储量相当丰富。如仅在东昆仑山-阿尔金山地区,分布的有蹄类动物就有 11 种之多。据 20 世纪 80 年代初调查,在其东昆仑山-库木库勒盆地 4.5km² 范围内,就栖息有藏羚 7 万余头,藏野驴 3 万余头,野牦牛近万头。在昆仑-阿尔金山岩羊有数十万头;在新疆其余山体相当广布的北山羊,仅在天山山地就有十余万头。盘羊在世界所有 15 个亚种中,就有 11 个和 8 个亚种分布在我国的新疆,资源储量达 4~5 万头,几乎占其物种种群数量的一半。栖息于戈壁沙漠的鹅喉羚,通过近年保护发展,目前种群数量亦已恢复至十万头以上。在北疆山地和塔里木盆地分布的马鹿,70 年代中期资源储量曾达 13~15 万头;重要狩猎动物鹿的储量则远胜此数。可供狩猎的兔形目动物,除寒温带种类雪兔仅见于阿尔泰山及其临近山地,数量较为稀少外,分布于昆仑—阿尔金山的高原兔种灰尾兔;塔里木盆地特有的塔里木兔以及在新疆低山平原地带相当广布的草兔,资源储量均以数十万计。

鸟类中,域内27种雁鸭类,大多具有较高的狩猎价值。仅在天山尤尔都斯盆地,20世纪70年代前就栖息有大天鹅近万只;其他在新疆分布较广,数量较大的还有灰雁、斑头雁、绿头鸭、赤膀鸭、赤麻鸭、赤嘴潜鸭、红头潜鸭等。新疆13种鸡形目鸟类均为重要狩猎禽,如栖息于高山地带的暗腹雪鸡、藏雪鸡和阿尔泰雪鸡;分布于阿尔泰山地的松鸡、花尾榛鸡和岩雷鸟;新疆西部和北部山地的黑琴鸡;新疆西部及塔里木盆地的环颈雉以及在全疆低山丘陵地带相当广布的石鸡和斑翅山鹑等,均堪称野味珍品。鹤形目鸨科的大鸨、小鸨和波斑鸨,亦为新疆珍贵狩猎禽;秧鸡科的骨顶鸡以及众多鸽形目鸟类均为习见狩猎禽,尤以毛腿沙鸡、黑腹沙鸡、原鸽、岩鸽、中亚鸽、山斑鸠等分布为广。此外,不少雀形目等鸟类,亦作为风味野味而被人们所猎取。

在新疆,爬行类中的四爪陆龟、多种游蛇和沙蟒;两栖类中的湖蛙、牛蛙和多种林蛙,在民间亦被视为传统滋补品和野味珍品而加以捕捉食用。

2．水栖动物

各种经济鱼类是水栖蛋白源动物的最重要组成部分。新疆土著鱼类中,产于额尔齐斯河水系的哲罗鲑、细鳞鲑、长颌白鲑、白斑狗鱼等鲑形目鱼类;产于西部各水系的裸腹鲟、西伯利亚鲟等鲟形目鱼类以及鲈形目的河鲈、伊犁鲈、梭鲈、黏鲈、阿尔泰杜文鱼等名贵鱼类,在渔获物中占有相当比重,而分布较广的鲤形目鲤科鱼类和鳅科小杂鱼,或为一些区域渔捞的主要对象,或可作为毛皮兽养殖业的动物性饲料蛋白源加以利用。近年来,随着外来经济鱼种鲤、鲫、鲢、鳙、草鱼、团头鲂、东方欧鳊等在新疆各地移殖成功,已在相当程度上改变了原有鱼类区系与渔获物的组成。

在新疆各类渔业水体中,浮游动物的丰度甚高,平均生物量可达1.76mg/L,远远超出我国南方一些省区的平均值;底栖动物达12.59毫克/少2,其中仅寡毛类就有4.91g,估算其总储量有5551t,推算可年产杂食性鱼类925t。丰富的水栖无脊椎动物资源,不仅为各种滤食和杂食性鱼类的生存提供了重要饵料基础,而且诸如由内地移殖的各种螺、蚌以及华绒螯蟹等,亦是人们食用水产品的组成部分;各种水丝蚓、大型蚤类,则为观赏鱼类养殖必不可缺的动物性饵料。

卤虫为典型的适盐性小型甲壳动物,主要生存在沿海盐池和内陆盐湖。卤虫卵可长期保存,随时孵化,其作为名贵海产品养殖理想的开口饵料,深为国际水产养殖业所青睐,经济价值很高。新疆诸多内陆咸水湖泊,如准噶尔盆地的巴里坤湖、艾比湖;东昆仑库木库勒盆地的高原湖泊阿雅克库木湖、阿其克湖、鲸鱼湖等,广有卤虫分布,资源储量达数以百吨计。60年代查明卤虫在新疆最集中产地是吐鲁番盆地的艾丁湖,虽曾一度湖泊完全干涸,卤虫已荡然无存,但随着近年来节水农业发展与该自然水体恢复,卤虫资源亦有望得以复壮。

3. 陆栖无脊椎动物

在众多陆栖无脊椎动物门类中,虽有不少种类在世界各地早已进入人们的日常食谱,但被作为重要蛋白源动物加以开发利用的仅有蜗牛、蚯蚓等为数不多的种类。在新疆,其分布最广、生物量最大并与人们经济关系最为密切的当推蝗虫类。新疆为我国重要蝗区,分布有各种蝗虫近200种,以新疆西伯利亚蝗、肿脉蝗、黑条小车蝗、戟纹蝗、束颈蝗、宽须蚁蝗、意大利蝗、黑腿星翅蝗、痂蝗等分布为广;以亚洲飞蝗分布最为集中。在气候适宜的年份,蝗虫往往通过种群数量积聚爆发成灾,给农作物和草场带来严重危害,给农牧业酿成重大损失。蝗灾发生时,往往分布面积广,持续时间长,虫口密度高,有时可达每平方米上百头甚至上千头,因而其所蕴蓄的生物量相当巨大。

目前,人们食用蝗虫虽然只是一种时尚,然而,其作为养禽业和水产养殖业极佳的动物性饲料蛋白源,无疑是一项经济价值很高与亟待开发的动物资源。

(二)药用动物

动物药材素为中药与民族药的重要组成部分,即使在各种生物解剖与合成药物被普遍使用的现今,人们对许多疾病的防治,仍有赖于由各种野生动物所提供的药材。据统计,新疆分布具药用价值的动物有103种,包括脊椎动物81种;无脊椎动物22种,已被列入药典,具有重要价值与特产的药用动物亦不在少数。

在食肉类动物中,棕熊和藏马熊所产熊胆为名贵中药材,具有清热、镇静、明目、杀虫之功效;其肉、骨、脂肪、脑髓、足掌均可药用。藏马熊在新疆仅见于昆仑—阿尔金山;棕熊广泛分布于其余山地,目前数量日益稀少。所需熊胆,主要由驯养活熊提取胆汁或由其他家养动物胆所代用。虎骨和豹骨具有镇痛、强壮筋骨之功效;肉亦可入药。新疆塔里木盆地和西部天山所产里海虎已于20世纪中叶从野外灭绝;雪豹在新疆各大山系分布较广,但数量十分稀少。所需虎、豹骨药材,国内多以其他食肉动物或高原啮齿类骨骼为其代用品。

新疆多种有蹄类动物均具有重要药用价值:马鹿被认为全身皆宝,鹿茸具壮阳、益精、强筋骨作用;鹿皮、肉、血、尾、胎、鞭(雄性生殖器)等均为传统中药材。新疆为我国马鹿重要产区,在阿尔泰山、天山和塔里木盆地分布有3个亚种。近些年来,由于盗猎与过度捕捉幼鹿,资源储量仅存70年代的1/4,塔里木马鹿种群已处于濒危状态,所需鹿产品主要由养鹿业提供。原麝所产麝香具开窍避秽、通络、散淤之功效；肉亦可入药。新疆阿尔泰山处于其物种分布区边缘，数量稀少；其在东部天山的分布尚有待证实。赛加羚羊角为必不可缺的中药材，具有平肝、息风、清热镇静、解毒的功效。新疆准噶尔盆地曾为赛加羚的分布中心，据羚羊角收购量推算，20世纪初资源储量尚有20～30万头。后来由于连年过度狩猎，导致资源枯竭与野外绝迹。而该物种在原苏联中亚地区由于得到有效保护，种群数量曾发展至150万头，并形成支柱产业。我国所需大量羚羊角药材长期以来仍依赖进口解决。

啮齿类中，由河猪狸香腺所产河狸香为闻名的固香剂，列为世界四大名香之一；在医药上亦用于芳香开窍、镇痉解毒。河狸在我国仅产于新疆乌伦古河的支流布尔根河沿岸，分布区极其狭窄。自在该地建立河狸自然保护区后，种群数量由数十头恢复发展至目前的近千头，现分布区已遍及乌伦古河水系。飞饼的粪粒排泄物中药称五灵脂，具行血、止血、止痛之功效。飞鼠在新疆仅见于阿尔泰山，栖息地多为悬崖峭壁，所产五灵脂有限，采集十分困难。

鸟类中，雪鸡的肉用于补壮阳、镇痉解毒，新疆少数民族对其尤为崇尚。我国有3种雪鸡，即阿尔泰雪鸡、暗腹雪鸡和藏雪鸡，在新疆各大山系高山地带广有分布，资源储量可观。对3种雪鸡的驯养繁殖试验在国内外已获初步成功。花尾榛鸡素称飞龙，为著名滋补品与朝庭贡品，我国东北地区已作为重要制药原料加以产业化开发。其在新疆仅分布在阿尔泰山森林地带，目前尚未加以开发利用。

爬行类的四爪陆龟，其龟甲用于滋阴补阳、补肾健肾；肉可滋补强身。其广泛分布于中亚荒漠草原，我国新疆处于分布区边缘，仅见于霍城县低山丘陵地带。由于过度捕捉，种群数量锐减，野外几近绝迹。蝮蛇和蟒蛇均为剧毒蛇，其整体在中医用于祛风、攻毒、镇静、止痛、壮阳、下乳；皮、骨、胆、脂肪、蜕皮、肝、胰亦分别入药。其在新疆西部山地分布甚广。蝮蛇在伊犁、塔城地区荒漠草原数量尤多，常致人畜伤亡，进行适度捕捉利用，可化害为利。

两栖类中，蟾蜍耳后腺分泌物蟾酥，具有解毒消肿、强心止痛之功效；躯体各部位亦分别入药。新疆所产中亚蟾蜍广布于各地绿洲与湿地，数量甚多，目前尚未加以利用。中国林蛙在我国产于东北地区，其干制品称蛤士蟆，用于养肺补肾；其输卵管制品为名贵滋补品，具补肾益精、润肺养阴、退热之功效。新疆北部及开都河－博斯腾湖流域分布有其近缘种阿尔泰林蛙和中亚林蛙，目前尚未作为药物加以开发利用。

蛛形类的蝎子，全虫用于镇惊、熄风、攻毒，其在新疆平原地带分布甚广，以吐鲁番盆地数量最多。人工养蝎目前已形成一定规模的产业，并为社会提供数量可观的药材。

（三）毛羽用动物

1. 毛皮兽

在新疆，可为人们提供各种野生裘皮、皮草与绒毛原料的毛皮兽种类繁多，分布很广，主要由食肉类及部分有蹄类和啮齿类组成。毛皮兽所产毛皮，历为外贸出口大宗产品。

食肉类中，犬科动物狼和豺的毛皮外形美观，保暖性强。狼在新疆各类自然生境与农牧区广有分布，各地农牧民结合灭狼活动，年产毛皮数千张；豺仅见于阿尔泰山、天山和昆仑山－阿尔金山局部区域，数量稀少。狐的毛皮艳丽，经济价值很高。新疆分布的赤狐、沙狐和藏狐中，以赤狐分布最广，栖息于山地、平原各种景观，年产毛皮数万张。

熊科动物棕熊和藏马熊的毛皮丰厚，皮板坚韧，隔潮性好，多用于制作褥垫，但所产毛皮有限。

鼬科动物种类较多，大都为珍贵毛皮兽。产于阿尔泰山地的狼獾又称貂熊，为本科中体型最大者，毛皮极其珍稀。紫貂亦仅见于阿尔泰山森林地带，素称貂皮燠于狐貉，取以为帽，得风则暖，其毛指面如焰，在古今毛皮中最为珍贵。石貂在新疆山地分布较广，年产毛皮数百张，质地略逊于紫貂皮。狗獾习见于新疆各地低山丘陵地带，年产毛皮不下万张，其针毛粗长，极富弹性，宜做刷和美术画笔。艾鼬又称艾虎，毛皮毛绒丰厚，色泽光润，向为出口裘皮；白鼬又名扫雪；伶鼬亦名银鼠，这些小型鼬科动物习见于新疆森林草原地带，其毛皮美观，年产千余至数千张。

猫科动物小型种类荒漠猫、草原斑猫和兔狲栖息于新疆各地荒漠草原。以草原斑猫数量较多，毛皮称野狸皮，年产数千张；兔狲绒毛密而长，御寒性强，是制裘的珍贵原料，商品名为玛瑙皮，产出量有限。中型种类猞猁栖息于山地各种景观，其毛皮细软丰厚，色调柔和，是珍贵裘皮中的高档品，年产仅数百张。大型种类雪豹栖于各大山系高山地带，偶至平原活动。其毛皮色调淡雅，绒厚毛长，甚为稀贵。

有蹄类中，藏羚为青藏高原优势种，在新疆栖于昆仑－阿尔泰山地势较开阔的高山荒漠草原，资源逾十万头。其绒毛极度细软，号称绒毛之王，所编织的披巾国际售价昂贵，近年来，由于大规模盗猎导致资源锐减。野牦牛保暖性强，躯干和尾毛可制各种工艺品。此外，在新疆准噶尔、塔里木盆地分布的典型荒漠种类鹅喉羚；分别在昆仑山－阿尔金山和新疆其余山系险峻山地栖息岩羊和北山羊以及在新疆各地平缓山地分布的盘羊，其毛皮均可做褥垫或制皮衣，皮可制革，以往年产毛皮数以万计，曾为新疆野生动物毛皮产出之大宗。

在新疆众多啮齿类中，一些在毛皮产业中占重要地位的种类，大都是分布地域广、栖息密度高、种群增殖力强与产出量大,或毛皮具重要价值与开发前景的种类。分布于新疆各地的4种野兔,虽其皮板较薄,属中低档裘皮,但其种群庞大,易于猎取,年可产毛皮数以十万计。而目前仅收集利用其极少部分,进一步开发利用尚有很大潜力。灰旱獭、红旱獭和喜马拉雅旱獭的毛皮丰厚,皮板坚韧,质量上乘,各地结合草原除害,年产毛皮30余万张,向为各种野生毛皮产出之冠。河狸为水栖珍贵毛皮兽,其毛被致密,防水性强,毛皮极其名贵。惟分布区狭小,种群数量有限,需通过引种散放扩大其分布,或采取驯养繁殖,方能对其毛皮加以利用。

2. 羽用禽

鸟类羽毛质地轻软,具弹性而保温,如大多数雁鸭类的绒羽,多用于填充料;亦有不少羽毛,其色彩艳丽或形态特殊,可用于帽饰或其他装饰而大量外销。我国羽毛具较高经济价值的鸟类至少有41种,其中在新疆分布的有30种以上。

涉禽类的大白鹭为新疆习见湿地鸟类,其通体洁白,背上肩间所披羽,羽干特长,羽支散离若网,商品称白鹭丝,为饰用羽。苍鹭在各地湖河沼泽所见较多,其冠羽、肩羽、胸羽均可作饰用。

走禽类的黑鹳,其翼羽、尾羽可制扇,尾下覆羽蓬松若绒,可作帽饰用。所有鹤类的羽毛均可作饰用,灰鹤在新疆草原地带较为常见,其次级和三级飞羽、尾下覆羽等均可作饰用。大鸨体上羽毛几乎全可运销国外,供作饰羽用的主要有肩羽、大覆羽、三级和次级飞羽、腰羽及尾上覆羽、中央尾羽、外侧尾羽、脐羽与下覆羽等。

游禽类中,新疆分布的灰雁、豆雁、斑头雁等5种雁类,其绒羽均用作填充料,翼羽可供制扇,在养蚕地区亦用于制作蚕粪刷等。新疆分布的3种天鹅,以大天鹅数量为多,其翼翎、尾羽及绒羽均可供销国外。绿头鸭为新疆习见野鸭,雄鸭的羽毛远销国外,可供饰用的部位有翼镜、肩羽、大覆羽、三级飞羽、尾侧覆羽、尾羽、肋羽等。此外,赤麻鸭、翘鼻麻鸭的次级飞羽;雄性针尾鸭的肩羽、尾羽;白眉、琵嘴鸭的肩羽等,均可供饰用。

猛禽类的蜂鹰、各种鸢以及乌雕、草原雕、白肩雕等的翼翎和尾羽均为饰用羽。金雕的飞羽、尾羽称洁白雕翎,其与尾下覆羽均可供饰用。玉带海雕的尾羽黑,而于其中部贯以白色横斑,因称腰玉,以罕为贵,售价甚昂。

(四) 观赏动物

1. 野外观赏动物

在自然界中,野生动物不但是自然生态系统必不可缺的组成部分,在生态系统物源与能源转换中起着不可替代的重要作用;而且正是由于形形色色野生动物的点缀,方能使沉寂的原野充满生机。在新疆各类生态地理环境中,生存着种类繁多而具鲜明区域特色的观赏动物。人们通过对其野上观赏,不仅可以获得许多直观的自然信息与科学知识,而且还能享受到大自然气息的熏陶与情操的陶冶。

在新疆戈壁沙漠地带,生存有野骆驼、蒙古野驴、鹅喉羚、沙狐、荒漠猫、草兔和塔里木兔、波斑鸨、棕尾鵟、毛腿沙鸡以及各种跳鼠、鸣禽、蜥等具观赏价值的动物。这些动物的栖息,使极其单调的荒漠环境大为改观。

在各地自然与人工绿洲,丰富的食物条件,良好的隐蔽与居住环境,吸引着众多野生动物,诸如赤狐、草原斑猫、草兔、大耳猬、鸢、棕尾鵟与隼类、原鸽、灰斑鸠、大耳、大杜鹃、兰胸佛法僧、戴胜、白斑翅啄木鸟以及金黄鹂等雀形目鸟类在此栖息。在塔里木河沿岸胡杨林区,还栖息有数量可观的马鹿、塔里木兔、环颈雉、黑鹳等珍禽异兽;并曾有号称兽中之王——虎的出没。

各种类型的天然与人工湿地,无疑是野生动物分布最密集的区域。在此栖息与繁衍的各种游禽、涉禽、猛禽、湿地兽类、爬行与两栖类以及鱼类,其种类繁多,生物量可观。因而,是进行动物野外观赏与科考的理想之地。

在新疆草原地带,可见的观赏动物主要有赤狐、白鼬、草原斑猫、兔狲、草兔、金雕、隼类、灰鹤、襄羽鹤、大鸨、原鸽及百灵、云雀等。在具有草原植被的低山丘陵地带,则为盘羊、石貂、石鸡、斑翅山鹑等的栖息场所。准噶尔盆地的荒漠草原,还曾是野马和赛加羚羊的家园。

森林为许多野生动物提供了有利的隐蔽环境,在新疆山地针叶林带可见的观赏动物主要有棕熊、猞猁、马鹿、麋、松鼠、黑琴鸡、金雕、苍鹰以及乌鸦、榭鸡、星鸦、鹊、各种山雀、柳莺等鸣禽。在阿尔泰山林区,还分布有貂熊、紫貂、驼鹿、原麝、雪兔、松鸡、花尾榛鸡、黑啄木鸟等特有的观赏动物。

高山与亚高山草甸以及冰川与裸岩地带是各种高山动物的乐园,在此栖息的观赏动物主要有雪豹、北山羊、雪鸡、兀鹫、岩鸽以及各种山鸦、雪雀等。在昆仑山-阿尔金山高原地带,则分布有野牦牛、藏野驴、藏羚、藏原羚、岩羊、盘羊、藏马熊、猞猁、藏狐、灰尾兔、秃鹫、藏雪鸡、西藏毛腿沙鸡、雪鸽、褐背地鸦及各种鼠兔等,其大都为青藏高原特有的观赏动物。尤其是高原有蹄类,种类之丰富,种群之庞大,甚为壮观。

2. 园养动物

在新疆分布的观赏动物中,不少种类在国内外曾有过园养记录,有些还成功地实现了园养繁殖。新疆一些特产珍稀动物,如雪豹、藏野驴、野骆驼、兔狲、河狸、大天鹅等,也屡为区外动物园提供出驯养种源。然而,尚有许多具重要观赏价值的动物,如狼獾、荒漠猫、藏羚、塔里木兔等兽类;大麻鸦、小苇鸦、松鸡、黑琴鸡、岩雷鸟、花尾榛鸡、各种雪鸡、山鹑、鸫类以及金黄鹂、歌鸲、蓝点颏、乌鸫等鸟类；四爪陆龟、沙蟒等爬行两栖类，大都未曾在动物园作过驯养与展示。对这些特有观赏动物，特别是对一些小型种类实施驯养与展示，必将在生物多样性维护宣传教育、科研及本区动物园地方特色显示与优势发挥上产生广泛影响。

3. 家庭宠物

在新疆，可作为家庭宠物驯养的野生动物种类相当多，如体态玲珑的柳莺、山雀、鼠兔、侏跳鼠等；色彩艳丽的金黄鹂、朱雀、蓝点颏、金额丝雀、红额金翅、松鼠等；歌声动听的乌鸫、歌鸲、杜鹃、家八哥等；性情温顺的文须雀、山鹛、攀雀、石雀、锡嘴雀等；形态怪异的四爪陆龟、鬣蜥、大耳猬等。新疆民间惯于驯养宠物，常见种类有草原百灵、云雀、石鸡、金花鼠等。由于捕养种类与数量有限，一般不至危及这些物种生存。然而，近年来每当秋冬之交，在新疆各地有数以万计的各种观赏鸟类，被有组织地捕捉与运销国内外宠物市场。其主要种类有金额丝雀、红额金翅、黄嘴朱顶雀、赤胸朱顶雀、凤头百灵、草原百灵、角百灵、乌鸫、紫翅椋鸟、文须雀、普通朱雀、斑翅山鹑等。如此大肆捕猎活动若不及时制止，这些观赏鸟类必遭灭顶之灾。

（五）役用动物

1. 助猎动物

新疆用于助猎的猛禽主要有金雕、苍鹰和猎隼。金雕为大型猛禽，性情凶猛，能捕杀大型飞禽、野兔、旱獭、狐狸、野羊等，世界各地普遍将其驯养从事助猎。新疆牧区多捕捉其幼鸟进行驯养调教。有经验的猎手携带金雕，每冬可捕狐数十头。苍鹰为可见中小型鹰类，其飞行敏捷，目光锐利，是捕捉中小型飞禽的能手。新疆农牧区常以媒鸽诱捕苍鹰，通过调驯，从事捕捉飞禽、野兔等。猎隼为大型隼类，繁殖于新疆各地。驯养的猎隼主要用于捕捉各种禽类。近年来，由于阿拉伯地区对其迫切需求，市场售价昂贵，导致新疆各地大量猎隼被非法捕捉与走私出境，使其资源遭受严重破坏，现已依法取缔。国际市场对猎隼的需求，应通过驯养繁殖途径予以提供。

2. 助渔动物

新疆可用于捕鱼的动物有鸬鹚、鹈鹕和水獭。利用鹈鹕和水獭捕鱼仅见于国外一些地区；而鸬鹚普遍在我国东部水乡通过驯养繁殖，用于捕鱼。其在新疆各地渔业水域广有分布，在塔里木河下游等处见有集群繁殖，并给当地渔业带来危害。新疆渔民素无以鸬鹚捕鱼的习惯，故至今尚未在渔业生产上对其加以利用。

3. 采蜜昆虫

据认约有1/3的农作物依靠蜜蜂等昆虫授粉。新疆蜜源植物丰富，是我国重要养蜂基地与蜂蜜产区。所养里蜂品种系20世纪引自原苏联,具有抗病害、对环境适应性与繁殖力强、产蜜量高等优良性状。现已在伊犁地区建立专门的自然保护区加以保护。

4．实验动物

某些体型较小、敏感性高、繁殖力强、适应性好的野生动物,通过驯养繁殖,可在生命科学领域以及制药、化工、农业、国防等部门用于各种动物实验。

国内外对长爪沙鼠和黑线仓鼠在医学实验研究中应用显示,新疆6种沙鼠中的一些种类,有可能应用于脂类、脂蛋白和胆固醇代谢等研究领域,成为多功能的实验动物;灰仓鼠可以在细胞遗传学、辐射遗传学、实验肿瘤和分子生物学领域被用作动物实验。在域内分布的6种高原小型兔类——鼠兔中,有可能筛选出应用于神经生理、生殖生理、毒理、免疫学、耐低氧实验等,并可作为某些疫病特有动物模型的种类。新疆4种黄鼠中的一些种类和在国内已被驯养纯化的黑线姬鼠,有可能分别作为肝炎、鼠疫、肠道寄生虫病和出血热研究的动物模型。

此外,新疆的大耳猬可用于冬眠和肌肉生理学研究;4种中,部分种类可用于出血热研究;2种貂和7种小型鼬科动物,其中一些在病理学、生理学、药理学等研究领域具有应用价值。

(六) 祖型动物

目前世界上形形色色的家养动物品种,无非起源于十分有限的野生动物物种。这些家畜家禽的野生祖型动物,有些就分布在我国新疆或仅生存在新疆及其毗邻地区,其在研究家养动物起源、品种分化与实施杂交改良上具有重要的科学价值与实际意义。

1．家畜祖型

野骆驼为现今真驼类的惟一野生种,向被视为家养双峰驼的祖型。

目前野骆驼仅栖息在我国新疆塔克拉玛干沙漠纵深、戛顺戈壁－罗布泊－阿尔金山北麓以及中蒙接壤的外阿尔泰戈壁等几处狭窄的分布区内,种群数量已不足千头。

自16世纪欧洲草原野马灭绝后,栖息于新疆准噶尔盆地东部及蒙古西部的普氏野马,被认为是家马现存的惟一祖型种。由于近代牧业发展,生存环境恶化,其野外种群已于20世纪中叶灭绝。近年来,我国已从国外动物园再引进种源,实施"野马还乡"计划,力图为野生种群恢复创造条件。

家猪的祖型种野猪在新疆分布甚广,对各种生存环境具广适应性,其在家猪品质改良,特别是瘦肉型猪培育上具有重要价值。

野牦牛是号称"高原之舟"家牦牛的祖型种,分布于昆仑山－阿尔金山的野牦牛种群,多年来一直为盗猎所侵扰,国际学术界与产业界对其生存状况甚为关注,现已在东昆仑-库木库勒盆地、可可西里和三江源自然保护内得到庇护。

2. 家禽祖型

禽类中,鸿雁和灰雁分别为东方鹅和西方鹅的祖型种。

细胞染色体研究表明,新疆伊犁、塔城一带所养家鹅多源于灰雁,其与近年由内地引进的东方鹅存在生殖隔离。品种分化诸多的家鸭,其祖型均为繁殖于新疆各地的绿头鸭;原鸽为各种家鸽的野生种,其在新疆低山平原地带分布甚广,常见有与家鸽混群产生杂交后代的现象。

(七) 可驯养动物

新疆4种鹿科动物均有驯养价值:可利用阿尔泰山原麝种源与生境优势,采用国内较成熟的养麝技术进行集约化驯养,以缓解市场麝香之紧缺;驼鹿体大肉美,是发展肉用型鹿养殖的理想种源;麂在我国大兴安岭已驯养多年,新疆拟在伊犁特克斯县林区建立围养基地,将其作为狩猎动物加以产业化开发;马鹿在新疆驯养已有近千年历史,在20世纪60年代方形成规模化产业。阿尔泰、天山和塔里木所产马鹿均已驯养成功,并分别建立了捕养、围养、拴养、圈养和牧养等养殖模式;制定了体质、饲养与产茸地方标准;繁殖率与产茸量均达较先进水平。全疆存栏马鹿近3万头,已在一些地区形成支柱产业。

羊亚科动物中,盘羊和北山羊在新疆细毛羊和白绒山羊培育中曾分别导入其血缘;岩羊对环境适应性广,繁殖力强,幼羊驯顺,有望作为家畜新种源加以驯化。5种羚亚科动物中,赛加羚具有性成熟早、繁育力强的特点,近年在我国甘肃、新疆及周边中亚地区和蒙古驯养试验表明,应着重解决种源批量引进与提高繁育成活率问题,方能实施产业化养殖。可充分发挥新疆藏羚资源与藏羚绒市场优势,结合野外种群救助活动捕集落荒的幼羚,在与其原产地等热量区的天山山地等,实施驯养繁殖,逐步建立具有高效益的藏羚羊养殖业。此外,鹅喉羚、普代原羚、藏原羚等,亦被作为适应逆境的物种而有驯养的价值。

珍贵毛皮兽紫貂、石貂、赤狐等,可参照目前水貂、北极狐等养殖模式,通过驯养条件与繁育性状的优化,逐步实施产业化开发。河狸的野种群发展严格地受制于栖息地环境条件,可借鉴国外养殖经验,通过生态模拟,着重解决其在驯养条件下种群繁育问题,方能实现产业化开发。

禽类中,对新疆3种雪鸡,可以在目前小规模繁育试验取得初步成功的基础上,进一步提高其繁育率与种群增殖力,建立产业化种群,为作为野味与药用动物开发创造条件。可借鉴我国东北的成功经验,对阿尔泰山的花尾榛鸡实施驯养繁殖与产业化开发。猎隼的驯养,关键是必须解决其在集约化养殖条件下繁育的问题,方能满足国际市场对其大量的需求。此外,新疆的松鸡、黑琴鸡、岩雷鸟、环颈雉、斑翅山鹑等,均可作为珍禽加以驯养。

爬行、两栖类中,四爪陆龟作为我国珍稀龟种,可采用目前龟鳖快速养殖技术,在准恒温条件下结合补饲,促使其快速生长发育,方能从事商品龟生产和为野生种群恢复创造条件。对于各种蛇类,可建立室内蛇园进行养殖,以便为医药业稳定地提供所需药源。

新疆十分名贵的西伯利亚鲟、裸腹鲟等鲟形目鱼类在中亚地区已驯养多年,可择地拦河、培育以底栖动物为主的饵料基础,结合人工繁殖技术,进行产业化生产;哲罗鲑、细鳞鲑、长颌白鲑等鲑形目冷水性鱼类,可参照目前虹鳟工厂化人工饲料与流水养殖技术,从中筛选具有地域特色的冷水养殖鱼种;亦可在伊犁鲈、梭鲈、黏鲈等鲈形目以及部分鲤形目鱼类中,选育适合于新疆工厂化或池塘养殖的优良鱼种,为水产品的多样化做出贡献。

(八) 天敌动物

1. 啮齿类天敌

一些啮齿类,包括鼠类和鼠兔的活动,常给森林、农田、草原带来严重危害:影响苗木成活;导致作物歉收;其对牧草的消耗,往往超过家畜,加速草场退化;并可引发鼠疫传播。天敌的存在,常能有效地抑制鼠害发生的频率与强度。

新疆兽类中,几乎所有的食肉目动物均主食或兼食鼠类。如熊科的棕熊和藏马熊常大量捕食旱獭和鼠兔;犬科的狐为捕鼠能手,对控制草原鼠害发挥了突出作用;多种小型鼬科动物能潜入鼠洞,杀灭大量害鼠;小型猫科动物大都为夜行性种类,常出没于鼠类高密度区与农田居民区,对害鼠的杀灭量亦很大。

鸟类中,各种隼形目猛禽大多为灭鼠能手:棕尾鵟、大鵟、普近鵟、毛脚鵟、金雕、草原雕、玉带海雕、胡兀鹫、雀鹰、白尾鹞、草原鹞、乌灰鹞等均主要以鼠类为食;鸢、苍鹰、矛隼、游隼、灰背隼等亦兼食鼠类。由于其飞行距离远,活动半径大,常在鼠害发生区大量结集,对爆发性鼠害控制作用显著;鸮形目种类多为夜行性,大都专食鼠类,能通过繁殖率与种群数量调节,对害鼠密度起着长期控制作用。此外,各种鹳、鹤及鸦科鸟类亦兼食鼠类,特别是鸦科鸟类分布广、数量大,其在灭鼠中的作用不可低估。

爬行类中,各种游蛇、蟒蛇及沙蟒亦是捕鼠能手,在新疆伊犁、塔城地区鼠类栖息密度较高的蒿属草原,蝮蛇的栖息量往往很大,为害鼠的主要天敌。

2. 害虫天敌

许多脊椎动物种类主要以昆虫为食,或至少在生活周期的某些阶段大量捕食昆虫,其绝大部分为害虫,因而对人类有益。

新疆兽类中,食虫目的大耳猬和多种鼩鼱以及全部翼手目种类,主要以昆虫和各种蠕虫为食;一些啮齿类亦大量捕食昆虫,是害虫的重要天敌。

新疆400余种鸟类,约有半数捕食昆虫。我国知名食虫鸟类16种23科中,有15种以上亦分布在新疆。其主要以昆虫为食的门类有:隼形目、鹤形目、鸽形目、鹃形目、夜鹰目、雨燕目、佛法僧目、列鸟目,以及雀形目的百灵科、燕科、伯劳科、黄鹂科、椋鸟科、鸦科、河乌科、岩鹨科、翁鸟科、山雀科、旋木雀科、攀雀科、文鸟科和雀科。著名食蝗鸟类粉红椋鸟常集群繁殖于新疆天山北麓草原蝗区,能将蝗虫密度压制至不足危害的程度;各种啄木鸟常被誉为"森林卫士",对林木虫害防治功不可没;即使是一些杂食性或主要以谷物为食的鸟类,在繁殖期亦大量捕捉各种昆虫饲雏。

此外,爬行类中各种蛇类幼体主要捕食昆虫;各种蜥蜴更是捕虫能手。由于其分布广,数量大,对害虫杀灭量相当可观;两栖类中的中亚蟾蜍能灭大量卫生昆虫,其与林蛙的有益指数分别达90.14和62.86,是湿地昆虫的重要天敌;多种鲤形目鱼类主要以水生昆虫与蠕虫为食;即使是掠食性的河鲈,在其幼体食物中水生昆虫亦占有相当比例。

3. 天敌昆虫

各种天敌昆虫,能以寄生、捕食方式杀灭大量害虫,其在农业、森林、卫生和仓库建筑物害虫防治上发挥重要作用。这些天敌昆虫,主要由鞘翅目、膜翅目、双翅目、半翅目、蜻蜓目、脉翅等昆虫门类所组成。

营养性的天敌昆虫,如松毛赤眼蜂、广赤眼蜂等,能抑制稻纵卷叶螟、玉米螟、松毛虫、棉铃虫等造成的危害;将金小蜂在棉花仓库释放,可有效防治棉花红铃虫危害的发生。

捕食性天敌昆虫对各种害虫的杀灭量亦很大,如红蚂蚁和大黑蚂蚁能大量捕杀松毛虫;各种蜘蛛在防治害虫中能发挥重要作用;草铃虫能消灭多种棉花害虫;啮齿小蜂可有效杀灭水稻三化螟;近年来从国外移殖的七星瓢虫在防治棉蚜虫起到重要作用等等,不胜枚举。

新疆各种寄生蜂与捕食性天敌昆虫区系组成独特,可利用的种源相当丰富,如仅草铃虫就有8种,在利用天敌昆虫防治虫害发生上,应用前景十分广阔。

三、动物资源开发利用

(一) 狩猎资源开发利用

狩猎是对动物资源最普遍、直接和传统的利用方式。伴随着人类社会从渔猎文明过渡到农牧文明和工业文明,现代狩猎活动,不仅是为了获取野味、毛羽、药材等狩猎产品,而且还包含有娱乐消遣、体育竞技、探索自然等广泛的生活与科学内涵。新疆狩猎资源丰富,狩猎业历史悠久,狩猎文化的地方与民族特色浓郁,为国内外狩猎界所青睐。

1. 狩猎类型

民间传统狩猎——是指各地居民为某些经济利益所驱使而自发开展的狩猎活动。其猎形象无所不在;各种狩猎方法,如枪、铗、套、网及使用鹰、犬助猎等无所不用。主要猎取对象为野禽、毛皮兽及有蹄类动物。猎物除留作自用外,还曾为外贸组织出口提供货源。由于狩猎面广,狩猎强度大,持续时限长,总体猎取量巨大,往往导致一些区域资源遭受严重破坏。

业余体育狩猎——是以娱乐消遣为主,利用猎物为辅的狩猎活动。狩猎者层面组成复杂,猎区相对集中,猎取对象广泛,珍稀动物亦难幸免。主要使用枪猎、拥有车辆者,往往深入珍稀动物集中分布区,对其生存构成严重威胁。

专业狩猎——主要是由国际狩猎爱好者,在当地狩猎管理部门引导制约下,在设定的狩猎场内开展的狩猎活动。目前在新疆仅限于猎取盘羊、岩羊、北山羊、马鹿及特有珍禽。由于多为一次性限额猎取,不致危及珍稀物种生存;且其收费可观,大部分提供当地部门,因而有利促进资源保护与发展。

2. 猎场与猎区

依据狩猎动物资源分布格局与交通等条件综合评价,新疆近年已考察规划与实施狩猎活动的国际狩猎场(区)有:若羌阿尔金山、东天山(伊吾、大石头)、霍拉山、巴尔鲁克山等盘羊狩猎场;且末阿尔金山岩羊狩猎场;特克斯阿克雅孜北山羊狩猎场以及准噶尔盆地有蹄类与珍禽狩猎区等共16处。业余体育狩猎场拟选在狩猎资源相对集中、交通较为便利的湿地、森林与草原地带,目前尚有待进一步考察规划。

3. 狩猎管理

鉴于目前实施的野生动物管理体制,狩猎资源虽为国家所有,但猎物则无偿归属狩猎者,因而,无论民间或业余体育狩猎活动,均难免具有对动物资源的掠夺性质。其狩猎强度,取决于猎物价值以及与资源储量相关的猎取难度,而经济价值较高的珍稀动物首当其冲。无节制的狩猎,往往导致资源枯竭与物种濒危。由于狩猎活动的分散性,狩猎产品大都融入自由市场,因而亦无法通过猎物管理而对狩猎活动加以有效控制。加之目前实施的野生动物保护法规多系惩治性质,地方部门与当地群众未能通过动物资源保护获得实际利益,难以激励其在动物资源保护管理中发挥应有作用。

因此,必须遵循市场经济规律与狩猎活动固有属性,在进一步完善野生动物资源管理体制,建立义务与权益相对应的管理法规的同时,可以由新疆业已形成的国际专业狩猎活动为先导,通过对狩猎资源现状、环境承载力与可持续利用量的评估,逐步在各地建立主要面向国内市场的业余狩猎场。在政府部门监控与当地狩猎产业部门经营管理下,引导狩猎活动的有序开展。通过狩猎场经济效益的发挥,促进狩猎资源的保护与发展。依法取缔毁灭性的狩猎方法对资源的破坏;并可根据资源现状与发展态势,采取划定禁猎区、禁猎期与年度休猎等措施,保证狩猎动物得以生息繁衍。在一些重点狩猎场,还可对雉类、野兔、鹿等重要狩猎动物实施人工招引,或进行集约化养殖与人工散放,以提高狩猎场的品位与取得更为可观的经济效益。

(二) 天然蛋白源动物开发利用

1. 渔业捕捞与水产养殖

新疆自然水体渔业捕捞主要集中在二湖三河,20世纪70年代初最高曾达年产鱼7000余吨,约占当时全疆鱼产量的60%~80%;目前仅维持在5000t左右。其中,福海渔场平均年产3000t,最高曾达4500t,目前下降至2000t;博斯腾湖渔场平均年产2000t;额尔齐斯河出产经济鱼类多达18种,最高曾达年产500~600t,近年降至300t;伊犁河以捕捞东方欧鳊、伊犁鲤、镜鲤、伊犁裂腹鱼为主,年产200~300t;塔里木河主要捕捞四大家鱼及鲤、鳊等,年产200t。

新疆养殖渔业始于20世纪50年代,随着水库、池塘及温流水渔业发展,自80年代中期以后,新疆鱼产总量已突破万吨,养殖渔业逐年上升。

新疆渔业水体生产潜力相当可观。据初步估算,湖泊渔业年可产鱼4.1万t,其中大型湖泊产鱼3.5万t,中小型湖泊和高山湖泊各产0.29万t;水库渔业年可产鱼1.26万t;池塘、坑塘渔业可产8.15万t;电厂温流水养鱼可产0.6万t;稻田养鱼可产0.4万t;冷水性鱼类养殖可产1.7万t;渠道、河流网箱养鱼可产0.25万t;河流渔业可产0.1万t。即按目前国内较先进的生产水平,粗略估算新疆渔产潜力应为每年可产鱼16.5万t,即每年可为全疆每人提供约6kg渔产品。

实施新疆渔业增殖的主要对策为:

保护和发展福海和博斯腾湖两大渔业基地,保证其水源正常补给,防止水质矿化与污染,合理利用资源,保持生态平衡;发展以苗种基地和饲食生产为核心的渔业配套生产体系;引进技术,科学养鱼,发展饵料渔业与集约化渔业;调整湖泊、水库渔业结构,立体开发水体;根据新疆自然特点,开展电厂余热温流水和泉水冷水性鱼类养殖,稻田养鱼,渠道和河流高密度养殖,湖泊和水库网箱和网栏养殖等节水渔业;探索不同水体渔业增殖途径,发掘与发展良种资源和开发利用咸水湖养殖;重视和加强对水产业管理,为各项渔业增殖措施的实施提供保证。

2. 无脊椎动物开发利用

对新疆水产无脊椎动物的开发利用,除应通过引种移殖,发展具较高经济价值的螺、蚌等软体动物和虾、蟹等甲壳类动物养殖外,还可对一些大型蚤类作为蛋白源动物直接加以捕捞利用。对具有重要产业价值的卤虫资源,应进一步完善其捕捞与产品加工技术,在对其资源全面评估的基础上,采取适度开发,实现其资源可持续利用。

陆栖无脊椎动物中,应着重对自然蕴蓄量极大的蝗虫加以开发利用。可在目前草原牧鸡、牧鸭治蝗取得初步成功的基础上,结合蝗灾测报,对其放牧区域、强度与时机作出合理部署,进一步扩大其防治范围与生态、经济效益。因地制宜,研制蝗虫捕集、加工处理技术设备,探索产品开发途径;在重点蝗区组织开发利用试点,取得经验,进行推广,为化害为利,实施蝗虫蛋白源开发利用提供可行途径。

(三) 动物驯养繁殖

鉴于野生动物在自然界的生存与发展,严格受制于适生生境的资源可容量与管理条件,因此,只有通过产业化驯养繁殖,方能满足社会对许多动物产品日益增长的需求。况且,驯养繁殖亦是实施物种异地保护的有效手段。

近期,对于在新疆已有多年驯养基础,养殖技术趋于成熟并已取得显著成效的产业动物,如马鹿驯养,应以科技为先导,发掘其种群增殖与产茸潜力,采用国际先进的鲜茸冷冻干燥加工与鹿产品深度开发技术,进一步优化养殖管理模式,扩大发展规模与经济效益。着手茸肉兼用型鹿的培育,注重开拓国内鹿产品市场,以摆脱国际鹿茸市场对我区养鹿业发展的制约,巩固与发展养鹿业的支柱产业地位,并为其他产业动物的驯养利用发挥示范作用。

对国内外业已驯养成功,而在新疆又具有种源或生态优势的资源动物,如原麝、赤狐、紫貂、河狸、雉鸡、石鸡、水禽、陆龟、林蛙、鲟鱼等,可采取技术引进或移殖,逐步实施驯养繁殖与产业化开发,促使其在区域经济发展中发挥应有的作用。

对目前国内外市场需求迫切,具有明确经济开发前景的新疆特产资源动物,如藏羚、赛加羚、猎隼、雪鸡等,可择优进行科技攻关,通过科技创新,建立规模化驯养种群,尽快形成具有地方特色的优势产业。

为实施生物多样性保护,对野马、赛加羚、四爪陆龟、新疆大头鱼等重要濒危物种,可通过种源再引进与禁猎保护措施,建立一定规模的驯养种群,结合自然保护、种群散放与监测,为野生种群复壮创造条件。

对新疆其他具有驯养前景的林产资源动物,如岩羊、驼鹿、麂、鸨类、野鸡类以及医学实验动物、名贵鱼类等,可结合其种群生物学基础研究,逐步开展驯养试验,为择机开发利用提供种源与技术储备。

(四) 动物风土驯化

风土驯化是指外源性物种通过生存适应,形成可持续发展的种群,并使之成为区系新成员的生物过程。新疆内陆干旱区,由于地理隔离与区系发生的原因,致使动物类群组成简单,生态系统结构脆弱,生态位空缺现象普遍存在。因此,对一些重要资源通过引种散放与实施风土驯化,是对生态位填补与开发资源的有效途径。

麝鼠是原产北美的水栖珍贵毛皮兽,其绒毛柔软,毛皮油润,商品名青根貂。麝鼠在20世纪初被移殖至亚欧大陆,历经风土驯化,其毛皮贸易已成为国际裘皮市场的"四大支柱"之一。麝鼠自20世纪40年代末自然扩散入我国新疆伊犁河等水系,后又被引种散放至新疆各地及我国诸多省区,其在新疆各地湖河沼泽广有分布。麝鼠具有对生存环境适应性广,栖息密度高和种群增殖力强的特点,20世纪60年代初在新疆曾达年产毛皮30余万张的生产水平,成为当时一些农村的支柱产业。只是后来由于过度猎捕,导致资源枯竭。目前拟选择适宜生境,采用人工补饲高密度集约化围养,实施其种群复壮与产业化开发。

松鼠为树栖珍贵毛皮兽,所产毛皮致密,皮板丰厚,商品名为灰鼠皮。松鼠在亚欧大陆森林草原带分布甚广,亚种分化达42个之多。为填补天山山地树栖兽类生态位的空缺,从20世纪40年代开始,原苏联将其鄂毕下游所产松鼠引种散放至中亚山地,通过风土驯化与自然扩散,近年查明其分布区已广及新疆准噶尔界山、伊犁谷地和乌鲁木齐以西的天山北麓森林地带,判断其种群已处于相对饱和的动态平衡状态,估算资源储量已达百余万只。所产松鼠鄂毕亚种毛皮华丽,经济价值很高,若能充分利用,可年产优质毛皮近百万张。目前除应采用我国东北猎捕生产技术,尽快对该项优势资源加以开发利用外,还可将其向东部天山林区引种散放,进一步扩大其种群分布。

新疆各地鱼类等水生动物引种与风土驯化,其种源除来自国外和我国东部地区外,亦有域内各水系间互相移殖。20世纪60年代古巴牛蛙在塔里木河上游水库的引种散放,已在当地形成具有一定规模的产业资源。伊犁河流域的裸腹鲟,北疆各水系的梭鲈及在新疆各水系相当广布的东方欧鳊，均为20世纪30年代后引自波罗的海水系、里海、黑海、咸海等水域。鲤、黄鳝为早期引自我国东部；近年从内地移殖新疆的鱼类主要有草鱼、青鱼、鲢鱼、鳙鱼、团头鲂、鳊、细鳞斜齿鳊、鳜鱼、白鲫、罗非鱼、草胡子鲶、淡水白鲳、虹鳟等。原在新疆仅见于额尔齐斯河和乌伦古河的贝加尔雅罗鱼、河鲈等，现已广布于新疆各大水系。

鱼类的移殖，一方面，极大地丰富了新疆鱼类区系组成，使分布鱼类种数倍增，为渔业增殖创造了有利条件。

据1985~1987年调查，新疆已有鱼类90种，估计目前已超过百种。如原无鱼类栖息的高山湖泊赛里木湖，通过鱼种移殖，现已形成具有鲤、鲫、贝加尔雅罗鱼等11种鱼类分布的小型渔场；鲢、鳙、团头鲂、鲤等移入鱼种，已成为新疆渔业养殖的主要对象；在塔里木河流域，还形成了规模与原产地嘉陵江流域相当的四大家鱼天然产卵场。另一方面，一些生态侵占性极强的鱼种，如河鲈移入博斯腾湖和塔里木河流域后，曾导致新疆大头鱼、塔里木裂腹鱼等物种濒危；原产于多瑙河流域的欧鲶鱼在伊犁河的移殖与入侵，亦已危及土著鱼类及其他水栖动物生存。

可见，动物风土驯化虽不失为区系改造与发展资源的有效手段，但在实施引种移殖时，务必全面顾及土著物种生存等生物安全问题。

（五）天敌动物利用

利用天敌动物防治虫害、鼠害发生，是实施生物防治的重要方面。近年在虫鼠害防治中农药、毒饵大量使用，亦使大量天敌动物同时被杀灭。如农药对水源的污染，导致害虫天敌两栖类迅速消失；捕食性的狐和猛禽因误食中毒的鼠类而大批死亡。由于生态防卫屏障的衰失，其结果是形成虫鼠害频发的恶性循环。

为了使天敌动物在虫鼠害防治中发挥更大作用，人们可以结合环境综合治理，通过保护、招引与种源引进，扩大自然界中天敌动物的数量与种类，以提高其在生物防治中的效率。如在我国沿海地区，曾通过灰喜鹊招引，在松毛虫防治中取得显著效益；各种天敌昆虫的培育与散放，亦在农田重要虫害防治中被广泛应用。

新疆天敌动物种类繁多，据统计，仅害虫的寄生性天敌就有233种以上，隶属3纲、5科、130属；捕食性天敌有413种以上，分隶2纲、11目、46科、172属，其中不少为新疆特有种类。诚然，新疆对天敌动物的开发利用虽做过一些有益的尝试，但总体工作仍较滞后。近些年来，在天山北麓玛纳斯县等地，曾通过粉红椋鸟招引，结合牧鸡、牧鸭治蝗，有效地抑制了草原蝗害的发生，则为其成功的范例。而在棉田虫害防治中，亦曾引进从内地培育的金小蜂、赤眼蜂等天敌昆虫，皆因其对新疆极度干旱与高温差环境难以适应,孵化与寄生率低,而未能达到预期防治效果。因此,针对新疆生态环境与主要虫鼠害发生的特点,因地制宜,就地筛选与培育天敌动物,则是实施虫鼠害生物防治的必由之路。

(六) 珍稀濒危动物保护

1. 新疆珍稀濒危动物

依据1988年11月8日颁布的《国家重点保护野生动物名录》,新疆列入国家保护的动物有117种,约占全国保护种数的1/3。其中列为Ⅰ级保护的有28种,包括兽类的紫貂、貂熊、虎、雪豹、蒙古野驴、藏野驴、野马、野骆驼、野牦牛、普氏原羚、藏羚、高鼻羚羊、北山羊、河狸等14种;鸟类的白鹳、黑鹳、金雕、白肩雕、玉带海雕、白尾海雕、胡兀鹫、黑颈鹤、白鹤、大鸨、小鸨、波斑鸨等12种以及爬行类的四爪陆龟和鱼类的新疆大头鱼类各1种。列为Ⅱ级保护的动物有79种,包括兽类18种;鸟类63种和昆虫1种。

而从生物多样性保护角度,新疆列入《中国濒危动物红皮书》的动物有83种,包括兽类34种,鸟类40种,爬行类和两栖类各2种,鱼类5种,约占全国濒危动物种数的15.4%;其中,列为极危与野外灭绝的为24种,易危的为34种,稀有的为12种,濒危等级待定的有13种。所列物种,既包罗了大部分国家保护珍稀动物,亦包含一些未知具体应用价值而已处于濒危状态的动物物种。若从区域生物多样性保护角度来看,新疆尚有不少濒危动物物种有待进一步补充与调整。

2. 动物物种致危动因

长期以来,无节制的乱捕滥猎,曾导致准噶尔盆地赛加羚绝迹;新疆戈壁荒漠地带鹅喉羚和东昆仑-阿尔金山藏羚种群衰减;天山北麓及伊犁谷地盘羊种群消退;重要产业动物麝鼠资源枯竭和塔里木马鹿种群濒危。大规模经济开拓,牧业发展对草场与水源侵占,导致野马野外种群灭绝;农业发展对水源的制约,致使罗布泊渔业与水禽栖息地消失,艾丁湖卤虫资源荡然无存;大规模油气、矿产开发,严重危及塔克拉玛干沙漠和罗布泊-戛顺戈壁地区野骆驼的生存。河鲈等外来鱼种的移殖,造成土著的新疆大头鱼等裂腹鱼类物种濒危。塔里木河下游大面积湿地消退,野猪锐减,又导致以其为主要食物基础的里海虎的灭绝。可见,被公认为导致世界动物物种濒危的四大动因,即:过度猎捕、生境破坏、物种入侵以及由此引发的次生影响,在新疆各地相继出现。而且,随着人口增长与经济开拓加剧,其对动物物种生存影响的范围与致危速率,还将进一步扩大。

3. 珍稀濒危动物就地保护

自20世纪80年代以来,在新疆已先后规划建立了自然保护区23处,约占全区国土面积的 5%。其中以野生珍稀动物为主要保护目标的有:布尔根河河狸保护区;卡拉麦里山有蹄类保护区;巴音布鲁克天鹅保护区;伊犁黑蜂保护区;霍城四爪陆龟保护区;温泉中亚北鲷保护区;塔什库尔干野生动物保护区;东昆仑-阿尔金山自然保护区和罗布泊-阿尔金山野骆驼保护区等共 10 处。在自然景观综合保护区中实施珍稀动物保护的还有:天池自然景观保护区;哈纳斯自然保护区;托木尔峰自然保护区;西天山雪岭云杉保护区、塔里木胡杨保护区等多处。这些自然保护区,在实施珍稀濒危动物就地保护中起着重要作用,如河狸种群已由原来不足百头发展至目前的近千头;北山羊、鹅喉羚、蒙古野驴种群明显增长;盘羊、驼鹿等得以繁衍;天鹅种群趋于稳定。

诚然,由于对全区珍稀濒危动物生存现状评估与保护总体规划缺乏力度,现已建立的自然保护区,对野骆驼、盘羊、北山羊、马鹿及多种珍禽的主要栖息地未能有效覆盖,致使各地珍稀动物偷猎活动难以杜绝。故此,当前应尽快在从准噶尔盆地西部、诺敏戈壁至甘肃马宗山广域地带,建立与蒙古大戈壁自然保护区(A、B 区)相对应的中国大戈壁自然保护区,对蒙古野驴、野骆驼、鹅喉羚、盘羊、北山羊、雪豹、阿尔泰雪鸡、波斑鸨以及由青藏高原延伸分布的岩羊、藏羚、藏马熊等众多珍稀动物进行保护;并为野马和赛加羚回归原野,实施野生种群恢复创造条件。同时,还应着手塔克拉玛干沙漠野骆驼种群和有关盘羊、马鹿与珍禽类栖息地以及昆仑山北麓水源地湿地候鸟集中越冬区等自然保护区的筹建。

4. 珍稀濒危动物迁地保护

迁地保护又称异地保护。对一些栖息地已遭严重破坏,野生种群难以为继的珍稀濒危动物,迁地保护则是保护其种群得以繁衍的惟一途径;而在迁地集约条件下对其生物学特性观察研究结果,又可为实施物种就地保护与开发利用,提供重要科学依据与技术途径。

自野马野外绝迹后,从 20 世纪 80 年代开始,我国在新疆实施了"野马还乡"计划,在吉木萨尔县建立了野马繁育基地,先后从欧美引进在其国家公园历经一个世纪迁地保护所繁衍的种源 13 头,通过 20 余年驯养,繁育个体数已超过百头。现拟进一步扩大种群,通过野化,逐步回归原野。

20 世纪 90 年代初以来,我区与哈萨克斯坦和俄罗斯合作,拟从中亚地区再引进其野生的赛加羚种源,在新疆原产地准噶尔盆地南缘,通过驯养繁殖,为野生种群恢复与实施产业化开发提供基础种群。此外,对仅在塔里木盆地一些孤立水域尚有残存的新疆大头鱼;种群数量已十分稀少的大鸨、小鸨,盘羊的一些濒危亚种以及仅在国外动物园中生存的里海虎等,亦必须采取迁地保护措施,方能使其种群得以繁衍。

四、动物资源可持续利用

（1）野生动物资源是一项十分独特的可更新自然资源，只有对其实施有效保护与合理利用，方能使其在生态维护与资源开发中永远造福于人类；而一旦其生存环境遭受破坏，物种濒危与灭绝，则其资源的可更新性即告消失。动物资源的保护只是手段，而开发利用则是保护的最终目的。因此，既要彻底屏弃认为野生动物资源是"取之不尽、用之不竭"而任其乱捕滥猎的错误做法；又要排除"纯保护主义"盲目保护的束缚，通过实践，逐步树立以合理开发利用促进资源保护发展的科学观念，并用以正确引导动物资源保护与利用工作的开展。

（2）充分发挥人们的主观能动作用，除通过禁猎管理、建立自然保护区和开辟狩猎区等，对野生珍稀动物加以保护与利用外，还应以养鹿业、水产养殖业等为成功范例，积极引种驯化、驯养繁殖及动物产品深度加工等，进行珍稀动物资源产业化开发，建立支柱产业。使新疆野生动物的资源优势转化为产业优势和经济优势，努力为新疆经济振兴作出贡献。

（3）以科技为先导，在对新疆资源动物种类分布、生存现状进行深入调查与全面评估的基础上，制定有关自然保护区和狩猎场建设及动物资源保护利用的总体规划；通过珍稀、资源动物种群生物学研究与监测，风土驯化与驯养繁殖试驯，为实施动物可持续利用，提供必要的科学依据与技术途径。

（4）充分利用各种传媒工具、教育体系以及动物园、博物馆、养殖场等的宣传教育与示范作用，组织生态旅游、动物夏令营、野外观光等科普活动，提高全民的科学文化知识，增强自然保护意识与法制观念，为发动民众积极参与动物资源的保护、利用与管理，顺利贯彻各项保护利用法规，奠定广泛的社会基础。

（5）认真总结动物资源管理的经验教训，根据市场经济体制特点与动物资源保护、利用与发展的特定规律，对有关野生动物保护管理法规作全面审定与调整，制定能充分反映保护与开发利用相协调，义务与权益相匹配的管理办法，使政府管理部门与当地产业部门以及广大群众对动物资源管理的积极性得以充分发挥，并为依法实施动物资源保护利用，提供政策支持。

（6）充分发挥新疆动物资源、生态环境与开发利用特点与优势，全面借鉴国内外动物资源保护管理经验和开发利用技术途径，抓住我国实施西部大开发，发展生态保护与建设的大好时机，因地制宜，采取行之有效的资源保护与开发利用对策措施，推动动物资源的保护发展与永续利用。

参 考 文 献

高行宜.1991.新疆的药用动物.见:新疆动物研究.北京:科学出版社.122～134
高行宜,谷景和.1985.新疆的马鹿.野生动物(2):24～26
高行宜,谷景和,周嘉嫡.1991.普氏野马考察报告.见:新疆动物研究.北京:科学出版社.10～15
谷景和.1987.新疆东昆仑-阿尔金山地区的有蹄类动物.干旱区研究,(3)
谷景和,高行宜,向礼陔.1987.罗布泊地区西部的马鹿.见:罗布泊地区科学考察与研究.北京:科学出版社.226～234
谷景和,高行宜,周嘉嫡.1991.野生双峰驼的分布与现状.见:新疆动物研究.北京:科学出版社.1～9
蒋卫.1993.小型野生动物饲养、繁殖及驯养现状.内陆干旱区动物学集刊,(1)
兰欣,谷景和.1991.新疆鸡形目鸟类资源及其保护与利用.见:新疆动物研究.北京:科学出版社.58～69
钱燕文等.1965.新疆南部的鸟兽.北京:科学出版社
寿振黄.1958.毛皮兽图说.北京:科学出版社
王国英.1993.新疆卤虫资源概况.内陆干旱区动物学集刊,(1)
许可芬,高行宜,周波.1991.从核型比较探讨新疆鹅的种源.见:新疆动物研究.科学出版社.82～86
郑作新等.1955.野生鸟类经济羽毛.北京:科学出版社
郑作新,张荣祖.1959.中国动物地理区划.见:中国动物地理区划与中国昆虫地理区划.北京:科学出版社
中国科学院动物研究所等.1979.新疆鱼类志.乌鲁木齐:新疆人民出版社
中国科学院新疆资源开发综合考察队.1989.新疆水生生物与渔业.北京:科学出版社
中国自然资源丛书编纂委员会.1995.中国自然资源丛书·新疆篇.北京:中国环境科学出版社.230～253
中国生物多样性国情研究报告编写组.1998.中国生物多样性国情研究报告.中国环境科学出版社.390～394

第九章 矿产资源及开发利用

新疆地域辽阔,蕴藏着十分丰富的矿产资源。可以说山山有矿,盆盆产油。截至1995年底,新疆已经发现138种矿产,占全国168种矿产的82%,成为我国矿种最多的省区。在138个矿种中有117种已探明储量,有42种矿产储量居全国前10位,其中24种居全国前5位。白云母、铍、钠硝石、黏土、蛇纹岩、蛭石、长石等7种矿产储量居全国各省区首位。钾硝石、钠硝石、皂石为全国独有。还有13种矿产探明储量居西北5省区之首位。特别是石油、天然气、煤、铁、铜、镍、黄金等矿业开发利用,已成为自治区经济发展的重要支柱产业,或振兴自治区经济新的增长点,并将成为西部大开发的龙头产业。江泽民主席指出:"加快新疆经济发展,关键是要加快资源优势变为产业优势,进而变为经济优势的进程"。因此,加大新疆矿产资源勘查力度,加快开发利用步伐,对于落实上述讲话精神,更好地发挥新疆矿产资源优势具有重要的现实意义。

一、主要矿产资源评介

新疆目前已发现的矿产资源包括能源、黑色金属、有色、稀有、稀土及贵重金属、化工原料和建筑材料非金属、宝石和玉石及地下水7大类。其中已有68种矿种被不同程度开发利用。

(一)能源矿产

新疆能源矿产有石油、天然气、油页岩、煤和泥炭。其中以石油、天然气和煤最为重要。

1. 石油和天然气

新疆石油和天然气集中产自塔里木、准噶尔、吐哈三大盆地及伊犁、焉耆、拜城、三塘湖等中小型盆地。上述地区不仅有良好的储油气条件,而且储量丰富,油气类型齐全,油质好,油气多并存。其中以塔里木、准噶尔和吐哈三大盆地油气最为发育。截至1996年底,自治区共发现油气田50多个,地面油气显示250多处,油气资源量为300亿t,其中天然气8万亿m^3,1997年又新增石油储量1.27亿t,天然气储量360.15亿

m³。

(1) 塔里木盆地

塔里木盆地是我国最大的内陆组合叠加盆地。近十多年来,相继发现了13个油气田,为我国第三大油气区,其中大于3万km²的生油拗陷有6处。在9个油气层系中均有油气富集。既有海相层,又有陆相层,其中寒武－奥陶系是主要生油岩。截至2000年3月底,全盆地油气资源总量为150～180亿t,共蕴藏着8.4万亿m³的天然气资源,约占全国陆上天然气资源总量的1/4。其中塔里木盆地北部和西部达3万亿m³。库车拗陷克拉2号气田天然气探明储量为2506亿m³,为一特高丰度、特高产的大型优质气田,年产能力为100亿m³,其资源丰富程度和生产能力均为全国罕见,根据国际标准(1000亿m³以上),已跻身于世界大气田行列。此外,依奇克里克油田、雅克拉油田均为有远景的油气田。在满加尔拗掐－孔雀河斜坡亦有大型油气聚集带,高产油气井沙参2号就位于该区。在喀什拗陷－莎车隆起－叶城拗陷区已发现可克亚凝析油气田,目前已形成单井日产原油2545m³,日产气200万m³,为新疆最大的油气田。截至2000年4月,塔里木油田公司已累积探明天然气地质储量5050亿m³。

(2) 准噶尔盆地

为中亚内陆典型的中间复合叠加盆地,具有重要的成油地质条件,为自治区第一个产油区,其油气资源充足,圈闭条件良好,运移指向和通道畅通,保存环境稳定。到"八五"末,油气资源量为65～84亿t。现已发现克拉玛依、百口泉、乌尔禾、彩南和石西等16个油气田,其中克拉玛依油田属大型油气田,该油气田于1955年首次被发现,为目前区内主体油气田之一。已探明储量大于1亿t,年产石油达600万t,加上百口泉、乌尔禾等油田,年产石油达870万t以上。至1995年底新疆石油管理局累积探明石油控制储量18 520万t,天然气29.8亿m³。

(3) 吐哈盆地

该盆地包括托克逊、吐鲁番、鄯善和哈密地区。经多年勘查,先后发现含油构造7个。20世纪80年代以来,陆续发现鄯善、丘东和葡北等5个油气田。由于油气埋藏浅,位于铁路沿线,交通极为方便,很利于开发。据统计,到"八五"末,该盆地油气资源量为14～17亿t,其中石油16亿t,天然气3700亿m³。1997年年产原油达300万t,天然气6.0亿m³。至1999年底,已发现20多个油气田和含油气构造,其中60%的油气来自侏罗系煤岩。

新疆具有丰富的稠油资源,其特点是储量大,埋藏浅,单产高。最近在吐哈盆地南斜坡又探明1个亿吨级稠油区。此外,在三塘湖、伊犁、拜城、焉耆等中小型盆地中也相继发现油气。估算油气储量为10亿t,其前景可观。

2. 煤炭

新疆煤炭资源相当丰富,遍布天山南北。现已有66个县产煤,到1991年底,已发现大型煤矿20处,中型煤矿23处,小型煤矿57处,煤点87处,列入自治区储量表的储量累积为942.67亿t。至1995年底,共发现煤产地190多处,其中已勘查157处以上。储量在1亿t以上的煤矿33处。总资源预测量为2.19万亿t,可靠级预测资源量为6302.6亿t,居全国之首,约占全国总资源量的1/3。新疆煤矿集中分布于准噶尔及天山地区。包括准东、准南、准西北、吐哈等煤田(总资源量为1.35万亿t以上,约占全疆资源总量60%以上),以及伊宁、焉耆、库车-拜城等中小规模煤田。塔里木盆地南缘目前仅发现布雅、皮山等小型煤矿。最近在极其缺煤的南疆地区及伊犁、塔城地区又新增探明煤矿储量4600万t。

在能源矿产中放射性矿产特别是铀矿是新疆的重要资源之一,曾为我国核工业发展做出过重要贡献。据不完全统计,目前共找到放射性异常点13万多个,已确定大型矿床2个,中型3个,小型16个,矿化点146个,异常区210个。主要分布在天山西段,东、西准噶尔及塔里木北缘。其中包括和布克赛尔白杨河,布尔津县吉白特,察布查尔县达拉地,蒙吉古尔、扎吉斯太、库捷尔太,温宿县萨瓦甫齐和乌恰县巴什布拉克等铀矿。

(二) 黑色金属矿产

新疆黑色金属矿种齐全,资源丰富。目前已发现铁、锰、铬、钛、钒等矿产地760多处。其中大型矿床4处,中型33处、小型166处,重要矿点557处,还有800多处矿化点。截至1985年底,列入自治区矿产储量表的有64处。

1. 铁矿

铁矿其特点是分布广,类型多,富矿比例大。据不完全统计,已发现矿产地1180多处,大于百万吨的矿床有59处。其中大型矿床4处,中型19处,小型36处。到1991年底,已探明储量12.47亿t(其中25%为富矿石)。可供规划利用的储量为1.5亿t。主要为磁铁矿(占61%)、菱铁矿(占26%),其次为赤铁矿、褐铁矿等。富矿占总储量的40%以上,为全国富铁比例的7倍,仅次于广东,居全国第2位。

铁矿主要分布于阿尔泰山、天山和昆仑山-阿尔金山。其中天山分布最为集中,在已探明工业储量的50多处矿产地中就有34处分布于天山,占总数的68%,占探明储量的84%。如铁岭、帕尔岗、梧桐沟、磁海、雅满苏、天湖、式可布台、查岗诺尔及莫托沙拉等大中型铁矿。阿尔泰山主要有蒙库大型铁矿,昆仑山有契列克其大型铁矿等。其成因类型包括晚期岩浆型(多与钒、钛矿共生,如哈密尾亚钒钛磁铁矿)、热液型(多为小型矿床或矿点）、接触交代型和火山岩型（如磁海、蒙库、库姆塔格、式可布台铁矿）、沉积型（如梧桐沟、尖山、帕尔岗铁矿）及沉积变质型（均为小型矿床和矿点）。其中以火山岩型和沉积型最为重要。其赋存层位为中元古界到上石炭统。

2. 锰矿

锰矿主要分布于天山昭苏至哈密一线。截至1985年底，已发现锰矿产地70多处，包括中型矿床2处（加曼台、莫托沙拉锰矿），小型9处，矿点59处。探明储量900多万吨。工业储量占总储量的54%以上。但富矿很少，仅占4%。目前列入自治区储量表的只有6处。锰矿可分为4种类型，主要为沉积型（如加曼台锰矿）和火山沉积型（如莫托沙拉锰矿）。沉积变质型和热液型锰矿分布零散，规模较小。

3. 铬铁矿

铬铁矿是自治区优势矿产之一，其中99%集中产于西准噶尔达尔布特蛇绿岩中。目前已经发现相关超基性岩21条，大小岩体691个，累积探明储量及产量仅次于西藏，位居全国第2位。主要见于东、西准噶尔，天山，阿尔金山，昆仑山等地。截至1985年底，已发现铬铁矿产地225处。其中大型矿床1处（萨尔托海），中型1处（鲸鱼），小型4处，列入自治区储量表的有5处，累积探明储量220余万吨，富矿占总储量的81%以上，已开发利用的储量占总储量的31%。其中98%集中产自达拉布特蛇绿岩带的萨尔托海（占80%）和鲸鱼（占20%）铬铁矿床。而清水15号、唐巴勒、萨雷勒海和碱泉岩体等矿床均为小型。

4. 钒、钛矿

新疆的钒、钛矿多与其他矿产共生或伴生，而且研究程度较低。截至1985年底，已发现矿产地32处，其中中型矿床3处，小型12处，矿点17处，列入自治区矿产储量表的仅3处。其中1处中型矿床探明储量达80.9万t，居全国第7位。从产地及规模看，钛矿产地13处，仅限于哈密尾亚、阿图什、巴楚和巴里坤等地；钒矿产地19处，均为共生或伴生矿，其中12处与钛、铁伴生，7处与磷、铀共生。主要分布于塔里木盆地北缘。其中1处探明储量达14.5万t，居全国第12位。

（三）有色、稀有、稀土及贵重金属矿产

这类金属矿产相当丰富，现已发现44种矿产，矿产地达1382处，其中大型矿床7处，中型32处，小型212处，矿点1131处。已列入自治区储量表的矿种有铜、镍、铅、锌、铝、钨、钼、金、银、铍、锂、铌、钽、铯、镉、硒等16种，共有不同级别储量的产地437处，已开采利用的有12种。

1. 有色金属矿产

截至 1985 年底,新疆共发现有色金属矿产 12 种,矿产地 639 处。其中大型矿床 1 处,中型 13 处,小型 94 处,矿点 531 处。列入自治区储量表的有铜、镍、铅、锌、铝、钼、铋 8 种,矿产地 41 处。到 1997 年,又新发现和评价矿产地 200 处。铜、金、镍、铬矿大中型矿床 32 处,重要的 9 处,其中特大型 1 处,大型 5 处,中型 8 处。

(1) 铜、镍矿

铜、镍矿两者经常共生,分别产自阿尔泰山、天山和昆仑山。以阿尔泰山南麓哈巴河至青河一带最为发育,如阿舍勒铜多金属矿床,喀拉通克铜镍矿,索尔库都克铜钼矿床,其次是东天山,如黄山北、黄山东铜镍矿、土墩铜镍矿、葫芦铜镍矿。西天山和南天山及西昆仑山北麓地区其矿点分布密集,开成若干矿田或矿带。据统计,全疆已发现铜矿产地 544 处。其中大型矿床 1 处,中型 4 处,小型 17 处。探明储量约 226 万 t。其中阿舍勒大型铜多金属矿和喀拉通克中型铜镍矿以富矿为主。镍矿已探明储量居全国第 2 位,仅次于甘肃。现已发现矿产地 30 余处。其中大型矿床 3 处,中型 4 处,小型 6 处,矿点 17 处。已探明储量约 110 万 t。铜、镍矿可分为火山-喷气-热液沉积型(如阿舍勒铜镍矿)、岩浆熔离型(如喀拉通克、黄山北、黄山东等铜镍矿)、斑岩型(如喇嘛苏铜矿、赤湖铜钼矿)、矽卡岩型(如肯登高尔、索尔库都克等铜钼矿)、沉积型(如达坂城铜矿)、火山-次火山岩型(如阿吾拉勒山群吉铜矿)。其中熔离型矿床储量占 97%。

(2) 铅、锌矿

铅、锌矿多与铜、钨、钼、铁、银等共生或伴生。主要分布在阿尔泰山南缘及塔里木盆地北缘和西北缘,天山南脉和昆仑山西北。铅锌矿多受地层控制,与构造关系密切,并与花岗岩体有关。以热液型为主,但储量则以火山-沉积型占优。现已探明独立矿床近 10 个,伴生或共生矿床 10 余处。其中大型矿床 1 处(可可塔勒矿),中型 5 处,小型 26 处。探明储量分别为锌约 268 万 t,铅约 133 万 t。其中富蕴县可可塔勒铅锌矿最为著名,分别占总储量的 67.65%(铅)和 72.19%(锌),此外还有阿图什霍什布拉克铅锌矿,阿克陶县卡兰古-托克拉克铅锌矿,塔木铅锌矿,乌恰县沙里塔什铅锌矿及哈密明水西锌铅矿。

钴、锡、钼、钨、铋、汞、锑等矿产研究程度较低,且多为矿点、矿化点。最近在萨瓦亚尔顿金矿中也发现锑矿,其规模有待详查。

2. 稀有、稀土金属矿产

截至 1985 年底,新疆共发现稀有、稀土及分散元素矿产 24 种,矿产地 312 处。其中大型矿床 4 处,中型 11 处,小型 80 处,矿点 217 处。列入自治区储量表的产地 32 处以上。在 24 种矿产中以铍、锂、铌、钽矿为主,并已开采利用。其中铍占 56%,铌钽占

20%,其他多为矿点。上述矿产多为共生或伴生。主要分布于阿尔泰山地区,其次为天山,帕米尔和昆仑山西段,矿产集中产自花岗伟晶岩中,并严格受大地构造位置和元素地球化学制约。著名的矿床有可可托海锂铍铌钽矿(其中 3 号伟晶岩脉已成为著名旅游参观点),柯鲁木特锂铍铌钽矿,库卡拉盖锂矿,大红柳滩锂矿及帕恰布拉克锶矿等。

3. 贵重金属矿产

贵重金属矿产包括金、银、铂、钯、钌、锇、铱、铑等 8 种。除铑以外,新疆均有发现。目前共发现矿产地 428 处。其中有中型矿床 8 处,小型 38 处,矿点 382 处。计有储量的矿产地 57 处,主要以金和银矿为主。列入自治区储量表的有金矿 4 处,银矿 1 处。

(1) 金矿

新疆是我国重要产金地区,现已发现黄金产地 389 处。其中大型－特大型矿床 1 处(阿希金矿),中型 5 处,小型 29 处,矿点 354 处。包括岩金 160 处(占 41%,探明储量占 29.82%),砂金 188 处(占 48.3%,储量占 57.52%),伴生金 41 处(占 10.5%,储量占 12.66%)。到 1996 年底,黄金产量由全国第 22 位跃居全国第 7 位,突破 17 万两。主要分布于阿尔泰山、东、西准噶尔、天山、昆仑山及阿尔金山地区。多为石英脉型、热泉型、构造蚀变岩型。其中有阿希金矿,沙尔布拉克金矿,多拉纳萨依金矿,齐依求金矿,康古尔金矿和马头滩金矿等。1997 年金矿又新增储量 122t,并形成阿尔泰黄金和有色金属基地,伊宁黄金基地,西准噶尔黄金和铬矿基地。同时,西南天山萨瓦亚尔顿金矿床规模大,分布广,具有很好的找金前景。

(2) 银矿

截至 1985 年底,新疆共发现 31 处伴生银矿产地。包括中型矿床 1 处(霍什布拉克铅锌矿),小型 7 处,矿点 23 处。列入自治区储量表的仅 1 处。银矿主要产自西昆仑山、西南天山和东天山,次为尼勒克,玛纳斯和奇台地区。

铂族矿产目前尚未开展系统找矿工作。仅发现矿产地 9 处。小型矿床仅有 1 处(喀拉通克铜镍矿)。主要分布于准噶尔东北缘,阿尔泰及精河－呼图壁和昭苏－特克斯地区。

(四) 化工原料非金属矿产

化工原料非金属矿产已发现 22 种,包括农肥 9 种,盐类 8 种,其他化工矿产 5 种。共发现矿产地 453 处。包括大型矿床 17 处,中型 12 处,小型 52 处,矿点 372 处。列入自治区储量表的有硫铁矿、自然硫、磷、蛇纹岩、芒硝、石盐、钠硝石、重晶石、毒重石等 9 种,矿产地 37 处。

1. 农肥矿产

农肥矿产包括自然硫、硫铁矿,磷矿,含钾岩石及钾长石、钠硝石、火烧土、泥炭及蛇纹岩等。到1985年底,共发现矿产地260处。包括大型矿床3处,中型6处,小型30处,矿点221处。自然硫主要分布于塔里木盆地南北缘,南天山及昆仑山山前(如皮山县玉力群中型矿床)。硫铁矿77%以上见于天山山区。磷矿已发现40多处,除且干布拉克大型磷灰石矿、吐拉苏和苏盖特布拉克中型矿床外,多为小型矿床(如哈密尖山子磷灰石矿)。钾长石矿仅发现6处,其中可可托海3号脉大型钾长石矿床其工业储量达3854万t,居全国第1位。此外还有托克逊县桑树园子中型钾长石矿。钠硝石矿已探明储量390多万t,居全国首位,如鄯善县小草湖中型钠硝石矿。蛇纹岩矿与超基性岩关系密切,现已圈定21个岩带。探明储量达11.8亿t,如库米什蛇绿岩矿,昭苏阿克牙孜、阿合奇齐齐加钠克及莎车柯岗等蛇纹岩矿。

2. 盐类矿产

新疆是我国重要产盐区,为自治区优势矿种之一。其特点是矿种多,分布广,储量大,多时代成矿。已发现的主要盐类矿产有石盐、芒硝、天然碱、钾、镁、溴、碘、锂等,矿产地140处。包括大型矿床13处,中型7处,小型18处,矿点102处。列入自治区储量表的有盐、芒硝矿13处。其中石盐最丰富,其次是芒硝、天然碱、钾、镁、溴、碘等。最近在罗布泊发现大型钾盐矿,其储量正在进一步勘查中。

石盐矿主要分布于塔里木盆地,准噶尔盆地和天山山间盆地。包括七角井东盐池、达坂城东盐湖、巴松诺尔盐池等内陆湖盐矿床及雁木西-大草湖、乔尔禾、吐孜塔格、阿瓦特、乌勇布拉克等石盐矿床。到1991年底,已探明储量141 617万t,工业储量为52 572万t,居全国第11位。

芒硝矿已发现矿产地47处。包括大型矿床6处,中型2处,小型2处,矿点37处。列入自治区储量表的有7处,均分布于天山山间盆地和准噶尔盆地周围地区。如艾丁湖、艾比湖、达坂城盐湖、巴里坤湖等芒硝矿。已探明储量19 907万t,工业储量10 656万t,居全国第8位。

其他化工原料矿产均为小型矿床和矿点。

(五)建材及其他非金属矿产

此类矿产资源丰富,品种众多,分布广泛,储量巨大。为新疆重要资源之一。现已发现矿产46种,矿产地632处。其中白云母、铸石用辉绿岩、蛭石、陶瓷土等探明储量居全国首位。优势矿种还有水泥灰岩、石棉、大理岩、花岗岩、玄武岩、石膏、滑石、膨润土、石墨等。随着改革开放,建筑工业飞速发展,建材矿产需求量急骤增加,并加强了普查和勘探的力度,其矿产地和储量明显增加。

白云母矿已发现矿产地 133 处。包括大型矿床 15 处,中型 27 处,占全国总储量的 64.34%。主要分布于阿尔泰山、西昆仑山、天山和阿尔金山。其中大中型矿床均产自阿尔泰山区。

蛭石矿已发现矿产地 3 处。包括超大型矿床 1 处,小型 1 处,矿点 1 处。著名的且末布拉克蛭石矿探明储量占全国总储量 45.68%,其中富矿石占 80%。并与磷灰石、透辉石共生,成为超大型复合型矿床。

膨润土也是新疆优势矿种之一。目前已发现矿产地 15 处。其中大型矿床 5 处,中型 2 处,小型 3 处,矿点 5 处。钠基膨润土储量占总储量的 61.64%,居全国第 2 位。重要矿床有托克逊柯尔碱矿,和布克赛尔乌兰林格矿等。

此外,水泥灰岩、石棉矿、辉绿岩矿和石膏矿等,其储量在全国均有较好的排名。

(六) 宝石、玉石矿

宝石、玉石矿是新疆优势矿产之一,在国内占有重要位置。和田玉和阿勒泰海蓝宝石尤为名贵。截至 1985 年底,全疆共发现 13 类 36 种宝石矿(其中以绿柱石、电气石、锂辉石、磷灰石、黄玉、金刚石和红宝石较为重要)和 20 余种玉石矿(包括软玉、蛇纹绿泥石、水晶、玛瑙和各种彩石类)。主要分布于阿尔泰山、天山及昆仑山－阿尔金山等地区。重要矿床有于田县阿拉玛斯和田玉矿,且末县塔特勒克苏和田玉矿,玛纳斯县南山透闪石玉(碧玉)矿,伊吾县淖毛湖玛瑙矿,福海县阿祖拜海蓝宝石矿,布尔津县库库克钙铝榴石宝石矿等。

和田玉驰名中外,其玉质优美,质地好,成分纯,颜色多,硬度大,声音特殊,资源十分丰富。新疆俗称玉石之乡,曾有人建议将和田玉作为中国国石。

(七) 地下水资源

水资源是当今世界公认起核心作用的资源。新疆地下水资源相当丰富,塔里木盆地、准噶尔盆地和吐鄯托盆地是很好的蓄水盆地。大量的山区融雪水和大气降水,汇集于冲沟和河道,流向盆地并渗失其中。据最新资料,新疆地下水储量在中国西部地区占相当比例。然而新疆又是重要缺水省区,水资源短缺是制约新疆经济发展和社会进步的主要因素之一。因此,对地下水资源进行全面科学的研究是当前十分紧迫的任务。最近国家已拨巨款进行地下水勘查,这对西部大开发具有十分重要的现实意义。

塔里木是一个完整的地下水系统,水埋藏深度大多为 3～10m。现已在罗布泊东圈定了 140km^2 的找水区,叶尔羌河流域和克孜河流域巴楚段地下水可采资源量为

$2.5826\times10^8 m^3/a$。20 世纪 80 年代以来,在综合研究 100 多万平方公里区域水文地质普查成果的基础上,估计地下水资源为:山丘区为 274.7 亿 m^3/a,山间盆地为 218.2 亿 m^3/a,山前区为 390.4 亿 m^3/a,平原区地下水资源量为 395.8207 亿 m^3/a。

此外,矿泉水也是重要资源之一,目前在库车、温宿、和靖、鄯善、尼勒克、乌什、昌吉和乌鲁木齐等地矿泉水均为井水,允许开采量合计为 7800m^3/d。

二、矿产开发与利用简介

矿业开发是新疆经济腾飞的关键因素之一,自治区相继提出"一黑一白"的发展战略,充分表明对矿业开发的高度重视。

新疆矿产开发利用具有悠久的历史,特别是金、煤、玉石、地下水等。随着社会发展和技术进步,开发力度不断提高。目前采用国内外 30 多种新技术、新方法,建立了石油、煤炭、有色、稀有、贵重金属、钢铁、化工、轻工和建材等部门急需的矿产现代勘查技术方法体系。许多城市和工业区均是由于矿业开发而成长起来的。到 1999 年底,全区共有矿山企业 3253 家,其中国有企业 299 家,集体企业 554 家,个体企业 2400 家。开采矿产达 70 余种,年产矿石 6684 万 t。实现矿业总产值 183 亿元,占自治区工业总产值的 22.56%。矿业经济的发展,已成为自治区经济发展的重要支柱产业。

(一) 石油和天然气开发

据统计,新疆石油资源总量为 200~400 亿 t,占全国总资源量的 1/4~1/2。近年来石油工业飞速发展,1995 年年产原油 1297 万 t,1996 年为 1468.62 万 t,1997 年为 1629.1 万 t,到 1999 年达 1739 万 t。天然气开发成倍增长,从 1995 年年产 4 亿 m^3 到 1999 年 31 亿 m^3。大量的天然气资源为"西气东输"提供了可靠的物质保证。"西气东输"工程完成后,新疆将每年供气 120 亿 m^3 支援东部经济建设,同时为自治区提供每年数亿元收入。并保证稳定供气 30 年。

(二) 煤炭开发

新疆煤炭资源总量为 21 000 亿 t,占全国资源总量的 33.8%。到 1991 年底,自治区已有煤矿 856 家,年产总计 2111.55 万 t。1999 年底,煤炭产量达 2778 万 t,除供应区内工业和民用需要外,部分煤炭还远销甘肃、香港和东南亚地区。

(三) 金属矿产开发

新疆金属矿产开发利用潜力很大。

铁矿开采已成规模,到80年代中期,已形成年产铁矿石40万t的生产能力。矿山开采占有的储量占总储量的11.8%,全区已建成铁矿山11座,民办矿山23座。其中雅满苏铁矿自1971年正式开采以来,成为自治区最大的现代化矿山,其矿石主要供应八一钢铁厂,少量运往甘肃酒泉钢铁厂。到1999年底,全区年产铁矿石148万t,为自治区钢铁企业发展做出了突出贡献。

铬铁矿作为自治区优势矿种,目前已有4家企业建井采矿,年产量约5万余吨。到1991年底,全区共有矿山20家。铬铁矿作为国内各省区冶金、耐火材料的原料,少数运往日本。值得提及的是,我国铬铁矿80%需要从国外进口,新疆萨尔托海和鲸鱼铬铁矿的开发,不仅减少了进口,节约了外汇,同时也提高了自治区的经济效益。到1997年,年产铬铁矿石达2710t。

铜、镍等矿业开发也非常迅速,到1997年,年产铜渣4290t,冰镍8667t,铝锭2172t、铌钽矿粉30.9t。

黄金开发是新疆重头产业,已有200多年的开采历史,但1984年以前主要是采砂金。现在已建成哈图、萨尔托海、奇台、哈密、伊宁等选矿基地,形成日处理矿石总量50~100t的生产能力。黄金年产量逐年增加,到1999年底,年产量达21.1万两。目前新疆有2/3的县都产黄金,成为我国金矿开发的重要远景区。

(四) 非金属矿产开发

非金属矿产目前已经开采的有硫、钠硝石、石盐、芒硝、白云母、水泥灰石、蛭石、天然沥青、珍珠岩及花岗岩等。

石盐生产截至1985年底全区有盐业厂224家,年生产能力为52万t,每年生产控制在30万t左右,产品主要供给自治区工业和民用。

芒硝生产截至1985年底,有20个厂家,生产的元明粉、硫化碱销售兄弟省区,部分产品出口。

白云母矿已开采利用多年,年生产能力为1442t,产品销往全国各地。

水泥灰石开采已达半机械化,现有厂家90多个。到1997年底,年产水泥627.51t,为自治区建筑业的发展提供了充足的原料。

蛭石矿在70年代后期开始采矿,年产达7000t,其产品除国内需求外,还远销日本、澳大利亚等国家和地区。

天然沥青矿自1958年开始大规模开采至今,可开采储量达28 450t。

珍珠岩矿开采近年来得到迅猛发展,其中奇台双井子珍珠岩矿年产达20 846t。

花岗岩矿以前仅用作石料开采。自1980年起,随着建筑业大发展,装饰工艺、石材、板材需求量猛增,一些名贵品种已打入国内外市场。到1997年底,年产花岗岩板材达 236 984m²。

新疆是贫磷省区,已知矿产地除个别为大-中型外,均为小型或矿点,年产矿石仅数万吨,不能满足工农业生产需求。

新疆宝石、玉石开发历史悠久。随着旅游事业的发展,新疆宝石、玉石行业正飞速发展,在弘扬民族文化、美化人民生活、积累财富方面做出了重要贡献。

随着工农业生产迅猛发展的需要,地下水开发利用已经引起人们的关注。截至1995年,结合石油供水和盆地工农业供水及城市供水,在塔里木盆地圈出了18处可供进一步工作的水源地。同时对矿泉水进行了技术鉴定。

三、矿产资源开发利用中的问题与对策建议

新疆矿产资源十分丰富,矿业开发利用取得了卓越成绩。但也存在很多问题,应引起有关部门的高度重视,以实现新疆矿业的可持续开发利用。

(一) 存在的问题

(1) 目前新疆矿产勘查和开发程度相差悬殊,一些富矿(如铬铁矿、磷钒矿、金矿等)已濒临枯竭,急需寻找更多的矿产地,特别是磷矿是重要的短缺矿种之一。目前发现的磷矿床(点)规模均很小,且多为贫矿。煤、天青石、钠硝石、钾盐等矿产资源前景可观,但探明储量有限。一些多金属矿产,特别是贵重金属很多矿种目前尚未开发利用。因此,加大矿产普查勘探力度仍是当前重要任务之一。

(2) 总体上讲,新疆矿产开发利用程度仍然很低。很多矿山企业仍处于小、散、低的格局,人员素质差,产品主要为区内产销,极少量供应国内省区及国外。新疆矿产资源开发潜力很大,很多大中型矿床亟待开发利用,从这个意义看,新疆确实是一块待开发的宝地。

(3) 矿业开发浪费现象严重,多处于粗采、粗选水平,综合开采和利用程度不高。一些多金属矿床多为共生或伴生,由于综合开发利用不够,造成浪费,如平台山磷钒矿,磷块岩已经采完,而钒矿尚未利用。据统计,新疆采选回收率低于全国平均水平10～20个百分点。特别是滥采、滥挖现象十分严重,屡禁不止。这不但破坏了矿产资源,而且造成了严重的地质环境污染。

自然浪费现象也相当突出。如煤自燃现象特别严重。据1997年火区普查结果,自治区共发现火区35处,总面积达97.19km²。其中活火区826万 m²,已燃烧损失量达

31亿t,每年耗损1000多万t。目前仅将北山煤矿明火和阜康白杨河井田等火区扑灭,其他火区均未得到有效治理。

(4) 矿产资源储备不够。目前除石油、天然气、煤、铁具有一定的储备外,大多数矿产,特别是有色、贵重金属的矿业开发,多重于眼前利益,缺乏长远考虑。尤其是金矿短缺程度更为突出。

(5) 与矿产直接相关的基础地质研究程度低,尚有很多矿产产出时代、层位及规模不十分清楚。地层,大地构造和岩浆岩等综合研究不够,直接影响矿产成因类型和成矿区带的深入研究。

(二) 对策与建议

针对上述问题,提出以下对策和建议。

(1) 为适应西部大开发形势的需要,必须继续加大矿产普查勘探力度。当前西部地质大调查已将新疆列为重点调查区,这对于提高该区地质矿产研究水平,扩大找矿远景具有重要现实意义。新疆应紧紧把握这一大好机遇,提高矿产资源综合研究水平。以寻找更多的矿产地。

(2) 加强矿产管理,认真贯彻矿产资源法,杜绝滥采滥挖现象,对无证开采的矿山坚决取缔。矿业开发应科学规划,合理利用,加强地质环境保护工作。

(3) 认真解决矿产综合开发利用问题,广泛引进科技人才和先进设备与工艺,提高选矿、冶炼工艺水平,尽最大可能提高各种矿种的回收率,将浪费现象降到最低限度。

(4) 提高对矿产资源储备的认识。搞好矿产资源储备是新形势下的要求,目前世界上发达国家均进行矿产资源战略储备,我们新疆作为我国矿产资源大省,应积极作好矿产储备工作,对矿产进行合理分类,选定出口矿产、储备矿产,控制生产数量,以保持发展后劲。

(5) 加强与矿产直接相关的地层、构造、岩浆岩等综合研究工作。不断查清矿产赋存层位、时代,确定成矿区带,总结成矿规律,以便扩大找矿远景。使新疆的矿产资源优势更好地转化为产业优势和经济优势,为新疆经济腾飞做出更大的贡献。

参 考 文 献

陈哲夫等.1997.新疆开合构造与找矿.乌鲁木齐:新疆科技卫生出版社
陈哲夫等.1999.中亚大型金属矿床特征与成矿环境.乌鲁木齐:新疆科技卫生出版社
邓振球.1996.新疆金矿地球化学特征与成矿模型.新疆地质,14(2):181~192
郭建军.1994.新疆阿希金矿床地球物理特征.新疆地质,12(2):157~164
何国琦等.1994.中国新疆古生代地壳演化及成矿.乌鲁木齐:新疆人民出版社,香港文化教育出版社

何国琦等.1995.新疆主要造山带地壳发展的五阶段模式及成矿系列.新疆地质,13(2):165~179

康玉柱.1993.塔里木盆地形成演化及构造特征与油气关系.新疆地质,11(2):95~107

康玉柱.1995.塔里木盆地古生代海相成油及特征.见:新疆第三届天山地质矿产学术讨论会论文选辑.乌鲁木齐:新疆人民出版社.62~77

康玉柱.1997.新疆油气地质研究.新疆地质,15(4):289~304

梁狄刚.1995.新疆塔里木盆地油气勘探新进展及石油地质新认识.见:新疆第三届天山地质矿产学术讨论会论文选辑.乌鲁木齐:新疆人民出版社.79~90

梁增虎,张鸿义.1998.塔城市水文地质条件及地下水位动态变化预测.新疆地质,16(1):89~95

唐延龄.1999.中国国石与和田玉.新疆地质,17(3):189~192

田培仁.1994.新疆北部主要矿产成矿区带划分.新疆地质,12(1):67~74

王宝瑜,郎志君,李向东等.1994.中国天山西段地质剖面综合研究.北京:科学出版社

王俊民.1998.准噶尔含煤盆地构造演化与聚煤作用.新疆地质,16(1):25~30

王武和,张世焕.1999.吐哈盆地中下侏罗统煤成烃的形成与富集规律.新疆地质,17(1):27~32

吴涛,张世焕,王志勇.1995.吐鲁番-哈密聚煤盆地构造特征与油气聚集.见:新疆第三届天山地质矿产学术讨论会论文选辑.乌鲁木齐:新疆人民出版社.110~117

《新疆通志、地质矿产志》编纂委员会.1997.新疆通志,地质矿产志.乌鲁木齐:新疆人民出版社

新疆维吾尔自治区地方志编纂委员会.1998.新疆年鉴.乌鲁木齐:新疆人民出版社

徐祖芳.1995.新疆金矿及其找矿远景分析.新疆地质,13(1):76~83

杨富全等.1999.新疆西南天山金矿分布类型和成矿条件.新疆地质,17(2):129~136

杨文孝,况军,徐长胜.1995.准噶尔盆地大油气田形成条件和分布规律.见:新疆第三届天山地质矿产学术讨论会论文选辑.乌鲁木齐:新疆人民出版社.91~109

张连昌.1999.东天山康古尔金矿床石英位错构造及其动力学意义.新疆地质,17(2):145~151

中国矿床发现史新疆卷编委会.1996.中国矿床发现史,新疆卷.北京:地质出版社

第十章 旅游资源及开发利用

一、旅游资源

(一) 旅游资源分类系统

旅游资源包含范围极广,牵涉学科很多,各方面的专家在分类上的着眼点有较大差异,因而旅游资源分类有多种方案。分类标准不同,其结果也不同。为与全国旅游资源普查工作保持系统性、一致性,并与全国旅游资源具有可比性,本书采用中国旅游资源普查规范中的旅游资源分类原则和系统,并结合在新疆十几个地、州、市的旅游资源调查中遇到的问题,对部分基本类型作了少量修订工作。

《中国旅游资源普查规范》采用的是三级分类系统。一级分类根据旅游资源的基本成因和科学属性分为自然旅游资源和人文旅游资源。二级分类在自然旅游资源中,以构成自然环境的主体,如地质地貌、水文、生物等基础学科划分为地文景观类、水域风光类、生物景观类;在人文旅游资源中,以社会功能和属性的不同划分为古迹与建筑类、消闲求知健身类、购物类三类。本书在二级分类中增加了民俗风情类,属人文旅游资源。三级分类将各种旅游资源细分为78个基本类型,是旅游资源普查工作的基础分类。

(1) 地文景观类:①典型地质构造;②标准地层剖面;③生物化石点;④自然灾变遗迹;⑤名山;⑥火山熔岩景观;⑦蚀余景观;⑧奇特与象形山石;⑨沙(砾石)地风景;⑩沙;⑪(砾石)滩;⑫小型岛屿;⑬洞穴;⑭其他地文景观。

(2) 水域风光类:①风景河段;②漂流河段;③湖泊;④瀑布;⑤泉;⑥现代冰川;⑦其它水域风光。

(3) 生物景观类:①树林;②古树名木;③奇花异草;④草原;⑤野生动物栖息地;⑥其他生物景观。

(4) 古迹与建筑类:①人类文化遗址;②社会经济文化遗址;③军事遗址;④古城和古城遗址;⑤长城;⑥宫廷建筑群;⑦宗教建筑和礼制建筑群;⑧殿(厅)堂;⑨楼阁;⑩塔;⑪牌坊;⑫碑碣;⑬建筑小品;⑭园林;⑮景观建筑;⑯桥;⑰雕塑;⑱陵寝陵园;⑲墓;⑳石窟;㉑摩崖字画;㉒水工建筑;㉓厂矿;㉔农林渔牧场;㉕港口、口岸;㉖广场;㉗乡土建筑;㉘纪念地;㉙观景地;㉚其他古迹与建筑类。

(5) 消闲求知健身类:①科技教育文化设施;②休、疗养和社会福利设施;③动物园;④植物园;⑤公园;⑥体育中心;⑦运动场馆;⑧游乐场所;⑨其他消闲求知健身活动。

(6) 民俗风情类:①节日庆典活动;②文艺团体;③民俗街区;④特色城镇与村落;⑤民族音乐;⑥民族歌舞;⑦民族体育活动;⑧其他民俗风情。

(7) 购物类:①市场与购物中心;②庙会;③著名店铺;④地方特产;⑤其他物产。

(二) 旅游资源类型特征

1. 自然旅游资源类型

(1) 地文景观类资源——与地质学和地貌学关系密切,也是与科学考察、探险活动、观光游览紧密联系在一起的旅游资源。新疆地质地貌条件复杂,地层出露齐全,化石丰富,新构造运动强烈,山地经历多次隆升、夷平、再隆升的过程。地貌上有山地、平原、盆地之别,相对高差有7500多米。干旱区特有的外营力作用十分显著,造就了无数景观奇特、粗犷、典型的地文景观旅游资源。

地文景观旅游资源12个基本类型中,几乎都有代表性景点。在典型地质构造、标准地层剖面、生物化石点、自然灾变遗迹、名山、蚀余景观、沙漠基本类型上尤为突出。

(2) 水域风光类资源——与水文学、地貌学、气候学关系密切,其资源在旅游活动中常提供消闲、度假、避暑、疗养、娱乐等活动场所。新疆属干旱区,阿尔泰山、天山、昆仑山等山系是这一区域中的湿岛,降水比较丰富,山体峰端积雪成冰,汇为冰川,径流下切基岩,形成峡谷,山回水转,沿途分布跌水瀑布,又有诸多泉水出露,河水流经途中和尾闾,形成面貌截然不同的高位、中位和低位湖泊。水域风光6个基本类型中,都有代表性景点,尤其是冰川和湖泊,是新疆最有特色的基本类型。

(3) 生物旅游资源——主要涉及动植物,尤其是野生动植物。新疆生物旅游资源具有干旱区和山地植被垂直分带两大特征。荒漠带特有的动植物类群、生境及其形态特征对旅游者富有强烈的吸引力,山地的雄伟和动植物的垂直分异更增加了动植物类群的丰富度。新疆生物旅游资源中,树林、古树名木、奇花异草、草原、野生动物栖息地基本类型均有分布,草原和野生动物是最具特色的基本类型。

2. 人文旅游资源类型

新疆人文旅游资源占有重要地位,其基本类型为数众多,景点数占60%以上。

(1) 古迹与建筑类旅游资源——与考古学、建筑学关系密切,通过人类文明活动的历史遗迹和现代建筑实体体现古今文化、历史事件和不同时期、不同区域、不同民族的建筑风格。新疆古迹与建筑类旅游资源有 26 个基本类型,除长城、宫廷建筑群、牌坊等基本类型外,其他均有代表性景点。其中古城和古城遗址、宗教建筑和礼制建筑群、墓、石窟、摩崖石刻、口岸,是新疆景点数量最大,最富特点的旅游资源基本类型。

(2)消闲求知健身类旅游资源——主要包括公共教育、体育、休闲和娱乐场所,8 个基本类型在新疆均有代表性景点。

(3)民俗风情类旅游资源——与民族文化关系密切,不同民族的各种节日庆典、服饰装饰、婚丧嫁娶、音乐歌舞、饮食文化、宗教习俗等构成该类旅游资源的主体。新疆具有节日庆典活动、文艺团体、民俗街区、特色城镇与村落、民族音乐、民族歌舞、民族体育活动等 7 个基本类型。

(4)规范所列购物旅游资源中,新疆主要有市场与购物中心、著名店铺、地方特产三类,以地方特产和富有地方特色的贸易市场为主。

(三)旅游资源特色

新疆位于亚洲大陆腹地,是典型的干旱区和多民族聚居区,又是历史上著名的丝绸之路要道。神奇的自然景观,绚丽多彩的民族风情及灿烂的古代文明不仅成为新疆旅游业的宝贵资源,而且早已蜚声海内外。

1. 以大山系自然景观、干旱区自然风光为主,自然旅游资源气势恢弘,雄伟壮丽

特殊的地质构造、地理区位和环境结构形成了新疆的大山系、大盆地,干旱的气候,塑造了许多世界罕见、全国第 1 的奇特自然景观。

新疆开放的山峰有 11 座,海拔 7000m 以上的有 9 座,最高的乔戈里峰海拔 8611m,是世界第 2 高峰。喀拉昆仑山和天山冰川区是中国最大的冰川区,乔戈里北坡的音苏盖提冰川是中国最长的冰川。塔里木沙漠和准噶尔沙漠是中国最大的沙漠。中国最长的内陆河是塔里木河,最大的内陆淡水湖是博斯腾湖。南北疆荒原上神秘的"龙城"、"风城"、"魔鬼城"是中国最大的雅丹地貌群。准噶尔盆地广泛出露的硅化木是中国最大的硅化木园区。这些气势磅礴的自然景观以粗犷、原始的大自然美感吸引着国内外众多的游客。

2. 众多的自然保护区,珍稀的野生动植物旅游资源

新疆已建立了 20 多个不同类型的省、区级以上的自然保护区,这些自然保护区是新疆保护自然生态环境,各种类型生态系统及各种野生动植物的骨干基地,不但在生物多样性保护及科研中有重要科学价值,也是科普教育和生态旅游的理想基地。阿尔金山自然保护区、卡拉麦里山有蹄类动物自然保护区、塔什库尔干高山动物自然保护区、巴音布鲁克天鹅自然保护区、天池自然景观保护区及博格达峰国际人与生物圈保护区、托木尔峰自然保护区、哈纳斯自然景观保护区、尉犁胡杨林自然保护区、巩留雪岭云杉自然保护区、金塔斯草原自然保护区等不仅是野生动植物的乐园,也在不同程度上开发为旅游景区,成为国内外旅游者向往的目的地。

3. 举世闻名的古"丝绸之路"与众多的文物古迹交相辉映

古丝绸之路是新疆最受人瞩目的人文旅游资源。这条世界上最长的古老商道在新疆境内分成南道、北道和新北道3条主要干线。2000多年来,商贾和使者沿干线穿绿洲、涉沙漠、走草原、跨冰岭,联系着东西方经贸和文化往来。在新疆境内长达5000多km的3条干线上所遗存的数以百计的古城、突兀的烽燧、石窟群、古墓葬、石人、佛塔、屯田遗址,与雄伟壮观的自然景观共同组成了富有西域特色的人文景观,极大的激发了中外旅行家、探险家和观光游客的寻奇探密之兴。如:高昌古城、交河古城、楼兰古城、北庭古城、石头城、公主堡、西汉土垠烽燧、阿拉沟石垒、克孜尔千佛洞、库木吐拉千佛洞、柏孜克力克千佛洞、乌孙古墓、吐虎鲁克帖木尔汗麻扎、阿斯塔那古墓群、盖斯墓、香妃墓、小洪纳海石人、昭怙喱大寺、莫尔佛塔、热瓦克寺院遗址、艾提尕尔清真寺、米兰古城和屯田遗址等。初步统计,新疆的10余处全国重点文物保护单位,自治区级130余个重点文物保护单位,绝大部分沿古丝绸之路分布,它们所组成的文化长廊,成为新疆最著名的旅游品牌。

4. 具有西域特色的民族风情绚丽多彩

新疆是中国著名的少数民族聚居区,居住的13个主体民族包括汉族、维吾尔族、哈萨克族、回族、蒙古族、柯尔克孜族、乌孜别克族、塔吉克族、满族、俄罗斯族,锡伯族、塔塔尔族,达斡尔族。在历史长河中,新疆各民族的文化相互影响,相互吸收、相互交融,但又各自保持了风情浓郁、各具特色的民族文化。不同民族的饮食起居、宗教文化、节日庆典、服饰装束、婚丧礼仪、民族歌舞、娱乐习俗、体育运动以及不同民族间文化的交融发展构成了丰富多彩的民族风情。如著名的龟兹乐舞、高昌乐舞、疏勒乐舞、于田乐舞、悦般乐舞,12木卡姆古典音乐、麦西来甫、古尔邦节、肉孜节、肯巴哈尔节、西迁节、叼羊、赛马、姑娘追、达瓦孜等。

新疆少数民族具有浓郁的北方草原民族色彩,与长江以南的少数民族风情迥异,加以豪爽质朴、热情好客的性格以及与生俱来的歌舞天赋,使天山南北充满着欢乐轻快、令人陶醉的民族风情,构成最生动、活泼、具有强烈吸引力的旅游资源。

5. 特产丰富,名扬海外

新疆自古享有歌舞之乡、瓜果之乡、天马之国、金玉之邦和地毯、丝绸王国的美誉。至今,闻名遐迩的哈密瓜、吐鲁番葡萄、库尔勒香梨、阿图什无花果、和田的地毯、丝绸、玉雕,喀什的花帽、艾德莱斯绸、石榴,英吉莎的小刀等,作为具有西域特色的旅游商品,深受中外游客的喜爱。

（四）旅游资源集锦

依据全疆各地、州、市旅游资源普查资料,新疆旅游资源景点数量超过 1000 个,按四级分类,大多数为三、四级景点,一级和二级景点有 200 余个。下面列出作者在其中选出的 100 个景点(区),总体上可以代表新疆旅游资源的精华(表 10-1)。

表 10-1 新疆旅游资源目录 100 例

类	基本类型	代码	景点(区)名称	所属地域	类	基本类型	代码	景点(区)名称	所属地域
地文景观类	典型地质构造	101	盐山构造	阿克苏地区	生物景观类	树林	301	夏马勒胡杨林	喀什地区
	典型地质构造	101	富蕴——二台断裂	阿勒泰地区		树林	301	奥依塔克森林公园	克州
	生物化石	103	西域硅化木园	昌吉州		古树名木	302	核桃王	和田地区
	生物化石	103	阿尔塔什化石群	喀什地区		草原	304	巴音布鲁克草原	巴州
	生物化石	103	乌鲁克恰提化石群	克州		草原	304	白石头景区	哈密地区
	名山	105	托木尔峰	阿克苏地区		草原	304	乌拉斯台草原	乌鲁木齐市
	名山	105	赤砂山	阿克苏地区		草原	304	菊花台	乌鲁木齐市
	名山	105	慕士塔格	喀什地区		草原	304	库尔德宁保护区	伊犁地区
	名山	105	乔戈里峰	喀什地区		草原	304	那拉提草原	伊犁地区
	名山	105	公格尔峰	克州		草原	304	唐布拉草原	伊犁地区
	名山	105	火焰山	吐鲁番地区		野生动物栖息地	305	阿尔金山保护区	巴州
	名山	105	博格达峰	乌鲁木齐市		野生动物栖息地	305	且末狩猎场	巴州
	蚀余景观	107	五彩城	昌吉州		野生动物栖息地	305	卡拉麦里保护区	昌吉州
	蚀余景观	107	乌尔禾风城	克拉玛依市		野生动物栖息地	305	野马繁殖中心	昌吉州
	象形山石	108	罗布泊雅丹	巴州	古迹与建筑类	社会经济遗址	402	努拉赛铜矿遗址	伊犁地区
	象形山石	108	怪石沟	博州		军事遗址	403	铁门关	巴州
	象形山石	108	魔鬼城	昌吉州		古城与古城遗址	404	楼兰古城	巴州
	沙地景观	109	塔克拉玛干沙漠	巴州		古城与古城遗址	404	米兰古城	巴州
	沙地景观	109	鸣沙山	昌吉州		古城与古城遗址	404	北庭古城	昌吉州
	沙地景观	109	库姆塔格	吐鲁番地区		古城与古城遗址	404	尼雅古城	和田地区

续表 10-1

类	基本类型	代码	景点(区)名称	所属地域	类	基本类型	代码	景点(区)名称	所属地域
水域风光类	风景河段	201	西白杨沟	乌鲁木齐市	古迹与建筑类	古城与古城遗址	404	唐王城	喀什地区
	风景河段	201	恰西风景河段	伊犁地区		古城与古城遗址	404	石头城	喀什地区
	湖泊	203	大龙池	阿克苏地区		古城与古城遗址	404	交河古城	吐鲁番地区
	湖泊	203	哈纳斯湖	阿勒泰地区		古城与古城遗址	404	高昌古城	吐鲁番地区
	湖泊	203	乌伦古湖	阿勒泰地区		宗教建筑	407	北庭西大寺	昌吉州
	湖泊	203	博斯腾湖	巴州		宗教建筑	407	艾提尕尔清真寺	喀什地区
	湖泊	203	天鹅湖	巴州		宗教建筑	407	圣佑庙	伊犁地区
	湖泊	203	赛里木湖	博州		殿、堂	408	伊犁将军府	伊犁地区
	湖泊	203	天池	昌吉州		塔	410	热瓦克佛塔	和田地区
	湖泊	203	卡拉库里湖	克州		塔	410	莫尔佛塔	克州
	泉	205	博州温泉	博州		塔	410	苏公塔	吐鲁番地区
	泉	205	沙湾温泉	塔城地区		塔	410	亚洲大陆中心	乌鲁木齐市
	泉	205	火龙洞	伊犁地区		碑碣	412	格登山纪功碑	伊犁地区
	冰川	206	慕士塔格冰川	喀什地区		陵寝陵园	418	阿曼尼莎汗纪念陵	喀什地区
	冰川	206	天山一号冰川	乌鲁木齐市		墓	419	三道海子石堆墓	阿勒泰地区
	冰川	206	博格达冰川	乌鲁木齐市		墓	419	回王坟	哈密地区
						墓	419	阿帕霍加墓	喀什地区
						墓	419	麻哈穆德喀什噶里麻扎	喀什地区
消闲求知健身类	科教文化设施	501	自治区博物馆	乌鲁木齐市		墓	419	优素甫哈斯哈吉甫麻扎	喀什地区
	科教文化设施	501	新疆地质陈列馆	乌鲁木齐市		石窟	420	克孜尔千佛洞	阿克苏地区
	植物园	504	葡萄沟	吐鲁番地区		石窟	420	库木吐拉千佛洞	阿克苏地区
	植物园	504	沙漠植物园	吐鲁番地区		石窟	420	柏孜克里克千佛洞	吐鲁番地区
	植物园	504	千里葡萄长廊	和田地区		摩崖石刻	421	康家石门子岩画	昌吉州
	公园	505	燕子山公园	阿克苏地区		摩崖石刻	421	洪纳海草原石人	伊犁地区
	公园	505	桦林公园	阿勒泰地区		水工建筑	422	青格达湖	昌吉州
	公园	505	红山公园	乌鲁木齐市		水工建筑	422	红海子水库	喀什地区
	体育场馆	506	南山滑雪场	乌鲁木齐市		水工建筑	422	北湖	石河子市
	文艺团体	602	民族幼儿园	喀什地区		水工建筑	422	坎儿井	吐鲁番地区
购物类	购物中心	701	二道桥巴扎	乌鲁木齐市		农牧园区	424	高新技术观光农业园区	石河子市
	购物中心	701	霍尔果斯贸易市场	伊犁地区		港口、口岸	426	红其拉甫口岸	喀什地区
	购物中心	701	中西亚国际贸易市场	喀什地区		港口、口岸	426	霍尔果斯口岸	伊犁地区
	地方产品	704	和田玉雕	和田地区					

二、旅游资源开发

(一) 开发战略构思

1. 旅游经济发展战略的指导思想

中国改革开放的总设计师邓小平同志指出,"旅游事业大有文章可做,要突出地搞,加快地搞","旅游业要变成综合性的行业"。并提出发展旅游业的一系列改革和发展方针,如政府要发挥主导作用,有关部门密切配合,旅游企业要按照旅游市场的规律办事,发展旅游要和发展民航、城市建设综合起来考虑,要从"事业接待型向经济创汇型转变"等等,绘制了"大旅游、大市场、大产业"的宏伟蓝图。

新疆凭借地缘和资源优势、中央对中西部地区大开发的战略思想和举措,今后在旅游业发展上有得天独厚的有利条件和绝好时机,将成为中国旅游业21世纪大发展的战略区域。自治区人民政府已确立"一白一黑加一游"的经济发展战略方针。

2. 发展目标

凭借地缘优势、资源优势,以广阔的客源市场需求为导向,发展与中国沿海、中部地区互补性强的高品位旅游产品,形成以亚心区(乌鲁木齐)为核心的新疆旅游区,积极发展国际、国内疆外和疆内客源市场,将旅游业作为新疆国民经济的先导产业和支柱产业。

3. 旅游宏观布局

根据新疆旅游资源布局、交通干线和主要依托城市,确定一个中心、八大依托城市、十个重点区域、两主线、四条干线的基本建设格局。一个中心即乌鲁木齐市,它既是全疆的旅游交通枢纽和客源集散地,又是全疆的旅游接待中心和最重要景区。八大依托城市是喀什市、伊宁市、吐鲁番市、阿勒泰市、库尔勒市、和田市、哈密市、石河子市,它们既是独立的接待中心和客源集散地,也是重要的旅游目的地。十个重点区域包括天池－博格达－达坂城、乌鲁木齐南山风景区、哈纳斯湖风景区、赛里木湖风景区、那拉提草原风景区、吐鲁番景区、库车景区、博斯腾湖景区、喀什市景区、帕米尔高原景区。两主线即312国道和314国道,四条干线指315、216、217、218国道,它们和部分省道构成全疆的旅游环形线路,连接全疆主要的景区和景点。

(二) 旅游区划

根据新疆地理环境、行政区划、民族分布、资源结构、交通网络等特征,将新疆旅游区划分为四大旅游区和十个旅游亚区。

1. 亚心（乌鲁木齐）旅游区

亚心旅游区包括乌鲁木齐市、吐鲁番市、昌吉地区和石河子市。以乌鲁木齐市为旅游中心依托城市，发展南山风景区、天池－博格达风景区、西域硅化木园、吐鲁番旅游区等组成的旅游金三角，成为新疆旅游业中的龙头。下分为乌鲁木齐－吐鲁番亚区和昌吉－石河子亚区。

2. 北疆旅游区

北疆旅游区包括伊犁地区、塔城地区、阿勒泰地区、奎屯市、博尔塔拉蒙古自治州和克拉玛依市。是新疆自然风景最美的旅游区。下分为伊犁旅游亚区、博州－塔城亚区和阿勒泰亚区。

3. 南疆旅游区

南疆旅游区包括巴音郭楞蒙古自治州、阿克苏地区、克孜勒苏柯尔克孜自治州、喀什地区和和田地区。是新疆最大和人文景观最丰富的旅游区。下分为喀什－阿图什旅游亚区、阿克苏－库车旅游亚区、巴州旅游亚区和和田旅游亚区。

4. 东疆旅游区

东疆旅游区包括哈密地区。是新疆与内地联系最紧密的旅游区。

（三）重点开发景区

依据新疆各地、州、市旅游资源普查资料和资源开发规划，从新疆整个区域旅游资源特色及宏观布局的角度考虑，拟定下列景区为重点开发对象，分阶段实施：

(1) 天池－博格达－达坂城旅游景区　　(2) 乌鲁木齐南山旅游景区
(3) 吐鲁番旅游景区　　　　　　　　　(4) 奇台硅化木园旅游景区
(5) 哈纳斯旅游景区　　　　　　　　　(6) 乌伦古湖景区
(7) 赛里木旅游景区　　　　　　　　　(8) 那拉提－恰西旅游景区
(9) 霍尔果斯－伊犁将军府景区　　　　(10) 巴音布鲁克旅游景区
(11) 博斯腾湖旅游景区　　　　　　　 (12) 库车旅游景区
(13) 托木尔峰旅游景区　　　　　　　 (14) 喀什旅游景区
(15) 帕米尔高原旅游景区　　　　　　 (16) 和田旅游景区
(17) 白石头旅游景区　　　　　　　　 (18) 军垦农业旅游景区

（四）旅游线路

旅游线路是根据旅游者的需求推出的旅行路线，其设计主要应体现出资源的代表性、时间的高效性、费用的经济性等原则。

1. 丝绸之路旅游线路

新疆最重要的旅游干线,分丝绸之路南道、北道和新北道,总长5000余km,涉及50余个县市。

(1)丝绸之路北道(中道)。途经吐鲁番、库尔勒、库车、阿克苏、阿图什、喀什、塔什库尔干等地,以历史文化、民俗风情为特色。

(2)丝绸之路新北道(北道)。途经哈密、巴里坤、奇台、阜康、乌鲁木齐、石河子、精河、伊宁等地,以草原文化、军垦文化、边境购物旅游为特色。

(3)丝绸之路南道。途经若羌、且末、于田、和田、莎车、喀什等地,以沙漠探险、古城觅踪、动物王国、探奇为特色,又称沙漠之路。

2. 环塔里木旅游线路

将丝绸之路北道(中道)和丝绸之路南道结合起来,利用塔里木河下游绿色走廊(218国道南段)或沙漠公路,形成环塔里木线路。

3. 环准噶尔旅游线路

以312、217、216国道相连接,形成环形线路,途经乌鲁木齐、石河子、奎屯、克拉玛依、和布克赛尔、布尔津、阿勒泰、北屯、喀拉通克、火烧山(或将军戈壁)、奇台、阜康,返回乌鲁木齐。以草原民族文化、高山湖泊风光、地史博物为特色。

4. 天山中道旅游线路

由312、217、218、216国道共组的横穿天山环形线路。从乌鲁木齐出发,途经昌吉、石河子、独山子、乔尔玛、那拉提、巴音布鲁克、巴伦台、后峡,返回乌鲁木齐。以天山冰川、高山湖泊、草原为特色。

5. 专题旅游线路

针对特殊旅游专题的需要,如:科考、登山、考古、狩猎、汽车拉力赛、名人寻踪、沙漠探险、古迹探密等,开发多条特种旅游线路。

6. 短程旅游线路

针对本地和疆内大量的客源市场,开发适宜双休日、节假日休闲、避暑、冬季滑雪等短程旅游线路。一般旅行距离在300km范围内。

(五) 旅游环境保护

广泛的旅游活动激发了大量的人流、物流、信息流,产生了良好的社会效益、经济效益和环境效益,成为现代社会文明的重要组成部分。然而,在旅游业的发展中,也出现了对环境的负面影响,如对生态环境的不良影响、对自然保护区的侵扰、对水源的污染、对文物古迹的损毁、对地史记录的破坏等。为使旅游业健康、持续的发展,必须依法实施旅游环境保护。

1. 旅游环境保护的依据

目前,国家尚未对旅游环境保护制定专门的法律和法规,在旅游环境规划中,一般采用相关的法律和法规为依据。如中华人民共和国宪法、中华人民共和国环境保护法、中华人民共和国水污染防治法、中华人民共和国森林法、中华人民共和国水法、中华人民共和国草原法、中华人民共和国水土保持法、中华人民共和国野生动物保护法、中华人民共和国文物保护法、中华人民共和国风景名胜区管理暂行条例等。

2. 旅游环境保护的原则

旅游资源的开发要取得良好的、长期的社会效益、经济效益和环境效益,应遵循以下原则,即资源持续利用原则、开发与保护兼顾原则、项目环境评价原则、环境管理原则、环境监督原则、谁污染谁治理原则。

3. 新疆旅游资源的保护措施

旅游资源和生态环境的保护和建设应遵循国家有关法律。需要保护的对象涉及大气、水体、土壤、植被、地质景观、矿产、野生动植物、文物古迹等,而对它们施加影响的主体一般是人、畜、车辆、建筑、道路以及各种生活垃圾和污水。不同的区域、不同的影响应采取不同的保护措施。

(1) 针对不同风景旅游区,计算其环境容量,规定旅游人数上限,规定旅游接待设施如马匹、帐篷的数量上限及设置位置。

(2) 防止对冰川、湖泊、水库和湿地等水体的污染和破坏。各旅游景区要提供方便的垃圾收集系统,建立废水净化和处理系统。

(3) 防止对森林、草原、野生动植物的破坏。在道路、景点、景区建设和营运过程中,坚决防止乱砍、乱挖、任意践踏草地、湿地,任意捕杀野生动物等。坚决阻止向林区、草地排放废水、倾倒垃圾。

(4) 防止采挖、破坏化石,防止随意取土。

(5) 强化对古迹的保护。针对不同景点,限制游人数量,限制摄影数量,加强维修,修旧如旧,保持原貌。还可采用异地复原。

(6) 制定切实可行、可供操作的管理制度和奖惩条例,规范旅游景点和景区生态环境保护管理。其中包括经济管理、行政管理和规划管理等。

参 考 文 献

国家旅游局资源开发司,中国科学院地理所主编.1993.中国旅游资源普查规范.北京:中国旅游出版

社

阎顺等编著.1994.亚洲大陆地理中心旅游资源与开发.乌鲁木齐:新疆美术摄影出版社

吐鲁番地区旅游资源普查及旅游业发展规划(1995);昌吉州旅游资源普查及旅游业发展规划(1996);阿勒泰地区旅游资源普查及旅游业发展规划(1997);伊犁地区旅游资源普查及旅游业发展规划(1998);乌鲁木齐旅游资源普查及旅游业发展规划(2000);喀什地区旅游资源普查及旅游业发展规划(2000);哈密地区旅游资源普查及旅游业发展规划(2000)

第十一章 历史文化资源及开发前景

与新疆地理位置、环境密切关联,形成、发展并良好保存了这里独具特色的历史文化资源、现代民族人文资源。从人类文明史研究这一角度分析,其特殊的科学价值,绝非其他地区所能比拟,更非其他地区所能替代。深入认识、科学保护、积极利用并发展这些文化资源,具有重要意义。

新疆,位居古老的亚欧大陆交通要冲地带。这样一种地理区位,造就了它独具特色的历史文化。我国学者季羡林教授曾在不止一个场合、用不同的文字、语言表达过同样的思想:"一说到中外文化的交流,首先想到的必须是新疆。我常常说,世界上四大文化体系惟一汇流的地方就是中国的新疆。这四大文化体系是:中国文化体系、印度文化体系、伊斯兰文化体系和欧美文化体系。这四大文化体系是几千年以来世界上各国、各族人民共同创造出来的,是全人类的智慧结晶。……不管人类社会在目前发展到什么程度,在未来向什么方向发展;也不管人类当前世界信息爆炸到什么程度,科技发展得多么眼花缭乱,人类要走的道路,总离不开这四大文化在未来世纪中的碰撞与融合。"(《新疆两千年》序)

古代新疆文明包孕了如此深厚的内涵,具有如此不一般的文化哲学意蕴,对这一古老文明,进行深入的认识、研究、介绍,自然就具有不同一般的意义。加以现实是历史的继承与发展,今天新疆地区多姿多彩的民族民俗,实际就积淀着多方面的历史的遗痕。本章,将在这一方面进行探索。

一、考古与人类文化遗存

分析古代新疆地区的居民及其文化,一个重要的原则是:必须把它们放在亚欧大陆腹心这样一个地理背景上,才能得到比较准确的概念。

在古老的亚欧大陆上,200万年前已经有了人类的活动。随着原始人群的增加,逐猎野兽、采集植物籽实,适应气候变异,人群迁徙游动,势属必然。

最晚到距今2万年前后的旧石器时代晚期,新疆及其邻近地带,已经见到了人类活动的遗迹。近年,在交河故城沟西台地上,考古工作者发现了这一阶段人们遗留在第四纪全新世地层中的打制手斧、砍砸器。在帕米尔高原上的塔什库尔干河谷吉日尕勒,也见到晚更新世地层中人工烧火、烧骨及一件打制石器,时代距今约 1 万年。

在阿勒泰山中,今哈巴河县别列泽河谷多尕特,有一处彩绘岩窟。面对深深草场,奇形怪状、颇为诡异的风蚀花岗岩洞中,以赭红色涂绘出原始猎人以投枪、长矛猎捕食草类大兽牛、马的图形,图像表现已有牛、马中枪失血后倒扑在地,其余夺路狂奔的情景。彩绘中的猎人这时还不知道使用弓箭,说明这时尚未步入新石器时代,绝对年代可早到 1 万年以前。两边有不少人手纹。人兽两旁,有几何形栅栏、似为陷井的坑口、成列的难明其具象的点纹等。在阿勒泰山中,保留至今的原始岩刻画计约千数,但这类彩绘却只见有限几处。而在欧洲西部西班牙、法国,早到旧石器时代 2 万年以前的这类洞窟彩绘却是多有所见。拿欧洲这些早到 4 万年到 2 万年前知名洞窟彩绘与哈巴河洞窟彩绘比较:在岩洞中图绘狩猎图景,利用晕染表现牛、马形体,猎人用投枪、长矛围猎牛、马的形式,以及手印纹、几何形栅栏等,这些内容、形式、风格,可以说是相通、近同的。这是一个值得人们进一步分析的现象。

它们给人逻辑联想是:早在一两万年前,亚欧大陆上的古代居民间,可能已经有着信息联系,他们同样选择相类似的隐秘岩洞、采取相同的巫术、相近的绘画手法,进行巫术祝祷、祈求狩猎成功。这种观念、信仰的交流,经历过一条艰难而遥远的路,但岩画遗迹,却隐约传达着这样的历史信息。

欧洲有学者持这样一个观点,距今 6000 年前,北欧大地在又一次小冰期降临后面临灾难:作物不能正常成熟或冻死,饥饿、寒冷驱使这里的古代居民向南、东方向迁徙,在这样的迁徙大潮中,可能有人走过了乌拉尔山,走过了伏尔加河草原,并慢慢走到了天山前后的大小沙漠绿洲。他们相信,考古资料中已见到的欧洲人的文化信息,一部分就与这一气候变化形势相关。

今天已经取得一些有重大价值的考古发掘资料,如距今约 4000 年前罗布淖尔(今罗布泊)荒原上的古墓沟墓地墓葬主人,年代稍晚的孔雀河下游小河墓地的主人,不论直接观察古尸的形态,还是体质人类学家的测量数据,都说明具有欧罗巴人种特点。他们生活在罗布淖尔荒原上,成了古代楼兰王国先民的一支祖源。

距今 3200 年前后的哈密五堡绿洲古代墓地,面积约近 1 万 m^2。墓穴鳞次栉比、排列有序、彼此绝不叠压,或相互打破。这样一种埋葬现象,表明他们是相对稳定、同一时段内居住在附近绿洲内的居民,这才有可能营造如是井然有序、密集而不乱的茔穴。小小的墓穴,长不过 1m 多,入葬者均高度屈肢安卧其中。墓地主人使用彩陶、木器、小件青铜器,它们精湛的手工纺、织、染技术,美观大方的几何形彩条,大、小方格纹装饰图案,其水平曾使现代纺织工艺史的专家们为之赞不绝口。在这片墓地内的出土毛织物中,还见到了初期的缂织工艺(通经断纬技术)。墓葬主人,据体质人类学专家测定、报道,既有白种人,也有蒙古种人,两种人在这里共生共处。而墓地屈肢葬传统,确曾是早期欧洲、中亚草原上流行的葬俗。

1993年,新疆考古工作者在天山北麓一带进行考古调查,于石河子采集到一件只有指甲盖大小的细石镞。燧石制成的小镞通体琢打出细密的鱼鳞纹,镞底与箭杆连接处,击打出一个深深的弧形凹槽。这别具特色的设计,规范的造型,所有细节,都显示着加工者的心计是一种文化思想的积淀。值得注意的是,这样一种类型特别的细石镞,在欧洲、亚洲西部草原,出土相当不少。这一类同,绝非偶然。而是表现着相同的工艺传统,说明着一种文化、观念的传承。这类细石器出现的年代很早,旧石器晚期即见;但它延续时间又很长。在石河子采集现场,则和卡拉索克式陶罐在一道,时代最迟在距今3000多年前。

较五堡墓地更晚一些,距今不足3000年,昆仑山脚下的扎洪鲁克墓地、吐鲁番盆地中的苏贝希墓地(公元前4～前3世纪)……不论是古尸形态,还是已经完成的传统体质人类学测量分析,都清楚传达着同一个历史信息:居民中的主体确为白种人。

也就是在这一时段内,在新疆伊犁地区发现过安德罗诺沃式的青铜斧、镰、刀,头戴高尖帽的青铜人;安德罗诺沃文化是公元前2000年以内在中亚西部地区广为分布的遗存,新疆见到这类文化遗物,自然表明其间的密切关系。在巴里坤兰洲湾子、伊犁、阿尔泰、天山北麓奇台、乌鲁木齐南山等地发现过多量青铜鍑。兰洲湾子铜鍑出土在一处大型石构房居址的下层,与彩陶器、小铜刀共存,据C^{14}测年,绝对年代早到距今2900年前,而这类铜鍑在东至蒙古草原,西到欧洲的广大地区内,是普遍都有发现的古代游牧民族的炊煮器,其造型、功能的一致,清楚表现着其间的紧密关联。天山巩乃斯河谷、阿拉沟古墓中出土的青铜祭祀台,在造型殊异的台盘中,有炭灰等烧火迹痕,而盘边或盘内停立的带翼兽、狮、虎、牛等形象,在伊塞湖周围及锡尔河、阿姆河流域,同样广为分布,这大量可能与祆教崇拜相关的文物,自然更说明主人们共通的信仰。在吐鲁番盆地中洋海青铜时代古墓地内出土的銎形青铜戈,在南西伯利亚卡拉苏克文化中同样出土。鄂尔多斯式野兽纹图像的青铜器、金器,在新疆准噶尔盆地周缘、吐鲁番、帕米尔东麓屡有所见,阿拉沟战国晚期古墓中见到了丝绣、漆器,在罗布淖尔、哈密五堡、阿拉沟等地早期古墓中发现过不少海贝。这些足以表明新疆大地与周围世界经济、技术、文化思想交流的出土文物,无一例外,其时代无疑都在公元前3世纪以前,较之汉通西域,是明显要更早的。

与新疆这些考古信息可以呼应,1976年在甘肃灵台白草坡发掘的一座西周墓葬中,出土过一件青铜戟,戟上人头像明显具有白种人特征。相类似的人物形象还见于陕西扶风西周宫殿遗址中出土的两件蚌雕。笔者在扶风考察参观中,曾得机会目验过这一珍贵的文物。这类夸张表现的深目高鼻白种人形象,作为一种艺术品,肯定有其生活基础。铸造、雕刻相关头像的人,必然接触过相关的白种人。否则,产生不了这样的作品。如是,一个逻辑的结论只能是:在公元前1000年,有关白种人的状貌在甘肃、陕西,也已引起人们的关注。

对上述罗布淖尔、哈密、且末县扎洪鲁克、吐鲁番盆地鄯善县苏贝希、天山深处阿拉沟等处出土人骨,曾进行体质人类学分析,人类学家肯定结论为:他们虽同属高加索人种类型,但细部特征还是有着差别。既有古典的北部欧洲居民,也有来自地中海周围的南欧及伊朗-阿富汗高原等不同的地区。当然,更多的、大量考古发掘的体质人类学资料也说明,在新疆大地上,公元前1000年后期,类型各别的蒙古人种居民又逐渐成了这片土地上占有更大比重的居民的主体。这一基本的蒙古人种与白种人共存共生、彼此交融的格局,是形成今天新疆大地上多民族并存、共同发展的历史基础。进入人类历史文明时期后,大量古文献记录同样说明这里居民民族成分相当复杂。他们具有不同语言、使用不同文字、经济生活各异、文化心态也不尽相同。也正是在这样的基础上,才出现了今天新疆多民族共居、共处的文化人类学的格局。这样历史悠远、色彩丰富的文化人类学资源,环顾国内外,确实可以说是少有的。研究人类自身的演化发展,认识世界上多民族、多文化格局的形成,从这里可以汲取宝贵的营养,自然也可以帮助人们撤除狭隘的民族排异心态。这样一个理想的研究空间,已经吸引了全世界人类学研究者的关注。许多国家的学者,很早就曾把关注的目光投射到这块大地上,希望利用这里干燥环境下完好保存下来的人类遗骸,进行体质人类学分析。近年,更利用最新的DNA遗传密码测定方法,展开遗传基因的分析、测序,将古代人类的DNA密码,与现代民族的遗传基因进行分析、比较,自然有望进一步深入认识不同民族的祖源、发展和彼此间的关系。

二、丰富的历史文化资源

距今2200年前后,在我国西部地区发生了一系列影响深远的军政大事。盛极一时的大月氏王国被原为其属下的匈奴击败,自河西走廊、新疆东、南部地区西走,联带驱动塞人西迁,匈奴、乌孙成了新疆历史舞台上新起的大角。西域大地政治呈现全新的色彩。匈奴势力急剧膨胀后,不仅西扩,同时也不断南向黄河流域进扰。

雄才大略的刘彻接位为汉武帝,设计了全新的战略:改被动防御、退守为积极进攻。通西域,联络月氏、乌孙,形成对匈奴的钳形包围,是这一战略中的重要环节。应时代召唤而出现的时代英雄张骞、卫青、霍去病等,大智大勇,不仅凿通西域丝路,在军事上严重打击了匈奴的进攻,迫使匈奴势力向北、西转移,最后也使汉王朝的大旗在西域升起。公元前1世纪60年代,汉王朝在这里派驻了西域都护,统领军政。自然而然,经过新疆进入西亚、南亚、欧洲的道路,发展、建设成为了在汉王朝有组织管理下的交通命脉。以往就存在民间分散、自发、接力棒式的联系方式,这时进展到一个全新的阶段:即有政府管理,供应给养,保障交通安全,从而使西域大地各绿洲城邦的政治、经济、文化史,自此掀开了全新的篇章。

这时的西域大地,塔克拉玛干沙漠周缘,散布着座座绿洲,它们或虽在沙漠腹地,却又是河流可及之处。绿洲大小不等,一座绿洲是一处自给自足的以农业为基础,有畜牧、手工业经营的经济实体,这就是汉文史籍中提到的"国",实际是一个个大小不等的城邦。根据使节报告,见载于《汉书》、《后汉书》"西域传"中的所谓三十六国、五十余国情况,最梗概地报道了这一政治形势。

通过100年来中外考古学者的工作,呈现在今人面前的历史文化信息,较干枯的文献记录远为鲜活:在罗布淖尔荒原、哈密五堡、且末扎洪鲁克、民丰尼雅、吐鲁番盆地中的苏贝希、阿斯塔那等地出土的大量古尸,生动显示着古代新疆地区的居民种族多源、民族复杂的面貌。除大量蒙古人种居民外,还有来自欧洲北部、地中海周围、伊朗—阿富汗高原等处的、特征各异的居民。从民族学角度分析,更是多种多样,他们不仅形貌有异、服饰不同,语言、宗教也各具特色。从存留至今的文字资料看,在和田绿洲上,汉、晋时期人们曾使用记录犍陀罗土语的佉卢文,南北朝至唐,则主要使用古和田文;在喀什绿洲一带,见过时代早晚不同的梵文,在库车绿洲,是乙种吐火罗语文,焉耆一带,是甲种吐火罗语文,昆仑山北缘达磨沟、尼雅、安迪尔、且末一带,既见早期的佉卢文,也见到和田文,若羌米兰,唐代一度是吐蕃的重要据点,这里大量出土的世俗吐蕃文献给人们描绘了吐蕃人的军事、政治、经济及日常生活面貌,在大量的吐蕃文献中,还有一件粟特文书,一件突厥字母书写的如尼文,显示了丝绸之路上鲜活的文化生活图景。至于吐鲁番盆地,出土的各种古代文献达17种以上,除上述各种文字外,还有西夏文、较晚期的回鹘文、较多的粟特文。

我们在上面列举了主要为印欧语系的古代文献,部分阿尔泰语系文献,却没有提及汉文。实际古代汉文文献,在新疆大地是使用最早的一种文字。而且,作为中原王朝官方主体文字,在这里出土数量也更多。粗略统计一下,在楼兰,汉晋简纸文书即达709件,其他瓦石峡、尼雅、安迪尔、沙漠深处的麻扎塔格、丹丹乌列克、天山南麓的巴楚托库孜萨来、新和县的都勒杜尔·阿胡尔(这里一处遗址汉文书即达200多件)、库车的库木吐拉、拜城克孜尔、焉耆锡克沁等无不见汉文书资料出土。吐鲁番阿斯塔那古墓地出土晋-唐时代文书,数量近达3000件。自汉晋至唐、宋时期,新疆各处可以说都见到汉文文书。汉代精绝王室曾使用汉文进行交际、应酬,中原大地的小学课本"仓颉篇",在这里也一样使用。元代董本《西厢记》刚刚在中原大地问世,且末县境的塔地让元代遗址中,就有了书体精妙的手抄本。这些随手拈来的例子,深刻而显明的揭示着在久远的1000多年中,汉文化在新疆地区不仅是重要的存在,而且在社会思想文化生活中发挥着十分深重、巨大的影响。

干燥的环境,不仅保存了易于损毁的古代简纸文书,而且保留下大量作为当年政治、经济、军事中心的城镇古堡。除高昌、交河、安西、北庭、楼兰、尼雅这些人们熟知的古代丝路重镇外,可以说每个县、每个绿洲居民点附近,都可以觅求到这类古代城镇、聚落遗存。在于阗县境,进入塔克拉玛干沙漠深处近300km,近年发现了汉代圆沙古城,在尼雅废墟红柳沙包丛中,汉精绝王国的古城也浮现出沙海。其他如安迪尔古城、营盘古城、轮台县第纳尔河下游,新和、沙雅南部盐渍荒漠,都有不少古代城堡。在孔雀河谷、塔里木河沿线古燧相继相望。每一座城镇废墟下面都埋藏着许许多多古代历史信息。

与显目的古代城镇相依相伴,有大量佛教寺院,它们虽然曾在历史上的宗教冲突中遭遇过毁灭性的破坏,但仍然在显露当年曾有的辉煌。如喀什地区疏附县乌帕尔艾斯热提毛拉山、卡克马克河边的三仙洞、伯什克拉木乡的摩尔佛塔、叶城县的棋盘山、新和县的都勒杜尔·阿胡尔、库车县的库木吐拉、克孜尔尕哈、苏巴什、森木塞姆、拜城克孜尔、焉耆锡克沁、吐鲁番伯孜克里克、吐峪沟、胜金口、交河沟西、桃儿沟、哈密白杨沟、北庭西大寺、罗布淖尔地区、楼兰城中高耸的佛塔,阿尔金山脚下的米兰佛塔及其中闻名世界的有翼天使,安迪尔佛寺,尼雅遗址中不只一见的佛寺,丹丹乌列克废墟中一区区并列的佛寺、佛画遗存,墨玉扎瓦等等,这遍布全疆各处的佛教遗存,表明在公元10世纪伊斯兰教进入新疆之前,新疆大地确曾是一个佛音缭绕、香火弥漫的佛教文化世界。

与梵音缭绕的佛寺相邻相杂,许多地方还可以见到摩尼教、火祆教、道教、景教、传统的萨满教活动的遗存。20世纪80年代末,吐鲁番文物保管所进行伯孜克里克石窟维修,发现了三件摩尼教徒用粟特文书写、呈寄给摩尼教东方教区主教的致敬信,表明直到公元11世纪,吐鲁番地区仍是摩尼教的重要活动中心之一。高昌古城、伯孜克里克石窟寺也是摩尼教的重要活动基地。这些不同的宗教文化,表明人们追求着不同的思想解脱的途径。

在上述城堡遗址、墓穴、佛寺洞窟中,既可以见到中原大地的育蚕、织丝技术,牛耕、凿井工艺,汉医药,金属冶炼,茶、漆器、铜镜等来到西域的消息,也可见到西方的鍮石、香料、玻璃器,西域的毛纺工艺、骏马佳驼、干鲜水果,自然也可以从中窥见它们沿着丝绸之路进入黄河流域各地的痕迹。全国各族人民的经济文化生活,都因此而进一步丰富、改善、提高。

西域大地音乐、舞蹈、绘画艺术、杂技百戏,富有特色,进入中原后,受到热烈欢迎,并成为时尚,西域的杂技、魔术,是汉代上及宫廷、下至民间广大民众追求的新的艺术享受。隋唐时期的宫廷乐舞中,来自新疆地区龟兹、疏勒、于阗、高昌的乐舞占有很大比重。"心应弦,手应鼓,弦鼓一声双袖舞"的胡旋舞,唐代曾经风靡长安闹市。西域以晕染表现光影的绘画技法,也深深影响过当年中原的画风。

公元11世纪以后(吐鲁番、哈密地区最晚到15世纪),伊斯兰教逐渐统治了新疆大地。清真寺的穹顶、尖塔,绿色琉璃瓦、洁净的白色石膏雕花,逐渐成了新疆大地上一统的文化象征。标示着自此以后,新疆各族人们的精神文化生活,步入了一个全新的历史时期。阿拉伯、波斯传统文化伴和着伊斯兰文化,对新疆大地产生着更深的影响。

正是植根在如是悠久、多源、特色各异的历史文化基础上,才最终形成、出现了呈现在今日世人眼前、任何地区都难以相比的新疆多民族杂居共处的生活局面。大略观察这里的不同民族,甚至生活在不同地区的同一民族,人们都不难捕捉到不同的状貌特征,不同的服饰,各具特色的生产、生活习惯,别具一格的语言、宗教,具有个性的音乐、舞蹈,真正是异彩纷呈,光彩夺目。

三、开发与保护历史文化资源

1. 文化资源的保护

新疆特别丰厚、具有浓烈地区特色的历史文化资源,不仅是新疆各族人民迈向新时代的基础,而且是他们建设新生活的重要财富。世界各国及祖国内地人民,不远千万里前来新疆进行考察、旅游,正是寄希望在这里能够汲取到其他地区难以觅求的历史、文化养分。

新疆各级政府、相关管理部门,感受到这一历史的责任,现实的要求,在保护历史文物、民族文化传统的宏伟工程中,做了大量的工作,取得了很大的成就。只从历史文化研究角度看,经过多年调查,据不完全统计,全疆各地已经发现各类历史文物遗址4000多处。重要的文物遗址,大都有了专职的管理机构、管理人员。安西、北庭都护府,楼兰、尼雅、高昌、交河故城,克孜尔、库木吐拉、伯孜克里克石窟寺及艾提卡尔清真寺、阿帕和加墓,都被列为了国家重点文物保护单位。另有239处文物点,被列为自治区的重点文物保护单位。近2000处文物点被确定为县级文物保护单位。这些不同等级的文物遗存,都建立了相应的保护机构,安排专人进行保护。从民俗文化资源角度分析,民族文物同样受到关注,民族传统受到尊重,优秀传统文化得到弘扬。公元11世纪默罕默德·喀什噶里的巨著《突厥语大辞典》,同一历史时期的玉素甫·哈斯·哈吉甫的长诗《福尔智慧》,以及柯尔克孜族史诗《玛纳斯》,蒙古族史诗《江格尔》都已经整理、出版;叶尔羌汗国阿曼尼莎汗收集整理的《十二木卡姆》、维吾尔族的麦西来甫、哈萨克族的阿肯弹唱、回族的花儿、柯尔克孜族的库木孜、塔吉克族的鹰舞等等,都是新疆艺苑中各具特色的花朵,得到继承、发扬。多民族的多元文化丰彩,让人目不暇接。

2. 存在问题

自然,新疆在迅速发展、日新月异的开发建设高潮中,也产生着新的矛盾和问题。

(1) 我们以历史文物遗存为例进行分析。西部大开发,大批基本建设工程如铁路、公路、石油、水库、城市建设工程上马,与一些历史文物古迹保护产生了直接的冲突。这方面,国家虽早有十分明确的政策,要求在设计基建工程时,一定要既保证基建,也要注意保护文物,要两利,不要只顾一头。强调文物古迹是历史文化的载体,在基本建设施工中,不能以牺牲优秀文化传统、牺牲精神文明建设为代价,去换取一时的经济发展。但在实践中,许多部门往往更多想着现实的经济建设的要求,将经济利益放在第一位,而把文物保护视为额外的负担。正是出于这种错误思想与认识,我们看到了吐鲁番安乐城被砖厂吞噬,库木吐拉石窟为水库侵蚀,安西都护府故址不断被破坏,一些古城、古代居址,慢慢化成了肥田的材料。也是在这一认识指导下,在兰新铁路提速工程、南疆铁路工程中,都曾有过古代重要遗存被毁坏的教训。这种实际工作中轻文物、重经济建设的思想,其短见、不足,随着经济建设的发展,人们物质生活水平不断提高,对精神文化要求日愈强烈、迫切,而会更加显示得清楚。但那时,已被破坏、毁灭的文物遗存,却已经永远消失在新疆的大地上,而成为永远无法弥补的遗憾。

(2) 从实践中观察到,目前,导致新疆文物古迹被破坏、遭毁损,主要还不是有序组织下、有相当文化素养的旅游者,而是在文物贩子的支使下,普遍存在的文物盗掘。笔者2000年最后两个月在南疆地区走马观花看过不少地方,盗挖古墓的情况,真是令人触目惊心。这是以往少见的情况,这股盗掘文物之风应采取有力措施予以强力打击,否则对新疆文物遗存造成的破坏,对古代新疆历史文化研究可能产生的严重影响,确实是难以估计的。

3. 文化资源的开发

一个让人高兴的现象是,20世纪80年代以来,随着改革、开放的形势发展,到新疆旅游的人流一年盛过一年。草原、沙漠、高山大漠构成的丝绸之路及沿途古迹上凝集的历史文化印迹,独具个性的民族风情、音乐舞蹈,都成了各方面人士追寻的目标。楼兰、尼雅,交河故城,克孜尔石窟,以及艾提卡尔、阿帕合卓玛扎等,这些不同时期,不同性质的历史文化的代表物,一时间成了人们向往的旅游圣地。旅游,不仅帮助人们更深的了解新疆,了解了它的历史、文化,也为当地的经济发展带来了活力。这自然是应该大力支持的新兴产业。旅游经济发展,无疑也大大提高了新疆各族人民对古代文物的历史价值及在经济发展中发挥重大作用的认识,人民群众保护文物的自觉意识因此也随之提高。他们清楚地感到,当年身边的那些断壁残垣、遗址废墟竟有着无法估量的、巨大的珍贵价值。还可以直接帮助改善自己的经济生活。旅游,在这一点上,确实可以促进文物的保护。因为,说到底,最有效的文物保护,还在于人民群众总体文化素质的提高。虽然,具体到某一个点,在一定时间内,旅游与文物保护要求可能形成一定矛盾(如石窟中进入的人太多,碳酸气会对壁画产生影响;古城中人流过多,会对遗迹带来一些难免的破坏、污染等等),但这只是发展中出现的矛盾。实事求是的评价,这些在故宫、敦煌已经发生的矛盾,在新疆还远远构不成严重的现实的问题。新疆如此宽广的地域,与每年的旅游者实际比较,旅客还是很小的数字,可以发展的空间还十分巨大。即使在某一个点上,一时人多,也完全可以通过科学的管理、控制并实施适度的开放,做到既可满足旅游者的需要,又无损于文物保护的要求。

　　具体分析旅游经济发展与文物保护工作的矛盾,目前在新疆,主要大概还在于经济利益的分配。这是一个更实质性的问题。对此,文物部门应注意文物的社会效益,注意文物在精神文明建设中的积极作用,应真正把这一点放在第1位。而国家财政,也应随着经济的发展在文物保护工作中增加投入。文物,只有保护好,才能利用好,才能为旅游经济发展提供条件。旅游部门在旅游经济发展后,责无旁贷应在旅游收益中拿出适当的部分,支持相关的文物保护事业。新疆面积占全国的1/6,历史文化、丝绸之路及民族民俗文化资源特别丰富,特色鲜明。旅游经济虽已有长足发展,但每年来新疆旅游的人数与实际可以接待的人数相比较,余地还是十分大的。在目前人们对新疆还了解不多,对新疆历史、文化了解不深,对古代丝绸之路文化认识还不足的形势下,采取比较开放的态度,支持新疆旅游业的发展,还是应该坚持的主要一环。

参 考 文 献

伊第利斯等.1997.吐鲁番盆地交河故城沟西台地旧石器地点.载:新疆文物考古新收获(续).乌鲁木齐:新疆美术摄影出版社
新疆博物馆等.1985.塔什库尔干县吉日尕勒旧石器时代遗址调查.新疆文物,(1)
王炳华.2000.深藏在阿尔泰山中的远古文明.丝路游,(1)
王炳华.1983.孔雀河古墓沟发掘及其研究.新疆社会科学研究,(1)
王炳华.2000.哈密古墓地发掘简况.载《考察与研究》第四辑.上海:上海科学技术文献出版社
王炳华.1993.新疆地区青铜时代考古文化试析.见:丝绸之路考古研究.乌鲁木齐:新疆人民出版社

尹盛平.1986.西周蚌雕人头种族探索.文物,(2)
韩康信.1993.新疆古代居民种族人类学研究.见:丝绸之路古代居民种族人类学研究.乌鲁木齐:新疆人民出版社

第十二章 农村经济发展与特色农产品开发

一、农村经济发展现状及存在的问题

自改革开放以来,新疆农村经济发展迅速:1978~1998 年的 20 年中,新疆粮食年总产量由 370 万 t 增加到 830 万 t,粮食单产由每公顷 1500kg 增加到 4890kg;棉花年总产量由 5.5 万 t 增加到 149.2 万 t,棉花单产由每公顷 360kg(皮棉)增加到 1569kg;肉类年产量由 12 万 t 增加到 71 万 t。新疆已成为国家最大的商品棉基地。农村农民年收入由人均 199 元增加到 1612 元。新疆农村经济发展取得了重大成就。

但是,新疆农村经济发展与全国特别是与我国东部地区的差距越来越大,产业结构层次低下,主体作物的产出效益不断下降,用地矛盾及农业环境问题日益突出。

(一) 新疆农村农民收入与全国农村农民收入差异越来越大

1978 年新疆农村农民收入高于全国农村农民收入 65 元,名列全国农村农民收入的第 3 位,1980 年新疆农村农民收入还高于全国农村农民收入 6 元,名列全国第 10 位;1985 年新疆农村农民纯收入已低于全国农村农民收入 3.3 元,名列全国第 11 位;1995~1998 年新疆农村农民收入低于全国农民收入达 500 多元,名列全国农村农民收入第 25 位。新疆农村经济如何发展才能缩小与全国农村经济发展的差距,已成为一个重大的课题,严峻的任务。

(二) 新疆农村经济产业结构层次低下

新疆农村经济产业结构层次低,低于全国农村产业结构的水平。在新疆的农村劳动力就业结构中,第一产业占农村劳动力的 90.3%,第二产业占农村劳动力的 3.4%,第三产业占农村劳动力的 6.3%。而全国农村第一产业劳动力占 70.3%,第二产业劳动力占 13.6%;第三产业劳动力占 16.1%。由于新疆农村产业结构层次低,造成农民收入结构单一,与全国农民收入差距越来越大。新疆农村农民收入与我国东部发达地区差距更大,1998年我国东部地区农民人均收入3222元,新疆农村农民人均收入为1600元,与我国东部地区农民收入相差1622元;在农民收入结构中,东部地区农民报酬收入人均1294元,而新疆农民收入中的报酬收入只有84.7元。由于新疆农村农业资源开发被局限在狭小的种植业范围内,使得农民收入的增加途径过于单一化。

(三) 新疆植棉业的投入产出比不断下降

植棉业是新疆特色农业的代表,是新疆农业资源开发的支柱性产业,可占新疆农林牧渔产值的1/3,对地方经济发展和农民收入提高发挥过重要作用。但从1990年以来,新疆棉花生产投入产出比一直下滑不止:1990年为1:3.7;1995年为1:2.8;1996年为1:2.0;1997年为1:1.8;1998年为1:3.7;1999年为1:1.15。这给新疆特色农业开发又提出了严重的问题:新疆的特色农业开发途径何在?

(四) 新疆人工绿洲资源稀缺,农业用地与非农建设用地的矛盾不容忽视

新疆是干旱地区,人工绿洲面积受水资源的数量和水资源利用技术水平的限制,人工绿洲面积不可能任意扩大,目前新疆人工绿洲的人口密度已经达到275人/km^2,与我国湖南、安徽等省的整个国土面积的人口密度差不多。新疆耕地面积与建设用地面积比为2.3:1,个别地区,如喀什市耕地面积与建设用地面积比为1.8:1,和田市为1:1。这就反映了在新疆人工绿洲的用地结构中,吃饭与建设的用地矛盾相当大。由于受新疆地广人稀认识的误导,新疆节约用地的观念比较淡薄,例如,农村建设用地占新疆建设用地的26.7%,人均农村村庄建设用地面积高达377m^2/人,大大超过全国人均村庄用地高限指标150m^2/人的2.5倍。像和田地区人均耕地只有1.5亩,而人均村庄用地达347m^2/人。可见,新疆农业资源开发中,对土地资源的开发利用要进行再认识:新疆人工绿洲面积是有限的和宝贵的,要认真对待和处理土地资源利用中吃饭与建设的问题。

(五) 新疆农业发展与环境保护的矛盾突出

20世纪是新疆绿洲农业大发展的世纪。20世纪初,新疆耕地面积不足66.7万hm^2,到新中国成立前夕,新疆耕地约有120万hm^2。新中国成立后的50年里,新疆耕地已增加到400万hm^2,人工绿洲也相应达到约6.2万km^2。引入人工绿洲的水资源量约达500亿m^3,按新疆地表水、地下水可利用水量775亿m^{3}计算,目前引用水量已占可利用水资源量的64.5%。与此同时,新疆生态环境发生了巨大的变化:罗布泊、台特马湖消失了,玛纳斯湖干涸了,艾比湖在萎缩,塔里木河下游已长期断流,致使塔里木

河下游绿色走廊濒临衰亡。

1949年时,塔里木河3条主要源流河流(即阿克苏河、叶尔羌河、和田河)流域,尚只有耕地430多万亩(1亩=666.6m²),而今天该源流河流域的耕地已达840多万亩,50年中,耕地增加了410多万亩,以当地毛灌定额平均1000m³/亩计算,则意味着在源流区相应增加了40多亿m³的引用水,这正是塔里木河下游断流的最根本原因。

艾比湖在日渐萎缩,它那裸露的湖滩地,土层疏松,含盐量大,正是阿拉山口风尘沙暴的物质来源。1998年4月间艾比湖扬起的那场沙尘暴席卷了半个中国。艾比湖曾有6条源流河,现在已有4条河与艾比湖断流。1949年艾比湖的源流河流域内的耕地仅有32万亩,湖面积约1200km²,现在,艾比湖源河流域内有320多万亩耕地,农田引水量已达到20多亿m³,艾比湖面积萎缩到500~600km²。全年流入艾比湖的水量只有近6亿m³左右,这一水量仅够湖面水的蒸发平衡所用。如果艾比湖源流流域不节制水土开发,继续盲目引水采水,势必导致艾比湖不断萎缩,天山北坡的环境问题将更加严重。

二、农业资源开发中应处理好几个关系

(一) 农业优势资源与劣势资源的关系

新疆农业具有许多资源优势,如土地、光、热资源丰富,是发展农业的良好基础,但是,新疆农业也具有劣势资源,如水资源、资金、技术、信息资源等,成为新疆农业发展与开发的限制性因素。

在新疆农业资源大系统中,由于存在着优势资源与劣势资源的因素,使得农业资源开发的关系复杂化:资源相互依存,相互制约,对于一个既有农业资源优势,又有农业资源劣势的系统,可以用著名的"木桶效应"来比喻,一个由长短不一的木板拼制成的木桶盛水量的多少,不取决于木桶最长的一块木板,而是在于最短的一块木板,为了增加木桶的盛水量,就得对最短的木板进行补短,或叫做"扬长补短"。同理,新疆农业资源开发,应该有针对性地分析与研究农业资源,找出其中最短缺的资源,便是农业开发的关键。过去,人们对新疆具有优势资源津津乐道,常常以农业优势资源之长掩盖劣势资源之短,制定规划、确定开发项目总是按优势资源来布局规模,而忽视农业劣势资源的补短问题,例如,新疆水资源是劣势资源,而水又是新疆农业资源开发中的关键,如何将新疆水资源的劣势转变为优势,这正是农业开发的首要问题。新疆在20世纪80年代末,曾进行大量的水土开发,结果是开荒不增地,一边开荒,一边弃耕。这一方面是由于没

有真正认识到水资源处于劣势的严重性,另一方面是在水利基础建设方面的投入力度也不大。国外的经验表明:农业资源优势不是农业发展的惟一条件,而往往农业劣势资源成为农业发展中的主要矛盾。以色列的水资源是劣势资源,然而以色列通过节水技术攻关创造出举世闻名的现代化节水农业技术,成为发达现代农业国家。荷兰的土地资源是劣势资源,该国通过集约高效用地而成为国际上发达的农业出口大国之一。

新疆在农业资源的开发中,特别要重视对农业劣势资源的优化开发,变资源劣势为资源优化利用。

(二) 农业资源开发中种植业与养殖业的关系

在农业资源开发中,要处理好种植业与养殖业的关系。在国外发达国家中,种植业与养殖业的比重是养殖业远大于种植业,西欧畜牧业比重一般在60%~70%,英国、荷兰、德国、丹麦等国家达到70%~80%。

在国内,随着经济的发展,人民生活向小康水平发展,养殖业发展较快,国内养殖业达到40%的农林牧渔产值的省区有:上海市为56.5%,福建为49.72%,山东为47.6%,北京为46.48%,广东为46.1%,湖南为45.4%,辽宁为44.06%,江西为44.5%。而新疆的养殖业只占农林牧渔产值的20.2%,新疆号称全国5大牧区之一,然而新疆养殖业为何落后呢?关键是没有处理好发展种植业与发展养殖业的关系。新疆历来认为畜牧业就是草原畜牧业,而且停留在典型的粗放型畜牧业阶段。由于草原牧业受草原季节不平衡矛盾的限制,不仅冷季草场牲畜超载严重,夏草场也严重超载,致使草场退化,而开发改良草场难度又大,因而新疆的畜牧业最终必然与农区种植业结合起来,才有出路。世界畜牧业发展趋势表明:畜牧业也与农业一样,必须集约化经营,农区要实行农牧结合,并在种植业上加以保障。当今,世界约40%的粮食用于饲料,其中发达国家的粮食用于饲料的比例为65%,发展中国家为20%,而最贫穷国家却只有2%~5%的粮食用于饲养。在美国就很重视饲草的生产,在干草的总产量中,2/3是苜蓿。苜蓿在美国除了使草田轮作改良土壤外,还是优化农牧结构的重大措施。如果新疆种植业安排30%的面积种植草料(1500万亩),可以生产出1800万t干草,或饲养3600万头标准畜(羊单位),可新增产肉量54万t,还可增羊毛7万t,其产出效益不亚于棉花,更何况1年内还有3600万t畜粪可返还农田。此外,畜产品加工链长,增值系数大,可以推动农业产业化发展。

(三) 种植业结构与轮作倒茬耕作制度的关系

在国内外证明,轮作倒茬是一种改善土壤肥力状况、防治病虫害的一项行之有效的耕作制度。甜菜是对轮作要求最严格的作物。据原苏联甜菜所试验资料表明：当甜菜轮作比为10%时,甜菜5年内的年平均产量为2.2t/亩,含糖量为18.8%；当轮作比例提高到20%和30%时,其产量相应减少0.34t/亩和0.63t/亩,含糖量降低0.5%,一般要求甜菜的轮作比以10%为宜。棉花种植也必须考虑轮作倒茬的要求,国内外的经验同样证明这一事实。山东曾经是我国棉花生产大省,曾12年为全国棉花总产量第一,1984年达到生产皮棉172万t。山东虽然是一个拥有亿亩耕地的大省,但当时植棉区主要集中在鲁西北地区,鲁西北地区总耕地面积为4000万亩,适宜种植棉花的土地只有2800万亩。1984年山东棉花种植面积已达2568万亩,棉花面积占鲁西北宜棉地的80%~90%,为山东棉花崛起做出了巨大贡献。但是,棉花生产过于集中后,轮作制度难以执行,病虫害危机暴发,地力下降,化肥、农药投入成本增加。直到1998年,山东的棉花成本构成中,有害生物防治成本占物质费用的30%,植棉效益低下,使山东棉花生产难以持续发展,最终失落棉花产量全国冠军的位置。

国外也有类似的教训。以乌孜别克斯坦为例,原苏联疆域广大,但只有中亚一带可以植棉,当时实行高度的计划经济,每年下达的计划棉花种植面积过分扩大,以致无法实行轮作倒茬。1988年乌孜别克棉花种植面积占耕地面积的67.4%,由于土地多年连作,造成病虫害加剧,棉田用药量也越来越大。据1990年统计,乌孜别克斯坦的棉田使用杀虫剂达每公顷20kg(即1.33kg/亩),超过了原苏联农田平均农药用量的7倍以上,并造成环境及水资源的严重污染。据乌孜别克斯坦科学试验表明：合理轮作可以恢复地力,提高产量10%~25%,减少化肥施量1/3。于是在总结经验的基础上,适当减少棉田面积,重新恢复了轮作制度。

目前新疆棉花生产没有考虑轮作倒茬的要求,全疆现有耕地中,约有2400多万亩在宜棉区,而新疆现有棉田面积已超过1400万亩,占宜棉区耕地面积的60%左右,这种种植结构显然不利于轮作制度的实施,几年来,新疆棉花病虫害越来越严重,这与贯彻轮作制度不力不无关系。

(四) 新疆农业资源开发与提高劳动生产率的关系

新疆农村经济产业结构层次低,主要是因为新疆农业的劳动生产率低。马克思曾指出："超越劳动者个人需要的农业劳动生产率,是一切社会的基础。"又说："社会用来生产小麦和饲养牲畜等所需要的时间愈少,用来进行其他的生产——物质和精神生产的时间就愈多。"由于新疆农业劳动生产率低,1亩小麦需用8个工日,1亩棉花需用23个工日,1亩林果需用40个工日。特别是棉花生产,从1957~1988年的劳动生产率甚至没有提高：1957年每农业劳动工日生产4.2kg皮棉,而1998年为4.19kg皮棉,由于近7~8年中棉花生产面积迅速扩大,已占新疆耕地面积的1/3,棉田用工量是粮食作物用工的3倍,林果业用工是粮食作物的5倍。根据计算,在新疆现行种植面积、作物结构和劳动生产率水平条件下,每一个种植业劳力需要负担222工日的用工量。在农时季节,农村劳动力的全部劳动时间被种植业占用,甚至当地的机关干部和学校学生要停工、停课去支农,还要雇用区外临时工。这表明,由于新疆农业劳动生产率低,社会用来生产小麦、棉花及畜牧业的时间多了,而用来发展农村二、三产业的时间少了。所以,在农业资源的开发中,必须把开发农业资源的劳动生产率当作头等大事来抓,农业劳动生产率高了,农村产业结构调整才有可能,农民增加收入才有基本条件。而农业劳动生产率是与农村劳动者的素质及技术装备水平有着密切关系的。马克思曾说过:"劳动生产率不仅取决于劳动者的技艺,而且也取决于他的工具的完善程度。"因此,农业资源开发必须从提高农业劳动生产率出发,正确处理农业资源开发规模与提高农业生产率水平的关系,以防止低劳动生产率水平的开发,做到提高劳动生产率与提高农民收入水平的一致性。

三、特色农产品的开发

(一)特色农产品的内涵

在经济全球化的背景下,作为特色农业必须具备以下几个特征:

(1)特色农产品具有质量优势。特色农业产品必须具有市场认可的标准品牌,农业产品的标准化是质量的保证,因此,特色农产品具有标准化特征。在一定意义上讲特色农产品应该是在标准化的基础上创造名牌,实现特色农产品的名牌化。

(2)特色农产品具有规模优势。特色农业产品应具有市场规模效益,对市场产生较大的影响能力。在严格的检验、包装、加工与运输的要求基础上,保证质量的一致性、稳定性条件下能形成大批量生产能力和供给市场的能力。

(3)特色农产品具有低成本、高效特征。特色农产品在同等质量标准条件下具有低生产成本的经济优势。特色农产品低成本是参与国内外市场竞争的关键条件。例如,在同等质量标准条件下,在同样的市场价格水平中,如果新疆棉花农产品成本低于国际市场,则新疆棉花产品无疑就具有国际市场竞争优势。

(4)特色农产品具有生产的高组织化特征。这种组织化是按市场机制形成的,由企业或公司牵头,按照自愿互利原则组织统一标准要求,社会化服务、分工协作,使产、加、销和科、工、贸联结为一体,实行利益一体化,这就是特色农业产品要求的产业化开发。

所以,特色农业是能充分发挥当地资源优势、符合市场质量标准、具有规模经济效益、并符合生产化要求的名牌农业。

(二) 特色农业产品开发项目综合评判与发展规模分析

根据我们对特色农业产品内涵的理解,可以应用定性、定量的方法对本地区提出的预计为特色农产品开发项目清单进行综合评判分析,从中筛选出合符要求的开发项目。之后,对选出的项目进一步进行开发的发展规模分析,这种分析是很有必要的,新疆发展特色农业的实践已证明了这点。

进行决策特色农产品开发项目的难度大。从众多的可供选择的特色产品中选出一种或几种产品项目,是一个复杂的问题,因为决策特色农业开发产品,涉及目标的选择、对优势资源的发挥程度、对制约因素的受限制程度进行综合评判。例如:在目标的选择上,特色农业产品开发有其社会目标:脱贫、致富,提高劳动就业,提高物质生活水平,有利社会稳定和精神文明建设,社会受益面广泛等。有经济目标:增加农民收入,增加企业收入,增加地方财政收入,扩大市场份额与出口创汇等。有生态环境目标:有利改善环境,抗御自然灾害,增加抗逆能力,资源可持续利用等。就目标而言,在发展特色农业产品时,经济、社会、生态环境 3 个目标如何正确掌握,不可偏废。如果为了突出经济目标,只是少数人富了,多数人不受益,社会目标没有考虑公平、稳定,生态目标上没有考虑环境的不断优化改善,这种目标选择显然是不正确、不可持久的。所以,在特色农业开发目标选择上,一定要正确选择目标中各考虑因素的权重,并使所选项与目标要求有较好的适合度。

在优势资源的发挥程度上,所列开发项目清单中每一个具体项目的适合程度也不尽相同。各地的资源优势内容也不相同:光、热、水、土、生物、技术、人才等状况各不相同,所选每个项目因此就会对不同的资源有不同的发挥程度,因而对资源发挥程度进行综合比较,自然就产生了分析的复杂性。在劣势资源受制约程度分析上,所列开发项目清单中每一具体项目受到的约束程度也同样是不尽相同的,如受资金、技术、市场、运输、人才、管理等因素的制约程度及对其综合分析,也是比较复杂的问题。

综上所述,特色农业产品开发是一项复杂的系统工程,用传统的分析方法会遇到很大的困难,好在现代科技的发展,电子技术的进步,有可能应用现代科学技术来帮助我们做出比较正确的抉择。这种综合评判的数学方法很多,人们可以根据实际情况去选择较实用的分析方法,如综合分析模糊评判、层次分析方法等,这里不作详细介绍。

在选出特色农业产品开发项目后,还有一个确定特色农业开发规模的问题。特色农业产品开发规模同样是一个复杂而重要的问题。选准了特色农业产品项目,只是开发项目决策的第一步,特色农业开发规模的选择才是开发项目决策的第二步。例如在种植业中要抉择出某种作物为新疆的特色农业,譬如新疆选择了棉花,那么在新疆作为特色农业的棉花应该安排多大的开发规模?首先,应该考虑新疆棉花的市场有多大,市场需要什么品质标准的棉花?棉花市场分布在何处,棉花的市场价格趋势如何?新疆棉花能达到市场标准的可能规模有多少?棉花生产的预计效益有多大?其次,在新疆种植业内部,要考虑棉花种植面积与其他作物比例应该是多少?怎样保证棉花与各种作物均能满足市场要求和作物轮作倒茬的要求,劳力、资金、资源分配的协调要求。同时,在棉花产业内部,要使农民、企业、公司的利益全面协调,并做到公平与效益兼顾,使产、加、销、贸、工、农协调发展……,如此等等,它就是一个棉花生产规模优化问题。在现代科学技术条件下,是可以适应系统分析与系统工程方法来解决的。这里只指出在决策如新疆对棉花这类的特色农业开发发展项目时,完全可以先期运用科学的决策方法来避免决策上的主观随意性。

(三) 新疆主要特色农业产品资源与开发方向

1. 特色农业产品资源分类

新疆地域辽阔,具有独特的自然生态环境,可开发的特色农业资源十分丰富,只要科学技术、人才、龙头企业、资金、市场条件成熟,即可以开发成众多的新疆特色农业产品。现将部分正在开发或待开发的特色农产品资源加以初步分类:

(1) 粮食类:特种优质小麦、特种优质玉米、优质稻米等;

(2) 油料类:"双低"油菜、油葵、红花、花生等;

(3) 特色经济作物类:棉花、甜菜、亚麻、香料、烟等;

(4) 瓜菜类:番茄、胡萝卜、土豆、打瓜籽、甜瓜(哈密瓜)、洋葱、大蒜等;

(5) 林果类:葡萄、香梨、杏、无花果、石榴、核桃、枸杞、巴旦木、仁用杏、沙棘、红枣等;

(6) 中草药类:甘草、红花、麻黄、罗布麻、党参等;

(7) 饲草作物类:苜蓿等;

(8) 养殖类:牛、羊、马鹿、珍禽、虹鳟鱼、鲫鱼等;

(9) 花卉类:鲜花、盆花、盆景、草坪等;

(10) 食用菌类:蘑菇、平菇、香菇、阿魏菇等。

以上所例举的仅仅是新疆部分可开发的特色农业产品项目,人们应根据特色农业的内涵及形成的条件,根据各地的实际情况进行具体的开发和选择论证,并在试验示范的基础上逐步推广,促使特色农业持续、稳定、高效地发展。

2．部分特色农产品特性与开发方向

现将新疆有代表性的部分特色农产品资源的特性、分布与开发方向分别介绍如下。

(1) 粮食类

1) 大豆——原产于我国。其营养价值高,籽粒中含有40%左右的蛋白质,20%左右的脂肪,30%~33%的碳水化合物,还含有为人体所需的8种氨基酸。其中赖氨酸含量为7.38%~7.66%,谷氨酸含量为17.86%~19.40%,蛋氨酸含量为0.92%~1.00%。每公斤豆蛋白含量相当于2.4kg瘦牛肉或4.5kg猪肉的含量,人称植物油。大豆脂肪只含有脂醇,不含胆固醇,并含有大量亚油酸、亚麻酸,有防止胆固醇高而引起的心脑血管病的功效。主要分布在新疆昭苏、巴里坤、阿勒泰、塔城、博乐、奇台、昌吉、石河子、乌苏、沙湾、焉耆、拜城、乌什、库尔勒、阿克苏、喀什、和田、哈密等地。开发方向为深加工。大豆综合加工利用范围广泛,除直接食用,还可加工豆腐制品、豆浆、豆油、酱类、豆奶制品及医药用、造纸、涂料、胶片等制品。

2) 玉米——玉米是高产作物,可作食粮、工业原料、饲料。目前世界上生产的玉米籽粒70%~80%作为饲料,10%~15%为人们的食用,10%~15%作为工业原料。玉米的脂肪含量很高。玉米在加工业和医药上的用途很广泛。玉米在全疆各地区均可种植。今后主要应深加工为淀粉、糖浆、葡萄糖、抗生素、酒精、醋酸、丙酮、丁醇、糖醛、玉米油、肥皂、油漆等。

(2) 油料类

1) 向日葵——油料作物,是耐旱、耐寒、耐盐碱、耐瘠薄作物。向日葵籽粒含油率高,一般达35%~40%,且油品质好,不饱和脂肪酸含量达89.4%,其中亚油酸含量为73.9%。向日葵油除食用外,还广泛用于油漆、洗涤用品、染料、制药、纺织、造纸等工业,经适度氧化后还可用来造人造奶油和乳酪。向日葵在全疆各地均有种植,是仅次于油菜的第2位油料作物。1996年的种植面积达82.73千hm^2,总产达16.9万t。今后主要应加工为油漆、洗涤、食用、制药、纺织用原料。

2) 红花——红花为菊科1~2年生草本植物。花色鲜红油润,既可采花,又可收籽,一般品种含油率为23.8%~33.8%,油用型红花一般含油率为30%~35%,油脂中亚油酸含量占73%~78%。红花油制作冷饮、凉拌均有广泛食用价值。红花油含亚油酸量高,药用价值大,具有降血脂、软化血管的作用,可稳定血压,促进微循环,对防治高血压、高血脂、冠心病有疗效。工业上用于配置油漆、清漆、印刷油等。在医药工业上,用作血液胆固醇调整剂、动脉硬化治疗剂原料;红花的花可作红色色素,红花绒具有活血润燥、止痛、散肿、通经作用,是传统的妇科、伤科用药原料,性味平、湿、无毒。红花在新疆各地均可种植。今后除加工保健食品油外，还可提炼红色素、黄色素、医用原料等。

(3) 特色经济作物

1) 棉花——棉花是新疆大宗经济作物,籽棉衣分为36%～40%;另棉短绒可占籽重的8%～15%。纺织工业的主要原料棉籽含油率达18%～20%;棉籽油是优质食用油;棉仁含蛋白质为30%～35%。低酚棉可仁粉可作高级食品添加剂。新疆的东疆、南疆、北疆除局部地区外均可种植。棉花在轻工、化工、军工、医药、饲料、食品加工等方面均有广泛用途,应开展深加工。

2) 甜菜——制糖工业的主要原料,又是食品、饮料、医药工业的基础原料。甜菜制糖后的副产物,经过综合利用后,可以生产出几百种产品,如甜菜糖渣经过发酵和化学处理后,可以提取多种化学工业产品。新疆南北疆均可种植甜菜,以石河子、伊犁、塔城、额敏地区、阿勒泰、奇台以及南疆的焉耆盆地等为佳。今后除生产食糖外,应深加工,开发成酒精、甲醇、丁醇、甘油、味精、丙酮酸、柠檬酸等及三磷酸腺苷、金霉素、维生素B复合体、蛋白酵母等药品。

3) 亚麻——亚麻,又名胡麻,种籽含油率为36.5%～49.5%,亚麻油气味芳香,油质良好,麻秆可以剥制纤维,出麻率为12%～17%。亚麻纤维强韧、柔细,优于黄麻、红麻和大麻;具有较好的色泽,是麻纺工业重要的原料作物,适于作高级衣料。亚麻纤维强力大,是棉花的1.5倍。亚麻具有耐磨擦、耐高温、散热快、吸尘率低、不易撕裂、不易磨烂、不易燃烧等独特的优点;油用亚麻和油纤兼用亚麻(胡麻)又是重要的油料作物,种子含油率高达35%～40%。亚麻油色美、味香、碘价高、干燥性强。分布以伊犁地区为主,新疆其他各地也可种植。今后应以纺织加工为主,适宜制机翼布、军用布以及消防、宇航、医疗和卫生保健服。同时可加工制造成油漆、油墨、人造丝、人造橡胶等原料。

4) 蓖麻——蓖麻是世界十大油料作物之一。蓖麻种子含油率为40%～58.8%,子仁含油率为52.2%～75.0%,蛋白质为20%左右,可溶性糖3%左右,纤维素25%左右。蓖麻油是一种无色或淡黄色液体,能溶于乙醇,稍溶于石油醚、汽油、煤油,蓖麻油为不干性油类,精度大,比重高,在零下18℃不凝固,在500～600℃高温下不变质、不燃烧,美国利用蓖麻油已开发出130多种化工产品。国外医学界发现蓖麻籽含有抗癌物质。蓖麻在新疆各地均可种植。今后应深加工。蓖麻油是制造人造革、尼龙、人造树脂、塑料、油墨的原料;蓖麻叶可以养蚕,亦可制农药。

5) 啤酒花——简称酒花,又称蛇麻花、酵母花,多年生蔓性草本植物。啤酒花主要作为酿造啤酒的原料,具有开胃、镇静、杀菌等作用;在医药工业中是重要药材;酒花中含有发酵素,可作面包等食品的添加剂,在食品工业中应用。新疆酒花栽培面积、总产量、品质均居全国首位,总产量占世界酒花总产量的8.7%,1993年栽培面积6670hm²,

总产量达 10 400t。啤酒花可在全疆大部分地区种植,以新疆天山西段分布最广,是我国酒花原产地;伊犁、塔城地区还有野生酒花。今后应以烘干压制酒花为主,此外可开发为药材和食品工业添加剂。

(4) 瓜菜类

1) 甜瓜——甜瓜为最喜温作物之一,整个生长期适应温度为 25~30℃。甜瓜中心含糖 14% 左右,单瓜重 1~4kg 左右,质脆,长椭圆形,皮色金黄,耐贮运。甜瓜在新疆各地均可种植。今后除鲜食外,应加工成瓜干、瓜脯等系列产品。

2) 番茄——番茄又名西红柿,以成熟多汁的浆果产品供食用。番茄在世界各国广泛栽培,既是疏菜,又是水果,是高营养蔬菜。每 100g 食用部分含蛋白质 0.8~0.9g、碳水化合物 2.2~2.5mg、粗纤维 0.4g、钙 8mg、磷 24~29mg、胡萝卜素 0.35~0.37mg、维生素 C 8~12mg。番茄可入药,适用于高血压、心脏病、肝类、口渴、食欲不振、动脉硬化、消化不良等病症。番茄在全疆各地均可种植。今后应精加工,创世界品牌。以加工成番茄酱、番茄粉、番茄汁为主,重点打入国际市场。

3) 胡萝卜——又名红萝卜、黄萝卜,营养价值高,每 100g 鲜肉质中,含蛋白质 1.1g、脂肪 0.2g、碳水化合物 6.4g、钙 37mg、钾 341mg、钠 47mg、胡萝卜素 1.67~12.1mg。有入肺、脾经、健脾化滞、解毒、透疹的功效。胡萝卜在全疆各地均可种植。今后应加工脱水胡萝卜,制高档饮料。

4) 籽瓜——籽瓜又名打瓜,葫芦科西瓜属,为西瓜栽培变种。可加工成五香、咸、淡、甜味等多种口味的瓜籽,作为消闲食品。籽瓜仁肉含多种维生素,是糖果、糕点的辅料;瓜瓤、瓜皮是保健食品的加工原料,可作籽瓜原汁罐头、低糖籽瓜罐头。籽瓜属温热性,有润肺、利尿、暖胃、消炎功能,具有医疗作用。据 1989 年在宁夏银川召开的西北 5 省西甜瓜会议不完全统计,新疆当年播种面积已达 9.3 万 hm^2,为全国之首。1988 年产籽瓜 90 000t(占全国 81.8%),出口 30 000t。今后主要开发为消闲保健食品。

5) 马铃薯——马铃薯又名土豆,马铃薯属茄科,1 年生草木植物。是世界四大作物之一。单产最高是荷兰(44 905kg/hm^2),是世界著名种薯出口国,常年约有 350 万 t 种薯(占本国种薯 70% 产量)出口 70 多个国家。马铃薯营养齐全,综合利用广,加工食品的品种达数十种,主要有马铃薯全粉、冷冻马铃薯、脱水马铃薯、油炸马铃薯等。日本用马铃薯粉 20% 和小麦粉 80% 制成面包粉。马铃薯是制造淀粉、糊精、葡萄糖和酒精的主要原料。1t 鲜薯块可制成干淀粉 140kg 或糊精 100kg 或 45°酒精 95L 或合成橡胶 15~17kg。马铃薯在南北疆都可种植,但主要分布北疆沿天山一带。今后应深加工,生产土豆片、土豆条、土豆粉等系列食品。

6) 圆葱——圆葱又名洋葱、球葱,以肉质磷片和鳞芽构成鳞茎,供食用,是二年生草本植物。圆葱营养价值高,每100g鲜圆葱含蛋白1g、脂肪0.3g、粗纤维0.5g、钙12mg、磷46mg、维生素C 14mg、尼克酸0.5mg,含多种氨基酸和挥发性大蒜素。圆葱味甘辛、性温、入肝、肺经,有平肝、润肺功能,可减少血栓、降血脂、降血压、减少动脉硬化的作用,是一种药用蔬菜,是西方畅销蔬菜。圆葱在新疆各地均可种植。今后应脱水加工,以供出口。

7) 草莓——草莓又名洋莓果、地杨梅,为蔷薇科,系多年生草本植物。草莓果实柔软多汁,营养价值高,富含磷、钙、铁等及维生素C。草莓鲜果的可食用部分达98%。草莓鲜果中含糖5%～12%,有机酸1%～1.5%,100g肉含维生素C 30～80mg、钙31.2mg、磷40.2mg。草莓供应市场早,加工种类多。据医学研究,草莓对肠胃病和贫血等病症均有一定疗效。欧美一些国家称草莓为"水果皇后"。新疆山区逆温带和绿洲平原区均可种植。今后除鲜食或速冻草莓外,应深加工成草莓酱、汁、酒、罐头及草莓冰淇淋等制品。

(5) 林果类

1) 葡萄——葡萄为多年生落叶性藤木果树,是水果中的珍品。结果早、产量高,营养丰富,用途广泛,经济价值高。新疆无核白葡萄糖度在18%～22%;马奶子葡萄糖度在14%～15%,和田红葡萄糖度在16%～18%。鲜食品种含糖15%～20%,酸0.7%左右。生产干葡萄酒要求酿酒葡萄品种含糖量中等,为16%～22%,含酸较高70.83%;生产甜葡萄酒要求含糖量>22%,含酸量<0.7%。新疆各地都可种植葡萄。今后开发方向应为鲜食及深加工。葡萄加工产品有:葡萄干、葡萄酒、葡萄汁、葡萄罐头等。

2) 香梨——香梨特别是库尔勒香梨是新疆名特产品。果肉酥脆多汁、爽口、有微香、含糖量为10.04%。耐贮藏,具有优良食用品质。产品已销往港、澳地区和东南亚、加拿大等地。香梨主要分布在巴音郭楞州、阿克苏地区。今后主要以鲜果外销。

3) 杏——杏树属蔷薇科落叶果树。喜光耐干旱寒冷,抗逆性强,含糖高,低酸、仁甜,多为肉仁兼用品种。杏果实营养价值高,含有丰富的糖类、有机酸、蛋白质、各种维生素和磷、铁、钙等;杏的根、枝、叶、花、果、仁皆可入药,其中杏仁医用价值高,有止咳平喘、散结润燥、滑肠通便、消肿解毒、治疗疮疥和杀虫等功效,近期又有杏能防癌的报道。杏仁油是精密仪器的高级润滑油和高级化妆品原料。杏在南疆、东疆都可种植,仁用杏可在天山北坡逆温带种植。今后除鲜食外,主要应深加工,加工成杏干、杏脯、包仁杏、杏仁露、杏仁酥、杏仁茶、杏仁酱、香粉等。

4) 枸杞——枸杞为茄科落叶灌木或小乔木。果实为浆果,别名"苟果子"、"红宝"等。《本草纲目》中记述:"枸杞仁树名,此物棘如枸之刺,茎如杞之条,故兼名之"。在明朝已有作"贡品"记载。是重要药用经济植物资源,其果实供药用,称"甘枸杞"、"西枸杞"。果实含总糖量22%～42%,脂肪8～12%,蛋白质12～20%。性平,味甘。并含甜菜碱、玉蜀黍红素等,尚含苦味物质。功效补肾益精,养肝明目,有降低血糖、胆固醇、血压及脂肪肝的作用,并能抗动脉粥样硬化等。主治目昏、眩晕、耳鸣、腰膝酸软、慢性肝炎、中心性视网膜炎、视神经萎缩、肺结核、糖尿病等。嫩芽、苗叶营养丰富,可作蔬菜食用。根皮药用称"地骨皮"。主治阴虚、潮热、盗汗、心烦、口渴、咳嗽、咯血。枸杞是我国的特产,适应性很强。新疆各地均可种植。以精河枸杞(被誉为"中国枸杞城")最负盛名。今后应深加工。除食补、药用外,可开发多种维生素、胆碱、β-谷甾醇、蜂花酸和亚油酸等。

5) 沙棘——沙棘又名醋柳、酸棘、酸溜溜。为胡颓子科植物的中国沙棘及其同属植物。立地适应性强,生长迅速,是良好的防风固沙或水土保持树种。沙棘果味酸甜,含有丰富的营养成分,可食用和药用。在我国蒙医、藏医以及西北、华北民间传统医学中沙棘果作药用已有上千年的悠久历史。元代皇帝忽必烈曾将沙棘果列为长生不老药之一,并制为宫廷保健饮料。蒙医以沙棘果煎膏,作祛痰止咳、活血化瘀、消食化滞等药用,治疗慢性气管炎、肺浓疡、消化不良、胃痛、哮喘等。沙棘适应性特别强,既能抵抗严寒、风沙又能耐大气干旱和高温。喜光照,又耐水湿、盐碱及干旱脊薄,根系发达,萌蘖力强,繁殖快,由于根瘤菌的存在,固氮能力强,可提高土壤肥力。沙棘还是防风、固沙、保土、保水和改良土壤的先锋树种。沙棘含有190余种生化成分,其中以维生素种类最多,含人体必需的11种微量元素和8种氨基酸、36种黄酮、42种脂类化合物,还有消食、生津、解渴、防暑等作用,又具养颜、护肤之功效,是轻工日化产品的极好原料。沙棘在新疆各地均可种植。今后应深加工,制成各种高档饮料、食品、酒类等保健类产品。

6) 黑加仑——黑加仑又称黑穗醋栗,为多年生灌木,小浆果类果树。营养价值高,属第三代高营养型水果,其果实以富含维生素C和矿物锌而著称,VC是苹果的30倍,加工性能好,风味独特,色素含量高。新疆是黑加仑原产地之一。今后应通过深加工,制造各种高档果汁、果酱、果酒和冷饮。

(6) 饲草作物类

苜蓿——号称"牧草之王"。根具根瘤,能吸收固定空气中的氮素,根系发达、入土深,能吸收利用土壤深层的水分。苜蓿种植多年后耕翻能增加土壤有机质,改善土壤结构,降低地下水位,改良盐渍土,恢复和提高土壤肥力。苜蓿是营养价值很高的优良豆科牧草。苜蓿草粉粗蛋白质含量为20.4%,是玉米精料的2.37倍,赖氨酸为0.83%,是玉米的3倍。苜蓿在全疆各地都可种植。今后应主要开展饲草加工。

第十三章 工业发展及名牌产品开发*

一、工业发展概况

(一) 50年来发展历程回顾

1949年,新疆仅有工业企业363个(其中347个为私营手工作坊和个体手工业),职工947人,工业总产值8018.3万元(折成1952年不变价),占工农业总产值的14.3%。主要专业设备只有机床30台,发电机14台,装机容量998kW,磨粉机5台。1950年,驻疆解放军节衣缩食、集资办厂,揭开了新疆工业建设的序幕。三年恢复时期,国家用于工业建设的投资1亿元,兴建了包括石油、煤炭、电力、钢铁、有色、机械、建材、纺织等95个全民所有制近代工业企业,如六道湾煤矿、七一纺织厂、八一钢铁厂、十月汽车修配厂等相继投产。根据原中苏协定,中苏合营开发石油、有色及稀有金属。1952年,生产出第一炉钢,当年生产钢705t,发电479.3万kW·h,煤43.73万t,原油5.21万t,水泥0.18万t,棉纱458t,棉布330万m。1952年企业发展到771个,工业产值2.2亿元,比1949年增长了1.2倍,年平均增长29.4%。

从1953年开始实施的第一个五年计划,使新疆工业发展进入新时期。5年内投资4.07亿元,占全疆投资总额的27.77%。其中,重工业投资3.32亿元,占投资总额的22.7%,轻工业投资为7484万元,占投资总额的5.1%,使轻重工业的比重由76.35:23.65变为66.41:33.59。一批现代工业建成,如乌鲁木齐苇湖梁发电厂、克拉玛依油田、新疆水泥厂、和田缫丝厂、新疆面粉厂、新疆制酸厂先后投产,使工业企业增加到1396个,其中国有企业260个。1956年新华社向世界宣布,克拉玛依是一个很有希望的大油田,于是加快了石油开发的步伐。1957年,全疆工业总产值达到4.75亿元,比1952年增长了1.15倍,年平均增长20.5%。同时,完成了对资本主义工商业和个体手工业的社会主义改造,全区手工业合作社系统有70多个新行业应运而生。

---

* 本章大量数据由新疆统计局提供。在第二节的写作过程中,秦娟、马杰、宁豪才、封国富、石歌睛、董兴閺、田国仁、王振华等同志提供了部分资料。一并致谢。

1958年开始的第二个五年计划,工业投资11.91亿元,比"一五"计划增加了2.9倍,占同期投资总额的37.9%。重点新建和扩建了克拉玛依油田、独山子炼油厂、石河子八一糖厂和八一毛纺厂、喀什棉纺厂、伊犁皮革厂和毛纺厂等。从此新疆有了机械化制糖和毛纺企业。到1962年工业企业增加到2252个,其中国有企业1225个。前3年由于受"大跃进"、"以钢为纲"的影响,导致重工业过重,比例失调,遭受挫折。企业数由1960年的3274个减少到1965年的1993个,产值由1960年的20.17亿元下降到1965年的13.77亿元,下降了23.5%。经过3年调整,轻重工业的比重由1960年的35.7:64.5,调整到1965年的54.7:45.3,重工业过重的问题有所改善。自1958～1965年的8年,工业总产值年平均递增13.7%,高于全国平均速度。

十年动乱时期,新疆工业遭受严重挫折,提出以战备为中心,建设小三线及发展"五小"工业,效益甚差,许多企业连年亏损。10年间用于工业基本建设的投资为11.57亿元,先后在小三线建成红旗、前进、东风、胜利、燎原、星火等军工企业,新疆开始有了国防工业。到1976年工业总产值24.08亿元,10年平均年递增3.7%,是新疆工业发展最缓慢的时期。

党的十一届三中全会以来,是新疆工业稳定发展时期,一批现代化企业如乌鲁木齐石油化工总厂、天山毛纺有限公司、玛纳斯电厂、独山子乙烯工程先后建成投产。"六五"期间对轻纺工业实行"六个优先"的政策,轻纺工业迅速发展。进入20世纪90年代,石油开发重点西移,加快了石油工业的发展。经过几十年的建设,新疆建成了以农牧和矿产资源初加工为主,门类较为齐全的工业生产体系,工业在国民经济中已占据主导地位。在全国划分的40个行业大类,212个行业中,新疆有39个大类,162个行业。1999年,工业总产值为802.06亿元,比1949年增长了298.4倍,年均增长12.07%。已建成工业企业6万多个,其中大中型企业217个。主要产品产量成倍增长。其中原油1739.31万t,比1978年增长3.93倍;原油加工量935.32万t,增加5.64倍;天然气31.056亿m³,增长7.18倍;原煤2778.15万t,增长1.57倍;发电量169.305亿kW·h,增长6.997倍;钢105.6万t,增长11.48倍;水泥805.8万t,增长9.31倍;棉纱29.44万t,增长9.5倍;棉布2.9亿m,增长86%;呢绒797万m,增长3.2倍;糖46.77万t,增长21.48倍。工业结构逐步由轻型结构向重化工型结构演变。通过改制改组,组建企业集团126个,有限责任公司546个,股份有限公司20个。近年来,每年开发新产品三四百种,已评定"新疆名牌"产品共108种。

(二) 工业结构的变化

50年来工业结构发生了显著变化。

1. 轻重工业结构

中华人民共和国建立初期,主要是以农产品为原料的轻工业,1949年轻工业产值0.77亿元,占工业总产值的96.25%;重工业产值仅占3.75%,且多是一些机械修配和煤炭采掘业。以后执行优先发展重工业的方针,重工业的比重逐年提高,到1978年轻工业产值为12.7亿元,占全部工业总产值的比重下降为42.5%;重工业产值比重上升到57.5%。"六五"期间对轻纺工业实行"六个优先"的政策,轻工业的比重由1985年的45.3%上升到1990年的49.3%。随着石油开发向西部转移,重工业的比重有所增加,由1990年50.7%上升到1999年的71.9%。重工业内部结构中加工业与采掘原料工业之比为25∶75。轻工业中,以农牧产品为原料的加工业占85%左右。

2. 工业行业结构

中华人民共和国建立以前,新疆工业基础薄弱,主要是食品、纺织、修理和煤炭工业。1952年主要工业部门占工业总产值的比重为:食品工业占24.1%,纺织工业占21.7%,建材工业占13.8%,皮革工业占9.4%,石油工业占6.8%,森林工业占6.6%。1980年行业结构发生了较大的变化,石油工业上升为第1位,占24.9%,机械工业上升到第4位,占12.1%,食品工业和纺织工业分别占18.8%和13.0%,煤炭工业占6.2%,建材工业占5.8%,电力工业占2.95%,化学工业占2.8%。1999年主要行业总产值的比重依次为:石油工业(包括石油化工)占41.87%,食品工业占11.88%,纺织工业占10.08%,机械工业占6.9%,建材工业占4.8%,钢铁工业占3.76%,电力工业占3.6%,煤炭工业占2.82%。

3. 所有制结构

1949年全民所有制工业产值仅占全部工业总产值的2.5%,个体工业产值占92.5%。经过对私营经济的社会主义改造和合作化,建立了公有制为主体的经济结构,1957年全民所有制工业产值占全部工业总产值的75.2%,集体所有制工业产值占19.1%,非公有制工业总产值仅占5.2%。改革开放以来所有制结构发生很大变化,1999年与1978年相比,全民所有制工业的比重由89.1%下降到1999年的69.9%,集体所有制工业的比重由10.86%下降到9.1%,非公有制工业的比重由1978年的0.04%上升到1989年的3.3%,再上升到1999年的18.8%。

4. 技术结构

50年来技术结构发生很大变化。以石油工业和毛纺工业为例,20世纪80年代初,新疆石油部门在地质、地震、钻井技术、钻井泥浆、测井技术、试油技术、油气田开发、油气集输等8个方面开展技术攻关,先后从法国、美国引进勘探队伍和先进技术,创造出几个新水平:①在石油勘探上,掌握运用地震地层学、数字地震等新技术,把五六十年代需要一二十年才能查清的地质情况,现在只需用两三年的时间就可以查清;②在钻井工作上,熟练地掌握逐步普及打定向井、丛式井的技术,钻井速度大幅度地提高;③在油田开发上,逐步形成一套单井高产和区块稳产相结合、开采速度较高的油田开发模式;④在油田建设上,逐步掌握和运用密闭输送、油气分离、气体加工等新技术,综合利用石油资源。毛纺工业引进世界顶尖水平的电脑横机、电脑圆机、电脑绣花、电脑设计系统,使花色品种大幅度增加,效率大大提高。引进毛条防缩生产线,生产出全防缩、半防缩丝光柔软毛条。但是,从总体上看,新疆工业技术水平还比较低,依靠科学技术创造的名牌产品还很少,高新技术产业尚未起步,需要大大加强。

(三) 工业布局概况

天山以北的北疆地区工业比重大于南疆和东疆。1998 年北疆乡及乡以上工业总产值 526.4 亿元,占工业总产值的 75.4%;南疆工业总产值 116.47 亿元,占 16.6%;东疆(哈密、吐鲁番地区)工业产值 55.96 亿元;占 8.0%。工业多集中在大中城市,其中乌鲁木齐市工业产值 196.2 亿元,占 28.3%;克拉玛依市工业产值 161.08 亿元,占 23.2%,两城市相加占 51.5%,超过一半。

石油开采分布在准噶尔盆地、塔里木盆地和吐哈盆地,1999 年原油产量分别占 52.9%,30.1% 和 17.0%。石油加工主要集中在北疆乌鲁木齐石油化工总厂、独山子石油化工总厂和克拉玛依炼油厂,南疆仅有加工能力 20 万 t 的泽普炼油厂,仅占总加工量的 2.1%。

棉纺工业,北疆分布在乌鲁木齐、石河子、吐鲁番、哈密、博乐和奎屯市,南疆分布在和田、喀什、库尔勒和阿克苏市,部分县设有小棉纺。毛纺工业主要分布在北疆地区的石河子、伊宁市、乌鲁木齐市、昌吉市、北屯、塔城和哈密市。丝绸工业集中在南疆的和田市。

制糖工业北疆分布在石河子、伊犁地区、塔城地区、昌吉州、博乐市、奎屯市和北屯;南疆分布在巴音郭楞蒙古自治州(以下简称巴州)和阿克苏地区。皮革工业,主要分布在北疆的阿勒泰地区、伊犁地区、昌吉州和乌鲁木齐市,南疆仅巴州有一定规模的企业。水泥工业,全疆各地州均有分布,乌鲁木齐市产量最大。煤炭工业主要集中在昌吉州、乌鲁木齐市和哈密地区,伊犁、塔城、巴州、阿克苏、喀什、和田地区均有一定规模的煤炭企业。电力工业,装机容量 5 万 kw 的发电机组主要集中在乌鲁木齐市、昌吉州、石河子和独山子;水力发电以巴州和伊犁地区装机容量最大;风力发电集中在达坂城地区。黄金开采,全疆有 5 个产量超过万两的县市,分别是伊宁县、鄯善县、哈巴河县、托里县和哈密市。钢铁工业主要集中在乌鲁木齐市,新源、阜康等地有少量的生产。机械工业集中在乌鲁木齐、昌吉、石河子、伊宁、哈密、库尔勒、喀什、阿克苏等大中城市,各县市有农机修造企业,基础较弱。

二、优势工业部门发展现状和前瞻

(一)石油和石化工业

1. 石油天然气勘探开采

早在1300多年前,《北史》就记载了库车一带的油苗。1909年,地方官吏从俄国购买挖油机,在独山子钻成一口20m深油井,同时购买蒸馏釜炼油,这是近代石油石化工业的萌芽。1936年,新疆省政府与原苏联合作经营独山子炼油厂,建成日处理量170t的常压蒸馏装置。解放前,新疆共钻井14 152m,采油11 497t,炼油11 000t。

中华人民共和国成立后,原中苏协议合作经营原中苏石油股份公司,恢复发展了独山子油矿的生产,同时在南北疆部分地区展开了石油地质勘探工作。1954年底合作结束,累计生产原油17.5万t,加工原油17.3万t,总产值5500万元。1954年的石油工业总产值占全区工业总产值的7.22%。合作经营4年期间,采用了当时较为先进的石油勘探、钻井、炼油技术,建立了一套生产管理制度,培养了一批技术人员和管理干部,为以后的新疆石油石化工业发展奠定了一定的基础。

1955年1月,燃料工业部新疆石油公司成立,在准噶尔盆地西北缘钻探,10月29日,克拉玛依1号探井完井出油。1956年5月11日,新华社向世界宣布克拉玛依地区已证实是一个很有希望的大油田。准噶尔盆地经扩大勘探,先后发现了百口泉、乌尔禾、红山嘴、齐古等油田。1960年,克拉玛依油田生产原油166.3万t,占全国产量的34.79%,成为全国当时最大的油田。与此同时,在塔里木、吐鲁番盆地相继展开石油勘探,先后发现依奇克里克、胜金口油田,在塔里木勘探史上树立了第一个里程碑。1977年5月,在叶城县钻探的柯克亚1号井喷油,为塔里木盆地油气勘探树立了第二个里程碑。接着石油工业部和地质矿产部先后从全国各地调集24个地震队对塔里木盆地进行地球物理勘探。其中石油工业部物探局雇用两个美国地震队和引进美国先进的沙漠地震勘探技术设备,完成19条穿越盆地中部的塔克拉玛干大沙漠的地震剖面,对整个盆地地质构造作了较全面的了解,获得了丰富的资料。

改革开放以来,新疆石油工业取得了突飞猛进的发展。准噶尔盆地克拉玛依油田储量和产量都有大幅度增长,新开发建设了百口泉、火烧山、北三台、三台、五彩湾、石西、基东、小拐、呼图壁等油气田,累计探明石油地质储量17.6亿t,天然气653亿m^3。

原油产量以年均 30 万 t 的速度递增,1999 年原油产量 906 万 t,天然气产量 15.8 亿 m³。

塔里木盆地先后在塔北、塔中、轮南、沙漠腹地取得重大发现,先后建成轮南、东河塘、塔中 4 号等 10 个整装油气田,发现了 28 个工业性含油气构造和 15 个高产出油气点。西北石油地质局 1978 年进入塔里木盆地进行油气勘探,1984 年在塔北沙参 2 号井获高产油气流,先后在麦盖提、莎车、叶城等地共发现 13 个油气田。到 1999 年,塔里木盆地累计探明加控制油气地质储量约 12 亿 t,原油总产量 538 万 t,天然气产量 3 亿多立方米。

吐哈盆地在 50 年代的勘探基础上,1987 年全面开展综合勘探,1990 年发现鄯善油田和伊拉湖、丘陵、温吉桑 3 个含油气构造,到 1998 年相继探明和发现 20 个油气田,累计探明油气当量 3.1 亿 t,建成原油生产能力 350 万 t,天然气生产能力 9 亿 m³,累计生产原油 1450 万 t,累计外供天然气 6.07 亿 m³。1998 年,生产原油 300 万 t,天然气 6.59 亿 m³。

1999 年,全疆原油产量 1739.31 万 t,天然气产量 31.056 亿 m³。

2. 石油化工

新疆炼油化工规模和深度不断扩大。独山子石油化工总厂已建成原油一次加工能力 600 万 t,二次加工手段齐全的大型燃料－润滑油－化工型炼化企业,有两个产品获得国家金奖,3 个产品获得国家银奖。

克拉玛依石油化工厂于 1959 年建厂,是燃料油－润滑油－沥青－化工型石化企业,以加工重质原油为主。原油一次加工能力 300 万 t,1999 年实际加工 226.1 万 t,有 34 套生产装置,可生产 16 大类 140 个品种。

乌鲁木齐石油化工总厂 1975 年 4 月动工兴建,1985 年全部工程建成投产。是集炼油、化肥、塑料、化纤于一体的石化企业,有 24 套主要生产装置,可生产 6 大类 68 种产品,一次性原油加工能力为 500 万 t,实际加工 332 万 t。

独山子乙烯工程,1992 年 7 月 1 日动工兴建,1995 年 8 月 6 日投料生产。共有 9 套生产装置,可提供 14 个系列 100 多种产品。其中,乙烯装置 14 万 t,聚乙烯装置 12 万 t,聚丙烯装置 7 万 t。1999 年完成乙烯加工量 54.67 万 t,生产聚乙烯 13.25 万 t,聚丙烯 7.87 万 t,乙二醇 4.40 万 t。

泽普石油化工厂是国家豁免本息建设的南疆重点扶贫工程,1989 年投产。主要生产燃料油、化肥和液化石油气。1999 年加工原油 22.12 万 t,生产尿素 15.04 万 t。

塔里木石油化工厂于 1999 年建成,原油一次性加工能力 250 万 t,主要生产对二甲苯等产品。建成后未投产。

1999年,全疆石油加工总能力为1670万t,实际加工935.32万t。

全疆拥有大小沉积盆地49个,总面积约95万km²,占全国沉积面积的1/5,且有良好的油气生存和储集条件。预测石油资源量300亿~500亿t,天然气资源量22万亿m³。"西气东输"工程建成后,每年从塔里木盆地输出的天然气为200亿~300亿m³,相当于2000万t原油,原油与天然气产量之和相当于一个大庆油田。再过十几年,原油的产量可望超过大庆。

(二)纺织工业

新中国成立前,新疆没有一家现代纺织企业。1951年在王震将军的号召下,驻疆解放军节衣缩食,于1952年7月1日建成新疆第一家纺织厂——新疆七一棉纺织厂。经过40多年的发展已形成棉纺织、毛纺织、丝绸、麻纺、化纤、印染、针织、服装、复制等门类比较齐全、布局渐趋合理、比较完整的产业体系,成为新疆国民经济的支柱产业。现有企业565个,从业人员16万人(1999年纺织工业产值73.076亿元,其中棉纺织45.55亿元,毛纺织4.19亿元,丝纺织5380.6万元,针织业6.773亿元)。

纺织工业的发展大体经历了4个阶段。

(1)第一阶段:经济恢复与"一五"时期(1950~1957年)。先后建成七一棉纺织厂、七一印染厂、和田丝绸厂等,8年累计完成基建投资6049万元。1957年总产值达3564万元,为1952年的14倍,奠定了纺织工业的初步基础。

(2)第二阶段:"二五"计划与三年调整时期(1958~1965年)。8年累计完成基建投资1.47亿元。1965年纺织工业总产值达1.92亿元,为1957年的5.4倍,平均每年增长23.3%,是新疆纺织工业发展较快的时期。

(3)第三阶段:"十年动乱"及拨乱反正时期(1966~1980年)。十年动乱使纺织工业受到严重干扰;"三五"、"四五"期间仅投资4300万元,总产值平均增长4.2%。"五五"期间步伐有所加快,平均年递增12.9%。

(4)第四阶段:大发展时期(1981~1995年)。改革开放注入了活力。"六五"期间,优先发展消费品生产,基本建设投资3.53亿元,更新改造投资1.41亿元,固定资产投资比过去31年投资的总和还多1.38亿元。1985年工业总产值达7.73亿元,为1980年的2.11倍,平均每年增长16.1%。"七五"期间,固定资产总投资12.81亿元,是新疆纺织工业投资较多的5年,新增棉纺锭54.7万锭,毛纺锭5.29万锭,化纤、麻纺开始起步,乡镇纺织企业兴起。1990年,纺织工业总产值31.32亿元,为1985年的3.95倍,增长41%,是增长速度最快的5年。"八五"期间,棉纺市场看好,调动了各地的积极性,完成基建、技改投资15.04亿元,1995年棉纺锭达到123万锭,亚麻纺锭发展到 6208 锭,涤纶长丝、涤纶短丝、无纺布也从无到有发展起来。有 12 个产品被评为"新疆名牌"。1995 年实现工业产值 48.12 亿元,利税 5.54 亿元,达到历史最高水平。"九五"期间,受市场的影响,国家产业政策坚决压缩 1000 万棉纺锭,原订计划未能如期实现。

根据新疆经济特色和区域特点,"十五"规划中纺织工业的产业定位是:以棉纺工业为主导产业,毛纺工业为传统产业,丝绸、亚麻为特色产业;重点抓好主导产业,改造提升传统产业,扶持发展特色产业;努力发展深加工、精加工,实现由粗放型向集约型转变,避免搞低水平的数量扩张。

(三) 有色金属工业

1949 年以前新疆已有铜、钨、锂等稀有金属和有色金属的开采。新疆有色金属工业源于 1950 年底组建的原中苏有色及稀有金属股份有限公司,1955 年 1 月原苏联撤出股份,成为国营企业,改名为新疆有色金属工业公司。近 50 年来,该公司始终是新疆有色金属工业行业的主体,是一个具有采、选、冶、地质、科研设计等比较完整的国有大型联合企业,主要从事稀有金属及锂盐系列、铜镍铝、铬矿石等的开发生产,有喀拉通克铜镍矿、阜康冶炼厂、新疆锂盐厂等直属企事业单位 14 个,生产产品 30 多种,主要有色金属产品产能:高冰镍 7500t,电解铜 4500t,电镍 2000t,电解铝 7000t,氧化钴 15t,铬矿石 2.5 万 t。公司有专业技术人员 2986 人,其中教授级高工 2 人,高级职称 285 人,中级职称 935 人。有专业科研设计机构两所(新疆有色金属研究所、乌鲁木齐有色冶金设计院)、国家级企业技术开发中心一个。各主要企业设有新技术开发中心和试验室,每年完成科研课题 20 余项,多次获国家、部、总公司、自治区级科技发明奖、科技进步奖。高冰镍湿法精炼新工艺填补了我国的空白,为国内外领先水平,分别获国家和中国有色金属工业总公司科技进步一等奖,联合国发明创新科技之星奖。1993 年 12 月 23 日,生产出首批电解镍,结束了新疆不产镍的历史。

20 世纪 80 年代后期,在新疆有色金属公司的帮助下,陆续建设了一些小型地方有色企业,90 年代初又从新疆有色公司分离出几个企业,使自治区的地方有色企业有了一定的数量和规模。除新疆有色公司外,另有色金属企业共 42 个,其中铝冶炼厂 7 个,铝材厂 2 个,小铜矿 8 个,铜冶炼厂 9 个,铜材厂 3 个,锌冶炼厂 4 个。新疆众和股份有限公司是有色金属行业第一个上市公司,年工业总产值 2.8 亿元,主要产品有:电解铝、铝型材、精铝、铝盘条、电子铝箔等,其电解铝产能达 2 万余吨,1999 年有色金属工业总产值 14.5111 亿元,利润总额 483.3 万元,上交税收 6643.3 万元。

新疆与盛产有色金属的哈萨克斯坦和甘肃省相连,哈萨克斯坦每年有色金属产量达200多万吨,甘肃省每年有色金属产量20多万吨。由于新疆勘探程度低,潜在的优势远远没有发挥出来。随着西部大开发的推进,有色金属工业将成为新疆的支柱产业之一。

(四) 黄金工业

新疆是我国重要的产金省区之一,1989年黄金产量在全国排第11位,1990年上升到第9位,1999年上升到第6位,跃入全国6大产金省的行列。新疆金矿资源丰富,具有良好的成矿地质条件。历史上以产金闻名于世,明清两代年产黄金曾达到5万两。1950年至70年代末开展了以砂金为主的普查勘探工作;进入80年代末,进行了以岩金为主兼顾砂金、伴生金的普查勘探工作。先后在东、西准噶尔、阿勒泰、哈密和伊宁地区累计提交地质储量180t。新疆现代黄金工业的发展是从1980年建设哈图金矿开始的,当年产金只有千余两,而且大都是砂金。改革开放以来,新疆的黄金发展如雨后春笋,遍布天山南北。到1999年已建成生产矿山32座,拥有实际日处矿砂规模5000t,形成7个年产万两以上的矿山。涌现出托里、伊宁、鄯善、哈巴河、哈密5个超万两县市。黄金产量大幅度上升,由1982年的2971两增加到1999年的年产21万两。

"十五"规划提出:地质勘查完成包括现有生产矿山在内的18个探矿项目,提交储量198t;新建和改扩建项目9个,新增生产规模日处理矿砂2300t,新增生产能力2555kg/a;总的年生产能力达到30万两,累计生产黄金118万两,实现利润6亿元。

(五) 建材工业

1949年,除手工制砖和沙石料等作坊式生产外,没有工业化生产的建材企业。经过50年的艰苦奋斗,建材工业已发展成为集生产、科研、设计和教育等门类较为齐全,并具有一定规模的产业体系,成为新疆的支柱产业之一。特别是改革开放20年来,建材工业得到了快速发展。1999年,建材工业总产值32.92亿元(1990年不变价),占新疆工业总产值的比重已由1978年的5.4%提高到1999年的6.2%;蛭石、石棉、云母及其制品、滑石、石材、水泥等产品相继出口。截至1999年底,企业职工达12万多人,主要建材产品有水泥、卫生陶瓷、砖、油毡、石棉、花岗石板材、玻璃钢制品、墙地砖、石膏板等60多个大类,400多个品种。全行业取得科技成果200余项,其中23项获自治区优秀部新产品奖,52项获国家省级以上奖励,10个企业的13个产品品牌获"新疆名牌"称号。目前,全国31家建材上市公司中新疆就占了2家,即新疆天山水泥股份有限公司,新疆屯河水泥有限公司。非公有企业快速增长,如新疆广汇石材股份公司、新疆蛭石有限责任公司已成为建材行业的骨干企业。

新疆的非金属资源丰富,种类齐全,目前已发现84种,开发利用40余种,其中白云母、蛭石、长石、膨润土等储量居全国第1,菱镁矿、花岗石、石棉、石膏等储量也很丰富。非金属矿工业起步于20世纪50年代后期,改革开放以来得到了快速发展,现已成为控、采、选、加工相结合,门类比较齐全的产业,产品出口至美、日、澳、泰及香港、台湾等国家和地区。1999年非金属工业总产值4.96亿元,税收2394.6万元。

水泥制造业起步于20世纪50年代初。1952年,中国人民解放军在乌鲁木齐建成新疆第一家水泥厂,当年生产水泥0.18万t,到1980年全区产量达90.79万t。自1990～1999年,水泥年均增长速度在12%以上,生产方法较先进的旋窑工艺比重达60%,远高于全国平均水平。其中,新疆天山水泥股份有限公司的超短窑管道窑外分解工艺,在国内处于领先水平。1999年,有水泥生产企业110多家,水泥产量805.83万t。

现有成规模的建筑陶瓷企业2家,生产能力200万m^2,占全区建筑陶瓷企业生产能力的80%。1999年产量33万m^2,区内市场占有率为4%。卫生陶瓷由新疆天山卫生陶瓷有限责任公司独家生产,新建了一条年生产能力40万件的中高档生产线,2000年元月投产,结束了新疆不能生产中高档卫生陶瓷的历史。

(六)医药制造业

中华人民共和国建立时,新疆的医药生产尚停留在手工作坊式生产阶段,1950年产值仅30万元。1958年新疆制药厂和新疆中药总厂开工建设。标志着新疆医药生产步入现代医药发展阶段。1984年实行统一的医药行业管理后,医药工业进入了快速发展时期,逐步建立了生产化学原料药及其制剂、中成药、民族药、中药饮片、医药保健品、卫生材料、医疗器械及药用包装材料等门类齐全的医药工业体系,能够生产多种剂型的注册制剂产品470种,初步形成了依托新疆药用资源优势,具有新疆地方特色,以甘草制品系列、麻黄素及其制剂系列、雪莲产品系列、补钙制剂、医药保健品系列及维吾尔成药系列产品为主导的产品结构。其中,"华世"牌阿胶钙口服液、"新疆"牌盐酸(左、右旋)麻黄素、"天山"牌甘草酸单铵盐、"特丰"牌佳加钙口服液被评为新疆名牌产品。麻黄素原料药产量占全国的70%,盐酸右旋麻黄素的出口量占全国的80%,成为全国最大的麻黄素原料药生产和出口基地。

1999年,生产中药原料药8个品种,中成药制剂180个品种。甘草制品系列的产量和质量居全国首位,雪莲系列产品享誉全国并出口。复方雪莲胶囊、雪莲注射液和胆石清片产品被评定为国家中药保护产品。维吾尔药部颁标准颁布,收载维吾尔药材115种,成方制剂87种,建立维吾尔药厂3家,生产维吾尔成药制剂16个品种,初步实现了维吾尔药工业化生产。

1999年,全疆有医药工业企业76家,职工5931人,总产值(1990年不变价)52 314万元,完成工业增加值20 961万元,实现利税6660.7万元,工业总产值比1984年增加了13.7倍。由于新疆具有品质优异的红花、雪莲、贝母、鹿茸等医药用植物资源和动物资源,发展医药工业的前景十分广阔。

(七) 制盐工业

新疆有非常丰富的湖盐、矿盐资源,素有"无百里无盐"之称,已探明储量达300亿t。1958年在乌鲁木齐市盐湖地区建成盐湖化工厂,开始加工原盐,这是新疆第一家现代制盐企业。60年代兰新铁路通车以后,沿线新建了吐鲁番七泉湖、哈密七角井等原盐加工厂,使新疆制盐工业开始了一个新的时代。上述3个企业都采用了国内最先进的真空制盐技术,使盐产品的质量进一步提高。1999年,全疆有制盐企业20家,年产原盐能力200万t左右,当年生产原盐36.14万t,仅发挥生产能力的18.1%。

(八) 罐头制造业

新疆罐头工业起步较晚。80年代以前,仅有几家小果品罐头厂,产品数量小、质量低,1982年产量仅781t。1985年以后由于开发了番茄制品罐头,罐头工业得到快速发展。到1999年,全区罐头年产量19.05万t,其中番茄制品达18.29万t,占96%以上。新疆番茄制品占到全国总产量的87%,连续多年产量、出口量居全国第1。番茄加工的技术装备大都达到国际90年代水平。除番茄制品以外,其他果蔬、肉类罐头比重非常小。

通过西部大开发,应用科学技术,努力实现养殖业、瓜果业由粗放型向集约型转变,提高质量,降低成本,罐头制造业有广阔的发展前途。

(九) 制糖工业

1959年12月,新疆第一座现代化糖厂——八一糖厂在石河子建成投产,当时日处理甜菜1000t,为西北地区最大的糖厂。以后新疆制糖业不断发展,到1999年,全疆共有糖厂16家,年产糖能力60万t。当年生产糖46.35万t,工业总产值13.4亿元。新疆制糖工业在全国甜菜糖中占有重要位置,技术装备在全国处于领先水平,产量在甜菜糖产区名列前茅。进入20世纪90年代后期,全国食糖产大于求,加之受进口走私糖的影响,使新疆糖业发展受到影响,制糖能力未能充分发挥。

（十）化肥工业

从1959年起步建设小氮肥、小磷肥开始,经过40多年的发展,现已形成74.7万t合成氨、123万t尿素、9万t硝酸铵、2.93万t磷肥的生产能力。1998年新疆合成氨和尿素产量占全国产量的比重分别为2.18%和3.16%。1999年化肥实际产量为:合成氨89.66万t、尿素146.4万t、磷肥1.14万t,加工各种混合肥3.7万t。新疆氮肥工业以天然气和重油为原料,共有3家生产企业,即乌鲁木齐石油化工总厂、新疆化肥厂和泽普石油化工厂。新疆磷肥的主要品种是磷酸铵和普通过磷酸钙,1991年新疆昌吉化肥厂建成投产了3万t磷酸铵装置,结束了新疆不能生产高浓度磷复肥的历史。新疆天然气资源丰富,钾资源也有很好的勘探前景,具有发展氮肥工业和钾肥工业的优越条件。

（十一）碱产品制造业

主要产品有烧碱和纯碱,俗称"两碱"。均以食盐为原料,是重要的盐化工产品。同时,新疆锂盐厂生产的氢氧化锂也是一种碱产品。新疆烧碱生产是从50年代初开始发展起来的,从苛化法烧碱到电解隔膜法制烧碱,再发展到离子膜法烧碱,工艺技术水平不断提高。到1998年已有4家主要烧碱生产企业,烧碱生产能力为4.17万t。1999年生产烧碱3.81万t。1995年10月,新疆氯碱厂2万t离子膜烧碱和1万t聚氯乙烯技改工程建成投产,使新疆氯碱工业上了一个新的水平。新疆纯碱生产在1993年以前仅有小规模的天然碱生产和复分解法生产,年产量很小。1993年8月,新疆哈密碱厂采用氨碱法生产工艺建成年产8万t的生产装置,现代纯碱生产开始发展起来。新疆有丰富的盐和能源资源,发展"两碱"工业有很好的条件。

（十二）煤炭工业

据第3次全国煤田预测,新疆煤炭储量为18 182.3亿t,占全国煤炭预测量的40.6%,居全国首位。1949年,原煤产量仅17.98万t,1999年达到2781万t,产值204 484万元,实现利税11 335.9万元。50年来,基本形成了哈密三道岭矿区、乌鲁木齐矿区、艾维尔矿区3个大型国有煤炭生产基地,有国有重点煤矿11个,生产能力643万t/a。同时,初步形成了13个地方小型矿区。所产煤炭除满足区内需要外,还有部分外调。国有重点煤矿采煤机械化程度为66.8%,掘进机械化程度为30%。由于煤炭储量居全国首位,只要市场需要,就可大量生产。

(十三) 钢铁工业

1951年9月第一座小型钢铁联合企业——新疆八一钢铁厂动工,先后建成31.3m³、32.8m³高炉各一座,1t酸性空气侧吹转炉1座,Φ300mm×3/Φ250mm×1及Φ150mm×5小型轧钢机两套。1952年产铁470t、钢705t、钢材515t。此后,又建立哈密钢厂、和静钢铁厂、伊犁钢铁厂、天龙钢铁厂、跃进钢铁厂、乌鲁木齐第二钢铁厂和雅满苏铁矿等自治区直属钢铁企业及地州钢铁企业。改革开放后,初步形成生产、科研、设计、教育为一体的,具有较强实力的钢铁工业体系。1999年,全区有钢铁企业12家,综合产钢能力达到125万t,职工23 437人,工业总产值(1990年不变价)197 400万元,销售收入252 743万元,工业增加值66 916万元,利税总额14 743.9万元。

(十四) 皮革工业

1949年,全疆年产皮革11.8万张,皮靴31.4万双,产值不足50万元。新中国成立后,新疆皮革工业迅速发展,到1962年,已有皮革工业企业106个。改革开放以后,新疆皮革工业由制革、制鞋、皮件及裘皮制品4个畜产品组成加工体系,新产品不断增加,出现"阿山"牌毛革服装这样的全国名牌,为全国十大真皮衣王之一。进入20世纪90年代,新疆皮革工业开始调整,不少企业因产品质量品种不适应而退出市场。只有阿山皮革集团等少数几家企业维持生产,1999年产值1.678亿元。新疆皮革、毛皮原料十分丰富,如能引进世界一流的技术、工艺和设计,定有广阔的发展前途。

三、名牌产品开发典型与途径

(一) 新疆名牌产品简介

到1999年底,共评定"新疆名牌"108种,其中纺织(包括针织)17种,石油及石油化工15种,食品17种(包括白酒、啤酒7种),机械16种,化工(不包括石油化工)14种,建材13种(包括水泥6种、钢材2种),医药4种,以上7个行业共96种,占88.9%。从地区分布来看,主要在北疆,大部分集中在乌鲁木齐、克拉玛依、石河子、昌吉、伊宁等大中城市,其中乌鲁木齐占48种;南疆只有名牌产品11种。

2000年1月18日,自治区经贸委和自治区党委宣传部召开新闻发布会。发布的首批荣获"新疆特色名牌产品"有:新疆屯河集团有限责任公司的番茄酱;新疆啤酒花股份有限公司的啤酒花颗粒;新疆广汇晨晖花岗石材开发有限公司的石材;新疆瑞峰冰川水开发有限公司的"中国一号"冰川水;新疆绿洲红花开发有限公司的红花油;东方奥斯曼化妆品有限公司的奥斯曼系列化妆品;新疆纵横股份有限公司的低聚糖;新疆中药总厂的雪莲胶囊;新疆制药厂的麻黄素片剂;新疆特丰制药厂的佳加钙;新疆万利企业发展有限公司的枸杞系列产品;新疆库尔勒棉纺织厂的精梳纯棉纱;新疆阿勒泰皮革有限公司的毛革系列产品;新疆美克家具股份有限公司的高档家具;新疆楼兰酒业有限公司的干白、干红葡萄酒;新疆伊犁酿酒总厂的伊力牌老窖、特曲、大曲系列酒;新疆针织厂的"蝶王"针织内衣;新疆伊犁糖厂的白砂糖;华世丹制药有限公司的阿胶钙口服液;新疆新扶桑制药有限公司的雪莲花口服液。

（二）名牌产品开发典型与途径

在市场经济条件下,竞争性企业和产品最重要的发展战略,是名牌战略和创新战略。二者是联系在一起的,名牌必须不断创新,创新的目标要勇于创全国名牌和世界名牌。这是由市场经济优胜劣汰的客观规律决定的。一个企业和企业集团如果没有在市场竞争中能形成气候的名牌产品,这个企业和企业集团迟早要被淘汰。当前企业集团难以形成、形成后难以巩固,企业组织结构难以调整,难以形成规模效益,产品难以出口,企业效益低下这5大问题的共同症结,在于缺乏真正的名牌产品。名牌是集约化的代表性成果。科学技术与经济相结合的最佳结合点,在于创名牌。经济工作以经济效益为中心,就应该以名牌战略为中心,这是由"名牌效应"所决定的,在同类产品中,名牌产品的经济效益最好。1980年7月,新疆第一次提出"开展"创名牌、抢时间、上水平的活动。1991年又进一步提出"努力开发引进喊得响,站得住,推得开,能在市场竞争中形成气候的拳头产品。"经过近20年的努力,有108种产品被评为"新疆名牌"产品,涌现出7种创名牌的典型,开辟了7条创名牌的途径:

1. 依靠新疆资源独特的优良品质创名牌

新疆有些资源,不但有量的优势,而且有质的优势,只要严格加强质量管理,就可创造出名牌产品。例如:新疆的原油,凝固点低,品质优异,独山子石油化工总厂生产的"天山"牌车轴油具有优良的低温性能和润滑性能,是全国独家产品,用于铁路车辆的滑动轴承润滑,可免除冬夏更换用油之劳苦。该厂生产的45号变压器油和-50号军用柴油获国家金质奖。又如,新疆的麻黄草品质优异,既可生产左旋麻黄素,又可生产右旋麻黄素。由新疆制药厂生产的盐酸左右旋麻黄素早在1984年就荣获国家银质奖。难怪新疆盐酸右旋麻黄素的出口量占全国的80%。新疆的番茄品质优良,肉厚,红色素含量高,新疆凯泽番茄制品有限责任公司从意大利引进8条具有国际先进水平的生产线,通过了ISO9002国际质量认证,生产的番茄酱不但红色素居世界领先水平,而且霉菌很少,赢得世界客户的青睐,产品畅销欧美、中东、东南亚、日本和韩国市场。

再如,新疆花岗岩品质优良,已探明矿点60多处,地质储量5亿多立方米。广汇晨晖花岗岩石材开发有限公司通过对比发现,每立方米金矿仅出价值千元的黄金,而每立方米的花岗岩可产出32m^{2}的石板材,售价上万元。决心筹资4.3亿元,在经济技术开发区置地8.45万m^2,引进18台意大利350型全自动模切生产线和6条特种板材生产线,成为全国最大的一家石材加工企业。他们严格执行ISO9002标准,建立质量保证体系,编制了质量管理程序和有关工作制度,成为国家建设部评定的中国建材行业质量达标上榜产品中的惟一的石材品牌。

2. 发挥合资企业的优势引进国外技术、人才、设备和管理创名牌

天山毛纺织股份有限责任公司是光辉的代表。"不创新则死亡"是该公司的格言。"天毛"的发展史,是依靠技术创新、争创名牌的历史。始终把眼光盯在世界毛纺织高技术的发展上,涌现出几次大规模的技术创新浪潮,使无形资产不断增值。有人评估"天山"牌羊毛、羊绒衫的无形资产已达6亿多元,成为我国毛纺工业的佼佼者。

1981年在公司开业之初,便引进国际先进水平的全套日本粗梳毛纺设备及山羊绒分梳设备,一开始就以高起点迅速占领全国毛纺织市场。1988年引进具有80年代世界先进水平的意大利梳毛机及相配套的环锭细纱机,使纱线产量提高了1倍;1992年引进日本、意大利的电脑横机、电脑圆机、电脑绣花、电脑设计系统,使花色品种大幅度增加,效率大大提高。1994年引进毛条防缩生产线,生产出全防缩、半防缩、丝光柔软毛条。经过特殊处理,羊毛表面的一层鳞片被剥去,羊毛衫的手感与羊绒衫的手感一样。1997年8月又投入上亿元资金,一次购进42台代表世界顶尖水平的德国斯托尔电脑横机,进行深度技术改造。他们不但重视硬件引进,还重视软件引进,每年都要派出20多名技术人员和工人赴日本、香港地区培训,年年聘请国内外专家来公司讲课,使员工不断更新观念,跟上技术进步的步伐。公司先后5次评为全国十大最佳合资企业,4次蝉联国产最畅销商品金桥奖,羊毛衫长城国际金奖、国家质量银奖,"天山"、"GTS"两种品牌被国内贸易部认定为全国服装市场认可的名牌产品。1996年经国家进出口质量认证中心和美国UL公司联合评审,通过ISO9001质量体系认证,产品远销北美、西欧等地,年出口创汇3000多万美元。

3. 挂靠名牌创名牌

新疆针织厂和新疆橡胶厂属于这种典型。新疆针织厂在80年代曾有90%的产品远销欧美及香港等地,有过一段辉煌。但是由于观念陈旧,技术改造、产品创新没有跟上,产品是"老款式"、"老面孔",不适应日新月异的市场消费需求,到1994年资产负债率达到112%,资不抵债,濒临破产。

新的领导班子组建之后，认真总结经验教训，认为新产品开发不力，"流星"多，"恒星"少，没有喊得响、站得住、能在市场竞争中形成气候的名牌产品。决心"走名牌之路，创名牌效益"。一方面组织职工开展"企业究竟是困难大，还是潜力大？"的大讨论；另一方面，领导率领技术人员和工人代表到上海"三枪"集团考察、学习。用3个月停发的工资和部分贷款，从日本、台湾、香港引进17台针织、印染、制衣设备。利用"三枪"的工艺技术，开发出"蝶王"牌针织内衣名牌产品。1997年，该产品面料和开发出的防缩、防蛀、丝光羊毛内衣面料，荣获"中国纺织总会1997/1998中国流行面料新产品奖"，并获得中国消费者协会"消费者信得过产品"称号，1997年被评定为"新疆名牌"产品。经中国社会调查事务所审议，被授予"中国公认名牌产品"称号。依靠名牌产品使企业扭亏为盈，1996年甩掉了资不抵债的帽子。

4．实行产学研相结合创名牌

新疆医学院特丰制药厂属于这种典型。特丰制药厂是新疆医学院所属的企业，为产学研结合提供了有利条件。经过不断研究改进，研制出第三代高效补钙剂——佳加钙口服液，解决了国内外钙剂普遍存在的含量低、吸收差、刺激性大几大缺陷。组方独创、含量高，每10ml含钙元素150mg；由于是液态离子钙，并通过六大手段促进吸收，因而吸收利用程度高；还可做到锌碘同补。中国优生优育协会妇女、儿童钙代谢专题委员会的专家经过综合比较评审，将"佳加钙"作为该会首次推荐产品。1995年12月，"佳加钙"荣获自治区优秀新产品一等奖，1996年被评为"新疆名牌"产品，1998年获全国钙剂科技进步奖，被四川省人民政府评为"97四川购物首选品牌"。1996年又推出补血新药"佳加铁"，其疗效可与著名进口补血药"力蜚能"媲美，功能全面，疗效出众。

5．以引进国外技术人才为突破口创名牌

阿勒泰皮革集团有限公司属于这种典型。1985年10月，公司高薪聘请了土耳其技术人才来厂传授毛革皮制造工艺技术。在消化吸收的过程中，不断组织技术攻关，解决了毛革皮脱脂、结毛、打折等难题，成功地生产出了具有毛皮平整、松散、革面松滑、成膜性好、皮板柔软等特点的光面毛革绵羊皮。用这种皮制成的毛革服装投放市场后立即引起轰动，德国客户一次就订购了500余件。1994年，公司利用西班牙政府400万美元的混合贷款，与北京凯利公司、香港振凯有限公司共同投资5000万元，引进了世界一流的全套制革设备和工艺，组建了"新疆金海皮革有限公司"。接着又引进意大利的技术和资金，组建了中意合资"新疆金鸿皮具有限公司"、开发真皮箱包、手袋新产品。"阿山牌"毛革、革皮服装，成为国家级重点新产品。1994年中国皮革工业协会认定为西部地区惟一的首批佩挂"真皮标志"的产品。毛革服装系列产品荣获第四届世界妇女大会最受欢迎的"轻工产品和旅游产品"金奖。1995年被轻工总会授予"中国真皮标志

名牌产品"。1996年被中国皮革协会授予"96中国真皮衣王"称号。

6. 主要依靠自己的力量创名牌（同时与国内院所相结合）

新疆联合收割机厂就是这种典型。1994年，该厂仍是一个亏损企业，依靠名牌扭亏为盈，1997年盈利3000多万元。1997年，由国家农业部、机械部、公安部、交通部等6个部门组织的19个省市区小型跨区机械收割的会战中，"新疆－2"联合收割机以不怕中雨、不怕倒伏的优良性能再次威震中原大地，当之无愧地坐上中国联合收割机的头把交椅。1997年在全国同类收割机的市场占有率达到70％，这在机械行业中是十分罕见的。这是十几年来不断进行技术创新的必然结果。

早在70年代，该厂就组织了一批专业技术人员研究设计联合收割机，1980年新疆牌4LQ－2.5A型联合收割机被评为自治区优质产品，1983年荣获国家银质奖。由于它是牵引式的联合收割机，不受国营农场欢迎，农村受当时购买力的限制，难以普遍推开。80年代成立了研究所，进一步研究设计自走式的联合收割机。在新疆机械行业企业成立研究所还是第一家。1995年又组成产品开发研究院，由180多人组成，拥有国内一流水平的CAD微机工作站，在西北地区机械行业也是首屈一指的。新疆－2联合收割机的结构有很大创新，采用轴流式滚筒、双滚筒，1995年荣获全国工业技术进步巨大成就奖，成为国家级新产品。这种结构耐潮湿，不怕倒伏，中小雨照样收割；可收小麦、水稻、红花多种作物；故障又少，很受用户欢迎，因而产量连年翻番，1994年生产605台，1995年生产1500台，1996年产3055台，1997年突破1万台。新疆－2联合收割机的成功，既是技术创新、产品创新的成功，也是发展战略的成功。由于新疆－2联合收割机的市场中心距乌鲁木齐三四千公里，每台整机的运费就得7000元左右，许多协作配套件来自内地，为了降低成本提高竞争力，1993年在河北省藁城县建立第一个分厂，负责组装联合收割机，以后又在郑州、西安、天津、蚌埠、连云港、平度、寿光建立分厂。当年建厂，当年收回投资。"OEM"现代经营方式，使联合收割机的产量迅速扩大到1万多台，节省了3亿元的固定资产投资和2亿元的流动资金。

7. 采用引进国内区内人才、改进进口产品、与名牌大学联合等多种途径创名牌

新疆特变电工股份有限公司属于这种典型。其前身是一个只有51个人的集体小企业，由于经营管理混乱，到1987年底负债73万元，人均负债1.4万元，固定资产仅有15.8万元，已是资不抵债，厂房倒塌，主要设备掩埋在废墟中，企业到了山穷水尽的地步。经过10年的努力，这个从废墟上建立起来的企业发生了特大的变化。到1997年5月，公司总资产达3.5亿元。目前总资产超过10亿元，成为从废墟中崛起的巨人。

上市公司特变电工取得成功的原因是多方面的，它有一个好班子、好产品、好机制。依靠人才战略实现特变，是成功的重要方面。近10年来，先后引进人才300多名，仅

1995年一年就引进大中专毕业生和工程技术人员 63 名。两位副总经理和 80% 的中层干部,都是从引进的人才中选拔的。"四顾茅庐"引进人才,传为佳话。1992 年总经理张新到西安开会,听说陕西省周至县变压器厂年轻的技术科长郭共文研制成功一种节能、节材、免维护的全封闭的变压器,张新先后 4 次请他出山,他自己表示可以考虑,但他所在单位不放。为了办成这件事,张新特地动员州市两级经委领导一起登门拜访,终于把郭共文请来作技术指导。仅用两个月时间就研制开发出一种新产品。

1993 年,塔里木油田一台从美国购进的干式特种变压器出了故障,电话询问能不能修复这台美国制造的特种变压器。张新当即回答:"明天我亲自带技术人员来塔里木"。技术科长出身的张新在修复的过程中,发现这台洋设备并不是高不可攀,也有不合理的地方,改进它就可以超过它。很快就生产出了性能超过美国原产品的特种变压器,赢得了用户,开辟了市场。

国家实施西部大开发战略之后,特变电工股份有限公司积极与清华大学联合,签订了多项科技攻关协议,共同组建"清华科技创业投资有限公司",力争占领科学技术的至高点,在市场竞争中立于不败之地。

总的看来,新疆创名牌仍处于起步阶段,多数企业和职工的名牌意识还不够强,在政策上对创名牌活动的扶持不够有力,对伪劣产品的打击缺乏力度,在国内和国际市场上有一定市场占有率的名牌产品仍很少。为了推进名牌事业,需要做好如下工作:第一,提高广大职工和各级政府主管的名牌意识,增强竞争意识和危机感,自觉争创名牌。第二,广泛宣传推广新疆创名牌的 7 种典型或 7 条途径。这些土生土长的典型具有很强的说服力,是看得见、摸得着、学得了的典型。榜样的力量是无穷的。通过典型引路,推进名牌事业的发展。第三,进一步制定鼓励创名牌产品的政策,增加对科技开发基金的投入。第四,加强对伪劣产品打击的力度。第五,广泛开展对名牌产品的宣传工作。

第十四章 人力资源及开发利用[*]

人力资源是指一个国家或地区在一定时间内拥有的具有劳动能力的适龄人口,或者是指能够作为生产性要素投入社会经济活动的劳动人口,在我国一般指在法定劳动年龄上下限之间的人口。人力资源作为生产要素,投入社会经济活动,是现代经济资源最宝贵、最核心的资源,对经济发展起着越来越重要的作用。21世纪的竞争,与其说是产品的竞争、市场的竞争,不如说是科技的竞争、知识的竞争,说到底是人才的竞争。作为我国"资源大省"的新疆,自然资源非常丰富,而人力资源数量有余,但质量不足,尤其是高层次、高素质的人力资源严重短缺,已经严重制约了新疆经济的持续发展,加之西部开发战略实施的深入,对新疆人力资源及其开发利用进行系统研究则更显十分必要。

一、人力资源现状及存在问题

(一)新疆人力资源现状

1. 新疆人口分布

(1)民族分布

新疆民族分布的态势与全国范围的大杂居、小聚居格式基本相同。根据新疆第5次人口普查资料,2000年新疆总人口为1846.26万人,其中汉族占40.6%,少数民族占59.4%。少数民族人口中又以维吾尔族为主,其占少数民族人口的75.8%,占新疆总人口的46.1%。维吾尔族主要居住在南疆,占82.1%,而北疆和东疆仅占17.9%。汉族散居在全疆各地,但主要分布在乌鲁木齐市、石河子市、克拉玛依市、昌吉州、哈密等北疆和东疆地区,占总人口的59.5%;在南疆,汉族仅占南疆总人口的17.0%。汉族与维吾尔族的这种南北分布格局是新疆民族分布的一个显著特点。

(2)空间分布

占全国1/6国土的新疆,人口仅占全国的1.46%,可以说是"地旷人稀"。但是由

---

[*] 本章在写作过程中,参考了胡毅教授主持的新疆财经学院科研基金课题"新疆人力资源研究"的部分成果和数据,在此对课题组其他成员表示感谢。

于新疆人口的自然区域分布主要受区域自然条件和地理环境的影响,97%以上的人口集中分布在仅占全疆土地总面积8.22%的绿洲上,而且主要是山前冲洪积扇中下部、河流的中下游平原灌区和主要交通干线两侧。其他区域主要是荒漠和山地,由于自然条件差、环境恶劣,基本无人口分布,因此,人口的自然区域分布呈现明显的绿洲分布特点以及"地旷人稀"总体特征下的"小集中"格局。

解放前,新疆人口主要分布在占国土面积64.1%的南疆,到1949年占70.1%,而占国土面积23.3%的北疆和占12.6%的东疆分别仅占总人口的24.8%和5.1%。这种分布格局在解放后随着新疆大规模开发建设的展开而逐渐发生了一些显著的变化(表14-1)。到2000年,北疆人口达869.44万人,已占全疆总人口的47.1%;南疆人口872.50万人,占47.3%;东疆人口104.31万人,占5.6%。

目前,新疆16个地、州、市等行政区域的人口密度差异性明显(表14-2)。最高的是乌鲁木齐市,达859.6人/km²,其次是石河子市(579.4人/km²),最低的是巴州,仅为2.1人/km²,主要原因是巴州土地面积大,而人口不多。其余大部分地州在5~30人/km²之间。

表14-1 新疆三大区域人口比重的历史变动(%)

区域	1949年	1960年	1970年	1980年	1990年	2000年
北疆	24.8	37.2	44.1	47.2	46.6	47.1
南疆	70.1	56.2	50.1	46.7	47.6	47.3
东疆	5.1	6.6	5.8	6.1	5.8	5.6

资料来源:根据《新疆统计年鉴1991、2001》和《新疆国民经济统计资料1949~1985》计算。

表14-2 新疆行政区域人口密度

行政区域	行政辖区面积占全疆比重(%)	人口密度(人/km²)	行政区域	行政辖区面积占全疆比重(%)	人口密度(人/km²)
全自治区	100	10.6	塔城地区	5.74	9.6
乌鲁木齐市	0.10	859.6	阿勒泰地区	7.13	5.0
克拉玛依市	0.52	30.4	博州	1.51	15.8
石河子市	0.03	579.4	巴州	28.52	2.1
吐鲁番地区	4.09	8.0	阿克苏地区	7.95	15.1
哈密地区	8.61	3.3	克州	4.39	5.9
昌吉州	4.7	18.8	喀什地区	7.61	26.1
奎屯市	0.07	237.8	和田地区	15.09	6.3
伊犁地区	3.35	37.4			

资料来源:根据《新疆统计年鉴1999》计算。

2. 新疆人力资源数量

从1983年到2000年的短短17年,新疆的人力资源从685.4万人迅速增加到1233.7万人,净增548.3万人,年平均增速为3.52%;而同期人口数从1333.3万人增加到1846.3万人,净增513万人,年平均增速为1.93%(表14-3)。可以看出,人力资源数量的增速高于人口数的增速,这也使得人力资源率有较大幅度的提高,说明新疆人口中劳动适龄人口的比重呈上升趋势。就从业人员的数量而言,尽管绝对数有一定程度增长,但从业人员占人力资源总数的比重却从1983年的79.6%下降到2000年的56.2%(表14-3)。说明,新疆人力资源数量出现了严重的供给过剩,或者说,从数量上看,新疆劳动力资源是丰裕的,且供大于求。

表14-3 新疆人力资源变动状况

项目	1983	1985	1988	1990	1992	1994	1996	1998	2000	年平均增速
人口数(万人)	1333.3	1361.1	1426.4	1529.2	1580.6	1632.7	1689.3	1747.4	1846.3	3.52
人力资源数(万人)	685.4	724.3	744.8	794.5	830.4	1045.7	1078.6	1176.4	1233.7	1.93
人力资源率(%)	51.4	53.2	52.2	52.0	52.5	64.0	63.8	67.3	66.8	—
从业人员数(万人)	545.8	565.8	593.7	617.7	647.0	657.5	684.0	680.9	693.9	1.42
从业人员比重(%)	79.6	78.1	79.7	77.7	77.9	62.9	64.3	57.9	56.2	—

注:从业人员比重是指从业人员占人力资源总数的比例。资料来源:《新疆统计年鉴2001》和《新疆辉煌50年》(数据卷)。

3. 新疆人力资源质量

一个区域的人力资源状况不能仅从数量方面来衡量,还应该看其质量如何。往往后者更重要,尤其是经济发展在面临技术创新、管理创新和制度创新的时候。从人口素质上看,据2000年第5次人口普查数据,新疆大专及其以上学历人数仅占总人口的5.1%,文盲和半文盲比例为7.65%;从教育发展水平上看,新疆6岁及其以上人口平均受教育年限为7.12年,各类学校在校生占全区总人口的比重为22.8%,每万人拥有的大学生数为41.1人;从科技人力资源上看,2000年新疆各类专业技术人员总数为36.83万,每万人人口中专业技术人员达199人,专业技术人员占从业人员的比重为5.35%。这些指标基本上都高于全国平均水平(表14-4)。但新疆各类专业技术人员总数的增长速度低于全国,这与新疆经济发展对专业技术人员需求加大的趋势背道而驰。

需要指出的是,尽管从统计数据上看,新疆人力资源的质量高于全国平均水平,但实际的质量是否真正就高呢?对于新疆这个少数民族(占一半以上)省区来说,不能简单地这么来看。由于历史、基础和政策等多方面的原因,致使在教育质量和人口素质方面存在较大差距。这一问题在下面还将专门论述。

表14-4 新疆人力资源质量状况

项目	新疆 1990年	新疆 2000年	全国 1990年	全国 2000年
每万人大专及以上学历人数(人)	184	514	142	361
文盲和半文盲比例(%)	19.52	7.65	21.96	8.72
6岁及以上人口平均受教育年限(年)	—	7.12	—	6.51
每万人在校大学生数(人)	20	41	18	44
每万人专业技术人员数(人)	160	199	95	171
专业技术人员占从业人员的比重(%)	3.92	5.35	1.69	3.04

资料来源:《新疆统计年鉴1991、2001》和《中国统计年鉴1991、2001》。

4. 新疆人力资源结构

这里主要考察新疆从业人员的产业结构和人才资源(专业技术人员)的分布状况。

(1) 新疆从业人员的产业结构

改革开放后,第一产业从业人员的比重逐渐下降;第二产业从业人员比重则是先升后降,在1995年以前一直是上升的,1995年后的5年即"九五"期间基本呈逐年下降趋势;第三产业从业人员比重呈稳步上升态势(表14-5)。第一产业劳动力主要转移到了第三产业。

表14-5 按三次产业划分的新疆从业人员数及构成的变动

年份	从业人员数(万人)	人数(万人) 第一产业	人数(万人) 第二产业	人数(万人) 第三产业	构成(%) 第一产业	构成(%) 第二产业	构成(%) 第三产业
1978	491.3	354.0	70.4	66.8	72.1	14.3	13.6
1985	565.8	363.2	89.6	112.9	64.2	15.8	20.0
1990	617.7	378.5	107.4	131.8	61.3	17.4	21.3
1995	676.0	388.2	124.2	163.6	57.4	18.4	24.2
1998	680.9	387.8	106.2	186.9	57.0	15.6	27.4
2000	693.9	388.1	97.6	208.1	55.9	14.1	30.0

资料来源:《新疆统计年鉴2001》。

(2) 新疆人才资源(专业技术人员)的分布状况

人才是高质量的人力资源,是人力资源的核心。它是指一个国家或地区具有较强的管理能力、研究能力、创造能力的专业技术人员的总称,在我国通常指具有中专以上学历或具有初级以上技术职称的人。2000年,新疆企事业专业技术人员总数为36.8

万人,其中,工程技术人员、农业技术人员、卫生技术人员、科学研究人员和教学人员所占比重分别为15.9%、7.5%、16.9%、0.7%和59.0%(表14-6)。可以看出,新疆专业技术人员主要集中在教学和卫生技术领域,工业、农业人才比重偏小,尤其是科学研究人员所占比例过小。

表14-6 新疆人才资源(专业技术人员)的分布状况

年份	专业技术人员总数(万人)	工程技术	农业技术	卫生技术	科学研究	教学
1978	8.51	26.1	15.4	37.3	3.6	17.6
1985	15.87	32.5	13.1	36.3	2.1	16.0
1990	24.15	38.2	10.4	29.8	1.8	19.8
1995	43.72	25.0	6.4	18.1	1.1	49.4
1998	35.59	16.6	7.8	16.9	0.8	57.9
2000	36.83	15.9	7.5	16.9	0.7	59.0

注:1991年起,教学人员包括社会和自然科技领域及小学教师人数;1996年后数据不包括中央单位的技术人员数。
资料来源:《新疆统计年鉴2001》。

(二) 新疆人力资源开发及配置中存在的问题

1. 新疆人力资源数量过剩,质量不高

由于新疆人力资源数量的增速高于人口数的增速,使得新疆人力资源数量有大幅度的增加,占总人口的比重也稳步提高,但是由于经济发展水平较低,经济发展活力不足,市场吸纳劳动力的能力有限;加之因思想观念的落后,许多人宁愿赋闲在家,也不愿外出打工,造成新疆人力资源数量上出现了严重的供给过剩。也就是说,从数量上看,新疆劳动力资源是丰裕的,且供给远远大于市场需求。然而,一个区域的人力资源质量状况往往更为重要。尽管从统计数据上看,新疆人力资源的质量高于全国平均水平,如新疆每万人大专及其以上学历人数为514人,比全国平均水平高出153人;每万人人口中专技术人员达199人,高于全国170人的水平,但是新疆人力资源的实际质量很难说比全国平均水平高。主要是由于新疆人力资源的教育以本地为主,而新疆整体教育质量不高,尤其是少数民族教育质量状况令人担忧。而且,近些年一大批优秀的教育工作者流向内地,使本已脆弱的中小学教育和高等教育更是雪上加霜[①],加之现行的高考录取机制,每年有万余名优秀学生让内地院校优先录取,留下的生源质量自然难以保证人才资源的高质量开发与积累。此外,新疆其他领域的高素质人才资源向内地流失状况

---

① 据有关部门统计,新疆高中教师的学历合格率仅为52.7%,居全国倒数第3位。

也非常严重,而没有回流或极少回流,这些情势致使新疆人力资源质量不容乐观。

2. 科技人才资源匮乏,技术创新能力弱

尽管新疆每万人人口中专技术人员数居全国第5位,但是其中从事科技活动的人员比重很少。1999年新疆从事科技活动的人员总量为34 618人,仅占专业技术人员总数的9.37%,比全国平均水平13.56%低4.19个百分点,仅居全国第28位。在这为数不多的科技人员中,从事研发(R&D)活动的人员则更少,仅为6474人,占从事科技活动人员数的18.7%,相当于全国平均水平的2/3。众所周知,研究与发展(R&D)活动是系统的创造性活动,包括基础研究、应用研究及试验发展三部分,是科技活动中的核心部分。新疆从事研发(R&D)活动的人员少,也就意味着新疆的技术创新能力弱。表现在:到目前为止,新疆仅有两名两院院士,是拥有院士最少的省区之一;2000年,每万人专利数新疆为0.39项,而全国平均为0.83项;每万人专业技术人员获得专利数新疆为19.5项,而全国平均为48.7项;人均技术市场成交额新疆为35.8元,而全国为51.4元。从上述方面可以看出,新疆人力资源质量方面还存在较大差距,同时也反映出新疆人力资源数量方面的泡沫。

3. 少数民族教育质量令人堪忧,必须加强

占新疆总人口59.4%的少数民族教育质量问题是根本性的问题。少数民族人才尽管在数量上有较大程度扩张,但由于历史、观念、语言、地域环境等因素的制约,在质量上却令人担忧。在中小学教育质量难以保证的情况下,加之高等教育招生比例和分数的政策倾斜,使高等教育在保证数量的基础上,质量难以维系,甚至无法完成高等教育的目标要求,进而影响到少数民族毕业生的就业。这种重数量、轻基础、重文凭、轻质量的培养模式,使人力资源素质无法满足现代社会发展的要求。为此,今后必须改善和加强少数民族教育,提高教学质量和人力资源素质。

4. 人力资源投入不足,并且效益较低

新疆对人力资源的投入主要集中在文教科学卫生等方面。由于受经济发展水平等因素的制约,新疆对人力资源的投入基本依靠中央和地方财政拨款。从绝对数量上看,投资增加幅度较大,但从相对数量上看,让人有些忧虑。有两个数字

图14-1 新疆人力资源投资占GDP和财政支出比重的变化

可以反映,一是新疆人力资源投资占 GDP 的比重,二是新疆人力资源投资占财政支出的比重。从图 14-1 中可以看出,新疆人力资源投资占 GDP 的比重在 1984 年后基本上一直呈下降趋势,特别是 1990 年后下降到 4% 以下;新疆人力资源投资占财政支出的比重波动比较大,但是在 1994 年达到 32.7% 的峰值后,便一路下滑。也就是说,这两个比重在近些年都是减少的。与之形成鲜明对照的是,1994 年以来,新疆财政收入和财政支出占 GDP 的比重却一直是上升的。因此可以说,新疆人力资源的投资增速远远滞后于财政收入和支出的增长,也滞后于经济增长。此外,从投资效益上看,新疆人力资源投资效益是比较低的,以教育投资效益为例,新疆教师人均负担学生数,大学为 9.3 个,中学为 14.9 个,小学为 18.9 个,分别比全国平均水平低 28.5%、20.6% 和 17.6%,其中大学教师平均负担学生的效益最低。

5. **新疆人力资源配置中的一些结构性问题**

其一,尽管在人口机械变动上,新疆近些年表现为净增长,但由于迁入者中高素质的人力资源所占比例很小,远不能补偿新疆人才流失所造成的损失。据不完全统计[①],过去 20 年,新疆流失的人才达 21 万人(其中高级教师、学术带头人和技术骨干有 10 多万),另一方面,新疆高中学生到内地上大学,毕业后大部分留在内地就业,又使新疆在 20 多年中有近 10 万优秀青年流失,由于新疆高校在内地招生很少,因此实际是高素质人力资源的净流失。此外,新疆高校人才流失的严重状况让人堪忧。20 世纪 90 年代以来,新疆大学流失的研究生、副教授以上人员达 500 多人,新疆财经学院流失的同类人员也在 200 人以上,这一数量占目前两校专任教师的近 40% 以上,其他高校情况也大体如此,这严重影响了新疆对后备人力资源的培养能力。

其二,人才分布过于集中,人才绝对不足和人才相对过剩现象并存。一方面、人才的地区分布过于集中,有 80% 的职业技术人员集中在县以上部门,其中近 50% 的高级人员和 20% 的中级人员又集中在自治区级单位,边远贫困地区和基层一线人才严重短缺。另一方面,人才的职业分布过于集中,企事业单位 75.9% 的专业技术人员集中在教育、文化、卫生等部门,使得这些部门总量相对过剩,而农业技术人员、工程技术人员和科研人员存在严重短缺。一方面企业需要大量专业技术人才,另一方面掌握知识技能的人员却主要集中在非生产性部门,致使企业得不到及时的人才补给,难以将科学技术迅速转化为生产力,也间接地造成人才资源的浪费,最终影响经济发展。另外,由于经济发展滞后,高新技术产业比重低,因此市场对从事系统创造性工作及相应的基础研究、应用研究方面,尤其在一、二产业没有形成较大的需求,致使工程技术和农业技术人

[①] 新疆 20 年流失人才 21 万,新华网,2001.3.17。

206　新疆资源优势及开发利用

员比例逐年下降,反过来也影响了一、二产业的快速发展。

其三,三次产业人力资源配置结构存在偏差,有不同程度的扭曲现象。2000年新疆一、二、三次产业占GDP的比重分别21.1%,43.0%和35.9%,而从业人员三次产业构成则是55.9%,14.1%和30.0%,与国际和我国东部发达地区相比,产值和劳动力就业结构偏差很大,大量劳动力滞留在农业上。从专业技术人员在三次产业中的分布来看,第一、二产业合计仅占1/3,第三产业高达2/3,一、二产业人才含量明显不足,严重制约了新疆国民经济的发展。

这些状况使得新疆高素质人力资源短缺情势更为严峻,同时也形成了新疆各行各业对高素质人才的广泛需求。

二、人力资源供需预测

本研究以2000年为预测基期,2005年和2010年为预测报告期。根据新疆统计资料中人力资源相关数据的可获得性情况看,拟从四个方面对新疆人力资源进行预测。一是总人口、汉族人口和民族人口预测;二是劳动力资源总量、从业人员总数、从业人员三次产业分布预测;三是企事业单位专业技术人员预测;四是后备高素质人力资源预测,主要对大学生及研究生在校学生数进行预测。

(一)新疆总人口、民族人口、各区域人口预测模型及结果分析

对新疆总人口、汉族人口、民族人口(指汉族以外的少数民族人口,下同)进行预测的模型及预测结果见图14-2和表14-7。

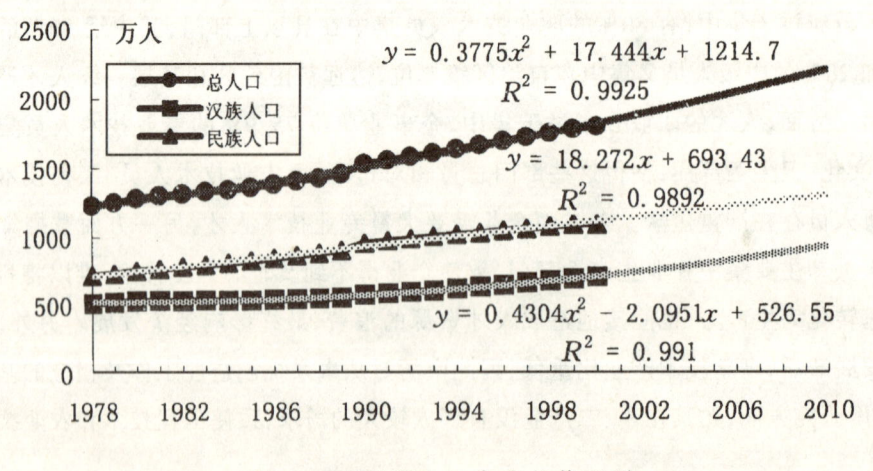

图14-2　新疆人口变化趋势预测

通过预测可知,未来 10 年,新疆总人口将以每年 20.8‰ 的速度增长,到 2010 年将达到 2201.45 万人,这一时期增速高于 20 世纪 90 年代的年平均增速(16.0‰);汉族人口将以每年 28.0‰ 的速度增长,到 2010 年将达到 926.12 万人;少数民族人口将以每年 17.6‰ 的速度增长,到 2010 年将达到 1296.41 万人。在过去 20 年间,汉族人口的年平均增长率(14.1‰)低于少数民族人口的年平均增速(18.7‰)。在未来 10 年间,汉族人口年平均增速高于少数民族人口,因此汉族在新疆总人口中的比重还将继续保持上升的趋势。

表 14-7 新疆总人口、民族人口、各区域人口预测结果(万人)

	1996	1998	2000	2001	2003	2005	2007	2009	2010
总人口	1689.29	1747.35	1791.55	1850.80	1923.43	1999.09	2077.77	2159.47	2201.45
汉族人口	643.28	674.11	702.39	724.18	763.03	805.32	851.06	900.24	926.12
民族人口	1046.01	1073.24	1089.16	1131.96	1168.50	1205.05	1241.59	1278.13	1296.41

注:2000 年人口数据用的是自治区公安厅人口年报数,故与 2000 年普查数据有出入。

(二) 新疆劳动力资源与从业人员供需预测模型及结果分析

劳动力资源总量、从业人员总数、从业人员三次产业分布以及比重预测模型及结果见表 14-8。

通过预测可知,未来 10 年,新疆劳动力资源量每年将以 2.14% 的速度增长,到 2010 年将达到 1525 万人,占总人口的比重为 69.3%;而从业人员数每年将以 1.68% 的速度增长,到 2010 年将达到 819.6 万人(表 14-8)。如果把劳动力资源作为供给来看,把从业人员作为需求来看,那么今后 10 年,新疆人力资源的供需状况还将延续目前供大于求的态势,而且还有加剧的趋势,这一点不仅能从劳动力资源量和从业人员数的未来年平均增速上得以反映,而且还表现在从业人员占劳动力资源的比重变化上(表 14-9)。可以看出,从业人员占劳动力资源的比重即劳动力资源的利用率是逐渐降低的。当然,供大于求仅仅是从新疆人力资源的总量和数量方面而言的,这与全国的形势基本一致[①]。

表 14-8 新疆劳动力资源与从业人员的产业分布与行业分布预测模型及结果(万人,%)

指标	模型	参数估计	显著性检验	实际值 2000 年	预测结果 2005 年	预测结果 2010 年
劳动力资源数	(多项式曲线)一次线性模型 $y = a + bx$	$a = 671$ $b = 30.5$	$R^2 = 0.946$ $F = 105.7$ (0.000)	1233.7	1372.5	1525

---

① 据最近一项对国内 37 座城市的调查显示,中国人才需求总体上供大于求,这是人事部首次发布的人才供求信息。

续表 14-8

指标		模型	参数估计	显著性检验	实际值 2000年	预测结果 2005年	预测结果 2010年
从业人员数		（多项式曲线）一次线性模型 $y = a + bx$	$a = 483$ $b = 10.2$	$R^2 = 0.977$ $F = 895.43$ (0.000)	693.85	768.6	819.6
产业分布	人数 第一产业	龚珀兹曲线 $y_t = ka^{b^t}$	$K = 700$ $a = 0.5033$ $b = 0.9923$	$R^2 = 0.87$ $F = 134.1$ (0.000)	388.11	402.42	410.91
	第二产业	从业人员总数—第一产业—第三产业			97.63	136.20	148.16
	第三产业	（多项式曲线）一次线性模型 $y_x = a + bx$	$a = 58.9$ $b = 6.11$	$R^2 = 0.983$ $F = 1208.1$ (0.000)	208.11	229.98	260.53
	比重 第一产业	根据上述预测结果计算而得			55.94	50.86	47.21
	第二产业				14.07	17.36	17.74
	第三产业				29.99	31.78	35.05

说明：第二产业的预测值是根据从业人员总数、第一产业和第三产业的预测值计算而得。

表 14-9　新疆从业人员占劳动力资源的比重变化趋势预测（万人，%）

指标	1983	1985	1988	1990	1992	1995	1998	2000	2002	2005	2008	2010
L	685.4	724.3	744.8	794.5	830.4	1059.6	1176.4	1233.7	1281.0	1372.5	1464.0	1525.0
C	545.8	565.8	593.7	617.7	646.9	676.0	680.9	693.9	738.0	768.6	799.2	819.6
C/L	79.6	78.1	79.7	77.7	77.9	63.8	57.9	56.2	57.6	56.0	54.6	53.7

注：L指劳动力资源量；C指从业人员数。

如果从质量方面来看，高学历和高层次的专业技术人才、管理人才、企业家等将依然供不应求，而且还有可能更为严重。主要有以下几方面的原因：其一，由于新疆与沿海省区的经济差异和收入差异在加大，而且未来还有扩大的趋势，这样新疆本地高层次人才外流即"孔雀东南飞"现象还会继续，而且还可能会越演越烈；其二，由于新疆经济发展水平较低，财政较为困难，人才观念较为淡漠，所能提供的"引才"条件远远低于东部发达省区，甚至也低于某些西部省区，加之地处边疆，交通不便，因此，如果不采取一些积极有效的措施，吸引外地人才落户新疆、建设新疆，经济发展就会受到极大的制约；其三，由于我国户籍管理制度和高校毕业生分配制度的放松，为人才的流动提供了更为宽松的环境，这样就更强化了新疆人才的外流。

由从业人员的产业分布看，未来10年，第一产业从业人员的绝对数会有一定上升，但所占比重将会有较明显的下降，到2010年为47.2%，比2000年下降8.7个百分点；第二产业和第三产业从业人员比重都会有一定上升，到2010年分别为17.74%和35.1%，比2000年分别上升3.6个和5.1个百分点。可以明显看出，受收益递减规律的影响，农业劳动力在向第二产业和第三产业转移，这一趋势完全符合著名的配第－克拉克定理[①]。这表明了新疆产业结构在向合理化和高级化的方向演化。

(三) 新疆企事业单位专业技术人员需求预测模型及结果分析

由于统计年鉴上相关数据统计口径的变化,从 1996 年起新疆企事业单位专业技术人员的统计数据中不包括中央单位的专业技术人员数,数据前后不具有一致性,给定量预测工作带来很大困难。在对某些异常数据采取一定的规范方法进行处理后,对新疆专业技术人员总数、农业技术人员和教学人员等 3 个指标进行了定量预测,其预测模型及结果见表 14 – 10。

表 14 – 10 新疆企事业单位专业技术人员预测模型及结果(万人,%)

指标		模型	参数估计	检验	实际值 2000 年	预测结果 2001 年	预测结果 2005 年	预测结果 2010 年
专业技术人员总数		(多项式曲线)一次线性模型 $y_t = a + bt$	$a = 101\ 317$ $b = 13\ 826$	$R^2 = 0.993$	36.83	39.17	44.70	51.61
其中	农业技术人员	(多项式曲线)三次线性模型 $y_t = a + bt + ct^2 + dt^3$	$a = 13\ 632$ $b = 1935.3$ $c = -115.04$ $d = 2.5873$	$R^2 = 0.87$	2.78	2.96	3.44	4.52
	教学人员	线性一次移动平均($N = 3$)		$E = 3.0\%$	21.72	21.00	21.18	21.20

说明:由于从统计年鉴上获得的某些指标所对应的数据统计口径不一致,无法对工程技术人员、卫生技术人员和科学技术人员等指标进行定量预测。注:E 为平均相对误差绝对值。

通过预测,未来 10 年,专业技术人员总数会有较大幅度的增长,到 2010 年为 51.61 万人,年平均增速为 3.43%,这时每万人人口中的专业技术人员将达到 234 人,比 2000 年高出 29 人;农业技术人员年平均增速为 4.86%,到 2010 年为 4.52 万人;教学人员数则变化不大(2010 年为 21.20 万人),但平均每个教师所负担的学生数却有较大幅度增加(图 14 – 3),考虑到每个教师的承受能力并必须保证教学质量等因素,在未来 10 年,实际上平均每个教师所负担的学生数不可能达到图 14 – 3 中的预测值,甚至从某一时期起,该实际值有可能呈下降趋势,直至达到某一稳定水平。因此,由于总人口及学生数量的增加,教学人员数在未来应有一定程度的增加,但增加的幅度是有限的,因为目前教学人员在专业技术人员中所占的比例过大(59.0%),未来专业技术人员的结构调整则是必然的。教学领域的重点在于人员素质的进一步提高和内部结构的优化。

---

① 配第 – 克拉克定理的表述:随着经济的发展,即随着人均国民收入水平的提高,劳动力首先由第一产业向第二产业移动,当人均国民收入水平进一步提高时,劳动力便向第三产业移动。劳动力在产业间的分布状况是,第一产业减少,第二、第三产业将增加。转引自郝寿义等主编:《区域经济学》,经济科学出版社,1999。

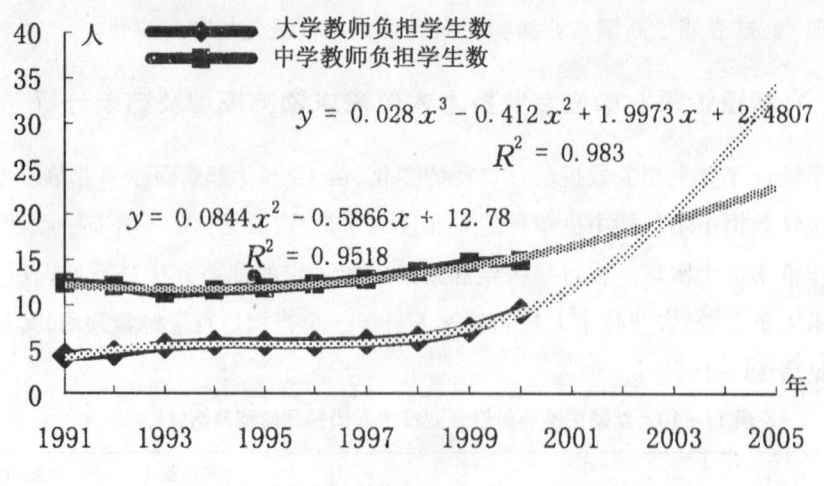

图 14-3 新疆平均每个教师负担学生数

由于数据统计口径的变化,工程技术人员、卫生技术人员和科学研究人员3个指标数据在1996年有很大落差,不易通过建立模型的方式进行定量预测。但从发展趋势上看,工程技术人员和卫生技术人员在1996年后有小幅增长,年平均增速分别为0.2%和3.0%;而科研人员则略呈下降趋势。这主要是由于新疆经济发展水平较低,高新技术产业发展滞后且比重低,市场对从事系统创造性工作及相应基础研究、应用研究的科研人员没有形成较大的需求。但是,根据新疆国民经济发展对人才的需求,尤其是由于工程技术人员和科研人员在国民经济发展中的重要作用,这两个指标在未来的若干年应该会有较大幅度的增长。由于目前新疆医疗、卫生行业沉淀的专业技术人员比较多,其占专业技术人员总数的比重(16.9%)高于全国平均水平(15.7%),也高于同处西北地区的陕西省(14.8%),可以说基本处于饱和状态,因此,卫生技术人员可能在未来增长幅度不会很大,这一领域发展的重点同样也在于提高人员素质,优化内部结构。

(四) 新疆后备高素质人力资源的预测分析

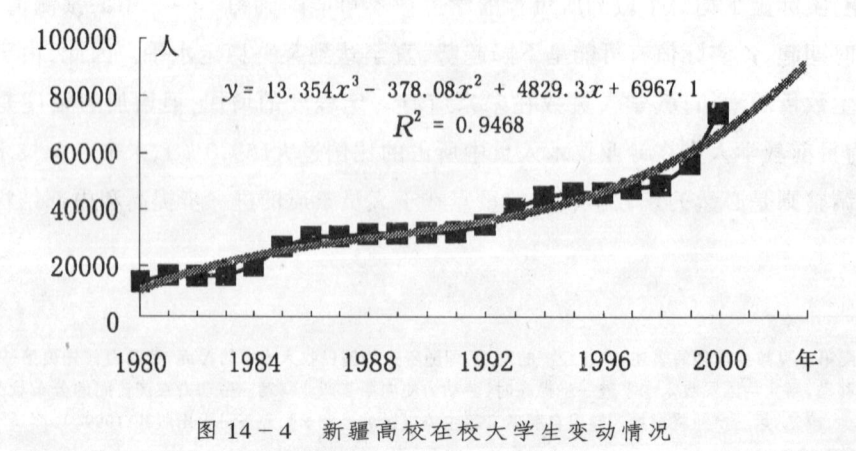

图 14-4 新疆高校在校大学生变动情况

近几年在校大学生及研究生数大幅增长(图14-4和图14-5),1998~2000年,在校大学生的年平均增幅为23.9%,在校研究生的年平均增幅为26.5%。根据所建模型预测,到2005年,在校大学生和研究生的人数将达到111 657人和

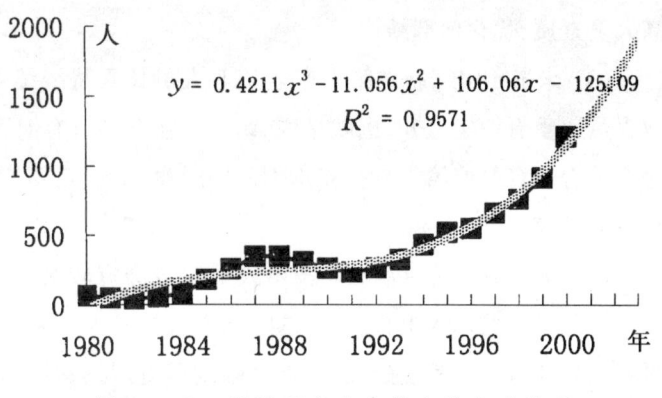

$$y = 0.4211x^3 - 11.056x^2 + 106.06x - 125.09$$
$$R^2 = 0.9571$$

图14-5 新疆研究生在校人数变动情况

2560人,分别比2000年增长了53.2%和114%。但实际上,由于高校招生数与政府政策、学校自身基础设施水平、生源数量和区外高校招生情况等因素密切相关,因此这些因素的未来变化都会对新疆高校的招生状况有重大影响。一般来说,政策因素非常重要,但又很难预测,即便目前的扩招政策还能延续几年,学校的教学设施和生活设施能否跟得上?而且在区外高校大幅扩招的情况下,新疆高校的生源数量是否充足?在勉强保证招生数量的情形下,生源质量的下降就在所难免。如果最终影响了高校培养质量和教育质量,那么如此高的扩招速度还能延续多久?因此,在这些因素的综合作用下,作者认为,从短期来看,未来几年内新疆高校的在校学生数包括大学生和研究生数,还会有较高幅度增长,从中长期来看,高校在校学生数的增幅将会降低,并最终保持在一个稳定的范围内。

(五)新疆人力资源供需预测的结论与启示

1. 基本结论

(1)未来10年,新疆总人口将以年平均20.8‰的较快速度增长,而过快的人口增长将成为新疆经济发展的严重障碍,影响居民收入水平的提高,并且会给本来已经较为脆弱的生态环境带来更大的压力;汉族人口的增速将超过少数民族,使得汉族人口在总人口中的比重继续保持回升态势,尽管这在一定程度上有利于新疆人力资源总体素质的提高,有利于新疆的稳定,但也是造成总人口快速增长的主要原因之一。

(2)未来10年,从新疆人力资源的数量上看,新疆人力资源的供需状况还将延续目前供大于求的态势,就业不足问题凸显;从质量上来看,高学历和高层次的专业技术人才、管理人才、企业家等将依然是供不应求,尤其是由于工程技术人员和科研人员在国民经济发展中的重要作用,这两个指标在未来的若干年应该会有较大幅度的增长。预计卫生技术人员在未来增长幅度不会很大,这一领域的人力资源发展的重点在于提

高人员素质,优化内部结构。

(3) 未来10年,新疆第一产业从业人员比重将继续下降,第二产业和第三产业从业人员比重有一定上升,也就是说,第一产业劳动力有向第二、第三产业转移的趋势,这完全符合著名的配第-克拉克定理。同时也说明,新疆产业结构在向合理化和高级化的方向转变。

(4) 未来10年,新疆专业技术人员总数会有较大幅度的增长,到2010年,每万人人口中的专业技术人员将达到234人;农业技术人员的增长幅度也较大;教学人员的数量在未来应有一定程度的增加,但其幅度是有限的;从短期来看,新疆后备高素质人力资源即在校大学生和研究生的人数会有较高幅度增长,从中长期来看,增幅将会降低,并最终保持在一个稳定的范围内。

2．几点启示

(1) 提高对人力资源重要性的认识,把人力资源合理配置及开发利用人力资源作为一项基本战略,纳入到新疆国民经济和社会发展的中长期规划中。

(2) 树立"以人为本"的人力资源开发观念,建立"人尽其才,才尽其用"的人力资源利益机制,立足新疆,内稳外引,多渠道完成新疆高层次人力资源的开发和积累;同时,要积极发展高新技术产业,加快高新技术向传统产业的渗透,为高级人才提供一个有效需求的大环境。

(3) 根据新疆国民经济发展对专业技术人员的需求,应采取有力措施,增加工程技术人员、科学研究人员和农业技术人员的数量,提高他们在专业技术人员中的比例,并适当减少卫生技术人员和教学人员的比例;对于新疆高校扩招,应在保证基本教学质量的基础上进行,否则,重视了数量,忽视了质量,将会影响新疆后备人才的素质和资本价值。

(4) 根据区情,建立"人口—教育—就业—培训—可持续发展"的一体化人力资源开发战略。首先,坚持计划生育这一基本国策,严格控制人口增长;其次,做好优生优育工作,大力发展普通教育,提高人口素质。再次,积极推进劳动就业制度、人事制度和社会保障制度等方面的配套改革,尽早建立健全劳动力市场,实行就业市场化,尽快形成一个能有效利用人力资源的就业机制。最后,在抓好基础教育、高等教育的同时,发展职业教育,加强培训工作,建立多形式、多层次、多方办学的全方位培训体系,切实提高新疆人力资源的整体素质。

三、人力资源开发及合理配置的对策建议

（一）加速教育体制的改革，充分利用教育资源

通过对新疆人力资源状况和问题的分析以及人力资源的预测分析，使我们感到人力资本的提升是新疆经济发展的重要因素，而人力资本大范围的升值和扩张则需要较长时间。一个地区的人力资源主要取决于两个因素：一是人力资本的整体价值；二是劳动力人数的规模。对新疆人力资本的增值主要体现在劳动者的身体素质、知识、经验、受教育程度和创造力以及对人力资源的合理利用和高素质人力的积累。通过分析，新疆人力资源中劳动力人数是丰富的，而人力资本的投入不足和利用效率不高，则是人力资源开发中存在的主要问题之一。

1. 加大教育部门的行政改革力度，增加教育投资

新疆人均教育投资高于全国平均水平，但由于投资效益不好，且历史上教育不发达，欠账很多，教育资产积累很小。基础设施差，教学条件落后，师资力量薄弱。由于教育部门从业人员非教学人员比例过大，同时师生比又小，使得教育经费绝大部分是人头费，对软、硬件的投资不足。

因此要加大教育部门的改革力度，精简机构，缩减教育行政管理人员，加速各类学校后勤改革力度。通过改革提高教育投资效率，将有限的资金更多地投入到教学中。地方政府应将对教育的投入看成是最佳的经济投入，其投资回报是长期的，回报率肯定是丰厚的。

在国家西部开发战略中，中央对新疆的投资目前主要是基础设施，如公路、铁路、水利、电力、城建、环保、通信等。但就新疆而言，对教育软、硬件的投资也应包括在基础设施建设中，在中央的投资中应切出一块作为专项，如校舍建设、教学设备的配置、师资培训及民族教育专项基金等，在这方面自治区政府应向中央提出申请，明确目标及实施方案。由于新疆的特殊原因，不宜过分强调新疆本地民间教育的投资办学，可制定政策引进内地资金进行民办教育事业，但近期不可能有大的发展。因此，国家对新疆教育的投入是责无旁贷的。

2. 加强少数民族的基础教育，提升新疆整体人力资本价值

由前分析可知，新疆6岁及6岁以上人口平均受教育年限为7.17年（1999年），高于全国乃至东部地区，而在每万人人口中大专以上文化程度的人数为514人比全国多出153人（2000年）。然而统计数字与现实存在极大的反差，统计数字显示无论在基础

教育还是在高素质人材培养上都较全国乃至东部有很大优势,而现实是在社会经济的各个领域缺少大量的优秀人才,其中的原因是多方面的,但少数民族教育中只重数量不重质量可能是主要原因之一。

少数民族占新疆总人口的 59.4%,因此少数民族人力资源状况决定了新疆人力资源的整体状况。由于地域及历史的原因,新疆少数民族教育至今仍处于落后状态。南疆地区城镇化水平低,居民居住分散,教育资金利用率低,不能保证教育质量。应集中教育资金在一些中等城镇建立寄宿中学。在中学阶段适当进行集中教育有利于教育资金的利用效率,有利于高素质教师资源的利用,有利于排除宗教对教育的干扰,有利于教学质量的提高。这类学校的建立与运行必须要有一定的资金支持。

对中、小学少数民族教师的政治、业务培训是教育改革最重要的一环,要划拨专项资金作为培训经费。决不能将教师岗位作为安排就业的场所。国家应有计划地在内地选择部分院校接受少数民族生源,进行师范学历教育,不仅接受专业知识的教育,更要接受汉语言及与周围人文环境的相互交流,这是非常重要的。新疆本地的师范教育要提高其教育质量及学生毕业的标准。

在高等教育方面,要尽快缩短少数民族与汉族教育在质和量上的差距,在加强中小学教学质量的基础上,大学教育要尽可能创造条件让考入大学的民族学生到内地就读,一方面可改善汉语言学习的环境,另一方面可接受更为正规的专业学习。同时应逐年提高少数民族高校入学标准,加强其外语学习。在新疆的高校中要尽快提高民族教师的专业水平,不能胜任的,政府应对他们给予妥善的安排,实际上应采取赎买政策,以此换取教师这一重要岗位,使少数民族学生获得优质的教育。

3. 加速高等教育改革进程,提高人力资源质量

加大高等教育改革力度,优化教育资源配置。近期应扩大新疆几个重点院校的规模,政府在资源配置的调度方面决心要大,动作要快。对高校基础设施的建设、土地的征用、办学的自由度等方面应给予积极的支持。鉴于每年有几千名优秀的高中毕业生到内地学习,且绝大多数不归,而内地大学毕业生鲜有入疆者,新疆高素质人才的长期流失对本地社会经济发展的影响已明显呈现,因此应向中央提出允许新疆高校在全国招生,招生可按新疆标准或略高一些,由于新疆招生标准相对较低,这对内地是有吸引力的。应制定相应政策,毕业后应在新疆工作若干年。当新疆经济发展进入高速时期,市场存在许多就业和创业机会后,就有可能长久地留下大批优秀青年。

（二）以市场机制为导向，合理配置人力资源

1. 加速人事制度改革，合理配置人力资源

新疆党政机关及事业单位的人员机构臃肿在国内领先，而现今政府的办事效率恰与其成负相关。在上述机关中有大量高学历、高素质的人才，许多人的潜能得不到发挥，当前合理配置人力资源是政府面临的紧迫任务，是优化人力资本的必要条件。人事制度改革进程中，通过精简机构和人员，使新疆的行政处在高素质人力管理之下，因此提升行政管理层的人力资本价值是其最重要的目标。

2. 加速市场经济体制的转换，培育人力资本市场，加速人力资本积累

新疆人力资本市场的培育和积累应注意两方面的问题：首先是要体现人才价值，在人事制度改革之后，应在政府控制的范围内拉开各人力资源素质层次之间的价格，体现人力资本的内在价值，这将对非政府部分人力价格起示范作用，引致社会各层面对人才需求竞争，进而加速社会人才市场的形成。政府在吸纳人才的分配政策上要有前瞻性，其政策效应是要留住和吸引大批人才，而不是仅能留住和吸引少数精英。

其次加速市场经济体制的转换，根除地方保护主义倾向，维护公平竞争原则，对在疆的各种所有制企业以同等待遇。近期政府工作的重点应是治理市场环境，提高工作效率，消除官僚作风，使人的价值在市场竞争中得以实现，而不是受惠于各种社会关系和部门、行业的垄断性收益。中长期应利用中央开发西北战略的有利条件，培育更多的创业机会和开发领域；在符合国家政策及环保要求下，经济资源应向所有投资者开放，政府应推出一系列资本密集型及相关高新技术的投资项目在国内外招商引资，有大量的资金流入，就有可能形成人力资本市场，大量的人才流入才有可能成为现实。

3. 重视人才资源的合理配置

一个地区的人才资源体现了该地区人力资源的质量。其人才资源的丰富与匮乏将对该地区的产业结构产生重要影响。如前所述，新疆每万人人口中专业技术人员达199人，居全国第5位（这其中还不包括中央单位的专业技术人员数）。从数量显然比全国乃至比东部地区丰裕。然而其中从事科技活动人员比重却居全国第28位，仅高于海南和西藏，而从事研究与发展（R&D）活动人员总量占从事科技活动人员仅相当于全国平均水平的2/3。究其原因从事科技活动人员主要集中在高等学校和研究与开发机构。我们认为目前高校集中较多的人力资源有其合理的一面，首先新疆经济不发达，以市场机制吸纳高素质人才有限，另一方面由于新疆人口少，因此相对而言，新疆高校及研究与开发机构集中的高素质人员比例较高。对此我们应从两个方面对新疆的人才资源进行配置，首先应将研究与开发机构逐渐推向市场，使它们与新疆的生产实践及企业

相结合,通过市场机制的作用,使这部分人力资源能得到充分利用,目前这方面改革已取得成效。但我们认为在这一进程中,政府对这部分人才资源的配置应有一定的政策支持,如在他们科研工作中的融资及税收方面应有一定的优惠政策。

其次在高校方面,应鼓励教师从事(相关专业的)第二职业或成立相应的研究、开发机构,吸取以前校办企业的教训,应积极引导高新技术产业在高校附近建立企业和研发机构。以吸引高校的研发机构及技术专业人员与其合作,使企业与高校聚集的人力资源有机结合。

(三) 重视人力资源积累的长远规划

1. 加大新疆人力资源投资力度

由前可知,新疆人力资源投资占 GDP 比例自 1990 年呈下降趋势,1995 年之后占财政支出比例也呈总体下降趋势。新疆由于是多民族地区,教育成本相对较高是不可避免的,因此在人力资源投入方面,虽然 2000 年新疆人均教育经费仅略低于东部地区,但从高成本的角度来看,投入是不够的。如果再考虑到东部地区对教育的隐形投入,如政府无偿给学校划拨土地;收取学费较西部为高;企业对教育、卫生的捐赠以及家庭对教育及医疗的私人投资即社会对人力资源的投资远较西部高的多。考虑到这些因素,新疆各级政府必须要大力气增加对教育的投入,尤其对少数民族的教育投入。自治区政府应保持随着国民收入及税收的增加逐年增加对教育的投入。其增加幅度至少应与财政收入增加的幅度一致或略高。我们一定要牢记,对人力资源的投入回报是长期的,但其累计效益远比一些投资项目高得多。由前分析可知,人力资源是制约新疆经济发展的重要因素,因此对其投资可获得更高的经济和社会效益。同时在南疆地区应将人力资源投入放在基础教育和医疗保健方面。南疆地区的基础教育由于区域经济的落后、人文因素及宗教等方面的影响长期徘徊不前,致使少数民族的实质性教育远落后于北疆地区,进而加大了新疆区内的经济社会发展的差距。而南疆地区由于生活水平低,人们的身体素质普遍偏低,也造成人力资源质量的下降。因此在这些领域应加大投资力度。在北疆地区,政府应重点扶持高等院校,使之成为新疆人才资源的摇篮,除了国家扶持的工业工程外,对其他各类高校也应加大投资力度。若财政困难,则应在政策上给予支持。在引进援疆项目时,优先引进与文教卫生相关的项目,并在政策上给更大的优惠。在人才资源的引进方面,应成立专项基金,支持引入人才。哪个科研院所引入高级人才,哪个单位就可获得相应的人才基金,以鼓励和支持人才资源的引入。

2. 注重人力资源的投资效益

虽然新疆人均教育经费比全国平均水平高一些,但新疆人才资源的积累增幅却不大,人力资源投资效益不高。这可能存在以下方面的原因:一是新疆劳动力培训成本高,由于受本地培养高级人才能力的限制,大多到内地培训费用高;二是新疆花费大量的教育经费培养的高中生,考到内地不归,大学生到内地谋职,大学教师及高级科研人才到内地应聘等,这些人才的大量流失,使我们的教育投入效益下降;三是新疆的文教卫生部门结构不合理,行政人员比例过大,消耗了部分投入资金。

因此要切实留住已培养出的人才。应认识到对人才培养是对人力资源投入,而对留住人才所付出的成本也是人力资源的投入。只注意前者的投入,不重视后者的投入,往往使前面投入的效益为零,至少对本地区而言是如此。文教卫生部门应加大人事制度、分配制度的改革力度,精简机构,合理配置人力资源,使人力资源的资源投入及由此所积累的人才资源都得到合理利用。

3. 关注人力资源的长远规划

从前面"新疆人力资源供需预测"可知,今后10年新疆人力资源的供需状况将延续目前供大于求的状况,而且有加剧的趋势,而从质量方面,高质量的人力资源却依然缺乏。同时人力资源的结构与新疆产业结构的发展趋势不尽一致,未来专业技术人员的结构调整势在必行。

通过预测分析,可知今后10年中对从事系统创造性工作、应用研究、工程技术人员及高级企业管理人员的需求将有较大提高。而医疗、卫生部门沉淀的专业技术人员较多,其占专业技术人员总数的比重较高,目前处于供大于求的状态。在教育领域,从总量上来看,教学人员在专业技术人员中所占比例过大,总体呈现供大于求,但从内部结构来看,中小学及中专学校的教职工比例过大,而在高等教育扩招的形势下,大学教师的需求有所上升,尤其是高学历的人才。因此在教育系统主要存在结构调整问题。

通过对新疆后备高素质人力资源的预测来看,今后的几年中将有很大的增幅,由于新疆是以农业、传统产业、能源产业为主的省份,因此在人力资源配置上,尤其是人力资本的增值方面要注意在农业、能源产业及传统产业方面的人才积累,使高新技术向这些领域渗透。同时积极为新疆产业结构的调整积累人力资本,在今后1年期内应加强高学历、高技术人才的培养,第一产业中的棉花、水果种植及畜牧业;第二产业中的能源、化工;第三产业中信息技术、金融商贸等领域应是加大人力资本投入的领域,应为今后新疆的大发展提供人力资源的战略储备。

参 考 文 献

暴奉贤,陈宏立主编.1995.经济预测与决策方法.广州:暨南大学出版社.53～175
崔光莲,赵勇等.2001.西部大开发与新疆人力资源研究.新疆财经,(2):9～13

何娟主编.2002.人力资源管理.天津:天津大学出版社.64~70
黄雪冰.2000.对实施新疆人力资源整体开发的思考.新疆财经,(6):18~23
胡毅,关亚丽.2000.新疆人力资源与经济发展.新疆财经,(3):23~28,59
彭念一,胡宗义.1997.实用经济预测与决策.长沙:中南工业大学出版社.1~104
徐国祥主编.1998.统计预测与决策.上海财经大学出版社.44~132,179~196

第十五章 沿边沿桥开放战略

目前,我国已形成沿海、沿江、沿桥、沿边和内陆省会城市全方位开放的格局。特别是新亚欧大陆桥的贯通,为我国东西双向开放提供了契机,更为西北尤其是新疆的向西开放带来机遇,为新疆的沿边沿桥经济发展创造了有利条件。

一、扩大沿边沿桥开放的历史机遇和有利条件

(一)新疆扩大沿边沿桥开放的外部历史机遇

随着世界政治形势的不断缓和,经济格局的多极化、集团化发展,我国同周边国家关系的不断改善,以及国内有利于西部经济发展的大好形势,新疆沿边沿桥开放和经济发展适逢千载难逢的历史机遇。

1. 国家沿边沿桥战略和开放政策的实施

实施沿边、沿桥开放战略是90年代中国对外开放的重大战略决策,它标志着我国对外开放格局已由沿海地区优先开放走上沿海、沿江、沿边、沿桥地区协调推进、全方位开放的新阶段。1993年3月,国务院批准了包括新疆乌鲁木齐、塔城、伊宁、博乐和15个边境口岸在内的东北、西北、西南共13个边境市县,18个内陆省会(自治区首府)和232个陆路边境口岸的对外开放,规定这些城市在吸引外资和对外贸易方面享受沿海开放城市的优惠政策,这一举措扩大了沿边开放的范围,使新疆由对外开放的"袋底"变为"袋口",成为向西开放的前沿阵地和桥头堡。特别是新亚欧大陆桥的贯通,为新疆的向西开放提供了最便捷的运输通道,使沿桥区域成为新疆重要的开放区域。

2. 国家在世纪之交实施的西部大开发战略为新疆的经济发展带来契机

从"六五"开始到"八五"时期,我国宏观区域政策的重点明显地放在东部沿海地区,表现为投资和政策的双重倾斜,而从"九五"开始,国家开始对中西部地区特别是新疆进行产业政策和生产力布局等方面的倾斜,制定了六大扶持政策:一是资金倾斜;二是增加扶贫贷款;三是增加重点项目安排;四是实行银行贷款规模倾斜;五是改善中西部投资环境,增大基础环境的投资和融资;六是给予吸引外资优惠政策,给予优先审批。在1999年6月

召开的中央扶贫开发会议上,江泽民总书记进一步指出:"在继续加快东部沿海地区发展的同时,必须不失时机地加快中西部地区的发展。从现在起,这要作为党和国家的一项重大战略任务,摆到更加突出的位置"。为进一步缩小东西部差距,促进区域经济协调发展,国家在世纪之交开始实施西部大开发战略,掀起西部大开发的热潮,为西部地区特别是新疆的经济发展提供了难得机遇,也为新疆沿边沿桥开放注入强大活力。尤其令人鼓舞的是,新千年伊始,国家准备上马"西气东输"工程,第一期拟投资1200亿元,将建设4200km左右的管道。"西气东输"工程将使新疆的天然气资源优势变成经济优势,促进新疆产业结构和能源结构的调整,带动钢铁、建材、石油化工、电力等相关行业的发展,增加财政收入和就业机会等。总之,将大大加快新疆的经济发展。

3. 我国与中亚国家关系的改善为经贸合作奠定了良好基础

由于众所周知的原因,原中苏两国经贸关系一直受制于意识形态的分歧,使双方均蒙受很大损失。1989年戈尔巴乔夫访华,实现两国关系正常化,尤其是1991年中亚5国独立以来,即与中国建立外交关系,表示愿与中国形成长期、稳定的友好合作关系。几年来中国和中亚国家高层领导人进行了互访,表达了排除意识形态的干扰,在平等互利基础上发展经贸合作的共同愿望。尤其是李鹏总理在1994年访问中亚4国之后,于1996年再度访问中亚4国,与各国签署了一系列政治、经济、交通、通信等领域政府间协定。1997～1998年,江泽民总书记二度出访俄罗斯,签署了在边境地区裁军、建立战略合作伙伴关系的协议,1998年还出访了中亚。1997年9月,中哈合资"华隆"保税库在阿拉木图建成,李岚清副总理参加了揭牌仪式。这些都为双方的经贸合作带来新的契机。

4. 前所未有的大规模产业结构调整和产业转移的机遇降临中西部地区

目前,东部地区经济发展已面临创新求活阶段,必须积极准备迎接世界经济技术梯度转移的浪潮,迅速接过发达国家的先进技术和产业,同时果断淘汰并向低梯度地区扩散一部分夕阳产业、衰退产业,才能求得进一步发展。因为沿海地区原材料供应趋紧,劳动力价格上扬,企业生产成本全面上升,给传统产业造成很大压力,进一步发展的空间受到限制,那些不利于沿海地区再发展的产业必须寻求新的成长空间,而盛产原材料和能源、劳动力价格低廉的中西部地区,便成为产业转移的首选地区。中外历史经验证明,这种产业结构的调整和转移是历史性的机遇,是推动不发达地区经济迅速发展和振兴的"驱动器"

(二) 新疆扩大沿边沿桥开放的内部有利条件

1. 地缘区位优势

新疆有十分明显的沿边、沿桥开放的地缘区位优势。与蒙古、俄罗斯、哈萨克斯坦、吉尔吉斯斯坦、阿富汗、巴基斯坦及印度8国毗邻,边境线长达5400多公里,是我国拥有邻国最多、边境线最长的省区;沿边地州有10个,共33个边境县市;已开放和拟开放的口岸达18个,其中有国际性2个(乌鲁木齐和喀什航空口岸),对蒙古4个(红山嘴、塔克什肯、乌拉斯台、老爷庙),对哈萨克斯坦6个(吉木乃、巴克图、阿拉山口、霍尔果斯、都拉特木扎尔特、阿黑土别克),吉尔吉斯斯坦3个(别迭里、吐尔尕特、伊尔克什坦),塔吉克斯坦1个(卡拉苏),巴基斯坦1个(红其拉甫)。现代"丝绸之路"——新亚欧大陆桥的开通为新疆的"双向开放、东进西出"提供了契机,不仅成为连接亚太地区和整个欧洲地区最便利、最廉价的运输通道,而且更为我国打通了一条东西双向开放的通路,形成了新的对外开放格局;南疆铁路全线贯通,为加快与西亚、南亚的经贸合作奠定了基础;还有空中东西走廊,航运可直达阿拉木图、塔什干、卡拉奇、沙迦、伊斯坦布尔等地;有多条公路与境外相通,已初步形成了对外开放的立体交通网络。今后随着新亚欧大陆桥作用的进一步发挥,口岸基础设施条件的改善,喀什至乌兹别克的安集延铁路的国际通道工程的建设,境内公路的改造、扩建,多条高速公路的建成,新疆的区位优势将得到进一步加强,同中亚、西亚、南亚和欧洲的联系会更加密切。如今新疆已成为东亚经济圈、中亚经济圈、南亚经济圈的结合部。这种地缘区位优势的深刻变化,提高了新疆在沿边、沿桥开放中的战略地位,使新疆从原来边远封闭的地缘局势演变成沿边沿桥、外引内联、东进西出、全方位开放的新型地缘格局。

2. 与周边国家的经济互补优势

新疆与周边国家的经济互补性主要表现在矿产资源、产业结构、经济技术等方面。双方矿产资源结构总体雷同,但也存在明显的互补性:一是周边中亚国家地质勘探、成矿带研究以及有色金属开采、冶炼技术较先进,可供新疆借鉴;二是新疆短缺的矿种如铁矿、硫矿、铝钒土矿、磷矿在中亚国家较丰富,新疆与中亚可通过联合开发或直接进口比从内地输入更具比较效益。另外,印度煤炭紧缺、巴基斯坦建材和化工原料不足,而这些在新疆则相对丰富,这些就成为他们从新疆进口的大宗货物商品(表15-1)。

表15-1 我国新疆与其周边国家资源要素及产品互补简表

项目	蒙古	俄罗斯	哈萨克斯坦	吉尔吉斯斯坦	塔吉克斯坦	阿富汗	巴基斯坦	印度
新疆输入	C_1	A_1	$A_1B_2C_1$	$A_1C_1C_2$	C_2A_1		C_2B_2	
新疆输出	$C_2A_2A_3$	C_2A_2	$A_3C_2A_2$	$C_2A_3A_2$	$A_3A_2C_2$	A_2A_3	$D_2A_2C_2D_1$	B_2C_2

注:A_1 钢材、机械、汽车、化工产品;A_2 轻工业品、小型机械;A_3 以农畜产品为原料的轻工纺织产品;B_1 建材;B_2 能源与矿物原料;C_1 畜产品;C_2 粮食及其他农产品。表中按规模大小排序。

产业结构的差异性和经济技术的互补性表现在：长期以来，由于受专业化分工的影响，中亚国家形成重工业发达、轻工业落后的畸形产业结构，导致钢材、化肥、大型机械产品有余而轻纺产品、食品和家用电器等消费品奇缺，每年从新疆进口大量的食品（包括粮油、糖、酒类）、纺织品、服装等轻工业品及小型机械设备（表15-1）。新疆产业结构基本协调，轻纺工业较发达，并已形成支柱产业，农业连年丰收，农产品供应丰足，正是这种差异性产生了双方经济技术上的互补性（表15-2）。而蒙古、巴基斯坦、印度、阿富汗经济欠发达，部分地区还相当落后，所以从新疆进口一些食品、轻工业品、小型机械设备等（表15-2）。

表15-2 新疆与中亚国家经济技术互补性

地区	石化工业	冶金工业	电力工业	交通运输	机械工业	轻工	纺织工业	食品工业
新疆	↑	↑	↑	↑	↓	↓	↓	↓
中亚国家								

注：箭头表示要素流向。

3. 资源优势

新疆的资源优势主要体现在矿产资源、农牧业资源和旅游资源上。新疆是我国矿种比较齐全、矿产配套程度较高的资源大省区，能源、贵金属、有色及黑色金属和一些非金属矿储量都很丰富，已发现矿产138种。随着油气资源的勘探开发在塔里木盆地、准噶尔盆地、吐-哈盆地的全面展开，新疆已成为我国石油、天然气资源的重要战略接替区。新疆发展农牧业的条件也相当优越，得天独厚的自然条件使新疆许多农产品、畜产品如棉花、甜菜、啤酒花、番茄、枸杞、葡萄、瓜果、绵羊毛、肠衣的质量优异，这些农牧产品及其工业制成品，远销国内外，享有盛誉。新疆地域辽阔，景观殊异，旅游资源丰富多彩，既有风景秀丽、奇特的自然景观，也有许多文物古迹等人文景观，更有多姿多彩的少数民族民俗风情和文化艺术，让人流连忘返，每年都吸引着成千上万的中外游客来新疆旅游、探险、观光。

4. 人文优势

新疆有46个少数民族，不少民族与中亚、西亚、南亚在语言、宗教、风俗习惯等方面有共同之处，有些民族如维吾尔、哈萨克、柯尔克孜、塔吉克、乌兹别克、蒙古等跨境而居，语言相通、姻亲相联、交往甚密。另外，新疆还有近40万侨胞居住在西部邻国，大都关心家乡经济和社会建设事业，这对新疆开展经贸活动、引进资金是很有利的，这些民族的、宗教的、历史的关系，构成了新疆沿边、沿桥开放的独特优势。

5. 市场优势

我国向西开放面对着中亚、西亚、南亚甚至东欧、西欧等多方位市场,新疆是竞争这些市场的前哨。中亚国家独立后,市场供应紧张,商品短缺,加之产业结构不合理状况短期内难以扭转,致使新疆产品进入中亚市场前景广阔。此外,借助新亚欧大陆桥、南疆铁路和陆地口岸,境外市场可向西伸展到西亚、欧洲,北到蒙古,南达巴基斯坦、印度。新疆境外的巨大市场是新疆沿边、沿桥开放和发展外向型经济的强大动力。

6. 有一定的产业和产品基础

改革开放以来,新疆从一个以农为主、经济落后的地区变成拥有一定物质基础、具有一定经济实力和生产规模的相对独立经济区,已建成石油开采、石油化工、纺织、轻工、机械、钢铁、建材等为主体的门类较齐全的工业体系,第三产业不断发展,外向型经济不断扩大,投资环境有了明显改善。1978～1998年,全疆国内生产总值以年均10.6%的速度增长,1998年乡及乡以上工业企业有7068个(其中"三资"工业企业113个),工业产值693.65亿元;农业连年丰收,1998年产值达499.24亿元;第三产业在国内生产总值中的比例由1978年的17.2%上升为1998年的35.3%,生产关系的变革和大规模的经济建设使新疆经济实力不断增强。此外,新疆在开拓海外市场、扩大外贸的过程中逐渐形成了一批具有区域特色的名优稀贵产品,既有国家级的,也有新疆省一级和地州级的,甚至许多县市也都开始形成并推出自己的特色优良产品。其中在土产、畜产、粮油食品、果蔬及医药保健类方面确已涌现出不少有市场开拓前景的名优稀贵特产品(表15-3)。这些产品和不断诞生的新产品将为新疆实施对外开放、开拓海外市场,打下良好的物质基础。

表15-3　新疆部分名优稀贵特色产品

类　别	名优稀贵特色产品
土产畜产类	红花籽、蓖麻籽、黑瓜子、打瓜子、葵花籽、奶花芸豆、红小豆、麻豌豆、白豌豆、核桃、羊毛、羊绒、皮张、甜菜粕、菜籽粕、豆粕(饼)、白葵花籽、啤酒花、天然薰衣草油、羊剪绒制品、和田地毯等
粮油食品类	大麦、小麦、玉米、番茄酱、辣椒酱、去皮整番茄、红花籽油、天然薰衣草、葵花籽油、豆油、安息茴香、枸杞香醋、脱水洋葱片、全脂甜奶粉、奶茶粉、杏仁奶粉、哈密瓜汁、杏仁奶等
果　菜　类	哈密瓜、鲜葡萄、香梨、贡梨、早酥梨、苹果、哈密瓜汁、杏仁奶、杏干、杏脯、杏仁、巴旦仁、白皮大蒜、脱水大蒜皮、脱水洋葱片、脱水甜椒粒、脱水胡萝卜粒等
医药保健类	新疆红花、新疆枸杞、罗布麻、雪莲花、麻黄素、新疆贝母、甘草系列(甘草膏、甘草条、甘草节、甘草粉、甘草霜等)、鹿茸、西北脱鹿角、新疆带血马鹿茸、淡大芸、雪莲红花补酒等

资料来源:根据1998年乌洽会参展单位部分资料整理。

二、沿边沿桥开放的现状与问题

（一）新疆沿边沿桥开放的现状

1. 新疆沿边沿桥开放（即外向型经济发展）的基本情势

20世纪80年代以来，新疆根据国内外市场的需求，大力发展了棉花、甜菜等种植业和纺织、制糖、石油、石油化工等工业，加大了外向型产业和外销产品的比重，建成了一批出口产品加工企业和各种类型的出口商品生产基地。特别是90年代以来，新疆沿边、沿桥开放战略的实施及"乌洽会"的召开，使外向型产业和对外贸易、经济技术合作、外资利用、对外投资、对外承包工程和劳务合作方面得到很大发展。1998年出口产品已增加到54大类近600种，商品出口到5大洲的79个国家和地区，而且出口商品结构不断完善，工业制成品已占出口总额的78.1%；对外贸易总额由1980年的0.32亿美元增长到1998年的15.32亿美元，年均增长23.97%，增长幅度较快；外商直接投资由1992年的1021万美元增长到1998年的13 827万美元，由164个三资企业发展到699个企业，累计实际利用外资达22.4亿元，涌现出美克家俬有限公司、统一食品有限公司等一大批发展迅速的外资企业；到1998年底，新疆累计批准境外投资项目594个，合同总额2.92亿美元，对外承包工程和劳务合作项目累计145个，合同总额1.34亿美元。对外开放还带动了旅游业、旅游购物和边民互市的快速增长和发展。到1998年，累计接待国际游客214.3万人次，年平均递增28.9%，累计旅游外汇收入5.39亿美元；接待旅游购物人数达53.91万人次，旅游购物贸易额达144.2亿元人民币；边民互市方兴未艾，1998年交易总额达5.39亿元人民币，参市人数达30.93万人次，成为繁荣边境市县经济，增加财政收入的重要方面。经济技术开发区和合作区建设初具规模，从1992年开始，国务院批准建立了乌鲁木齐高新技术开发区和经济技术开发区及伊宁、博乐、塔城边境经济合作区，自治区又批准建立了奎屯、石河子经济技术开发区。开发区和合作区在新疆的外向型经济发展中逐步发挥出示范、窗口和带动作用。

2. 新疆沿边沿桥开放系统的基本格局

新疆沿边沿桥开放系统是指由开展对外贸易的新疆各边境口岸、各边境地（州）、市、县以及沿边、沿铁路线地区带动的整个全疆地带所构成的区域开放系统。它包括点状系统即边境口岸体系，线状或带状系统即沿边境线地带及新亚欧大陆桥沿线开放带的区域体系，还有面状系统即整个全疆地带的开放系统。这样，由规模、特点、结构、功能各异的点状、线状和面状系统构成的全疆沿边沿桥开放系统，将构成点线结合，以点带线、以线扩面,辐射全疆的外向型经济的发展格局。

由于国家沿边、沿桥开放战略的实施,新疆的开放格局发生很大变化,由80年代的依托东部沿海港口向东亚、欧美开放的单一开放格局,向全方位、多层面、多形式、宽领域的对外开放格局演变。特别是90年代以来,随着沿边口岸的开放、开放城市和经济技术开发区的设立、新亚欧大陆桥的开通运营,新疆的沿边、沿桥开放步伐加快,从空间上看,已形成"两线"开放格局,即:以边境沿线开放为前沿,以亚欧第二大陆桥(铁路)沿线开放为后盾,向全疆辐射的开放格局。目前,已开放16个口岸(其中航空口岸2个,陆路口岸14个。6个口岸对第三国开放),59个开放市县,7个高新技术开发区、经济技术开发区和边境经济合作区,形成了以全疆和全国为腹地,以沿边10个地州、33个县市为扇缘前沿,以16个口岸和7个开发区、合作区为突破口,以开放市县为重点,以亚欧第二大陆桥沿线(北疆铁路、南疆铁路、东疆铁路)区域为支撑轴,点线结合、辐射全疆的"大扇面"开放格局。沿边境一线的开放,主要是利用与周边各国毗邻、对外通商和文化交流历史悠久、有对外口岸依托的地缘优势,实行贸工农结合,主要发展边境贸易,同时也要积极引进国内外的资金和先进技术,发展外向型经济,发挥对外开放的桥梁和"窗口"作用。沿铁路一线的开放,主要是发挥自然资源丰富、交通便利、产业开发基础好、教育科技水平较高的优势,实行工农技贸结合,联合东部省、市,开发先进技术产业,面向中亚市场,发展外向型经济,在新疆对外开放中发挥主力军作用。

从开放对象上看,不仅向欧美各国、日本和东南亚国家及港澳地区开放,而且向独联体、南亚、西亚开放;不仅向国外开放,同时向国内各省、自治区和直辖市开放。

从开放领域上看,1992年以来,由于放宽了吸收外商投资政策,使外商投资领域不断拓宽,外资投向农业、制造业、服务业、建筑业、交通邮电、餐饮、宾馆、房地产等领域,投资结构有所改善。尽管第三产业的投资增长较快,但投向交通运输、邮电通信等基础设施的资金较少。

从开放形式上看,贸易形式日渐多样化,地贸、边贸、边民互市、旅游购物等形式不断发展,空前活跃。经济合作范围不断拓宽,除合资、合作、独资兴办境外企业外,还有承包工程、劳务合作、技术转让、合作开发以及科学技术和文化的交流与合作等,而且合资企业的类型也逐渐从饮食、服务、商业性企业向生产性企业转化。

新疆未来依然借助沿桥沿边向西开放的地缘优势,并以北疆铁路和南疆铁路为"矢"造就双箭齐发,形成大扇形沿边沿桥地带开放的新格局。南疆铁路向西延伸的全线贯通,继而再西延至乌兹别克斯坦的安集延,将与现有新亚欧大陆桥(北疆铁路)形成互补竞争的构架。沿边沿桥大扇形地带的振兴除了确立正确的发展战略,选择好主导产业、建设好外向型生产加工基地、开发出名优产品外,还须有计划、有步骤地改造和完善老口岸基础设施,开辟建设新口岸,充分发挥口岸经济功能,增加吞吐能力,加快跨国经济合作开发区和口岸经济特区的建设,并加强沿边交通、通信网络的建设,尽快把新疆建成全国向西开放的重要基地和桥头堡,建成向西出口的产品生产基地、国际商品转口基地和重要的购物及旅游中心。

3. 新疆沿边沿桥区域的对外开放度评估

对外开放度是指一国或一地区对外开放的程度。提高对外开放度是我国改革开放、建立社会主义市场经济的一个重要目标,新疆也同样如此。

对外开放度具体反映在对外贸易、对外经济技术协作、利用外资等方面。一般而言,对外贸易具有相对的稳定性,所以选择外贸依存度(进出口总额与 GNP 或 GDP 之比),作为开放度的具体评价指标。

新疆是边境省区,新疆的开放应包括对国内和国外两方面的开放,即双向开放。因国内开放指标和数据难以确定,故仅以对国外的开放度即外贸依存度来分析。

从外贸依存度的纵向比较来看,在 1995 年前,新疆的整体对外开放度逐年提高,但1996 年以来,受周边国家贸易政策和东南亚金融危机的影响,稍有降低。从横向比较来看,新疆的对外开放度与全国平均水平相比还有一定差距(表 15-4)。

表 15-4 新疆对外开放度的变化及比较(%)

年份	1985	1988	1990	1992	1995	1996	1997	1998
全国	22.8	25.6	29.8	34.2	40.9	36.1	36.9	34.4
新疆	7.7	7.9	7.2	10.3	14.5	12.8	11.4	11.4

资料来源:根据《新疆统计年鉴 1999》和《中国统计年鉴 1999》计算整理。

沿桥区域的平均开放度为 14.3%,比全疆高出 3 个百分点,但这一地带除乌鲁木齐市的开放度远高于全疆平均水平外,其余地州均较低。由于乌鲁木齐市高达29.3%,加之其对外贸易额所占比重较大,因此提高了沿桥区域的平均开放度。沿边地区的开放水平总体较低,平均开放度仅为 5.5%,但克州的外贸依存度高达 65%,其次是塔城,与全疆平均水平持平,其余地州也均较低。由于克州所辖 4 市县均为边境县,境内有条件较好的吐尔尕特口岸,加之距红其拉甫口岸不远,故外贸发展较快,贸易总额在沿边地区仅次于塔城地区,而其经济发展水平相对很低,因此克州的外贸依存度高。从全疆范围看,外贸依存度的地域差异性很大,高的很高,低的极低,而且绝大多数都低于全疆平均水平,这主要与地、州、市所处的地理位置、交通的便利程度、有无口岸支持以及它们所制定的开放政策等有关(表 15-5)。必须一提的是,由于统计资料的缘故,无各沿边、沿桥市县的贸易额,因此只能以地州为单位来计算,这样就使沿边与沿桥区域有部分重复,但这并不影响对沿边与沿桥区域开放度的总体分析与评估。

表15-5 新疆沿边、沿桥区域外贸变化与开放度比较

区 域	1998年 贸易总额(万美元)	开放度(%)	区 域	1998年 贸易总额(万美元)	开放度(%)
沿桥区域	94 869	14.3	沿边区域	25 313	5.5
其中:乌鲁木齐市	82 078	29.3	其中:阿勒泰地区	1060	3.2
克拉玛依市	2768	2.5	塔城地区	9758	11.4
吐鲁番地区	3720	6.0	博州	2204	8.6
哈密地区	1261	3.7	伊犁地区	2696	3.4
昌吉州	2814	2.2	阿克苏地区	5	0.0
石河子市	24	0.1	克州	5137	65.0
博州	2204	8.6	喀什地区	4351	4.9
			和田地区	102	0.3

资料来源:根据《新疆统计年鉴1997、1998、1999》计算整理。注:因未加入兵团数据,计算值比实际稍低。

(二)新疆扩大沿边沿桥开放过程中存在的主要问题

1. 对外开放的软环境跟不上形势发展的需要

新疆目前的软、硬环境建设滞后,跟不上对外开放形势发展的需要,尤其是软环境较差,表现在封闭意识、保守观念、粗放经营、慢节奏等观念比较浓;管理水平、人员素质、办事效率、服务意识、经营秩序等不尽如人意;经常因为人为因素而使国家和自治区颁布的一些优惠政策难以贯彻、落实,影响外商投资等。新疆的投资环境与发达区域相比,还有很大差距,这些都制约了开放经济的进一步发展。

2. 财政积累能力差,引资困难多

从全疆范围来看,财政收入增长速度远低于经济增长速度,且经济增长与效益增长不协调,造成生财能力差,造血功能低;"吃饭"挤"建设"形成空头结转,资金调度困难,成为对外开放的重要障碍;县级财政困难加剧,财力缺口扩大,1993年财政自给的市县有10个,而1998年仅有5个。由于财源紧张,资金严重不足,则生产资本积累难,极易造成经济发展的不良循环。从沿边地区看,33个县市全部为财政赤字县,有19个县市财政自给率不足30%。南疆10个沿边县市财政自给率平均仅为17.1%,仅温宿县财

政自给率为 31.6%,其余均低于 30%。从沿桥区域看,由于经济发展水平相对较高,财政状况比沿边地区要好,但也有 85% 的市县财政不能自给,能自给的仅有乌鲁木齐市、克拉玛依市、奎屯市和库尔勒市。由于自有资金少,资金调度困难,吸引外资的配套资金严重不足,使招商引资面临两难窘境,即为吸引外资,新疆必须先期投入大量资金,营造外资运作的条件(广义的基础设施)。因为吸引外资必须与自己先投资相结合,这两者之间几乎存在着一种正相关关系——投资愈大,才能引资愈多。

3. 出口产品层次低,市场竞争力弱

中亚 5 国在独立初期主要着眼于从新疆进口物美价廉的消费品,以缓解国内商品的严重短缺。尽管近期中亚 5 国与新疆在食品、纺织、轻工类等消费品方面的贸易还有进一步发展意向,但随着各国国民经济的恢复和发展以及中亚地区低质量、低档次商品市场的渐趋饱和,各国对进口消费品的质量和档次要求已不断提高。目前新疆对中亚 5 国出口的产品以资源型和劳动密集型为主,主要是食品、服装、日用百货等轻工产品,多以中低档为主,普遍质量不高,甚至有假冒伪劣产品,对我方出口产品的声誉造成严重的不良影响。同时新疆在中亚市场中虽占有重要地位,但从产品质量、产品的精加工程度、产业结构、经济实力等方面与西方发达国家及其众多竞争对手相比,竞争地位相对较弱,实力相对不足。

4. 边贸人员总体素质不高,边贸宏观调控乏力,发展层次低

新疆边贸发展很快,从封闭落后的地区一跃成为向西开放、沿边开放的前沿,熟练的边贸人员倍感缺乏。现有的边贸人员素质难以适应沿边开放形势的需要,甚至个别人员利用开放之机,敲诈勒索,中饱私囊,这些都对边贸的发展产生严重的负面影响。同时由于相应的宏观调控机制未能建立,管理跟不上,出现宏观失控的局面:经管秩序混乱,企业间争货源、争客户、争市场,对内抬价抢购,对外低价竞销,导致出口经济效益下降,肥水外流;进出口商品中出现假冒伪劣产品等。另外,边贸发展层次低,属于低级依存型,这种类型仅仅是利用比较成本优势,追求商品的交换价格,而难以利用边贸积累资金和引进先进技术。

三、21 世纪沿边沿桥开放的战略构想

(一) 新疆沿边沿桥开放的战略构想:重点突破、纵深配置

重点突破——边境口岸、第二亚欧大陆桥和南疆铁路是新疆沿边沿桥开放、发展外向型经济的重要依托。已开放的陆路边境口岸有 14 个,因口岸运行时空特征的差异

性,其发展条件也不一样,其中较好的有阿拉山口、霍尔果斯、巴克图、红其拉甫及吐尔尕特等口岸,应重点建设这5个边境口岸,增加吞吐能力,并在完善口岸经济功能的基础上,辟建口岸经济特区(可考虑霍尔果斯口岸)、口岸自由贸易区(可考虑阿拉山口和红其拉甫口岸);在建设伊宁、塔城、博乐3个边境经济合作区及乌鲁木齐、石河子、奎屯等经济技术开发区和高新技术开发区的基础上,应把建立中哈跨国经济合作开发区作为重点发展方向;加强新亚欧大陆桥新疆段(北疆铁路、南疆铁路和东疆铁路)基础设施及沿线重点城市建设,在有条件的地区譬如乌鲁木齐和喀什(两个航空口岸)建立保税区。通过重点城市、重点口岸、边境经济合作区、开发区、跨国经济合作区及保税区的建设,形成重点突破效应,以局部带动整体,最后促进新疆外向型经济的全面发展。

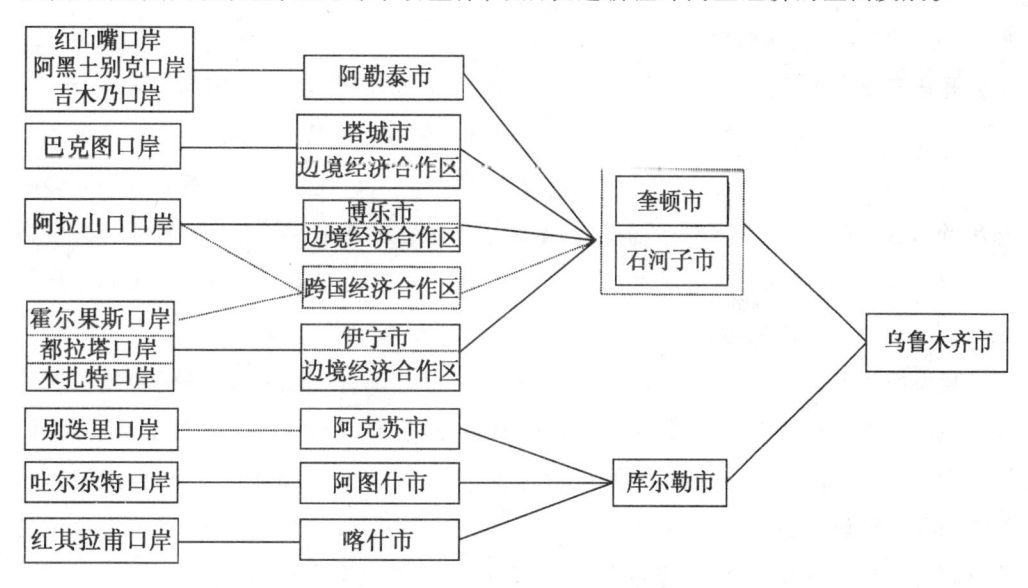

图 15-1 新疆外向型经济发展的空间战略格局

纵深配置——由于边境地区缺乏中心城镇,许多口岸就近无大城市依托,个别能依托的城市规模和经济实力又较小,口岸仅起到过货通道的作用,因此需要依靠后方的大中城市及经济实力较强的城市如奎屯、石河子、乌鲁木齐、吐鲁番、哈密、库尔勒、阿克苏、喀什等,这样就形成以口岸、经济合作区为"触角",以边境城市、骨干城市为"节点",以乌鲁木齐为"核心"的外向型经济发展的空间战略格局(图15-1)。

(二) 新疆沿边沿桥开放的思路

随着21世纪的来临,在国际、国内经济环境的诸多变化和机遇面前,为实现与世界经济集团化趋势及我国全方位对外开放形势的对接,21世纪新疆沿边沿桥开放的思路:实施外向型战略,积极参与集团化,开拓三个大市场,建设沿边沿桥带,促进产业高级化、内引外联并重、振兴边疆之经济。

实施外向型战略——以外向型经济的发展带动整体经济的增长、结构的优化和效益的提高,通过对内对外的双向开放,将新疆经济置于国内、国际经济的双向循环系统中,充分利用国内、国外两种资源、资金、技术和管理经验,广泛开拓国内外市场。

积极参与集团化——应努力创造条件、尽快参与到中亚地区的次区域集团化进程中去,以便共同合作、共同开发、共同受益。在世界区域性经济集团化的大发展、大潮流的驱动下,中亚国家加快了组建区域经济合作组织的步伐,如果坐等中亚国家形成高层次的经济集团,则新疆的沿边开放战略将会受到很大影响,因此新疆应积极参与中亚国家次区域经济集团,这是新疆开拓中亚市场、发展对外贸易的需要,也是新疆经济走出低谷、走向发展的最佳选择。

开拓三个大市场——新疆的对外开放和经济发展面对三大区域市场,即国外市场、内地沿海市场和新疆区内市场,对于新疆的经济发展都很重要,要正确处理这三者协调发展的关系,使疆内市场与内地沿海市场及国外市场接轨,让疆内经济的自我循环转向与后者的双向循环,巩固现有市场份额,不断在新的领域开拓新的市场。在充分开发疆内资源,用好已有技术和资金的基础上,更要引进内地沿海及国外先进的技术和管理经验,吸引外来资金,并为它们制造生根发芽的土壤,做到"外为我用"。

建设沿边沿桥带——沿边、沿第二亚欧大陆桥(北疆、南疆、东疆铁路)地区已成为新疆经济发展最具潜力的区域,要充分发挥沿边、沿桥对外联系和对内辐射的功能,以边境沿线开放为前沿,以铁路沿线开放为后盾,在"两线"上选择重点口岸,重点城市进行重点开发建设,在有条件的地区建立边境自由贸易区、口岸经济特区、沿桥自由贸易区、保税区,形成点线结合、以点带线、以线扩面、向全疆辐射的格局。

促进产业高级化——新疆目前的产业结构属于低层次的,应努力促使产业结构向高级化方向演替,由传统产业向资金、技术密集型甚至高科技产业转变,由初级产品加工转向深加工、精加工,以提高产品附加值和市场竞争力。

内联外引并重——实行内联与外引并重,可使内部经济与外部经济在广度和深度上联为一体,并形成强烈的对流运动。如果只重视外引而忽视内联,沿边地区将成为一种"离岛经济",因而要内外兼顾,走内联与外引相结合的道路。内联旨在加强沿边对外的正势差,消除负势差,外引是扩大内部的开放度和提高效益。

振兴边疆之经济——希望通过以上思路,使新疆经济在 21 世纪能真正起飞,进入持续、稳定、协调发展阶段,社会稳定、市场繁荣、人民生活富裕。

四、沿边沿桥开放的战略对策

（一）构造开放环境，培育统一、开放、竞争、有序、完善的市场体系

促进新疆的对外开放，就要创造一个良好的按照国际惯例运行的对外开放环境和投资环境。然而，新疆目前的软、硬环境跟不上对外开放形势发展的需要，尤其是软环境较差，制约了外向型经济的进一步发展。振兴经济，首要的是解放思想，更新观念，树立开放意识、机遇意识，构造一个适应新疆沿边、沿桥发展的开放环境，一个高投资、高回报率的投资环境，以吸引外来资金，扩大招商引资。

在沿边、沿桥开放中，要加速区内市场、内地沿海市场和国外市场的对接，就必须以完善社会主义市场经济体系及其运行机制为基础，以市场为导向，优化资源配置，以市场供求关系决定商品价格，以政府宏观调控约束各种经济行为，以市场竞争刺激企业技术创新和制度创新，培育疆内统一、开放、竞争、有序、完善的市场体系。同时在有条件的地方，以开放城市、重点口岸和交通枢纽城市为优先，建立以初级市场为基础、专业市场为依托、综合市场为中心的市场网络，建成一批面向本区、全国、世界的商品市场、要素市场及生产资料交易市场，形成大市场、大商业、大流通的态势；以乌鲁木齐为中心，以新疆、青海、甘肃、宁夏、陕西、内蒙古西部为腹地，组成面向全国及世界的西北区域市场，进而辐射中亚，形成中亚区域市场。

（二）高度重视并积极参与中亚国家次区域经济集团

新疆与中亚国家地缘的邻近性，经济的互补性，民族的相通性及政策的开放性，为新疆参与中亚国家次区域经济合作奠定了基础。新疆应积极开展与中亚国家的次区域经济合作，进而组建次区域经济集团，以获取动态比较利益。通过合作，共同开发市场，可以使各自单独达不到有效规模的开发能力能够充分发挥其效力，还可以通过合作，形成合力，增大对外的整体竞争力，抓住单个区域所不能获得的发展机遇，更好地实施沿边开放战略。在此过程中要发挥既有优势，排除不利因素，奉行"五性"（主动性、互利性、层次性、多样性和长期性）合作原则，采取"增长三角"和"跨国经济合作开发区"模式，走由局部特区到区域一体，由松散合作到紧密合作，从双边到多边合作的路了，集中力量造成重点突破，形成突破效应，以局部带动整体，推动新疆与中亚的经济合作，最终建立起包括新疆在内的中亚次区域经济集团。

（三）加快第二亚欧大陆桥和口岸的开发、开放，在沿桥区域设立保税区和自由贸易区，在沿边地区辟建口岸经济特区

第二亚欧大陆桥、南疆铁路和口岸是新疆沿边、沿桥开放的重要支撑和依托。为满足经济发展的需要，必须加快陆桥和口岸的开发、开放与建设，提高服务功能，做到货畅其流，并利用其便利条件发展新疆的转口贸易。针对新疆接壤8个国家、毗邻10多个国家、有18个已开放和拟开放的口岸以及第二亚欧大陆桥中国西桥头堡的特殊地缘优势，中央应给予特殊优惠政策，提供决策支持。建议国家：①在新疆沿桥区域的乌鲁木齐市和喀什市设立保税区，前期可以先建保税仓库，然后再建保税区。在建设保税区方面，我国已有较多的模式和经验可以借鉴。通过兴建保税区，发展出口加工、仓储、金融、贸易和信息等第三产业。②尽快在新亚欧大陆桥的西桥头堡——阿拉山口建立自由贸易区。阿拉山口是我国西北地区最大的铁路、公路并举的国家一类口岸，也是新疆口岸建设的重中之重，如能建成自由贸易区，将与博乐的边境经济合作区连成一体，对发展边贸、吸引外资、推动沿边沿桥进一步开放有巨大作用。③以霍城县清水河镇为中心，建立清水河镇-霍尔果斯口岸经济特区。据研究，清水河镇与伊宁市、哈萨克斯坦的潘菲洛夫市在地域空间上具备边境地区"增长三角"的区位优势，而且清水河镇是建设口岸经济特区的理想区位。应借鉴沿海经济特区的成功经验，实行特殊政策，强化管理，集中投资，重点建设，把这一地区建成沿边区域的经济增长极。此外，新哈跨国经济开发区应尽快选址，确定初步规划方案，并尽早得到两国政府批准。总之，要在沿边沿桥地区大力建设四"区"（保税区、自由贸易区、口岸经济特区和跨国经济开发区），使之成为沿边沿桥区域外向型经济发展的"窗口"，一方面吸引外来资本、技术和人才，另一方面为企业走向国际市场起到"窗口、桥梁和示范"作用，推动新疆外向型经济的发展。

（四）劳动、资金、知识密集型产业相结合，重点引进高新技术，加快实现产业结构的升级

新疆产业结构层次低，不利于在国际市场竞争中形成比较优势。近些年来，尽管新疆的出口商品结构有了一些可喜的变化，工业制成品出口比例增大，但还是以资源型和劳动密集型产品为主，深加工、精加工和技术含量高的产品过少，市场竞争力弱。而且资源型和劳动密集型产品附加值低，价格长期徘徊甚至部分下降，使之在国际市场竞争中日益处于不利地位。不可否认，新疆的资源型和劳动密集型工业如轻工、纺织、服装、塑料等，对于满足疆内及中亚市场的需要，增加国家财政收入，扩大出口创汇起了重要作用。但随着周边国家经济的恢复和发展以及低档次产品的市场饱和，新疆必须促使

劳动密集型产业结构向资本、知识密集乃至高新技术产业的发展和转变,这是新疆出口产品竞争周边市场,并占领更多市场份额的惟一选择,也是提高国民经济的综合生产能力和素质的必然趋势。根据新疆区情和产业结构调整、升级的客观规律,新疆应实行劳动、资本、知识密集型产业结构相结合,重点引进高新技术,并给予高新技术产业政策倾斜,最后实现产业结构高级化,这是促使外向型经济结构升级的重要基础。

(五)培育融合型经济,实行融合型战略和名牌战略,推动区域特色经济的发展

融合型经济是指能充分融入区域经济发展过程之中,融合区域内各种优势、各种力量,并对该区域经济发展具有较大的促进和推动作用的经济形式。其实质就是根据市场经济规律合理配置资源(自然、经济和社会资源),优化经济结构,融合各方面力量,形成合力,共同开发和发展区域经济。融合型经济是解决条块分割,内增聚力,外增引力,推动区域经济协调发展的最佳经济形式。在新疆,地方与兵团、中央驻疆企业与地方企业、国有经济与非国有经济等二元行为主体之间存在着一些经济矛盾,具体表现在争水、争地、争资源、争资金、争人才、争市场、争贸易对象等各方面,有时还相当严重,造成条块分割、重复建设、内争内耗、相互制肘、各自为政等现象,制约了新疆经济的快速发展。培育融合型经济,实行融合型战略,在新疆有着特殊的作用和意义:淡化甚至消除二元经济矛盾,实现区域经济一体化;发挥各自优势,合理配置资源,优化利用资源;寻求合作,相互协调,形成合力,融为一体,共同发展。

名牌是高质量、高信誉、高效益、高市场占有率的集中体现,它不仅是一个企业的标识,同时也是一个地区、一个国家甚至一个民族的标识。国内外诸多的实践证明,在区域经济发展中,实施名牌战略具有极其重要的作用:优化产业结构,促进资源的合理配置;形成新的经济增长点,推动区域特色经济的发展;树立区域形象,提高区域知名度。新疆缺乏名牌产品,无法形成市场竞争优势,而且更缺乏名牌意识,致使优质原料没有树立自己的名牌,更让人痛心的是,辛辛苦苦创立的品牌,轻易地就让它销声匿迹。因此,实施名牌战略,发展区域特色经济是新疆外向型经济发展的必由之路。新疆实施名牌战略、发展区域特色经济的基本思路是:抓住西部大开发的机遇,以创建区域名牌为先导,以发展区域特色经济为主导,集中发展名牌产品,形成名牌企业群体,树立区域形象,突出区域比较优势和发展特色,创立在国内外市场上具有竞争力的特色产业、特色企业和特色产品,推动区域特色经济的发展,最终带动整体外向型经济的发展。

（六）加强政府间协调和宏观调控力度，重视对周边国家的调研，推动新疆全方位开拓周边市场

随着新疆沿边沿桥开放的深入，外向型经济的进一步发展，诸如新疆参与周边国家特别是中亚次区域集团化、建设跨国经济开发区、口岸经济特区、边境自由贸易区等事宜，需要靠国家的积极推动，要靠我国同中亚各国政府间的双向推动与协调来实现。尤其在发展经贸关系初期，各方都缺乏有效的宏观调控和管理，致使相互间的外经贸活动带有明显的自发性、盲目性、无序性。为推动新疆积极开拓周边国家特别是中亚市场，取得尽可能大的比较利益，必须认真从以下几方面入手：

（1）健全组织管理机构和体制，强化宏观调控机制。要加强政府引导，充分发挥"新疆边境贸易协会"、"中国国际商会新疆商会"及各级地方外贸管理委员会等组织的功能，协调好全疆（包括兵团系统）及各地州外经贸企业行为，加强对发展外向型经济和开展外经贸合作的宏观指导与调控。

（2）进一步完善和调整地边经贸政策。在用足用好中央所赋予的边贸优惠政策的同时，自治区和沿边地州开放城市应制定和完善相关的政策，为扩大与周边各国及其他国家、地区的经贸合作提供政策保证。

（3）进一步办好乌鲁木齐对外经济贸易洽谈会。要通过乌洽会加强政府间的会晤和洽谈，逐步扩大新疆与周边国家的经济合作，加快实施向西开放战略，为新疆参与周边国家次区域经济集团起到引导、催化作用。

（4）建立和完善信息服务体系，优化服务功能。加大调研力度，积极搜集和认真分析周边国家特别是中亚市场信息，建立周边国家经贸信息网络，办好《中亚经贸信息》刊物，尽快在周边国家建立起更多的信息咨询指导机构，加强周边市场的分析和研究，为政府提供决策依据，同时也为边贸企业提供服务。

（5）加强新疆外贸专业人员能力和素质的培养。重点提高法律、法规的掌握和运用能力，对政治、经济形势的分析、预测和判断能力，宣传、组织、管理能力，公关、协作、谈判、签约能力，信息收集和传递能力，掌握市场行情变化及应变、应急能力以及外语能力等。通过培训熟练掌握周边国家及其他国家的涉外经济技术政策和法规，掌握有关外经贸理论与实践知识，尽快与国际惯例接轨。

参 考 文 献

陈斐.1997.新疆对中亚五国的外贸结构、问题及对策.干旱区地理,21(4)
冯亚斌,高志刚.1998.构造新疆外向型经济增长极的思考——清水河－霍尔果斯口岸经济特区构想.

干旱区地理,21(3)
高志刚,韩德麟等.1997.中亚次区域经济圈中的新哈经济合作.经济地理,17(2)
高志刚,陈斐等.1997.新疆参与中亚国家次区域经济集团的区域分析及模式探讨.见:经济全球化与21世纪中亚经济.乌鲁木齐:新疆大学出版社
高志刚,陈斐等.1998.新疆边境贸易初步研究.人文地理,13(1)
高栓平.1998.融合型经济的培育与欠发达地区的经济发展.当代经济科学,6
韩德麟.1993.沿边开放战略与新疆沿边经济振兴.经济地理,13(4)
孙荣章,谢香方.1995.北疆铁路沿线地带的开发与整治.见:中国区域开发研究.北京:中国科学技术出版社
文云朝.1996.新疆边境口岸特征及其发展决策研究.经济地理,16(1)
朱文渊.1998.名牌战略:区域经济发展的龙头.城市经济、区域经济,5

第十六章 绿洲及其21世纪前叶的拓展

一、绿洲是干旱区特色景观

(一) 绿洲的概念与基本分类

1. 基本概念与内涵

绿洲在世界各大洲几乎都有分布,以亚、非两大洲最为集中。我国干旱、半干旱区绿洲广布,人工绿洲(以下简称绿洲)出现已有几千年的历史。

提起绿洲,首要的是概念与内涵问题。"绿洲"一词源于拉丁语 oasis,原指非洲利比亚沙漠中的肥沃之地,后被广泛引用。在新疆维吾尔人称绿洲为"波斯坦"。绿洲,又称"沃洲"、"沃野"、"水草田"。《辞海》将其释义为"荒漠中通过人工灌溉农牧业发达的地方"。一般见于河流两岸,泉、井附近以及受高山冰雪融水灌注的山麓地带。如中亚河流两岸和中国天山、祁连山山麓一带的绿洲。《汉语大辞典》:绿洲①水中草木繁茂的陆地;②沙漠中有水、草的地方。《环境科学大辞典》:绿洲,荒漠地区中水资源丰富,土壤肥沃,草木繁盛的地方。外国文献如《简明不列颠百科全书》等也都有对绿洲的解释。现今,由于人们的视角和认识深度不一,因而对绿洲的概念仍有不同的诠释。

这里所称"绿洲"之"绿"的本质内涵与根本象征是指有一定规模的生命群体,既指动植物、农作物,也指人类自身。因而新的绿洲定义应将人这个因素也包含在内。干旱区的绿洲是伴随"荒漠"景观而出现和存在的。

严格来说,"绿洲"作为一种自成体系的地理景观,只存在于干旱区,是对立于荒漠而存在的,一般是指沙漠中"绿色的岛屿"或有水源保证的"荒漠中的湿岛",或荒漠中适于人类长期聚集繁衍的社区景观。绿洲与荒漠是干旱区的一对"孪生姐妹"。作为干旱区独有景观,必须从自然和人文的双重属性,从演化与发展的角度来审视"绿洲"。

据此,作者认为,绿洲可定义为:荒漠中有可靠外来水源供给(非天然降水)、草木繁茂或生产发达、人口聚集繁衍的生态地理景观。根据这一定义,所谓"绿洲"必须同时包含以下内涵:

(1) 绿洲位于荒漠地区,绿洲与荒漠的边际界线十分明确。即绿洲镶嵌于荒漠之中,但与荒漠景观迥然不同。荒漠是长期干旱气候下形成的植被稀疏或裸露的一种地理景观。绿洲只存在于这种干旱荒漠地区,主要与荒漠为邻,或被荒漠所环绕。

(2) 有稳定的来自天然或人工的水源供给(一般指山区产流来水,包括地下水和人工排灌、打井取水),是绿洲存在的基本条件或主导因素;荒漠区的天然降水对绿洲的形成和演变没有直接影响和实际意义。人工绿洲是通过各种灌、排、供水设施来满足绿洲的生产、生活和生态用水。

(3) 茂盛的植被是天然绿洲的主体景观,人工生态是人工绿洲的主体景观,绿色植被(中生或湿生植物)是绿洲的基本特色或基本生命体;不同绿洲类型会呈现出不同的非地带性植被景观。人类要不遗余力地去开辟绿地、绿草、绿水,特别是把绿色植被作为绿洲的养护体系和特色景观。

(4) 绿洲一般应构成独特的生态地理系统,或自然生态系统(天然绿洲),或人工生态系统(自然—人工复合生态系统)。大片人工绿洲外围的小块绿洲(有的往往无人居住)尽管不一定构成完整的人工生态系统,但它却完全或基本依附于人绿洲的生态系统,因而自然划归于人工绿洲的范畴。

这里还得提一下"准绿洲"。"准绿洲"是人工绿洲的雏形或非典型绿洲、半人工绿洲景观。众所周知,灌溉农业不等于绿洲农业,而绿洲农业必然是灌溉农业。新疆伊犁谷地中的昭苏盆地是一个开阔的山间盆地,地形平坦、土层较厚、气候温凉、牧草茂盛。盆地平原区海拔 1600~1950m,年降水可达 370~512mm。盆地内分布有旱地、半旱地和水浇地。"半旱地"是指既靠天然降水,又有简易引水渠道设施,可在作物生长期提供 1~2 次灌水,以补充作物需水,提高产量的一种特殊耕地。这种半旱地与旱地、水浇地在山前冲洪积平原区呈交错分布。按年降水量来说,昭苏盆地已不属于干旱、半干旱区,而已经属于半湿润和湿润区。严格讲,这里基本不存在荒漠环境,已不完全具备绿洲形成的环境条件。伊犁谷地内的巩乃斯河谷东部、喀什河谷东部及特克斯谷地的局部地带也都有类似的状况。但考虑到干旱荒漠的大宏观背景和盆地(谷地)内灌溉设施、灌溉农业的存在,我们依然将这里的水浇地、半旱地等划归到"绿洲"的范畴。又如塔什库尔干是个高山高原县,境内海拔多在 4000m 以上,县城海拔 3200m。属寒温带干旱气候,年降水只有 66.9mm。耕地不多,也将其划归绿洲的范畴,也可称之为"准绿洲"。

2. 绿洲的基本分类

划分绿洲类型有助于人们深入研究绿洲形成演变规律,便于人类根据不同类型的绿洲作出相应的开发利用对策,采取适用的建设保护措施。

绿洲类型的划分应遵循历史演化原则、功能化原则和实用性原则。其中按人类干预的程度分类,可将绿洲划分为天然绿洲、人工绿洲两大基本类型。应该说在人类活动出现以前,干旱区的大河沿岸和冲洪积扇缘、河流三角洲一带就出现了绿洲,那是没有丝毫人类干预的纯天然绿洲;人类活动开始并向农耕社会过渡后,人类首先占据天然绿洲或紧挨天然绿洲所在地开拓经营,然后逐渐改造成半人工绿洲和人工绿洲。

当人们在谈起绿洲时,往往指的是"人工绿洲",而把"人工"两字省去;至今仍有些人将"天然绿洲"淡化,没有将其放在应有的高度和重要的位置,甚至不主张再划出"天然绿洲",这是认识和观念上的偏差。天然绿洲的存在与延续是十分重要和宝贵的。因为天然绿洲是干旱区的"活化石",是干旱区生物基因库,是研究人工绿洲的"反光镜"和"参照系"。人工绿洲与天然绿洲既有众多共通之处,又有许多不同之点(表16-1)。

表16-1　人工绿洲与天然绿洲的比较

项目	人工绿洲	天然绿洲
形成时期（年代）	2000多年前(新石器时代)牧业社会向农业社会的过渡	晚更新世以来(距今约10万年)
主体景观	农田、林园、城镇、工矿等人造生态景观	森林(或片林)、草甸、湖泊、湿地等自然生态景观
供水方式	通过水库、水渠或打井等人工方式取水;天然降水(除降雪外)无实际意义	通过地表径流(含排水渠)或地下潜流、泉水等形式,以天然补给为主
人类干预程度	经济、社会活动的主要场所,人类干预的广度和深度不断提高	除礁采、放牧等少量直接干预外,主要受人为间接影响
主导功能	除人工生态功能外,还具有生产、生活、社会管理等功能,是生态、社会、经济整体功能的统一	天然绿色植被(含水生植物)的生态功能为主导,兼有微弱经济功能
边界景观类型	荒漠草场、沙漠、戈壁和天然绿洲	荒漠草场、沙漠、人工绿洲
植被类型	生长季以农作物为主,各种适生对路的园林果木、草被	胡杨、灰杨、榆树、桦树、沙枣、红柳、梭梭、芦苇等
兴衰演替因素	水系变迁,风沙危害,土地劣变,人口剧增,生产方式,社会动乱,技术进步	气候变化,水系变迁,人类活动
在干旱区地位	干旱区的精华地带,人类生产生活的基本场所,进一步开发的根据地	干旱区生物基因库之一,自然生态研究的重要对象,人工绿洲的重要屏障

(二)绿洲——干旱区中与人类关系最密切的主导景观

绿洲不仅与干旱区自然环境的形成演变有密切联系,而且与人类文明发展史有着密切的关系,是人类文明的重要发祥地之一,是人类生存发展的未来根据地之一。

在全球陆地系统中,干旱、半干旱区系统占有特殊地位。在干旱、半干旱区系统中,绿洲系统最具特色。从系统和生态环境的角度,通常可把我国的干旱、半干旱地理系统划分为山地系统、平原荒漠系统和绿洲系统等3个子系统。它们之间始终存在着相互的联系、制约和影响。绿洲系统一般由自然、社会和经济子系统组成,这个系统的本质特征又可概括为复杂性、高效性、维水性、开放性、脆弱性,特别是绿洲系统是一个复杂的耗散结构体系,又是复杂的生态—经济系统,这里的光热、水土和生物资源得到组合,能量和生物转化率高。它与山地、荒漠系统之间的物质、能量交换与信息传递十分密切。

人工绿洲系统(以下简称"绿洲系统")虽面积较小,但却是干旱区人类活动的聚集地,人类生存发展的主要空间和根据地,干旱区社会财富的聚集地,开发资金的主要投放场所,自然资源的主要加工地,水资源的主要消耗地,同时也是其他各类生产生活物资的集散地。绿洲系统在干旱区地理系统中的地位与作用还表现在:三大系统都存在着有机、无机和生命的共存与相互转化,但绿洲系统中物质流、能流、信息流最频繁,关系最复杂,变化幅度也最快最大;且山地系统与平原荒漠系统中的大量物质、能量都被绿洲系统所吸收转化,绿洲系统的发展演变直接影响到山地系统和平原荒漠系统的运行,有时甚至起着决定性的作用或主导作用,原因在于绿洲系统中有人这个最积极最活跃的主宰因素。然而绿洲系统也必须依赖于山地系统和平原荒漠系统,要以山地系统为依托,以平原荒漠系统为屏障和主要后备基地。

二、新疆人工绿洲概貌

(一) 人工绿洲类型与规模

上已指出,绿洲分天然绿洲和人工绿洲两大类。天然绿洲又可分为河谷绿洲、平原绿洲、扇缘低地绿洲和湖滨湿地绿洲。一般将"人工绿洲"分为农业—农村绿洲、城镇绿洲和工矿绿洲(表16-2)。其中农业—农村绿洲是主体;从土地利用角度,可划分为耕地(包括水田、水浇地,但不含旱地)、园地、人工林地(各种防护林、薪炭林、用材林和四旁植树等)人工草料地、居民点及工矿用地、交通用地、平原水库、坑塘和各类渠道(灌渠、排渠)等。

表16-2 新疆绿洲类型的基本划分

一级	二级	说明
Ⅰ 天然绿洲	ⅠA 河谷绿洲	河滩地、河流阶地和古河道上的绿洲
	ⅠB 冲积平原绿洲	冲积平原地带水分条件好的形成
	ⅠC 扇缘绿洲	发育于扇缘地、低洼地,包括三角洲地带
	ⅠD 湖滨绿洲	包括湖泊及湖滨湿地
Ⅱ 人工绿洲	ⅡE 农村绿洲	包括农业、牧业、林园、库塘水域等绿洲
	ⅡF 城镇绿洲	一般指农村绿洲的中心城市和大的镇
	ⅡG 工矿绿洲	以工业或矿产开发加工主体而形成

新疆作为中国绿洲大省,以往当人们提到绿洲时,一般从耕地统计或土壤普查(毛耕地)入手加以粗略量算或推算。其数据虽有参考价值,但不免有点"粗放"。如今,新疆土地学会组织开展了"新疆绿洲及可持续发展"项目,对绿洲有了新的认识,已有新的量算。本人是项目承担者之一,通过小幅度的调整,得出全疆天然绿洲的面积为7.38万 km^2,人工绿洲面积为6.19万 km^2。两者相加,全疆绿洲总面积为13.57万 km^2。同时,各地州市的绿洲面积也有新的数据问世(表16-3)。

表16-3 新疆三大区及各地州市绿洲面积与比重

地州市	行政区面积	绿洲面积与比重				其中			
						人工绿洲		天然绿洲	
		总面积(km^2)	占总土地(%)	占全疆绿洲(%)	占大区绿洲(%)	面积(km^2)	占土地(%)	面积(km^2)	占土地(%)
全疆合计	1 651 102.6	135 713.98	8.22	100		61 905.01	3.73	73 809	4.47
北疆	391 849.94	50 961.83	13.01	37.55	100.00	30 635.13	7.74	20 326.7	5.19
乌鲁木齐	11 383.91	1321.47	11.61	0.97	2.59	1137.07	9.99	184.4	1.62
克拉玛依	8654.08	1332.5	15.40	0.98	2.61	485	5.6	847.5	9.79
石河子	459.94	330.61	71.88	0.24	0.65	326.71	5.19	3.9	0.85
奎屯	1109.89	199.02	17.93	0.15	0.39	186.82	16.83	12.2	1.10
昌吉	77 638.97	10 451.5	13.46	7.70	20.51	8251.5	10.63	2200	2.83
伊犁	55 271.64	10 201.22	18.46	7.52	20.02	7681.52	13.9	2519.7	4.56
塔城	94 698.18	14 241.17	15.04	10.49	27.94	8011.17	8.46	6230	6.58
阿勒泰	117 699	9739.27	8.27	7.18	19.11	2931.27	2.49	6808	5.78
博尔塔拉	24 934.33	3145.07	12.61	2.32	6.17	1624.07	6.51	1521	6.10
南疆	1 049 595.9	76 826.69	7.32	56.61	100.00	28 093.49	2.68	48 733.2	4.64
巴音郭楞	470 954.3	20 476.3	4.35	15.09	26.65	3975.6	0.84	16 500.7	3.50
阿克苏	131 340.9	24 005.76	18.28	17.69	31.25	8148.96	6.2	15 856.8	12.07
克孜勒苏	72 468.09	1610.57	2.22	1.19	2.10	1031.77	1.42	578.8	0.80

续表 16-3

地州市	行政区面积	绿洲面积与比重				其中			
^	^	总面积(km²)	占总土地(%)	占全疆绿洲(%)	占大区绿洲(%)	人工绿洲		天然绿洲	
^	^	^	^	^	^	面积(km²)	占土地(%)	面积(km²)	占土地(%)
喀 什	125 686.1	20 622.74	16.41	15.20	26.84	10 246.44	8.15	10 376.3	8.26
和 田	249 146.6	10 111.32	4.06	7.45	13.16	4690.72	1.88	5420.6	2.18
东 疆	209 657.81	7925.46	3.78	5.84	100.00	3176.36	1.52	4749.1	2.27
吐鲁番	67 562.91	1982.41	2.93	1.46	25.01	1182.91	1.75	799.5	1.18
哈 密	142 094.9	5943.05	4.18	4.38	74.99	1993.45	1.4	3949.6	2.78

（二）绿洲分布及空间格局

1. 绿洲分布基本规律

在横跨副热带、温带的世界各荒漠地区大致都有绿洲分布，且多处在内流区域。我国绿洲主要分布在天山南北麓、昆仑山和祁连山北麓、柴达木盆地及河套平原，其分布基本受地貌结构、水系格局与人类活动历史的制约。

新疆是我国绿洲分布最广、面积最大的省区，主要分布在天山南北麓、昆仑山—阿尔金山北麓、伊犁谷地和额尔齐斯河流域及吐鲁番—哈密盆地、额敏谷地等。分布规律可概括为：逐水土而发育，随渠井而扩散；环盆地而展布，沿山前而盘踞；多布散而偏小，趋集聚而增大。

(1) 逐水土而发育，随渠井而扩散

新疆绿洲多分布在出山口的河流沿岸的平原和湖泊、河流的三角洲。哪里有充足可靠的水源，哪里就可能形成绿洲，特别是水土和光热资源组合优势明显的地方最容易发育成绿洲。如南疆的几大片绿洲都分布在年径流量在 10 亿 m³ 以上的叶尔羌河、阿克苏河、和田河、渭干河、喀什噶尔河、孔雀河等河流流域的中下游冲积平原；北疆天山北麓的诸多河流，如玛纳斯河、奎屯河、呼图壁河、头屯河、乌鲁木齐河及博尔塔拉河、精河等流域的冲洪积平原。这些河流的冲洪积平原或冲洪积扇中下部引水方便，土层也较深厚，最适宜农耕。人类逐水土而垦殖，绿洲也就随水土而发育。在各流域灌区，随着渠道的延伸和完善，泉井的开凿和引取，使农垦不断扩大，绿洲也随之不断扩散。

通过计算分析表明，绿洲分布、绿洲规模与流域地表水、地下水的引用数量有一定的对应关系。如在现阶段（以 1995 年的用水量为例）生产发展与科技水平下，新疆平均 1 亿 m³ 的水（指实际耗用）可养育人工绿洲 1.58 万 hm²（折合 23.74 万亩或 158.28km²）；即 1km² 的绿洲需年耗 63.18 万 m³ 的水，也就是 1 亩人工绿洲平均年耗水 421.2m³。其中南疆 1 亩绿洲约需水 500m³，北疆约需 343m³，吐鲁番则需 780m³。

其中南疆因蒸发强烈,水的利用率不高,养育 1km² 的绿洲需年耗 74.86 万 m³ 的水,北疆平均养育 1km² 的绿洲只需年耗 51.45 万 m³ 的水。而 1949 年,1 亿 m³ 的水(指实际耗用)大致可养育人工绿洲 1.25 万 hm²。目前比解放初的水平稍有提高。

(2) 环盆地而展布,沿山前而盘踞

新疆绿洲基本展布于塔里木盆地、准噶尔盆地的周围。特别是塔里木盆地,人工绿洲与天然绿洲环盆地而呈菱形或圈层不连续的分布格局。这与地貌形态、水系分布及河流冲积平原的形成密切相关。塔里木盆地南缘的绿洲东西展布 1100km。绿洲圈层的厚度不等,从几公里到十几公里至几十公里,最宽达到 100km 以上。

绿洲沿天山南、北麓和昆仑山—阿尔金山北麓分布的规律也特别明显。这些山麓地带多由河流搬运下来沉积物而形成的山麓缓倾斜平原,有的是冲洪积扇或冲积平原,有的是出山口形成规模不等的干三角洲。著名的有南疆的喀什三角洲、英吉沙山麓平原、阿克苏三角洲、渭干河—库车三角洲、库尔勒(即孔雀河)三角洲、叶城—和田倾斜平原、和田—于田山麓倾斜平原、且末—若羌山麓倾斜平原,北疆的精河—乌苏山前平原、玛纳斯—呼图壁山前平原、奇台—木垒山前平原及塔城—额敏山间盆地中的冲洪积扇平原等都是人工绿洲盘踞的最佳场所。还有少量分布在低山带,如于田县就有一部分绿洲出现在东昆仑山的低山带,海拔 1300m 左右,规模小则数千亩,大则上万亩或几万亩。天山北麓低山带及山间小盆地也有类似的绿洲分布。这类绿洲的面积可占到 80% 以上。

(3) 多分散而偏小,趋集聚而增大

由于新疆地貌类型复杂多样,水系分散而规模小,各类河流冲积平原、山前冲洪积倾斜平原与三角洲、湖滨平原广布而分散,因而导致绿洲分散成盆地周缘的串珠状,且大小规模不等,以中小规模为多。一个县甚至一个乡可以由数片绿洲组成,有的县甚至有十几片、几十片绿洲。在 1:350 万的新疆土地利用图上,南北疆就有人工、天然绿洲 400 多片,南北疆各有 200 多片。在 1:100 万的新疆土地利用图上,就有大小天然、人工绿洲约 2000 片,万亩以下的小型绿洲占 62.3%。1:10 万和 1:1 万的新疆土地利用图,其绿洲的片数就更多了。

绿洲分散是一种普遍趋势。但随着人类活动的广度和深度的增加,在开发绿洲过程中特别是到了现代,绿洲的集聚与扩大的趋势也愈加明显,这是人类开发经营绿洲和从事绿洲化建设的一大进步,也是成功的标志。绿洲的扩大及其连片,主要通过人类对水土资源的调控程度的提高和原有绿洲内部弃耕地、夹荒地的开发来实现的。绿洲规模的扩大与集聚,不仅增强了绿洲系统的功能,而且更重要的是对荒漠化的改造与挑战,大大提高绿洲的综合效益,使大规模发展现代绿洲农业、建设绿洲农业产业化成为可能。像天山北麓的乌鲁木齐至玛纳斯河流域的绿洲群已基本连片成为北疆最大的绿洲；还有叶尔羌河绿洲群、喀什三角洲绿洲群、阿克苏河三角洲绿洲群、渭干河—库车河绿洲群、焉耆盆地绿洲群及伊犁河谷绿洲群等的扩大集聚态势十分明显，这些区域的绿洲农业及其基地建设在全疆以至全国都占有重要的地位。

2. 绿洲分布的空间格局

(1) 从大地貌单元看，绿洲总面积是南疆高于北疆和东疆，人工绿洲面积却是北疆大于南疆

南疆绿洲面积可占全疆绿洲总面积的 56.6%，而北疆和东疆绿洲分别只占全疆绿洲总面积的 37.6%、5.8%；天然绿洲面积南疆比重更大，占全疆天然绿洲的 66.1%；北疆和东疆分别只占全疆的 27.5%、6.4%，这从一个侧面反映出南疆的水资源利用率不如北疆高。从人工绿洲面积来看，南疆占全疆人工绿洲的 45.4%，而北疆占全疆的 49.5%，比南疆高出 4.1 个百分点；东疆占全疆的 5.1%，比重与天然绿洲、绿洲总面积的所占比重相当（表 16-4）。

表 16-4 新疆各大区绿洲面积及所占比重

分区	绿洲合计 面积(km²)	占本区土地(%)	占全疆绿洲(%)	天然绿洲 面积(km²)	占本区土地(%)	占全疆绿洲(%)	人工绿洲 面积(km²)	占本区土地(%)	占全疆绿洲(%)
北疆	50 961.83	13.0	37.6	20 326.7	5.2	27.5	30 635.13	7.8	49.5
南疆	76 826.69	7.3	56.6	48 733.2	4.6	66.1	28 093.49	2.7	45.4
东疆	7925.46	3.8	5.8	4749.1	2.3	6.4	3176.36	1.5	5.1
新疆	135 714	8.2	100	73 809	4.5	100	61 905.01	3.7	100

(2) 就绿洲面积看，西北半壁远远大于东南半壁

从北疆的奇台到南疆的策勒划一条直线，把新疆分成东南与西北两半壁，其国土面积大体相当，但绿洲面积却是西北半壁大得多，约占全疆的 80%，而东南半壁只占 20%；其中天然绿洲总和，西北半壁占 76.9%，东南半壁占 23.1%；人工绿洲，西北半壁占 87.2%，东南半壁占 12.8%。造成这种格局的关键因子在于水，西北半壁多为高山迎风坡，又有山口，降水多，并发育有新疆主要的大河；而东南半壁降水偏少，地表径流少，水系规模也相应较小。

(3) 南疆绿洲呈菱状展示，北疆绿洲大体呈"丁字"布设

南疆绿洲环塔里木盆地周缘而分布，因塔里木盆地从地质构造上构成一个菱形低地，绿洲的分布呈现出一不规则的菱状展布，其中东南一边沿东昆仑—阿尔金山北麓大部分河流水量较少，发育的绿洲也显得分散、断续不连，而西北一边显得有连续性，绿洲规模也较大。北疆绿洲总体上呈"丁"字状展布，自伊犁河谷至艾比湖，经额敏盆地到阿

勒泰是一个宽厚、分散、断续的沿边绿洲带，成为"T"字尺的顶边；从乌苏到木垒的天山北麓地带是北疆最大绿洲群，也是"T"字尺的主杆。这种南北疆绿洲分布的总体形状格局还将继续保持，且更趋完善。

（三）新疆人工绿洲土地利用结构

新疆人工绿洲内主要土地利用类型是耕地，占人工绿洲面积的62.05%，园地占2.19%，林地占7.88%，人工草地占7.88%，居民点和工矿用地占10.84%，交通用地占3.40%，水域包括河流湖泊、水库、坑塘、沟渠等占绿洲面积的10.2%（图16-1）。

新中国成立以来，绿洲土地利用面貌发生了很大变化。20世纪50年代以前耕地主要分布在南疆，约占全疆耕地总面积的58.4%，北疆只占25%。20世纪50年代以后随着生产技术水平的提高，特别是农作物新品种的培育，使原来以牧业为主的北疆绿洲开发迅速发展，尤其新疆生产建设兵团的成立，在准噶尔盆地周围的阿勒泰、塔城、博尔博拉、伊犁、昌吉等地州的亘古荒原上建起了大片绿洲。至目前，北疆的耕地面积已占到全疆耕地面积的71.61%，南疆下降到39.24%，东疆耕地面积仅占3.48%。各地绿洲内的垦殖指数，北疆达28.69%，南疆为14.53%，东疆只有10.66%。

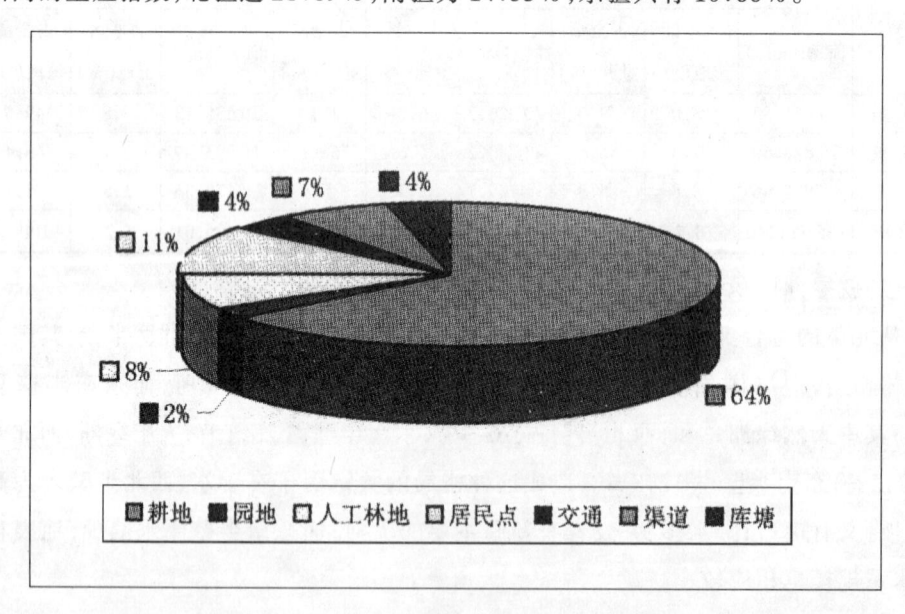

图16-1 新疆人工绿洲土地利用构成

园地面积则以东疆所占比重最高，达6.14%，高于全疆平均（2.19%）水平约4个百分点。南疆居第2位，占绿洲面积的3.34%，北疆只有0.76%。这与各地气候条件和历史发展因素有密切关系。东疆和南疆为历史上有名的瓜果之乡，现在园艺果品更是新疆的特色产业之一，将成为今后发展的重点。

人工绿洲林地面积所占比重,以东疆和南疆居高,这与多年来大规模建造平原用材林和农田防护林及三北防护林的建设有很大关系。绿洲范围内林地面积,以南疆最大,可占12.63%,远高于北疆2.61%的水平,而东疆林地面积则达18.02%,居全疆林地面积占绿洲面积比重之首。

全疆耕地、林地、园地,再加上人工草地面积,农林牧用地面积约占绿洲总面积的75.57%,如再加上平原湖泊、水库、坑塘、沟渠,则可达85.77%。从而使整个覆盖物呈现生机盎然的绿色景观。而非绿色覆盖物所占面积较小,仅占绿洲面积的14.24%,如城镇居民点和工矿用地,占绿洲总面积的10.84%,交通用地仅占3.40%。居民点和交通用地以北疆和东疆略高,说明南疆经济发展水平还有一定差距,作为绿洲生存发展基本条件的水域面积(含沟渠)占绿洲总面积的10.2%。这也是绿洲生态景观的必然要求,正是这些河流、湖泊、水库和庞大的灌溉渠系,支撑着绿洲的不断运行。

三、21世纪前期新疆绿洲的拓展

(一) 新疆绿洲开发与建设的简要回顾

1. 绿洲开发的历史阶段

新疆绿洲的开发可分古老绿洲阶段和新绿洲(现代型)阶段:

(1)古老绿洲阶段(从新石器时代到1949年)

这一阶段人类活动的广度和深度不断加大,绿洲经历了发展曲折的过程。按发展过程又可分为占绿洲和老绿洲两个时段。

① 古绿洲时期(新石器时代至明朝)——经历了数千年。主要从秦汉到清朝,历时2000余年,成为有文字记载的重要开发时期。据《汉书》、《唐书》记载,早在汉唐时期,除当地土著民族从事农业活动外,屯田垦荒成为主要的土地开发和绿洲开拓形式。在秦汉之际,在塔里木盆地周围已形成规模大小不等的许多城郭型绿洲。西汉政府最早在轮台屯田,东与渠犁、焉耆相连,西南扩大到龟兹的轮台屯田区成为西域最大屯垦基地。到东汉屯垦规模虽不及西汉,但开发范围进一步扩大。《后汉书·班超传》记载:"臣见莎车、疏勒田地肥广,草木饶衍,不比敦煌、鄯善间也"。到了隋唐,仍在新疆大兴屯田,促进了农业的发展,绿洲规模扩大。到宋、元、明时期,除了元朝屯垦有所发展外,明朝已无屯垦组织。总的看来,这一时期形成的绿洲为古绿洲。

② 老绿洲时期(清朝至1949年)——清朝前期(公元1644年至新疆建省),仿效汉唐,大举屯田,遍布南北疆,而北疆成为重点,主力为民屯,绿洲生产力得到很大发展。

如称乌鲁木齐"繁华富庶,甲于关外";称喀什"土地膏腴,粮果多收",称库车"种植获得,诸果皆盛"。1884年,清朝在新疆正式建省后,为在新疆农村尤其是北疆农村恢复农业经济,采取了"裁兵分屯"、"遣犯助垦"、"移民实边"等措施,使南北疆的绿洲面积有所扩展。北疆沿天山北麓一带的屯垦活动造就了一批老绿洲,乌鲁木齐成了全疆最大屯垦荒地和经济的中心。到公元1911年,新疆清丈地亩实数,熟地达70.36万 hm²(合1055.4万亩),预计当时绿洲(农业绿洲)规模可达1万 km²(合1500多万亩)。至1949年,全疆耕地达120.97万 hm²(合1814.55万亩),预计绿洲规模达2万 km²(合3000多万亩)。

(2)新绿洲(现代型)阶段(1949年新中国成立至今)

新中国成立后,新疆的农业开发与绿洲建设出现了前所未有的振兴时期。大致经历了三个阶段:①第一阶段(50年代初至1965年),全疆各族人民和兵团职工大搞水利建设与开荒造田,新疆耕地扩展到200万公顷(约3000万亩),新型绿洲在老绿洲内部、外围和戈壁荒滩崛起;估计当时新疆人工绿洲面积达330万 hm²。②1966年至1987年为第二阶段,处在缓慢开发、曲折发展过程,耕地没有明显增加,绿洲虽有动态变化,但总体规模增加不大。③1988年至今,新疆农业开发进入一个新的时期,以棉糖基地建设为序幕,垦荒、低改与农业产业化建设均取得突出成就,绿洲的广度、深度开发建设及绿洲城镇、绿洲工矿建设大有发展。新老绿洲密切相嵌与融合,新型人工绿洲的涌现在南北疆四处可见。这一时期新疆人工绿洲规模达到6.2万 km²(合0.93亿亩),约占国土总面积的3.8%。且新型绿洲建设起点比以往要高,土地利用集约化程度和整体效益也有提高。

从以上人工绿洲的开发过程可以看出,水、土和人是三个最重要的因素,三者的关系可反映出不同的绿洲发展阶段。如原始绿洲阶段表现为"以人就水",也就是人类是趋向于水多且引用方便可靠的地段(部位)去开拓经营绿洲,体现出自然力的主导因素;在古老绿洲阶段,表现为"以水就地",即将水通过工程引到地貌部位、土壤条件好的区段进行垦殖与开拓;在新型绿洲阶段,主要表现为"以水就人",即按人的意志与更高需求来引水用水,以建设高功能的绿洲。

2. 50年来绿洲开发的历史经验与教训

中国西北干旱区的开发实际上是围绕绿洲的开发。凡绿洲都有一部开发史和兴衰史。绿洲的兴盛正是建立在持续、有效的开发上。当开发节奏放慢、规模缩小甚至停滞时,绿洲的萎缩、衰败往往随之发生。

从新疆、河西地区、宁夏平原的开发历史来看,有许多值得借鉴和富有启发的经验与教训:①统一安定,实行有效管辖和适宜政策,是大举开发绿洲、促进地区发展的重要前提。②绿洲地区的开发有史以来就体现了多民族的团结促进和交流融合,并且始终浸透着华夏民族的智慧与血汗。③人类开发活动所带来的绿洲环境演变的负面影响值得高度重视。人类开发活动对我国干旱区生态环境特别是绿洲环境的影响是长远而深刻的,有两种结果,一种是成功的开发、健康的演化;另一种便是盲目失败的开发所导致的绿洲生态的恶化。从古到今,这样的先例比比皆是。在那些废弃的绿洲城镇中,大多是由于水文因素(河流改道、水量剧减或枯竭)。而造成水文条件的改变却有两方面原因:一是自然原因,由于气候的较大幅度变化加之水流动力作用(河流侵蚀)造成河流改道;二是在自然作用下又加上人类在河流上游(或中上游)的过度开发、过量引水。这在塔里木盆地南缘、塔里木河干流流域及河西地区(特别是石羊河、黑河流域)均有类似情况发生。值得强调的是,到了现代随着人口剧增,开发装备条件的大大改善,人类开发的强度与深度比以往任何年代都要强得多,如果稍有不慎,就有更大可能导致绿洲及其外围、流域特别是下游生态环境的恶化。这是应当竭力避免的。④观念、政策、交通、通信、市场、资金、技术、信息等是搞好现代绿洲开发的重要因素。当今的开发与以往的开发,尽管开发对象大体相同,但开发目标、手段、方式、途径及环境条件已有很大不同。现代开发需要有开放的观念,优惠的政策,方便的交通通信,完善的市场,必需的资金,先进的技术和丰富快捷的信息。另外,从新疆来看,还必须把握两点基本事实:

(1) 20 世纪 90 年代末,新疆人工绿洲面积比 20 世纪 40 年代末的人工绿洲面积有大幅度增加

1949 年全疆人工绿洲面积(按耕地占人工绿洲面积的 65% 推算)大约为 2.05 万 km^2(合 3080 万亩);目前人工绿洲面积约为 1949 年的 3 倍,近 50 年来绿洲扩展的年递增率达到 2.3%,其增加规模和速度是前所未有的。全疆平均每年增加人工绿洲达 862 km^2。绿洲增加的幅度以阿勒泰地区最高,达 17 倍;其次是博尔塔拉州为 8.41 倍,塔城地区为 7.1 倍(表 16-5)。

表 16-5 新疆各地州市 1949~1998 年人工绿洲面积增加情况

地州市	1998 绿洲面积 (km^2)	1998 耕地占绿洲(%)	1949 绿洲面积 (km^2)	1949 耕地面积 (km^2)	1949 耕地面积 (万亩)	1949 耕地占绿洲(%)	1998 比 1949 增加倍数	平均每年增加(km^2)
全 疆	61 905.01	62.05	20 535.4	12097	1814.55	59	3.01	862
北 疆	30 635.13	71.67	6254.02	4502.9	675.43	72	2.63	347.91
乌鲁木齐	1137.07	57.57	262.2	157.3	23.60	60	4.34	18
昌 吉	8251.5	74.35	1783.00	1337.2	200.58	75	4.63	135
伊 犁	7681.52	72.51	2613.00	1829.0	274.35	70	2.94	106

续表 16-5

地州市	1998 绿洲面积（km²）	1998 耕地占绿洲（%）	1949 绿洲面积（km²）	1949 耕地面积（km²）	1949 耕地面积（万亩）	1949 耕地占绿洲（%）	1998比1949 增加倍数	1998比1949 平均每年增加（km²）
塔　城	9009.7	77.65	1266.40	949.8	142.47	75	7.11	161
阿勒泰	2931.27	52.99	171.40	94.3	14.14	55	17.10	57
博尔塔拉	1624.07	72.88	193.20	135.3	20.29	70	8.41	30
东　疆	3176.36	42.75	1111.67	531.4	79.71	48	2.86	43
吐鲁番	1182.91	45.49	623.07	311.5	46.73	50	1.90	12
哈　密	1993.45	41.33	488.60	219.9	32.98	45	4.08	31
南　疆	28 093.49	53.74	13 134.5	7064.5	1059.68	54%	2.14	312
巴音郭楞	3975.6	49.36	696.80	348.4	52.26	50	5.71	68
阿克苏	8148.96	64.87	3483.8	2264.5	339.67	65	2.34	97
克孜勒苏	1031.77	51.83	459.6	252.8	37.92	55	2.24	12
喀　什	10 246.44	53.26	5341.0	2937.5	440.63	55	1.92	102
和　田	4690.72	39.59	3153.3	1261.3	189.20	40	1.49	32

注：塔城地区包括克拉玛依、奎屯市及兵团系统。

（2）50年来，新疆的天然绿洲处在萎缩的态势，今后几十年内天然绿洲继续消减的趋势难以逆转。

对新疆天然绿洲的消减趋势尽管一时拿不出定量的数据，但可以断定的是，随着人口剧增和开发强度的提高，在人工绿洲面积不断扩张的过程中，难免要挤占和取代一部分天然绿洲，加之人类在新世纪大规模开发的热浪将要席卷天山南北，有限的水资源的重新分配利用势必会减少对天然绿洲的水源供给，导致局部天然绿洲的萎缩与消亡，随同以往干旱区湖泊的退缩一样，是难以避免和遏制的。中亚地区，从巴尔喀什湖到咸海；新疆平原地区湖泊（多为吞吐调节湖或河流尾闾），从罗布泊到玛纳斯湖，从艾丁湖到台特玛湖，都经历着同样的命运：逐渐萎缩，甚至消亡。20世纪50年代新疆综合考察结果，湖泊总面积为8800 km²，80年代后期南京湖泊与地理研究所调查的新疆湖泊面积为5505 km²，减少了37.5%，减少的绝大部分是平原湖泊。这表明平原湖滨绿洲在几十年里减少了1/3。如果考虑到新中国成立以来已建成的480多座大中小水库，新增水面约2000 km²（大部分也在平原地区），这等于新增了人工绿洲中的"库塘水域绿洲"。扣除这一转化因素，湖滨绿洲也退缩了15%之多，平均每年缩减30 km²之多。可以说整个天然绿洲减少的幅度可能会高于这个数字。干旱区湖泊环境变化的这种命运应当引起人们高度的警觉：既要承认既定的事实，又绝不甘心任其退化下去。天然绿洲是人工绿洲的重大天然防线和屏障之一，天然绿洲一定要保存到一个最佳的"规模度",而且哪些可以容许消亡,哪些必须严加保护保存,当今这代人定要用战略眼光作出理智的选择和科学的筹划。

(二) 绿洲拓展的方针和原则

在西部大开发中,新疆机遇难得,前景广阔。新疆是我国国土大省,资源大省,开发潜力大省,同时也是荒漠大省,绿洲大省。人工绿洲是干旱区人类生产生活的基本场所,也是进一步开发的根据地。21世纪,伴随西部大开发,新疆绿洲的拓展前景如何呢？这是个关系到全局的不可回避的大问题。

在新的世纪,伴随国家对西部地区的大举开发,西北干旱区的优势资源将得到进一步开发利用,人工绿洲的开拓和扩展依然是不可避免的。但开发的理念和模式必须赋予新的含意和更高的层次。绿洲已进入现代新绿洲的发展时期,应当在以往特别是刚过去的50年绿洲正反两方面的经验教训基础上,用新的理念、新的思路来面对新的世纪。

未来30~50年,将是新疆开发建设机遇更多、前景更好的时期。新的开发建设一定要以可持续发展为指导,未来人工绿洲的扩展要以现有的人工绿洲为依托,以增加干旱区人口承载力和大幅度提高绿洲综合经济实力及显著改善人工绿洲的生存环境(特别是生态环境)为基本目标,确立高起点的绿洲开发模式,坚持"以提高求发展,以内涵深度开发带动外延广度开发"的方针。

扩展人工绿洲的基本原则是:注重质量,高标开发;确定重点,适度拓展;巩固原有,扩大内涵;新建示范,重在优化。

注重质量,高标开发——人工绿洲本身就是集自然、人文诸要素优化组合、高效产出的综合体。低标准、低产出的人工绿洲是缺乏生命力和承载力的。开发营造高质量、高效益的人工绿洲是人类开发建设干旱区的基本目标,是实现绿洲可持续发展的重要前提。今后拓展新绿洲就要立足高标准,严要求,开发一片,成功一片,求精勿粗,宁缺毋滥。

确定重点,适度拓展——今后开发绿洲要在"水土平衡、节水挖潜"的前提下,做好规划,循序开发。要依据各地区、各流域的后备水土潜力(要考虑跨流域调水的因素)和人口压力及社会经济发展需求,确定绿洲开发的先后程序与大小规模。保证重点,兼顾一般,按照时序,把握适度。"适度"的本质内涵是指绿洲开发要与水土资源现时可挖掘的潜能相适应,与社会发展需求相适应,与资金投入强度相适应,与生态环境的承载力相适应。在制定绿洲扩展速度时,既要参照以往变化动态,更要考虑未来需求可能。如过去的50年,新疆人工绿洲的年扩展(递增)速度大约为2.5%,平均每年扩大绿洲在6万 hm² 以上。今后的速度肯定要放慢,调整到适度的状态中。

巩固原有,扩大内涵——新疆绿洲的拓展必须遵循一条基本原则,那就是要以原有绿洲为基地和后盾。假如原有绿洲都建设保护不好,何以谈得上再扩展新绿洲呢?所以拓展新绿洲必须要与巩固原绿洲相结合,且要以巩固原绿洲为前提。巩固原绿洲的内涵是:通过对人工绿洲的全面评估,针对其薄弱环节和存在弊端进行保护、整治、修复、完善,以优化绿洲生态系统,提高绿洲系统的整体功能,提高绿洲的生产力和承载力。已建的人工绿洲确有潜力可挖。目前绿洲产出率还比较低,且地域差异大。如以 1998 年为例,全疆平均每平方公里人工绿洲拥有的国内生产总值约为 180 万元/km^2,其中北疆可达 241 万元/km^2,东疆为 250 万元/km^2,南疆只有 109 万元/km^2。县域之间的差异更大。可见绿洲内部挖潜是大有文章可做的。管好用好原有绿洲仍有很多的工作可做,喜新厌旧、舍近求远是不可取的。再从投资回报率来说,改造、完善原有绿洲比开发经营新式绿洲的成本要低得多,一般来说回收(产出)情况也要好些。在投资开拓新绿洲时要算好经济账,首先立足于原有绿洲的挖潜改造。

新建示范,重在优化——从长远发展角度考虑,随着人口的增长,科技水平的提高,节约型国民经济体系的建立,将为人工绿洲的开拓提出了客观要求和可能,新一代绿洲总是要开拓、扩展的。但开拓新绿洲应该有新创意、新手段、新模式,要摒弃落后传统的做法。全疆应选择开发新型绿洲的示范基地,示范点必须是起点高、规划好、设计优、技术新、施工严、管理强、成本低、效益高的。各地州、各大灌区(流域)也都要树立自己的示范点,并注意不同类型的绿洲应该有不同的示范要求。

(三) 绿洲拓展的重点地区与可能规模

研究表明,绿洲规模取决于水资源量及其利用水平。地表水、地下水的水量孕育一定面积的绿洲,地表水引用的空间变化还制约着绿洲的分布形态。正是由于水在绿洲形成中的主导作用,以及绿洲规模与水资源间存在的相关关系,使得人们能够在抓住主要矛盾的基础上,通过数学关系式来预测绿洲的规模大小。80 年代中期,新疆曾计算绿洲水资源的承载力,也计算过绿洲土地承载力、人口承载力。计算绿洲水资源承载力受到格外重视,"以水定地"的原则已强调了几十年。在干旱地区,确定水量与适宜绿洲面积的关系十分复杂,与气候条件、绿洲封闭集散程度、灌溉方式、科技装备和生产力发展及管理水平都有密切关系。有人利用各流域水资源总量及其降水与绿洲需水量,计算了适宜绿洲面积,并分析了现有绿洲稳定性。也有根据可用水资源总量计算了用传统灌溉方式所能承载的灌溉面积与其相应的适宜绿洲面积,提出了"适度绿洲"的概念,来判别现有绿洲稳定性。上述的"适宜绿洲面积"是指基本能保持各绿洲区域自然生态平衡的绿洲规模。也有致力于建立绿洲规模与绿洲需水量之间的一种定量关系。这对未来的绿洲开发具有一定的指导意义。

依据以上的总体思路和方针,并根据各地州、各大流域(灌区)的水土开发潜力,也考虑到水资源的宏观区域调配,我们可以勾画出新疆未来绿洲扩展的轮廓构想。这里提出大、小两个方案。小方案是比较适度、渐进而积极的;大方案考虑到国家对开发新疆的重大战略举措等实施,是个超常规和相对过度一点的方案。从干旱区生态环境的保护和"再造山川秀美"战略目标及可持续发展要求出发,推行小方案更为稳妥,更符合新疆和西北地区的长远发展利益(表16-6)。2001年至2015年的"十一"至"十三"个五年计划里,从小方案看,新拓展人工绿洲 140 万 hm^2(其中耕地 80 万 hm^2),平均每年拓展绿洲 14 万 hm^2,年递增率为 2.0%;大方案为平均每年拓展绿洲 18 万 hm^2,人工绿洲的年递增率为 2.6%。从 2016~2030 年的第"十四"至第"十六"个五年计划里,按小方案为新增人工绿洲 160 万 hm^2,平均每年拓展绿洲 16 万 hm^2,年递增率为 1.9%;大方案为平均每年拓展绿洲 22.7 万 hm^2,年递增率为 2.6%。看来,在新世纪的上半叶里,人工绿洲按年递增 1.9%~2.0%的速度开拓扩展已经是十分进取的方案。假如按以往的模式开发实施,这一方案就显得大了。须知,随着人工绿洲规模的扩充和基数的增大,扩展人工绿洲的难度和投入也越来越大,且对生态环境的压力也增大。搞得不好,就会事半功倍,甚至造成对生态环境的极大破坏。对此必须有足够的认识。

表 16-6 新疆未来(2030 年内)人工绿洲的扩展方案(万亩)

所在地州	流域或片区	开发重点和途径	2001~2015 小方案 绿洲	耕地	2001~2015 大方案 绿洲	耕地	2016~2030 小方案 绿洲	耕地	2016~2030 大方案 绿洲	耕地
伊犁地区	伊犁河谷	开源兼采地下水	220	150	460	300	220	150	440	300
阿勒泰地区	额尔齐斯-乌伦古河	开源兼采地下水	180	110	250	140	160	90	260	150
塔城-博尔塔拉	额敏河、艾比湖流域	节水、调水	240	170	290	200	280	200	350	250
昌吉州	天山北麓小河	节水、调水	230	170	280	170	270	210	330	260
克拉玛依		调水	90	50	170	100	90	50	100	60
吐-哈地区	吐鲁番-哈密盆地	节水	20	10	40	20	40	20	40	20
巴音郭楞蒙古自治州	小 计		120	60	140	80	150	80	210	110
	焉耆盆地	开采地下水	40	20	50	30	60	35	70	40
	孔雀河、塔里木河	节水	60	30	70	40	50	25	80	40
	且末-若羌开发区	开发地表水节水	20	10	20	10	40	20	60	30
阿克苏地区	小 计		300	170	340	220	290	180	400	250
	阿克苏-塔里木灌区	节水开采地下水	245	140	280	180	230	150	320	200
	渭干河灌区	调水开采地下水	55	30	60	40	60	30	80	50

续表 16-6

所在地州	流域或片区	开发重点和途径	2001~2015 小方案 绿洲	耕地	大方案 绿洲	耕地	2016~2030 小方案 绿洲	耕地	大方案 绿洲	耕地
喀什-克孜勒苏地州	小 计		410	220	520	300	560	300	780	440
	喀什三角洲	开采地下水节水	110	60	180	100	140	80	240	140
	叶尔羌河平原	开源、节水	300	160	360	200	420	220	540	300
和田地区	和田、克里雅河等	节水开采地下水	200	90	300	140	230	120	310	160
新增城镇绿洲			60		60		60		100	
新增工矿绿洲			30		40		50		80	
全疆合计			2100	1200	2700	1700	2400	1400	3400	2000

四、绿洲开拓中应注意的问题和对策

(一)加强绿洲建设与管理

绿洲是人工长期开发经营的产物,在发展过程中必然接受人类不断的建设与调控。但绿洲普遍面临着水源短缺、生态退化、能源不足、人口剧增、灾害频繁等诸多问题,因此提出了"和谐、稳定、高效与可调控性是绿洲建设的方向"。笔者根据钱学森先生的思想和观点,提出过绿洲地理建设的较完整思路,认为今后绿洲地理建设的主要目标是建立有序、高效、多功能、开放式、创汇型的绿洲;绿洲地理建设内容广泛,内涵丰富,既包含水土资源的开发利用与管理,能源、交通通信建设与管理,也包括绿洲人口、城镇、乡村的建设与管理,还包括绿洲生态环境建设、灾害防治及绿洲地理基础数据库建设。绿洲建设要注重环境价值,重视高投入,培育绿洲经济中心,按点轴模式形成具有综合聚集能力强的绿洲经济区域。同时要运用层次分析法把绿洲的总体优化作为一个高层次结构的系统加以分析,确定出绿洲建设的决策方案。

绿洲生态系统管理这个科学前沿问题已被提到日程上来。对于农业绿洲来说实质上是绿洲农业生态系统的管理,但像塔里木盆地南缘的绿洲农业生态系统稳定性较差,抗干扰性和系统自我恢复能力都较弱,应主要从加强基础设施建设,提高绿洲抗御干旱、风沙、盐碱能力,控制绿洲适度规模,完善绿洲综合防护体系等入手。

建设与管理其实都是为了实现绿洲的可持续发展。绿洲演替的双极方向特别明显,或者逆向演替(即荒漠化),或者良性发展(绿洲化),二者必居其一。人类要控制荒漠化,并依据结构制约功能的原理,把握好绿洲演替的调控,关键抓好绿洲自然要素的调控、社会经济结构和绿洲协调发展的时序结构的调整,把绿洲建成"天蓝、水清、地绿、人健、畜旺"的良性循环的生态环境。

绿洲复杂巨系统的整体组合总是构成绿洲区域,"绿洲可持续发展"提法已被人们接受,并已提到研究日程上来。但更多学者致力于绿洲 PRED 系统协调或优化调控的研究,着力分析该系统的组成及反馈结构。这也正好体现了绿洲持续发展的内涵和实质,即通过人为综合调控,谋求绿洲区域的人口、资源、环境和经济发展(PRED)趋于协调和最优化状态。为此需建立绿洲可持续发展的决策支持系统,提出可持续发展的战略选择和对策。

(二) 绿洲开拓中应强调处理好五大关系

随着人口的剧增,绿洲规模的扩大和对资源、生态环境压力的加大,今后绿洲开发的难度和压力会更大,为此必须强调处理好以下五大关系。

1. 人工绿洲与天然绿洲的关系

人工绿洲的拓展总是以水土资源在空间的聚合为结果,对天然绿洲很可能构成两方面的直接威胁:一是人工绿洲用水不同程度地占用了本应该输送给天然绿洲的供水,从而天长日久,使部分绿洲逐渐衰败;二是人工绿洲的开拓干脆是以天然绿洲(河岸林、低地草甸、湖滨湿地等)为对象,占据了原本属于天然绿洲的生存空间,是以天然绿洲的缩小或牺牲来换取人工绿洲的扩大。这两种情况在塔里木河流域和北疆大部分流域都有发生。应该说人工绿洲取代天然绿洲曾经是人类开发史上的短暂辉煌。正如干旱区大多数平原湖泊总要不断缩减、咸化和干涸一样,是难以逆转的;天然绿洲的缩减态势也是不可避免的。除非人类活动的规模始终受到控制,保持在恰当的限度之内。但这往往是说起来容易做起来难,特别作为待开发、待发展的干旱区更是如此。但前已提到,天然绿洲的存在和保护有无庸置疑的重大价值和意义,因而人们不能盲目地、肆无忌惮地去侵占和改造天然绿洲,必须严加控制,尽量不要侵占天然绿洲的领地。尤其是通过论证规划、非常值得保护的"河谷走廊"(或"绿色走廊")、"绿色明珠"(湖泊)、"胡杨林公园"及主要地段的河谷林、河岸林及"三角洲低地草甸",都应列为重点保护对象,像文物和基本农田那样予以看管保护,作为留给子孙后代的宝贵遗产。有的天然绿洲已被侵占,从生态保护看是一种失误,或反过来威胁人工绿洲自身的生存,那么这类绿洲很有必要加以退耕还林还草,还天然绿洲以足够的空间。

2. 绿洲开发与荒漠保护的关系

今后人工绿洲除部分开拓绿洲内夹荒地、弃耕地外,主要应以荒漠系统为开拓对象,因而与荒漠的关系愈加密切。改荒漠(包括沙漠)为绿洲,这是人类征服改造自然的杰作,但人类依然要始终如一地与荒漠为伴,切实保护荒漠系统,使荒漠系统与绿洲系统长期和谐共存。众所周知,荒漠系统是很脆弱的生态系统,人类应当尽量避免或减少对荒漠系统的干扰,尤其是绿洲—荒漠的过渡带,更应视为重点保护的"隔离带",严禁采挖,严格控制放牧。对那些已经明显退化的荒漠系统(过渡带)要严格封育,至少10年以上,为荒漠植被的自恢复创造最佳的人为生境。有条件的应在过渡带靠近绿洲的边缘一侧营造数十米宽的防风固沙立体林草带,防止沙漠向绿洲的入侵。这在塔里木盆地南缘和准噶尔盆地南缘的成片绿洲地带显得更为重要。目前已有大量成功典范,可惜这堵"防护墙"还不够连续和强壮,要有几代人、几十代人不断地构筑和防护。凡在荒漠区开拓绿洲又处在主风向部位的,首先要修好绿色"防护墙";坚持"先修墙,后开荒"。

3. 新绿洲与老绿洲的关系

新老绿洲的一般划分是以1949年为界,凡在1949年以前开发经营的绿洲统称为"老绿洲",1949年后(新中国成立以来)开拓建设的绿洲称为"新绿洲"。而这里的新、老绿洲是个相对概念,对至今已经形成并产生着可靠效益的都称为"老绿洲",而对未来(21世纪)正待开发建设和将要形成有效生产力的可称之为"新绿洲"。这两者的关系主要体现为深度开发(前者)和广度开发(后者)的关系,应该是协调共进的关系。即老绿洲应立足于保护性内涵开发,新绿洲应体现高层次外延开发。对老绿洲主要采取"保护、完善、巩固、提高",对新绿洲主要采取"高标准开发、高科技经营、高层次管理"。新绿洲开发要以老绿洲为依托、为参照;老绿洲建设要坚持以深度开发为主导方针,以新绿洲的"三高"为样板、为目标。在开发过程中,要从全局整体利益出发,新老绿洲都要坚持勘探、论证、设计、规划,切忌盲目性、随意性和低标准重复,避免边开发、边撂荒及效益搬家的现象发生。此外,在水资源分水、用水问题上,在资金、技术、装备、生产资料等投入方面,都要处理好新、老绿洲的关系。

4. 开拓中时间和空间上的关系

绿洲的开拓是一个长时间序列的逐渐推进过程,要注意协调好、处理好近期和远期的关系。绿洲拓展的规模与速度取决于社会经济发展的需求和资源(包括水土、资金等)环境所提供的承受能力,水土平衡是绿洲农业开发与农业经营的一条基本原则,已被广泛认知和接受。但说起来容易,做起来难。资金因素对投入成本不断上涨的绿洲开发来说也日显重要,应在保持水土平衡的前提下,根据财力状况确定绿洲开发规模和速率。实际上实现水土平衡的过程也是资金筹集、资金供需平衡的过程。要坚持量力而行,有多少钱办多少事。这里关键就是协调好近期开发与长远开发的关系:既要脚踏实地,立足当前,力求当前开发当前收效;又要树立超前意识和长远观点,把握绿洲未来建设的方向和目标。像克拉玛依"引额济克"开发区,近期开发一定要高起点、高技术、高效益,建设高标准的新型现代化复合型绿洲,即实行产业化经营,实行种养加、农工商、农科教一体化。伊犁地区恰甫其海工程开发区,也必须赋予全新的开发理念,注入全新的开发机制,树立全新的经营模式和土地利用结构,为全疆绿洲开发树立高标准典范。

从空间上来说,关键是处理好流域上、中、下游的关系,地方开发项目区与兵团开发项目区的关系。新疆未来绿洲开拓的重点基本上都位于较大河流流域,如伊犁河、额尔齐斯河、塔里木河、阿克苏河、和田河、叶尔羌河、开都河等。这就要树立全疆一盘棋、全流域一盘棋的思想,统筹兼顾,合理安排,上游是"近水楼台"要更多地照顾中下游的利益,特别是在用水上一定要总揽全局,服从总体安排,给中下游留足一定比例,中游要给下游留足一定比例用水。还有兵团与地方的关系,在水土安排、生态建设上要互相尊重,携手开发,协调兼顾,共同繁荣。

5. 农业绿洲与城镇、工矿绿洲的建设关系

搞好城镇体系规划,加强小城镇开发建设,是新疆大开发的重要途径和必由之路。这对绿洲分散、城市与农村二元格局明显、城镇发展滞后的新疆来说尤显重要。今后的新疆大开发和绿洲化拓展要充分考虑到这一因素。合理兼顾到农业绿洲、城镇绿洲、工矿绿洲拓展的关系。要充分估计到,未来城镇化发展,小城镇的开发建设,必将占据相当一部分农业—农村绿洲;而在城镇绿洲拓展规划中,要尽可能少占或不占农业绿洲,必须占用的要控制规模,适可而止,切忌贪大求多,占而不用。

绿洲城镇的开发建设,重在带动和辐射广大绿洲农村。在绿洲城镇与绿洲农村之间形成一条各有重点、各具特色的产业链,走出产工销(农工商)、种养加、农科教一体化的道路来。在未来发展过程中,绿洲城镇的开发除了应坚持以基础设施建设为先行外,还要解决好三个问题:一是要做好吸纳农村劳动力的工作,为农村剩余劳动力的转化提供可靠的市场;二要注意生态保护和环境治理,在搞好城镇绿化的同时,务必要防止将城镇的"三废"污染转嫁到绿洲农村去;三要走节水型的城市化发展道路,既要确保绿洲城镇发展的需水,又要注重发展节水型工业经济,避免过多地挤占农业和生态用水。必须大量挤占时,也要做好协调、调整和补偿等各项工作。

第十七章　资源开发中的生态环境建设

自然资源支撑各行各业，关系千家万户，影响千秋万代，是社会经济发展的物质基础。在西部大开发战略实施中，要充分发挥自然资源的基础保障作用。江泽民总书记多次强调，中西部地区要适应市场经济的要求，加快改革开放的步伐，充分发挥资源优势，积极发展特色产业，发展优势产业和产品，使资源优势逐步转化为经济优势。朱镕基总理指出，西部地区要抓紧产业结构调整的有利时机，根据国内外市场变化，从各地资源特点和自身优势出发，合理开发和保护资源，促进资源优势转化为经济优势。中央领导重要的指示精神为我们正确认识自然资源在西部大开发中的重要地位和作用，为有效保护和合理利用自然资源指明了方向。

新疆位于祖国西北边陲，是我国面积最大的省区，光热充足、土地资源十分丰富；水资源单位面积虽贫乏，但人均占有量高，在充分合理利用情况下，尚可满足发展生产和保护生态需要；草地宽广，有一定面积的森林，各种野生动植物资源丰富；矿产资源中的煤炭资源，石油天然气资源，有色和贵重金属资源，各种盐化工和非金属资源，都位居全国前列，这便为新疆经济发展奠定了坚实基础。但新疆在资源开发中除交通不便、经济基础薄弱、劳动者素质低外，生态环境方面也存在着诸多不利因素，如内陆封闭、气候干旱、植被稀疏、生态脆弱，土地易遭受沙漠化和盐渍化，水环境自净能力低等，也限制着资源优势转化为经济优势。半个世纪以来，新疆在自然资源开发方面取得了巨大成绩，已成为我国重要的农业基地，畜牧业基地，能源和石油化工基地以及有色金属基地。但在资源开发、经济发展中也付出了沉重的代价，在某种程度上是以牺牲生态环境为代价换取的。因此总结以往在开发利用自然资源中存在的问题，提出在今后资源开发中的生态环境建设对策和措施，显得十分重要。

实地,立足当前,力求当前开发当前收效;又要树立超前意识和长远观点,把握绿洲未来建设的方向和目标。像克拉玛依"引额济克"开发区,近期开发一定要高起点、高技术、高效益,建设高标准的新型现代化复合型绿洲,即实行产业化经营,实行种养加、农工商、农科教一体化。伊犁地区恰甫其海工程开发区,也必须赋予全新的开发理念,注入全新的开发机制,树立全新的经营模式和土地利用结构,为全疆绿洲开发树立高标准典范。

从空间上来说,关键是处理好流域上、中、下游的关系,地方开发项目区与兵团开发项目区的关系。新疆未来绿洲开拓的重点基本上都位于较大河流流域,如伊犁河、额尔齐斯河、塔里木河、阿克苏河、和田河、叶尔羌河、开都河等。这就要树立全疆一盘棋、全流域一盘棋的思想,统筹兼顾,合理安排,上游是"近水楼台"要更多地照顾中下游的利益,特别是在用水上一定要总揽全局,服从总体安排,给中下游留足一定比例,中游要给下游留足一定比例用水。还有兵团与地方的关系,在水土安排、生态建设上要互相尊重,携手开发,协调兼顾,共同繁荣。

5. 农业绿洲与城镇、工矿绿洲的建设关系

搞好城镇体系规划,加强小城镇开发建设,是新疆大开发的重要途径和必由之路。这对绿洲分散、城市与农村二元格局明显、城镇发展滞后的新疆来说尤显重要。今后的新疆大开发和绿洲化拓展要充分考虑到这一因素。合理兼顾到农业绿洲、城镇绿洲、工矿绿洲拓展的关系。要充分估计到,未来城镇化发展,小城镇的开发建设,必将占据相当一部分农业—农村绿洲;而在城镇绿洲拓展规划中,要尽可能少占或不占农业绿洲,必须占用的要控制规模,适可而止,切忌贪大求多,占而不用。

绿洲城镇的开发建设,重在带动和辐射广大绿洲农村。在绿洲城镇与绿洲农村之间形成一条各有重点、各具特色的产业链,走出产工销(农工商)、种养加、农科教一体化的道路来。在未来发展过程中,绿洲城镇的开发除了应坚持以基础设施建设为先行外,还要解决好三个问题:一是要做好吸纳农村劳动力的工作,为农村剩余劳动力的转化提供可靠的市场;二要注意生态保护和环境治理,在搞好城镇绿化的同时,务必要防止将城镇的"三废"污染转嫁到绿洲农村去;三要走节水型的城市化发展道路,既要确保绿洲城镇发展的需水,又要注重发展节水型工业经济,避免过多地挤占农业和生态用水。必须大量挤占时,也要做好协调、调整和补偿等各项工作。

第十七章　资源开发中的生态环境建设

　　自然资源支撑各行各业,关系千家万户,影响千秋万代,是社会经济发展的物质基础。在西部大开发战略实施中,要充分发挥自然资源的基础保障作用。江泽民总书记多次强调,中西部地区要适应市场经济的要求,加快改革开放的步伐,充分发挥资源优势,积极发展特色产业,发展优势产业和产品,使资源优势逐步转化为经济优势。朱镕基总理指出,西部地区要抓紧产业结构调整的有利时机,根据国内外市场变化,从各地资源特点和自身优势出发,合理开发和保护资源,促进资源优势转化为经济优势。中央领导重要的指示精神为我们正确认识自然资源在西部大开发中的重要地位和作用,为有效保护和合理利用自然资源指明了方向。

　　新疆位于祖国西北边陲,是我国面积最大的省区,光热充足、土地资源十分丰富;水资源单位面积虽贫乏,但人均占有量高,在充分合理利用情况下,尚可满足发展生产和保护生态需要;草地宽广,有一定面积的森林,各种野生动植物资源丰富;矿产资源中的煤炭资源,石油天然气资源,有色和贵重金属资源,各种盐化工和非金属资源,都位居全国前列,这便为新疆经济发展奠定了坚实基础。但新疆在资源开发中除交通不便、经济基础薄弱、劳动者素质低外,生态环境方面也存在着诸多不利因素,如内陆封闭、气候干旱、植被稀疏、生态脆弱,土地易遭受沙漠化和盐渍化,水环境自净能力低等,也限制着资源优势转化为经济优势。半个世纪以来,新疆在自然资源开发方面取得了巨大成绩,已成为我国重要的农业基地,畜牧业基地,能源和石油化工基地以及有色金属基地。但在资源开发、经济发展中也付出了沉重的代价,在某种程度上是以牺牲生态环境为代价换取的。因此总结以往在开发利用自然资源中存在的问题,提出在今后资源开发中的生态环境建设对策和措施,显得十分重要。

一、自然资源开发利用中的生态环境问题

（一）水资源开发利用存在的问题

1. 下游河道断流，湖泊干涸

长期以来由于水利建设只注意"引"（引水），不注意"节"（节水），只注意"建"（修建水利工程），不注意"管"（灌溉管理），结果造成水资源的时空分配极不平衡，使得河流缩短，尾闾湖泊萎缩干涸，多数河流一出山口，水量就被人工渠道引入灌区，使流程缩短。新疆很多河流引水率高达70%~80%，大大超过干旱区引水量不超过50%的界限。塔里木河由于源流大量引水，使得补给干流的水量由20世纪50年代的49.35亿 m^3 减少为90年代的40.7亿 m^3。下游卡拉50年代水量为14.8亿 m^3，可流入台特玛湖；60~70年代水量减少为6.4~10.5亿 m^3，时断时续可流至阿拉干；80~90年代水量进一步减少到2.4~3.8亿 m^3，水量几乎全被消耗在卡拉和铁干里克灌区，大西海子以下遗留320km长的干河道。其他中小河流更是如此，多数不能到达归宿地。新疆曾是一个多湖泊的地区，面积大于1.0km^2的湖泊有139个，湖泊总面积约达9700km^2，占全国湖泊总面积的7.7%，居全国第4位。至70年代末，湖泊面积仅余4750km^2，丧失了近5000km^2。著名的罗布泊（湖面1900km^2）、玛纳斯湖（湖面550km^2）、艾丁湖（湖面124km^2）、台特玛湖（湖面150km^2）成为干湖或季节湖。艾比湖由1200km^2缩小到530km^2。

2. 水质咸化和污染

新疆的河流出山口以上的河段，河水矿化度大多小于0.5g/L，多属清洁水，流经灌区后，由于农田排水的泄入，使河水矿化度显著增加。以塔里木河为例，1958年以前是一条淡水河，无论是年内任何季节或从上游到下游，河水矿化度均未超过1.0g/L。现河水年平均矿化度为1.85g/L（阿拉尔），全年小于1.0g/L仅有8月1个月，1.0~3.0g/L为5个月，3.0~5.0g/L为4个月，大于5.0g/L为2个月，淡水只占年径流量的34.9%，其余为微咸水、半咸水或咸水。博斯腾湖原先湖水矿化度为0.25~0.38g/L，80年代曾达到1.6~1.9g/L，近年由于开都河入湖水量增加，湖水水位上升，湖水矿化度下降，但也在1.0g/L以上。南疆的不少水库水矿化度也在1.0g/L以上，西克尔水库最高达到5.6~6.2g/L。沿塔里木河干流两岸的水库水矿化度也多在1~3g/L。水质污染也有发展趋势，全疆每年排出废水约5.0亿 m^3，多是未经处理进入河流湖泊和水库，污染其他水体。流经乌鲁木齐东北的水磨沟河，由于受沿途排污影响，全年为

Ⅳ～Ⅴ级中污染和重污染水,孔雀河流经塔什店后 COD 超标为Ⅲ级轻污染水;克孜河流经喀什市后大肠杆菌超标。博斯腾湖在黄水的一带由于工业废水排入,水质污染较重,由于缺氧造成的鱼类死亡时有发生。位于石河子市北的蘑菇湖水库,由于每年有 2500 万 t 工业和生活污水排入,水质全年为Ⅳ～Ⅴ级中污染和重污染水,造成水浑浊、异臭和鱼类大量死亡。

3. 地下水超采引起地下水位大幅度下降

干旱地区降水稀少,生长好的天然植被,主要依靠地下水维持生命,一旦地下水位下降,就会衰败死亡,加速向荒漠化方向发展。近年来天山北麓地区,由于强度开发地下水,使地下水补采失去平衡,造成地下水位大幅下降。如奇台县,地下水开发利用始于 20 世纪 60 年代,当时井深不超过 20m,1993 年该县进入大规模打井高潮,井深已为 60m,以后由于国家对农业政策的倾斜,引起土地开发热,加快了机井建设速度,全县机井数已达 2700 眼,井深降至 100m 以下。奇台县地下水可采量 2.46 亿 m^3,由于机井猛增,地下水开采得不到控制,2000 年已超采 1.3 亿 m,使该县 26 个地下水长期观测点地下水位平均下降幅度为 6.92m,形成了一个外部 60m,中部 10m,中心 11m 的降落大漏斗。地下水位大幅下降已造成泉水断流,1967 年全县 10 条泉水沟年径流量 1.186 亿 m^3,到 1992 年仅剩下 0.054 亿 m^3,历史上传统的坎儿井地下水引流灌溉已不复存在。预测按此速度开发地下水,今后几年内,将有 700 眼机井报废,1.33 万 hm^2 耕地将无水灌溉,9 万人的生存受到威胁。呼图壁县也因强度开发地下水,使全县范围 33 口长观井地下水位由 1990 年平均埋深 19.52m,到 1996 年平均埋深下降到 23.23m,6 年间平均下降 3.71m,平均每年下降幅度 0.62m。该县的西戈壁农场,规划 4.0 万 hm^2,全部依靠开发地下水灌溉,现只开垦了 2.57 万 hm^2,实际播种的只有 1.33 万 hm^2,有 0.92 万 hm^2 弃耕,弃耕的土地已显示出荒漠化。阜康县三工河流域在冲洪积扇的扇缘地带建立水源地,实行潜水与承压水混合开采,使地下水埋深由 20 世纪 50～60 年代的 1～2m,到 70～80 年代下降到 5～8m,90 年代以后在 10m 以下。而开采出的地下水通过水库调节和渠道输送,在北部沙漠边缘利用,使该地下水位埋深由 70～80 年代的 3～5m 上升到目前的 2～3m,促进了盐渍化发展,在水资源调度和配置方面极不合理。

(二) 土地资源开发利用存在的问题

1. 土壤盐渍化

水资源利用不合理是造成次生盐渍化的主要原因,主要表现为:渠道渗漏大,渠系利用率低,灌溉定额高,平原水库渗漏严重。新疆的渠系利用系数仅为 0.4～0.5,毛灌溉定额 12 000～15 000 m^3/hm^2,每年引入灌区的水量达 440～460 亿 m^3,其中有 178

亿 m^3 是通过渠道、水库和田间渗漏补给了地下水，造成灌区地下水位上升，促进了土壤盐渍化发展。新疆人工绿洲中耕地土壤盐渍化面积达 126.32 万 hm^2，约占现有耕地面积的 30.6%。其中轻度盐渍化(0~30cm 土层平均含盐量 0.3%~0.5%)61.9 万 hm^2，占盐渍化耕地面积的 49%；中度盐渍化(0~30cm 土层平均含盐量 0.5%~1.0%)41.68 万 hm^2，占盐渍化耕地面积的 32.9%；重度盐渍化(0~30cm 土层平均含盐量 1.0%~2.0%)22.74 万 hm^2，占盐渍化面积的 18.1%。新疆的中低产田按土壤指标划分占耕地面积的 88%，约 268.05 万 hm^2(统计面积)，其中一半以上是土壤次生盐渍化造成的。由于耕地土壤次生盐渍化对农业生产的危害，棉花和粮食作物单产可降低 20%~40%，严重的则绝收。据估算可使全疆每年粮食总产约减少 60~70 万 t，棉花总产约减少 10~15 万 t，带来的经济损失经约 19 亿元，如果再加上对瓜果、油料、蔬菜、糖料及牧草的危害，估算造成的经济损失约 20~24 亿元，约占新疆种植业总产值的 5%~7%。

2. 土地沙漠化

新疆由风蚀风积造成的荒漠化土地(沙漠、戈壁)共 79 万 km^2，其中沙漠面积约 42 万 km^2。全疆 87 个县(市)中 53 个县(市)有沙漠分布。许多绿洲都被戈壁和沙漠包围，沙漠化对绿洲的危害形势极为严峻。

新疆的沙漠主要是由于气候干旱造成的，但不合理的人为活动，对沙漠化的发展起了促进和加速作用。以塔里木盆地为例，沙漠面积 33.7km^2，地质历史时期，按从早更新世形成算起约 69 万年，平均每年扩展 0.49km^2；历史时期按 2000 年计算共扩大 1.97 万 km^2，平均每年扩大 9.85km^2。近现代形成的沙漠化土地面积 0.85 万 km^2，平均每年扩大 170km^2。进入 20 世纪 90 年代以来沙漠化扩大速度有所减缓，全疆平均每年还增加约 83km^2。但在一些地区仍然强烈扩展，如塔里木河下游地区，用 1959,1983,1992 和 1996 年 4 个时段航空相片进行沙漠化制图对比，沙漠化土地面积平均每年增长 0.24%，其中极强和强度沙漠化面积增长更大，达到 0.45% 和 2.49%。新疆土地沙漠化的形成主要有三种：一是流动沙丘向外侵袭，这在塔克拉玛干南缘较广泛；二是固定和半固定沙丘活化，这在准葛尔盆地南缘和绿洲与荒漠过渡带较多；三是潜在沙漠化土转变为沙漠化土地，这在弃耕地、断流河道下游和干涸湖泊附近较多。新疆已沙漠化的土地面积为 3.047 万 km^2，潜在沙漠化土地为 1.50 万 km^2。土地沙漠化发展，促使风沙灾害加剧，仅 1998 年 4 月 17~19 日新疆北部和东部受强沙尘暴袭击，使 156 万人受灾，造成直接经济损失达 60 亿元。

3. 水土流失

水土流失在新疆曾是一个被忽视的环境问题。由于新疆山地面积占土地总面积约

40%,森林和草地被破坏,加剧了山地侵蚀,大量泥沙下泄,带来水库被淤、库容减少,调控能力大大降低,洪患日趋严重。现全疆水库 1/4 的库容被泥沙淤积,引水枢纽大部分被泥沙磨损、淤积而功能下降,实际引水能力已不足设计能力的 70%,全区水土流失面积达 11 万 km²,占全国水土流失面积的 6.1%。近 40 年来,新疆各地共发生大小洪水 166 次之多,洪蚀草场耕地约 450 万 hm²,其中 1996 年特大洪水涉及全疆 7 地州 30 多个县市,直接经济损失 33.7 亿元(不包含生产建设兵团)。山区土地侵蚀造成的泥石流也十分严重,从建国初期至 90 年代初,发生重大泥石流灾害 15 次,对经济建设和人民生命财产安全造成重大危害。

4. 土壤污染

全疆每年使用化肥 214.4 万 t,农药 1.24 万 t,农膜 6.87 万 t,由于不科学乱用滥施,利用率仅 30%～40%,造成土壤板结,地力下降,盐碱化加重及农药残留污染。全疆土壤中地膜残留量达 7～10 万 t,平均 60kg/hm²,最严重的达到 216kg/hm²,影响作物正常生长,造成作物减产。每年全疆排放的城市和工业污水 5.0 亿 m³,废气 74 万 t,固体废弃物 690 万 t。这些三废通过河流、气流、运输堆放等方式进入农区,污染了水、土和大气,影响了农作物品质和产量。

5. 良田减少

用遥感制图对比 2000 年和 1990 年城镇和农村居民点占用土地,2000 年比 1990 年增加 6.4 万 hm²,增加 17.5%。"九五"期间,全疆建设用地、灾毁地和结构调整共占耕地 11.63 万 hm²,使耕地面积平均每年减少 2.3 万 hm²,所减少的土地绝大部分为城郊和农村居民点旁的良田。

(三) 生物资源开发利用存在的问题

1. 森林破坏

从 20 世纪中叶以来,不包括偷砍偷伐,仅国家计划用材,地方和群众自采用材耗去森林资源量 5000 万 m³ 以上,占森林总蓄积量的 1/5。在天山北麓和阿尔泰山两大林区,20 世纪 50～80 年代,云杉林减少 2.5 万 hm²,落叶松减少 2.6 万 hm²,两大林区年超耗约 40 万 m³。在山区森林面积减少的同时,林分质量、郁闭度和蓄积量也在迅速下降,目前,东天山已基本无林可采。采伐迹地更新很差,12 万 hm² 采伐迹地中,人工更新仅 3.6 万 hm²,保存不到 1.4 万 hm²,而天然更新地也只有一半能成林。平原林破坏更为严重,塔里木河两岸胡杨林,由 50 年代的 46 万 hm² 减少到 70 年代末的 17.5 万 hm²,近年来虽然有一定程度恢复,也只有 29.8 万 hm²,远小于 50 年代的面积;特别是塔里木河下游胡杨林 1958 年为 5.4 万 hm²,到 1992 年减少为 0.67 万 hm²。准噶尔盆地梭梭林减少了8.0万 hm²；伊犁河和额尔齐斯河谷林现保留下的为4.69万 hm²，仅为原来的68%。

2. 草地退化

全疆天然草地，80%以上的面积出现不同程度的退化，其中严重退化面积占1/3以上，产草量下降30%～60%。全疆天然打草场面积由333.3万 hm² 减少到133.3万 hm²，减少60%。草地盐化和退化，导致鼠虫害严重发展。建国以来，全区蝗虫发生面积达2400万 hm²，同期鼠害面积620万 hm²，每年损失牧草10亿多公斤。全区由于开垦而减少的优良草地面积占7.0%以上，特别是条件较好的河谷，超载放牧幅度一般在20%～50%，部分地区达1倍以上。平原荒漠草场退化更加严重，仅塔里木河流域，由于滥挖甘草而破坏的草场面积就达11.0万 hm²。天山北坡的潜水溢出带低地草场由于过度开发地下水和垦荒，使草地面积减少95.8%，干草产量减少58.3%。全疆甘草资源面积由86.6万 hm² 减少到目前的53.33万 hm²。每年乱挖麻黄6万 t，破坏草地23.3～26.6万 hm²。

3. 湿地减少

玛纳斯湖干涸后，使湖滨高大芦苇只留下密集的根茬。艾比湖周围4.7万 hm² 芦苇沼泽已干涸。乌鲁木齐河下游东道海子周围原是"数泽（即沼泽地）纵横八万四千里"，现已荡然无存。塔里木河中下游的诺乎鲁克湖沼区原茂密的芦苇、香蒲和苔草，退化成低矮芦苇；阿克苏甫沼泽，地下水位埋深降至3～5m。七克里克一带"河岸湖旁的芦苇，原密的像一堵墙一样，可拦着船的去路。"现已变成了风蚀地和低矮沙丘。用航片制图进行计算，20世纪80年代塔里木河干流区沼泽地为5.52万 hm²，至90年代减少为2.9万 hm²。全疆湿地面积20世纪50年代为280万 hm²，现仅保留148万 hm²，减少了47.1%。

4. 野生动物减少和灭绝

由于人类经济活动频繁，侵占了野生动物的生存环境，加之无限制的捕猎，致使有的野生动物物种已灭绝，如新疆虎；有的离境如蒙古野马和赛加羚羊；有的濒危，如新疆大头鱼；有的数量减少，如鹅喉羚、马鹿、天鹅、大雁；有的分布区面积缩小，如野骆驼、野驴等。

（四）矿产和油气资源开发的影响

1. 矿产资源开发的影响

矿产资源开发对环境大致有以下几方面的不良影响：一是露天开采对景观的影响；二是地下开采引起的塌陷及基础不稳定；三是尾矿、废渣的占地及对景观影响；四是矿渣、废气改变附近地表元素变化;五是对地下水循环及水位影响;六是引起环境地质灾害。这些方面在新疆都有表现,以采金为例,大面积的草场被剥落,不含金的土壤被掀移占压更多的草场,使土壤表层植被覆盖度降低,成为土壤沙化和水土流失的诱发因素之一。河床沉积物被人为翻动多次,至使河水中悬浮物质严重超标,水体生态环境恶化,生物难以生存。河床取金的废弃堆积物任意堆放在河道中间,影响水流通畅,是诱发洪水和泥石流的隐患。如奎屯河两岸,挖金人员任意爆破、筛沙淘金,松动了狭窄河床山体沙石,并大量倒入河床,严重破坏了河床两侧自然地质结构和地面植被覆盖,致使河床堵塞。1987年7月洪水来临时,因山体滑坡堵塞河床,使洪水断流3小时,水位升高9m溃决,洪峰流量达986m^3/s,形成新疆历史上罕见的特大溃坝型洪水,冲毁奎屯河新老两座渠首枢纽和引水干渠,使整个引水工程瘫痪,造成直接经济损失2000万元。另外在淘金全过程中要使用氰化物,提金后的含氰废液、废渣或含氰泥浆,都不加处理堆放在尾矿矿中,尾矿矿坝如遇暴雨、洪水和泥石流泄漏后会造成严重环境污染。

2. 油气资源勘探开发的影响

油气资源勘探开发是一个点多、线长、面大的系统工程,在工程实施及采油中,既有含油废水、固体废物、落地原油排放及天然气跑、喷、泄对环境的污染,又有物探、钻井、管线铺设、道路修建及油田地面工程建设对生态的破坏,都会对油气资源勘探开发区的土壤、植被、动物、大气、水体及沙漠化造成影响。以塔北油田为例,在进行油气勘探时,重型车辆对植被的碾压破坏就达6000~20 000hm^2,用于井场、道路、长输管线建设破坏植被3400hm^2。经过翻覆碾压的土地,破坏了原有的植被,松动了表土,在平地上可留下20~50cm深的车辙,行车便道最宽的达100~150m,纵横交错,全是粉砂和尘土,遇风则成为扬沙和起尘的策源地;遇雨则成为光板龟裂地,寸草不生,进而被吹蚀,可演变成风蚀地和低矮沙丘。另外,落地原油、固体废弃物对土壤和植被的污染也不可忽视,如沙参二井1984年发生井喷,落地原油现在还使地面呈黄褐色,局部地区的原油和含油污水对地下水也产生了污染(如地矿部西北石油地质局的雅克拉油田)。

二、生态环境建设对策和治理途径

(一) 生态环境建设对策

1. 以经济发展促生态保护

经济落后是造成生态破坏的重要原因,贫穷和生态恶化经常联系在一起。以塔里木河流域为例,改革开放以前的20多年,流域各农垦团场经济十分落后,多数团场亏损,少数单位温饱还没有解决。为了解决吃饭、穿衣和住房等基本生活需求,常用广种薄收、盲目扩大耕地面积、砍伐胡杨林和滥樵柽柳来解决粮食、用材及生活能源,结果使植被遭受严重破坏,土地盐渍化和沙漠化不断发展,生态环境恶化。从1978年以后,流域各团场农业生产稳步发展,经济实力增强,人民生活水平提高,使农村能源条件发生了很大变化,农一师阿拉尔垦区和农二师卡拉-铁干里克垦区的职工几乎全部用上了液化气,冬季取暖也以煤代柴,现很少有砍伐胡杨林和乱樵柽柳现象。最明显的例证是塔里木河中下游由尉犁至铁干里克垦区,过去每年要烧掉10000t柽柳,破坏约1330hm^{2}植被,累计已达2.7万hm^2,将周围沙丘的植被几乎全挖光,使固定和半固定沙丘活化变成流动沙丘。近年来由于加强了管理,停止了樵柴破坏,使沙丘上的植被逐渐恢复,部分已由流动沙丘变为半固定沙丘。另外,保护生态环境,必须有一定的资金、物质和技术力量的投入,这些只能通过发展经济来解决。经济发展了,才有可能增加水利和防护林建设的资金,使发展生产和改善生态环境走上良性循环的道路。经济发展了,才能促进技术进步,提高资源的利用效益,减少对资源的破坏,也间接起到了保护生态的作用。同时,可使人民群众的物质和精神文明得到提高,能增强人民群众的环保意识,会由不自觉地破坏生态环境转变为自觉地积极保护生态环境。对新疆这样一个资源丰富,发展潜力较大,而生态又十分脆弱的地方,保护环境与发展经济两者必须有机结合,即在保护生态环境的前提下发展经济,在发展经济的基础上使生态环境实现良性循环。

2. 在维护自然生态的基础上加强人工生态建设

自然生态是生物长期与环境相适应的结果,具有抗逆性强的特点,对干旱、风沙、盐碱都有较强的适应能力,是维护人工绿洲的天然屏障,所以,必须很好地维护。但仅维护自然生态是不行的,因为自然生态系统的生物生产水平低,不能满足人类生活和生产的需要,必须对其中一部分进行人工改造,建立新的人工绿洲生态系统(包括种植业、饲养业、人工林和人工水域)。人工绿洲生态系统的生物生产力高,小气候条件得到改善,在可能条件下,应扩大发展。建立人工生态,并不影响自然生态,两者相得益彰。首先,人工生态发展,可减轻对自然生态的压力。有了人工林,用材得到解决,就不需砍伐胡杨林,农作物秸秆增加,农区畜牧业得到发展,也减轻了对天然草场的压力。农业发展,人民生活提高,生活能源得到改变,能减少对生物能源的依赖,会停止对自然植被的破坏。第二,自然生态与人工生态相结合,可使资源利用起到补充增效的作用。人工生态对环境因子要求严格,在进行灌溉时农作物要求适时、适量、水质较好,自然植被则对时间、水量和水质要求不严。在水量较少的平枯期可用较好的水质优先满足农作物灌溉,而洪水和较差的水质可用于自然植被灌溉,这样自然生态和人工生态在用水时间和质量上就不会发生矛盾。由农田排出的水,其水质虽较差,但对灌溉自然植被还是适合的。利用农田排水还可提高水的利用率。在对土地的要求方面,农作物和人工林大多不耐盐,要求土壤肥力高,而自然植被则耐盐、耐瘠薄,可根据这种不同的特点,合理使用土地。塔里木河下游33团,开垦的土地原是沙荒地、盐碱地,其中也散生有一些胡杨林,在开荒时,保留了原有的胡杨林,对新垦农田起到了防风固沙作用。土地开垦后,盐碱沙荒地变为农田,就是对生态环境的优化。引水灌溉,灌区水分条件改善,又解决了胡杨生长需水,胡杨林也得到更新、复壮、面积扩大。这个团场现有耕地面积3330hm^2,林地2750hm^2,其中人工林800hm^2,天然胡杨次生林1547hm^2,果园406hm^2,成为融自然和人工为一体的生态系统,也是经济和生态效益最好的农场。

3. 寓资源环境保护于发展之中

总结新疆多年来资源开发与生态环境的关系,有以下几种情况:①先开发资源,后治理生态,由于在资源开发中不注意生态保护,结果只会加深发展与环境的矛盾。②先治理生态,后进行资源开发,在新疆生态遭受破坏的今天,很容易倾向于此,但不切合实际,因为治理生态环境必须有大量资金技术投入,不发展经济很难做到。③单纯的维护天然生态,这同样是行不通的,因为自然生态的生产力很低,不符合发展要求。以上三种模式共同的特征,是割裂生态与经济的关系,使生态治理与发展经济脱节。从新疆的实际出发,只有采取"寓资源环境保护于发展之中",才是惟一正确的道路,即在保护和合理利用资源中求发展,以发展来促进资源环境保护,实行保护、治理、改造和发展相结合的模式。在这种模式下,生态保护和治理将为资源开发和经济发展提供保障,资源开发和经济发展也不至于造成对生态的破坏,使经济发展将成为生态改善的后盾,生态环境的改善将成为经济发展的有力支撑。按照此模式发展,必须以合理利用资源为核心,以生态环境保护为基础,以社会经济发展为目的。

4. 突出重点,维护一般

新疆国土面积大,但难以改造利用的沙漠、戈壁、重盐碱地要占61.4%,要想使生态环境全面得到改善和提高是不可能的,在战略上只能加强重点地区的环境保护和建设,使生态逐步改善,能为人类的生存和发展创造一个较为优越的环境。

(1)重点地区:①塔里木河流域,通过源流和干流的治理,增加向下游输水,使下游绿色走廊生态恢复;②塔里木盆地南缘,以防风固沙为主,使绿洲得到稳定发展;③艾比湖周围,维持湖面不再缩小,保护天然植被,减轻风沙浮尘天气及对铁路的危害。

(2)重点水域:博斯腾湖,保持合理水位,控制水质盐化和污染,发展水产、苇产和旅游;布伦托海,加强渔政管理,维护湖周生态,建立渔业基地;塞里木湖,保护高山湖泊自然景观,发展旅游观光。

(3)重点城市：乌鲁木齐、石河子、克拉玛依、库尔勒和喀什等城市，主要是防治大气污染和水污染，加强城市绿化，控制地下水过量开采引起水位下降。

(4)重点油田：克拉玛依油田、塔里木油田和吐哈油田，要减少勘探和油田建设对生态的破坏，严格控制污染源，实现原油增产不增污。

对一般地区来讲，生态环境的整治目标是：尽量减少人为破坏干扰，采取封育措施，使天然植被面积不再减少，并有所恢复，沙漠化得到控制即可。在当前必须制止盲目开荒对生态的破坏，不能只顾眼前利益，牺牲破坏长远利益。

5．确保生态用水，维持合理的生态水位

新疆的平原地区降水稀少，不能满足天然植被的生长需要，因此，发源于山区的地表径流，除了满足山前平原人工绿洲灌溉外，还必须满足维护自然植被用水，自然植被用水得不到保证，沙漠化扩大，就会吞噬人工绿洲，所以维护生态环境用水在新疆是必不可少的，必须得到保证。据估算，新疆的生态用水约为 237.9 亿 m^3。在新疆的生态用水中人工防护体系用水 28.9 亿 m^3，天然植被耗水 179.3 亿 m^3，必保的水域(湖泊、河道)耗水 29.7 亿 m^3，以维护天然植被用水量最多。维护天然植被用水的特点是，需水弹性大，一般不需要适时适量，用水高峰期间不与农业争水；对水质要求不严，矿化度较高的农田排水也可作生态用水；主要利用的是由地表水通过渠道、田间、河道渗漏补给的地下水，实际上，农田灌溉水中的一部分水量，能转化成地下水供天然植被利用。地下水位的高低，对天然植被影响很大，一般讲，地下水埋深小于 1.0m，土壤发生沼泽化，1~2m 发生盐渍化，4~6m 草本植物死亡，存在潜在沙漠化威胁，大于 6m 乔、灌木枯萎，沙漠化出现。为了保护干旱区生态，把地下水维持在 2~4m，较为合适，既不会发生盐渍化，也不会沼泽化和沙漠化，又能满足天然植被用水。根据"九五"攻关项目(西北水资源合理利用及生态环境保护)研究提供的资料，在以农业为主的人工绿洲及其外围，生态用水和农业用水的比例以 1:3 为宜；在以保护自然植被为主的地区，如塔里木河流域生态用水与农业用水的比例以 3:1 为宜。新疆水资源总量 878 亿 m^3(包括地表水和地下水的不重复量)，除过流出境外的 233 亿 m^3，工农业生产用水 460 亿 m^3，仅余 185 亿 m^3，远不能满足维持生态用水。今后必须控制引入灌区的水量，增加维护自然植被用水，否则生态用水赤字加大，环境还会恶化。

(二) 生态环境治理途径

1．治理山区环境，涵养保持水源

山地是基础，为荒漠中的湿岛，起着产流和涵养水源的作用，除了向绿洲供水外，还输送泥沙、养分和无机盐类。没有山地产流所形成的水资源向平原荒漠输送，则没有平原绿洲。平原绿洲生态系统是"叶",山地是"根",根深才能叶茂。另外,山区还有丰富的水能、生物和矿产资源,是发展经济的基础。针对当前山区存在着超载过牧、森林过伐、鼠害虫害、修路开矿对植被的破坏,使水土流失加剧,必须对山地生态环境实行全面治理,以保护为主,从掠夺性和破坏性开发山区资源,转向建设性、保护性开发山区资源,加强山区的水利建设、草原建设、矿山建设、交通建设、鼠害防治、林地更新,使之持久的发挥产流和涵养水源作用。

2. 合理利用水资源,维护生态稳定

水在绿洲生态系统的建立和改善中,起着决定作用,是任何因素不能代替的。水是干旱区自然环境综合体中最活跃的因素,是自然界物质(有机和无机的)和能量转化的主要介质,它不但能使干旱区光热资源优势充分发挥作用,为人类提供丰富的生活和生产物质,还可以使其本身充实、改善和美化环境。流域生态环境的好坏,很大程度上取决于水资源的合理利用,根据水资源利用存在着浪费严重,效益不高,地域分配不平衡,水质受到污染,生态用水得不到保障等问题,必须进一步完善流域规划,加强综合治理,合理布局水利工程,在技术和经济条件允许的情况下,大力发展起龙头作用的山区水利枢纽工程,以控制整个流域,实行有计划、按需要合理配置生产和维护生态用水,使上中下游水量相对平衡,地表水和地下水结合利用,并使水质保持清洁,防治盐化和污染。

3. 建设人工绿洲,优化生存发展基地

人工绿洲重要性在于,它是人类安身立命的场所,生存和发展的空间。人工绿洲面积虽只占新疆面积的4%,但却承载了95%的人口。干旱区人类的社会、经济、生产和文化活动,基本上都是在绿洲中进行的,绿洲中的能流、物流和信息流也最大,是一个全方位的开放生态系统。绿洲繁荣发展,以其物质、经济基础和技术进步,可促进其他生态系统的改善。现人工绿洲存在的主要问题是,土地用养失调,肥力下降;地下水位高,次生盐渍化扩大;大量施用农药、化肥和地膜及城市三废排放,使污染增加;城市化和建设用地扩大,使良田面积减少。对此,必须以农田水利建设为中心,实现灌排配套,发展节水农业。以改土培肥为基础,积极进行中低产田改造,大力提高耕地生产力;以植树造林为先导,实现农田林网化;保护耕地,节约每一寸土地;发展生态农业,按生态学原理和生态经济规律设计、组装、调整和管理农业生产,使绿洲资源、环境和人口协调发展。

4. 保护自然绿洲,发挥生态效益

由天然乔、灌、草植被构成的自然绿洲,除作林地和草地利用外,主要是它的生态功能,成为人工绿洲外围防风、固沙、阻沙的天然绿色屏障,起着"绿洲卫士"的作用,没有乔、灌、草的保护作用,人工绿洲就有可能被风沙吞没,这在古代、现代屡见不鲜。自然

绿洲和人工绿洲是唇齿相依的关系,唇亡则齿寒。对自然绿洲中的植被,应由过去以林、牧利用为主,转变为发挥生态效益为主。近年来通过保护平原地区自然植被,乔、灌木有一定程度恢复,但在一些地方仍有破坏,特别是盲目开荒,滥挖中草药,在不少地方仍相当严重。自然绿洲植被一旦破坏,很难恢复,必须坚决保护,全面封育,重点恢复,合理利用。并通过发展绿洲林业、牧业和人工栽培资源植物,以减轻对自然绿洲植被利用的压力。

5. 防治荒漠扩大,减少危害程度

主要是防治沙漠化,由于沙漠化土地面积大,具有流动性,在风力的吹扬下,不断前移,吞没农田,掩埋村舍,堵塞渠道,危害交通;吹蚀土壤,降低肥力,吹打农作物,严重者带来毁灭性灾害;沙尘暴天气增加,还影响生产、生活和人群健康。特别是处于下风向的塔里木河下游、昆仑山南麓及艾比湖周围,沙漠化蔓延造成的危害成为主要环境问题。沙漠化主要是由于植被破坏,盲目开垦和河水断流、湖泊干涸所造成的。土地一旦发生沙漠化就很难逆转。要防治沙漠化扩展,在宏观上要加强资源环境管理,防止资源特别是水资源利用不合理而引起的沙漠化,对已发生沙漠化和受风沙危害严重的地区,要因地制宜,因害设防,以生物措施为主,配合必要工程措施,综合防治,把沙害控制到最低限度。

三、区域生态环境建设具体措施

根据自然地带和土壤及植被类型的不同,并考虑到人类活动对生态环境的影响程度,可以新疆天山分水岭为界分为北疆和南疆两大生态区,其下再根据地貌及生态环境存在问题的相似性和差异性划分次一级生态亚区,全疆共划分为6个生态亚区。

(一) 北疆生态区

北疆属温带干旱和半干旱区。多年平均降水量为100～300mm,年平均温度4～9℃,≥10℃积温2100～3900℃,无霜期120～180天,农作物可一年一熟。山地垂直带结构完整,森林和草原分布广泛;平原地带性植被是以蒿属为主的半荒漠和以半灌木、小灌木为主的荒漠,春天短命植物较多;自然绿洲以河谷次生林为主,灌木以梭梭为主,盐生草甸以芨芨草为主。地带性土壤为半荒漠棕钙土、灰钙土及灰漠土、灰棕漠土。绿洲耕作土壤是地带性土壤通过灌溉耕作形成的灌耕棕钙土、灌耕灰钙土、灌耕灰漠土及在暗色草甸土基础上发育的灌耕潮土。准噶尔盆地中心的古尔班通古特沙漠以固定和半固定沙丘为主。这里发展农业的自然条件虽好,但绿洲形成较晚,17世纪以前是以

牧为主的地区,18~20世纪中叶为半农半牧地区,1949年以后进行大规模农垦,人工绿洲迅速扩大。生态环境问题相对于南疆而言,干旱、风沙和盐碱化危害较轻。本区可划分为以下3个生态亚区:

1. 北疆北部亚区

北疆北部亚区包括额尔齐斯河和乌伦古河两河流域和塔城盆地。两河流域主要生态环境问题是土层薄,质地粗,肥力低;在第四纪松散沉积物下普遍有第三纪的不透水沙岩和泥岩,起隔水顶托作用,灌溉后地下水位很快上升,易造成土壤盐渍化和沼泽化。哈巴河、吉木乃、布尔津和福海位于额尔齐斯河谷地的风口地带,风沙灾害严重。塔城盆地主要是土地用养脱节,肥力下降;额敏河谷平原地下水开发过量,使草甸植被衰败。山区主要是过牧引起草场退化,矿产开发引起生态破坏严重。针对上述问题,生态建设应根据本区以牧为主的特点,扩大人工牧草(苜蓿)种植面积,实行草田轮作;并增加豆科(黄豆)种植比例,以培肥地力,扩大玉米种植,增加饲草饲料,发展牧民定居,减轻对春秋草场的压力。改变大引大灌旧习,合理灌溉,控制地下水位升高,防治土壤次生盐渍化和沼泽化,对已发生盐渍化和沼泽化的土地采用浅排加密的排水方式改良。在风沙危害严重的哈巴河、布尔津、吉木乃及福海等地区继续加强防护林建设和保护好绿洲外围天然植被。对山地森林和河谷次生林加强管护,防止滥伐和牲畜啃吃对幼苗的危害,并采用人工繁殖,恢复和扩大林地面积。要加强对山区矿产资源开发的管理,严禁盲目采金。建设好国家级的喀纳斯湖自然保护区。

2. 北疆南部亚区

北疆南部亚区包括天山北麓山前平原和博尔塔拉谷地。主要生态环境问题是艾比湖湖面萎缩,湖周湿地缩小,天然植被遭受破坏,风沙天气增加,给农牧业生产和北疆铁路带来很大危害。乌鲁木齐、石河子等地,地下水开采过量,在地下水强度开发的昌吉-呼图壁-石河子等地,地下水位每年以 $0.25~0.8m$ 的速度下降,使地下水质污染,泉水减少,溢出带沼泽变干,割草草地衰亡。农业用水增加,生态用水减少,再加上人为破坏,使人工绿洲外围的胡杨、榆树、柽柳和梭梭等乔木、灌木林严重受损。柳沟和安集海及艾比湖周围的一些团场地下水位高,土壤次生盐渍化还相当严重。城市化和工业化发展,占用良田增加,排出的污水使水磨河、蘑菇湖受到严重污染。大量使用农药、化肥和地膜造成土壤污染增加。山区主要是森林过伐、草地过牧和滥挖药材对植被破坏严重。针对上述生态环境问题,应采取以下措施:对艾比湖应加强管理,近期以保护天然植被为主,配合必要人工防护林和机械防沙措施,保证铁路畅通;远期可考虑调水济湖,恢复湖周生态。根据补给和开采相平衡原则,合理开发利用地下水,在超采的地区禁止再开发地下水。发展节水灌溉,提高当量水的经济效益和生态效益。采用竖排、明排和暗管排水,防治土壤次生盐渍化。封育荒漠和绿洲之间的天然植被,保证一定的生态用水,促其繁育。发展生态农业,保护基本农田,减少化肥、农药和残膜对农田的污染,对城市污水要求达标排放,减少污染自然水体。通过调水工程和发展高新灌溉技术,在克拉玛依、乌鲁木齐和阜康临近沙漠边缘发展绿色生态产业。山区森林主要作水源涵养林保护,通过发展平原农区畜牧业,减轻对山区草场的压力,山区实行轻牧。

3. 伊犁河谷亚区

伊犁河谷亚区是一个向西开口的山间谷地,为新疆生态环境相对较好的地区。山区森林、草原发育良好,水资源丰富,土地质量也较好,开发潜力较大。主要生态环境问题是:沿伊犁河两岸的低阶地和部分河滩地,地下水位高,土壤次生盐渍化和沼泽化比较严重;在地形坡度较大的小河、山水灌区,土壤侵蚀较强。山区森林滥伐破坏严重,降低了涵养水源的能力;耕地速效养分虽有增加,但有机质下降,耕性变差;河谷次生林受到破坏,护岸作用减弱,使伊犁河岸边受河水冲蚀,经常毁坏农田;低山丘陵带旱地较多,水土流失严重。生态环境建设措施,首先要加强水利工程建设,合理灌溉,以减少河谷高阶地渗漏水对低阶地和河滩地的影响。搞好河滩地防护,避免洪水倒灌,在地下水位高的地段要加强排水,不能自流排的采用扬排。小河、山水灌区改大水漫灌为细流沟灌,或自压喷灌,以减少土壤侵蚀。扩大苜蓿和绿肥,发展农牧结合,实行山区放养,农区育肥,增加有机肥施用量,实行草田轮作。在开发察布查尔南大片宜农荒地时,上部要特别注意防止水土流失,下部要防止地下水位上升促进土壤次生盐渍化发展。加强对山区森林、河谷林管理和繁育,发挥森林的多种生态功能。森林经营实行水源涵养与用材并举,严格控制采伐过量,加速对采伐迹地更新造林,严厉打击偷砍滥伐者。

(二) 南疆生态区

南疆属暖温带干旱和极端干旱区,年平均降水量仅 10~90mm,年平均温度 9~14℃,≥10℃积温为 3900~5400℃,无霜期 185~231 天,农作物可一年两熟。山区垂直地带不完整,森林呈小片分布,草原干旱,山地石质性强。地带性植被是稀疏的灌木和小灌木荒漠,自然绿洲中河岸林以胡杨为主,灌木以柽柳为主,盐生草甸以芦苇为主。地带性土壤为棕漠土,绿洲耕作土壤以具有特殊灌溉淤积层的灌淤土及在浅色草甸土基础上发育的潮土为主。在塔里木盆地中心为塔克拉玛干大沙漠,85% 以上为高大流动沙丘。人工灌溉绿洲形成很早,大约在两千多年前就有由当地土著民族建立的"城郭之国",多在河流中下游,以后随着社会发展和水利技术进步,人工绿洲移向盆地周边,古代绿洲大部分衰亡。本区是新疆受干旱、风沙和盐渍化危害最重的地区,可以划分为以下 3 个亚区。

1. 东疆吐鲁番、哈密亚区

东疆吐鲁番、哈密亚区水资源十分贫乏,自然环境严酷,广大地区为砾质戈壁,植被十分稀疏,多为光裸不毛之地。人工绿洲面积小,多是小块分布,由乔灌草构成的天然绿洲很少分布。由于水热条件极不协调,使吐鲁番盆地素有"火州"、"风库"之称。主要生态环境问题是干旱严重,风沙和干热风灾害频繁,风蚀破坏强烈;地下水开发不合理,使坎儿井干涸。哈密盆地部分耕地底土板结,物理性质不良,沙性大的耕地则漏水漏肥,同时还有部分盐碱地需要改良。针对这种情况,首先要加强水利建设和管理,大力推广高新灌溉技术,节约用水,注重水资源的利用效益;对地表水、地下水、机井和坎儿井联合调度,避免相互干扰。第二,要加强植树造林,防风固沙,在绿洲内外建成网、片、带、乔、灌、草相结合的完整防护林体系,并沿铁路和国道营造护路林,美化沿线环境,保障交通安全。第三,通过掺沙、施用腐殖酸肥、厩肥和种植牧草改良土壤不良性质及采用明排、竖排相结合的方法来改良盐碱地。

2. 塔里木盆地西北部亚区

塔里木盆地西北部亚区包括喀什、阿克苏两地区及巴音郭楞蒙古自治州西部 7 县市。主要生态环境问题:由于重灌轻排和平原水库影响,使绿洲地下水位普遍较高,耕地中受轻重不同盐渍化的危害面积达 30%～40%,喀什三角洲上各县市达 50%以上。在改良盐碱中,大量矿化度高的农田排水进入自然水体,造成自然河流、湖泊矿化度升高。风沙危害在柯坪、巴楚、麦盖提沿西北风进入盆地的通道上较多,柯坪年均沙尘暴天气达 38.8 天,最多时能达 55 天,为全疆之冠。天然植被破坏也十分严重,仅塔里木河中、上游胡杨林面积就减少了 16.7 万 hm^2,叶尔羌河灰杨由 17.3 万 hm^2 减少到 9.46 万 hm^2。另外,油气资源勘探开发对生态破坏和环境污染也不容忽视。针对上述生态环境问题,在整治方面必须抓好以水利为中心的规划和建设,搞好蓄、调、引、灌、排配套工程;加强渠道防渗,减少对地下水补给;适度开发地下水,降低地下水位;推广节水灌溉技术,综合降低毛灌溉定额;淘汰一些不必要的平原水库,减少蒸发渗漏损失。在天然植被保护方面,实行以封育为主,严禁毁林开荒,把沿塔里木河两岸盲目开垦的土地一律退耕还林草。推广引洪放淤,大面积种植柽柳和利用农田排水灌溉生长不良的植被,恢复天然植被。在农业生产方面,要改变传统的粮食作物、经济作物二元结构,建立粮食作物、经济作物和饲料作物三元结构,把牧草、绿肥纳入轮作中去,大力发展农区畜牧业。在油气勘探开发中,要尽可能减少生态破坏和环境污染,实行谁破坏谁恢复,谁污染谁治理的政策等。

3. 塔里木盆地东南部亚区

塔里木盆地东南部亚区包括和田地区 8 县市和巴州的且末、若羌两县。有两个生态环境严重受损区。一是塔里木河下游,位于蒙古高压由罗布洼地进入塔里木盆地的风口地带,又处于库鲁克沙漠的下风向,是盆地地势最低处,曾是积水积盐中心,是风之头,水之尾,气候在塔里木盆地最为干旱,所以是新疆自然条件最严酷的地方,风沙、盐碱和干旱最为严重。现主要生态环境问题是塔里木河和孔雀河下游断流,罗布泊和台特玛湖干涸;下游河道两岸地下水位下降到 8～12m,植被衰败,胡杨林大部分枯死,沙漠化不断扩展,218 和 314 国道有多处被流沙隔断,行车十分困难。二是位于塔克拉玛干沙漠南缘的和田地区,一直是处于沙进人退之中,年平均沙尘暴日数达 30.4(皮山)～35.4(和田)天,浮尘日数高达 180～200 天。由于绿洲外围植被破坏,沙漠与绿洲间过渡带缩窄,使流沙已逼近和进入绿洲,严重威胁人类的生存和发展。同时绿洲中土壤缺磷少氮,肥力低,盐渍化严重,和田绿洲盐渍化耕地面积占到总耕地的 52%。针对上述生态环境问题,首先要抢救塔里木河下游绿色走廊,通过治理源流,改造干流,使塔里木河和孔雀河每年能到达卡拉的水量达到 8～9 亿 m³,就可保证下游段灌区土地和恢复生态用水,在灌区消耗 5～6 亿 m³,从大西海子以下多年下泄 3.5 亿 m³,使大西海子以下地下水埋深由 8～12m 上升到 4m 以内,沿河两岸的乔、灌、草就可恢复。对塔克拉玛干沙漠南缘且末一皮山一线,以防沙为重点,首先保护好沙漠绿洲过渡带植被,禁止滥挖、滥伐、滥樵和滥垦,发挥其阻沙固沙作用;利用夏季洪水浇灌,恢复扩大林草面积,应适当减少和田河向塔里木河的供水压力,以保证自身生态用水。在人工绿洲边缘建立大型防护基干林,以削减风速,阻止强风进入绿洲。在人工绿洲内部按"小网格,窄林带"营造农田防护林,减轻对农作物的直接危害。盐渍化土壤改良方面,采用灌(合理灌溉)、排(明排、竖排结合)、平(精平土地)、肥(提高肥力)、林(植树造林)等综合措施来防治。

参 考 文 献

樊自立.1996.新疆土地开发对生态环境影响及对策研究.北京:气象出版社.104～121
樊自立.1998.塔里木河流域资源环境与可持续发展.北京:科学出版社.33～68
樊自立,胡文康,季方.1995.新疆生态环境问题及保护治理.干旱区地理,23(4):298～303
贾宝全,慈龙骏.2000.新疆生态用水的初步估算.生态学报,20(2):243～250
宋郁东,樊自立,雷志栋.2000.中国塔里木水资源与生态问题研究.乌鲁木齐:新疆人民出版社.132～160
王让会,樊自立.1998.利用遥感和 GIS 研究塔里木河下游阿拉干地区土地沙漠化.遥感学报,2(2):137～142
孙鸿烈.1995.寓资源环境保护于发展之中.自然资源学报,10(3):1～5
周兴佳,李崇舜,钱亦兵.1989.新疆沙漠环境的多变、危害及对策.见:中国科学院新疆资源开发综合考察队.新疆生态环境研究.北京:科学出版社.111～133
朱震达等著.1989.中国的沙漠化及其治理.北京:科学出版社.9～17